DIAGNÓSTICO
DESCOMPLICADO

James Morrison, MD, é professor afiliado de Psiquiatria da Oregon Health and Science University, em Portland. Sua longa carreira inclui ampla experiência nos setores público e privado. Com seus aclamados livros — incluindo, mais recentemente, *DSM-5-TR Made Easy, The Mental Health Clinician's Workbook* e a 4ª edição de *Entrevista inicial em saúde mental* — orientou centenas de milhares de profissionais e estudantes de saúde mental sobre as complexidades da avaliação clínica e do diagnóstico.

M878d   Morrison, James.
           Diagnóstico descomplicado : princípios e técnicas para clínicos de saúde mental / James Morrison ; tradução : Maiza Ritomy Ide ; revisão técnica : Flávia de Lima Osório. – 3. ed. – Porto Alegre : Artmed, 2025.
           viii, 344 p. : il. ; 25 cm.

           ISBN 978-65-5882-302-5

           1. Saúde mental. 2. Diagnóstico. I. Título.

                                                              CDU 616.89

Catalogação na publicação: Karin Lorien Menoncin – CRB 10/2147

JAMES MORRISON

DIAGNÓSTICO DESCOMPLICADO

princípios e técnicas para
clínicos de
saúde mental

3ª ed.

Tradução
Maiza Ritomy Ide

Revisão técnica
Flávia de Lima Osório
*Psicóloga. Professora Doutora do Departamento de Neurociências e
Ciências do Comportamento da FMRP-USP.*

artmed

Porto Alegre
2025

Obra originalmente publicada sob o título *Diagnosis Made Easier: Principles and Techniques for Mental Health Clinicians*, 3rd Edition

ISBN 9781462553419

Copyright © 2024 The Guilford Press
A Division of Guilford Publications, Inc.

Gerente editorial:
Alberto Schwanke

Coordenadora editorial
Cláudia Bittencourt

Capa
Paola Manica | Brand&Book

Preparação de originais
Adriana Lehmann Haubert

Leitura final
Marcela Bezerra Meirelles

Editoração
AGE – Assessoria Gráfica Editorial Ltda.

Reservados todos os direitos de publicação, em língua portuguesa, ao
GA EDUCAÇÃO LTDA.
(Artmed é um selo editorial do GA EDUCAÇÃO LTDA.)
Rua Ernesto Alves, 150 – Bairro Floresta
90220-190 – Porto Alegre – RS
Fone: (51) 3027-7000

SAC 0800 703 3444 – www.grupoa.com.br

É proibida a duplicação ou reprodução deste volume, no todo ou em parte, sob quaisquer formas ou por quaisquer meios (eletrônico, mecânico, gravação, fotocópia, distribuição na Web e outros), sem permissão expressa da Editora.

IMPRESSO NO BRASIL
PRINTED IN BRAZIL

Para minha editora e amiga de muitos anos, Kitty Moore.

SUMÁRIO

Introdução e agradecimentos.. 1

PARTE I
Princípios básicos do diagnóstico

1. O caminho para o diagnóstico 7
2. Iniciando com o roteiro 11
3. O método diagnóstico.. 17
4. Juntando tudo... 28
5. Lidando com a incerteza 46
6. Diagnósticos múltiplos 59
7. Verificação.. 72

PARTE II
Os blocos de construção do diagnóstico

8. Compreendendo o paciente como um todo 91
9. Doenças físico-clínicas e diagnóstico mental 102
10. Diagnóstico e exame do estado mental... 125

PARTE III
Aplicando as técnicas de diagnóstico

11. Diagnosticando depressão e mania 135
12. Diagnosticando ansiedade, medo, obsessões e preocupação 171
13. Diagnosticando psicoses 189

14	Diagnosticando problemas de memória e pensamento	219
15	Diagnosticando transtornos relacionados a substâncias e transtornos aditivos	240
16	Diagnosticando transtornos alimentares e do sono	252
17	Diagnosticando problemas de personalidade e relacionamento	273
18	Além do diagnóstico: adesão, suicídio, violência	293
19	Pacientes, pacientes	303
	Apêndice	328
	Referências	330
	Índice	337

INTRODUÇÃO E AGRADECIMENTOS

INTRODUÇÃO

Quando comecei a escrever sobre o processo diagnóstico, pensei em um livro que pudesse complementar o ensino em sala de aula e servir como um guia para estudo independente. Isso foi antes de eu realizar uma pesquisa completamente não científica com profissionais da saúde a fim de saber como eles aprendiam a fazer diagnósticos em saúde mental. O que descobri me surpreendeu.

Para a maioria dos profissionais que entrevistei, o treinamento na refinada arte do diagnóstico era... bem, nenhum treinamento. A maioria das escolas profissionalizantes nas quais meus entrevistados se formaram não tinha no curso nenhum material formal sobre diagnóstico, e ainda não o tem. Mesmo nas escolas médicas, espera-se que os estudantes e os residentes conheçam os critérios diagnósticos atuais, mas eles recebem pouca ou nenhuma exposição a um método para fazer diagnósticos. Quase em uníssono, minha amostra endossou o sentimento "Aprendi a fazer diagnóstico treinando no local de trabalho". Da mesma forma, capítulos e livros que se esforçam para ensinar aos médicos como realizar uma avaliação clínica competente concentram-se no produto, ignorando em grande parte as informações sobre o processo.

Esse processo não é simples nem intuitivo, e eu seguramente jamais o descreveria como fácil. Mas após décadas de experiência e de longa consideração, acredito que ele pode ser explicado de um modo simples e compreensível — em suma, podemos tornar o diagnóstico mais fácil.

Neste livro, apresento um modo de pensar sobre problemas de diagnóstico. O material não depende muito dos caprichos dos mais recentes padrões diagnósticos ou números de código. Em vez disso, concentro-me nas características essenciais do transtorno mental, que têm sido reconhecidas há décadas. O que é imperativo aprender é o método científico — sim, e a arte — de avaliar pacientes e chegar a diagnósticos lógicos consistentes com os fatos.

A Parte I concentra-se no processo diagnóstico. Aprender como diagnosticar com precisão envolve a aplicação sistemática de princípios lógicos e de fácil compreensão a informações de vários tipos diferentes, reunidas a partir de fontes diversas. Embora a vida real exija que enfrentemos concomitantemente muitas questões relativas ao diagnóstico, por conveniência dividi as tarefas em capítulos. Ao final da Parte I, você verá como profissionais experientes unem sua experiência com novas informações de modo a chegar a um diagnóstico de trabalho.

Os três capítulos da Parte II exploram os dados sociais e outros dados de base necessários para compreender o diagnóstico de saúde mental de cada paciente. Isso é obviamente a primeira coisa de que se necessita para poder fazer um diagnóstico. Porém, ao se ter contato com material novo, é preciso começar de algum lugar, e julgo que muitos (provavelmente a maioria) dos meus leitores já têm alguma familiaridade com a anamnese e o levantamento de informações. É por isso que apresentei primeiro o método diagnóstico.

Por fim, nos capítulos da Parte III, examinaremos uma grande quantidade de casos clínicos para observar como os métodos da Parte I e os dados da Parte II se aplicam a diversos transtornos na prática clínica. Não consideraremos todos os transtornos, nem mesmo todas as variedades dos principais transtornos; outros manuais (incluindo o meu próprio *DSM-5-TR Made Easy*) lidam com essa tarefa. Em vez disso, focaremos nos problemas e nas doenças com os quais os psiquiatras se deparam todos os dias.

Para ilustrar os métodos diagnósticos, incluí mais de 100 casos clínicos de pacientes. Antes de ler minha análise de cada exemplo clínico, recomendo que você tente trabalhar nas árvores de decisão e escrever sua própria lista de princípios diagnósticos relevantes. Está amplamente comprovado que todos aprendemos com muito mais eficiência pensando ativamente na resolução de um problema do que lendo de forma passiva o que outra pessoa escreveu. Acho que você se beneficiará de se envolver com as histórias para encontrar as pistas que o direcionarão ao diagnóstico. A propósito, visando preservar a privacidade e ao mesmo tempo ilustrar os pontos a serem ensinados, alterei os dados pessoais de alguns pacientes de modo que suas próprias mães não os reconhecessem; mas a grande maioria dos casos eu simplesmente inventei.

Você pode se perguntar por que cada desfecho da árvore de decisão diz "Considere...". Por que não apenas escrever um termo e seguir em frente? Após pensar muito sobre esses diagramas, decidi que uma redação mais provisória é mais segura. Sem ser demasiado prescritivo, quero encorajá-lo a evitar a armadilha de precipitar-se em fechar um diagnóstico antes de levantar todos os fatos necessários.

A Figura 1.1 deste livro apresenta um roteiro que mostra graficamente o processo diagnóstico. O Apêndice (ao final do livro) lista os princípios diagnósticos que considero importante aplicar ao fazer um diagnóstico de saúde mental. Por uma questão de espaço e economia, coloquei muitas informações relevantes aos principais diagnósticos atualmente reconhecidos nas tabelas dos Capítulos 3 e 6. A Tabela 3.1 traz um diagnóstico diferencial para cada diagnóstico principal; a Tabela 6.1 lista as doenças que são comumente comórbidas.

Se, depois de ler este livro, você ainda tiver dúvidas em relação a um diagnóstico de saúde mental, envie um *e-mail* para morrjame@ohsu.edu. Tento responder a todos os *e-mails* que recebo.

TERMINOLOGIA

Ao longo desta edição, empreguei amplamente os termos usados pelo DSM-5-TR, mas você encontrará alguns momentos em que não fiz isso — por motivos diversos. (1) Alguns dos novos termos são francamente difíceis de usar. Então, por exemplo, continuei utilizando *distimia* e *transtorno distímico* em vez do oficial *transtorno depressivo persistente*. (O DSM-5 oficialmente permitia o termo mais curto como sinônimo; no DSM-5-TR, esse não é mais o caso.) (2) Também continuei usando *transtorno do humor* como um termo geral para abranger as condições descritas nos capítulos sobre transtornos bipolares e depressivos — é apenas uma questão de espaço e economia. *Depressão bipolar* serve como uma abreviação que acho que os leitores não terão problemas para entender. (3) Às vezes, substituí o termo mais antigo e mais curto *demência* pelo novo, e um tanto desajeitado, *transtorno neurocognitivo maior*. Em contrapartida, tentei eliminar termos como *dependência de substâncias* e *abuso de substâncias* — em seus significados no DSM-IV. Se você se deparar com um deles, me refiro ao sentido mais geral.

Há ainda outro termo que merece explicação. Eu pessoalmente continuei usando os critérios para *transtorno de somatização*, mesmo que o DSM-5 o tenha substituído por *transtorno de sintomas somáticos*. No seu devido lugar (p. 107), expliquei o que sinto em relação aos novos critérios diagnósticos e os antigos; aqui, vou simplesmente pedir aos leitores que observem com cuidado que há dois nomes a considerar, mas apenas um conjunto de critérios que, para mim, faz algum sentido. Para evitar confusão, no entanto, continuei usando em grande parte deste livro a nova terminologia do DSM-5-TR — ou, às vezes, uma expressão evasiva, *transtornos somatizantes*.

AGRADECIMENTOS

No final, todo escritor tem uma dívida que nunca poderá ser paga para com as muitas pessoas que fornecem inspiração, orientação e coragem. É claro que existem inúmeros médicos e múltiplos pacientes que, embora de modo involuntário, promoveram a minha própria formação e me ajudaram a encontrar o caminho. Mas entre as pessoas que consigo identificar, devo agradecimentos especiais à minha esposa, Mary. Apesar de ela ter sido parteira em todos os meus livros, neste ela realizou ainda exames pré-natais na forma de revisões cuidadosas do original. Quero também mencionar Eric Fesler, com quem tenho uma dívida incomum: embora ele mesmo não seja um profissional da saúde, enviou-me repetidamente notas e observações sobre assuntos e recursos de saúde mental. Também saúdo meus colaboradores da The Guilford Press, incluindo (mas não, como dizem, limitando a) Anna Brackett, que ao longo dos anos tem sido gerente de projeto editorial em muitas edições de meus diversos livros — ela é a pessoa brilhante, de infinita paciência, que me conduz pela mão nas etapas finais da publicação. Gostei muito da excelente edição de Deborah Heimann, que sempre me salvou de mim mesmo. Carolyn Graham, que de muitas maneiras e em tantas ocasiões interveio para ajudar a corrigir meus solecismos e minhas omissões.

Por fim, e mais importante, quero agradecer à minha editora e amiga de longa data, Kitty Moore, a quem este livro é dedicado com gratidão.

PARTE I
PRINCÍPIOS BÁSICOS DO DIAGNÓSTICO

1

O CAMINHO PARA O DIAGNÓSTICO

CARSON

Anos atrás, avaliei Carson, um estudante de psicologia de 29 anos. Ele sempre morou na cidade em que nasceu, tendo o suporte de diversos parentes e amigos. Durante uma longa trajetória de episódios depressivos repetidos, ele fez uso intermitente de medicamentos antidepressivos durante uma década. Em alguns momentos, Carson queixou-se da dificuldade para se concentrar nos estudos, das preocupações de que não conseguiria encontrar um emprego e do medo de ficar cronicamente deprimido, como sua avó materna.

Quando o humor de Carson estava em seu nível mais baixo (em geral no final do outono), surgiam problemas para dormir e se alimentar; por isso, ele sempre estava bem magro no período do Natal. A cada primavera, seu humor melhorava, e Carson invariavelmente se sentia bem durante todo o verão e início do outono, embora admitisse a tendência a ser "sensível às pequenas vicissitudes da vida". Isso significava, disse-me sua esposa, que ele às vezes se sentia deprimido quando as coisas não iam bem.

Quando adolescente, Carson experimentou álcool e drogas. Certa vez, ao interromper o uso de anfetaminas por três dias, ficou um pouco deprimido, mas seu humor melhorou em questão de dias. Sua namorada concordou em se casar apenas com a condição de que Carson "ficasse limpo". Atualmente, ele jura estar limpo e sóbrio desde que estão juntos, nos últimos quatro anos. Carson nunca apresentou sintomas de mania e considerava sua saúde física excelente.

A medicação ajudou Carson a concluir a faculdade e, depois disso, ele passou o verão tentando uma bolsa de pós-graduação. Por fim, embora a economia estivesse em baixa e houvesse poucas vagas disponíveis nas ciências sociais, foi-lhe oferecida uma bolsa de estudos de pós-graduação com uma remuneração generosa em um departamento bem-conceituado. Apesar desse triunfo, sua celebração foi silenciosa: a nova universidade ficava a quase 4 mil km de distância, em uma parte do país em que Carson nunca morou antes.

Em uma tarde de sexta-feira, no final de junho, a pedido de seu médico, Carson compareceu para uma consulta de emergência. Ele estava sentado inquieto, mexendo as pernas sem parar e com o olhar abatido. Queixou-se de muita ansiedade: sua esposa estava grávida do primeiro filho; no dia seguinte, eles começariam a atravessar o país até o local de seu novo emprego, em uma cidade desconhecida. Na tarde anterior, Carson ficou "quase em pânico" quando lhe pediram para assinar uma rotineira prorrogação de seu empréstimo estudantil.

Enquanto Carson descrevia seus medos em relação ao futuro, seus olhos ficaram vermelhos e ele enxugou as lágrimas. Embora não achasse que estava deprimido, temia "não conseguir lidar com tudo isso" e se sentia abandonado e sozinho. "Estou desmoronando", disse ele, e começou a soluçar.

UM ROTEIRO PARA O DIAGNÓSTICO

Como você pode imaginar, há muitos pontos relevantes em uma avaliação como a de Carson. Se você fosse o clínico dele, precisaria responder a muitas perguntas na tentativa de determinar o que está errado. Tem a ver com seus problemas anteriores de depressão? Carson precisa de tratamento? Em caso afirmativo, o que provavelmente ajudará? Ele deveria tomar mais remédios ou um antidepressivo diferente, ou tentar psicoterapia? O que você deveria dizer a Carson e sua esposa — eles deveriam adiar a mudança? O que Carson deveria dizer ao seu novo chefe? A resposta a cada uma dessas importantes questões dependeria da sua avaliação da condição dele. Para ser útil, a avaliação deve basear-se em informações que o ajudarão a encontrar um caminho para o futuro. Alcançar o destino inicial nessa estrada — podemos chamar isso de diagnóstico — é o objetivo deste livro.

Diagnosticar significa "reconhecer" uma doença a partir de seus sintomas característicos; o termo tem origem grega e significa "saber". Além da palavra em si, o conceito de distinguir uma doença de outra é de importância crucial, tanto para os pacientes como para os cientistas médicos. Como escreveu o psiquiatra britânico R. E. Kendell décadas atrás, sem diagnóstico, nossos periódicos publicariam apenas relatos de casos e opiniões.

Quando uma pessoa vai ao médico com uma queixa física, o diagnóstico costuma transmitir três tipos de informações: a natureza do problema (sinais, sintomas e histórico), sua causa e as alterações físicas que ocorrem como resultado. Qualquer distúrbio que atenda claramente a esses critérios pode ser chamado de *doença*. Tomemos como exemplo *pneumonia*; o termo nos diz que o paciente se sentirá fraco e cansado, com prováveis sintomas de dispneia, febre e tosse que produz expectoração. Porém, só após conhecer os resultados de culturas de escarro e de outros exames é que podemos saber que a causa da pneumonia é o crescimento bacteriano nos pulmões, fazendo os alvéolos se encherem de fluidos, produzindo dispneia. Desse modo, podemos concluir que o paciente tem a doença chamada pneumonia pneumocócica.

Os sintomas clínicos e outras informações estabelecem coordenadas no roteiro que um clínico segue ao prescrever o tratamento e predizer um desfecho. Eu, por exemplo, tenho dificuldade com localização geográfica; por isso, mesmo usando GPS do carro ou mapas do Google, gosto de contar com instruções e representações gráficas da rota da minha viagem. Sinto-me mais seguro ao ter essas dicas, pois me ajudam a chegar ao lugar certo, na hora certa. Na lista a seguir, faremos uma breve visão geral das "instruções de como chegar" ao diagnóstico em saúde mental. Indiquei os números das páginas em que você pode encontrar discussões sobre essas partes da avaliação. (Na Figura 1.1, desenhei-as como um mapa para que você possa observar exatamente para onde estamos indo. Por conveniência, você encontrará o mesmo gráfico na parte interna da capa deste livro.) Não se preocupe se alguns termos parecerem desconhecidos — vamos defini-los conforme avançamos.

- *Nível I*. Reúna uma base de dados completa, incluindo histórico da doença atual, história de saúde mental prévia, históricos pessoal e social, história familiar, história clínica e exame do estado mental (EEM). Obviamente, deve-se primeiro ter material que descreva seu paciente da maneira mais completa possível — o que virá, em grande parte, de entrevistas com o paciente e, muitas vezes, com outros informantes. Você aprenderá bastante sobre a construção destes blocos de informação sobre o paciente na Parte II deste livro. Páginas 91-132.
- *Nível II*. Identifique síndromes. *Síndromes* são diversos sintomas que, reunidos, resultam em uma doença identificável. Transtorno depressivo maior e alcoolismo, por exemplo, são síndromes. Página 14.
- *Nível III*. Elabore um diagnóstico diferencial. *Diagnóstico diferencial* é um termo que abrange todos os transtornos que você considera que um paciente pode apresentar. Você não pode ignorar nenhuma possibilidade, por mais improvável que ela seja, então, primeiro, você deve ter um olhar amplo. Página 17.
- *Nível IV*. Selecione o diagnóstico provisório mais provável para avaliação e tratamento adicionais. (Para isso, você pode usar uma árvore de decisão.) Página 21.
- *Nível V*. Identifique outros diagnósticos que possam ser comórbidos (coexistir) com o principal. Organize os múltiplos diagnósticos conforme a urgência da necessidade de tratamento. Página 59.
- *Nível VI*. Escreva um resumo do caso para verificar sua avaliação — essa breve descrição a respeito do seu paciente resume seus achados e suas conclusões. Página 82.
- *Nível VII*. Reavalie seus diagnósticos à medida que novos dados forem disponibilizados. Página 84.

Entrevista com o paciente **Informantes** **Dados de exames laboratoriais e de imagem**

Coleta de dados (blocos de construção)
História da doença atual: Capítulo 8
História de saúde mental: Capítulo 8
Histórico pessoal e social: Capítulo 8
História familiar: Capítulo 8
Sintomas físicos: Capítulo 9
EEM: Capítulo 10

Testes psicológicos **Prontuários de saúde**

I. Reúna uma base de dados completa.

Síndrome B   Síndrome C   Síndrome A

II. Identifique síndromes.

Transtorno A
Transtorno B
Transtorno C

III. Elabore um diagnóstico diferencial abrangente.

Diagnóstico A

IV. Escolha um diagnóstico para avaliação e tratamento posterior.

Diagnóstico A
Diagnóstico B
Diagnóstico C

V. Identifique diagnósticos comórbidos e organize-os em ordem de importância.

Diagnóstico A!

VI. Verifique com precisão.

História adicional   Exames   Resposta ao tratamento

VII. Reavalie conforme o surgimento de novas informações.

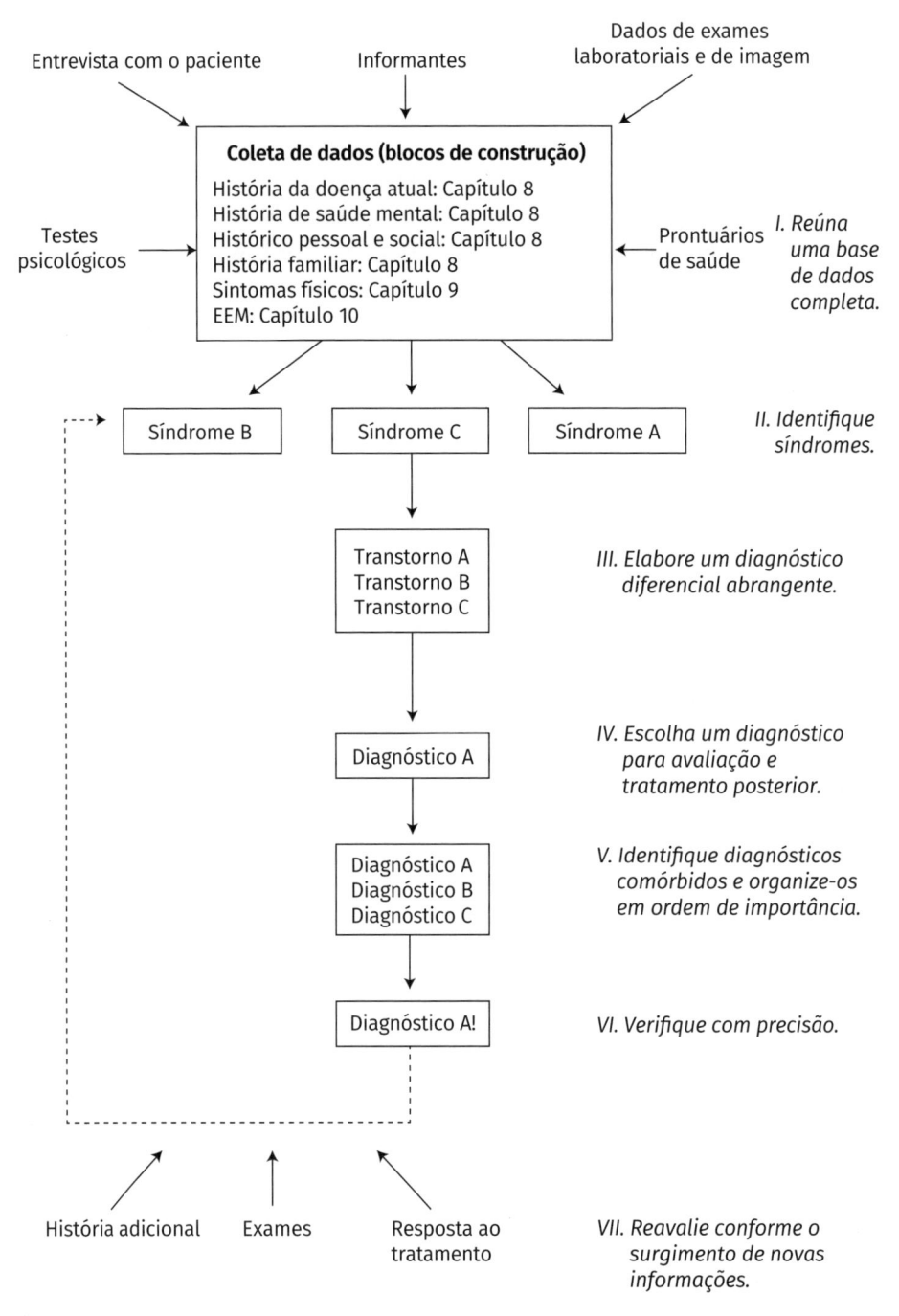

FIGURA 1.1 Roteiro para o diagnóstico.

2

INICIANDO COM O ROTEIRO

Na maioria das vezes, as informações que o paciente fornece na entrevista inicial abrem o caminho para o diagnóstico. Assim como no caso de Carson (ver Capítulo 1), familiares e amigos podem dar mais detalhes. Não posso deixar de enfatizar, fortemente, a importância da informação dada por terceiros para o quadro clínico geral. Os pacientes não nos enganam de propósito, mas muitas vezes lhes falta a vantagem da perspectiva em relação a suas próprias situações. Percebi que, com frequência, amigos, parentes e outros clínicos fornecem informações cruciais para minha avaliação. No mínimo, essas informações acrescentam cor e profundidade ao retrato que surge de um novo paciente. Quando disponíveis, prontuários antigos podem economizar horas de pesquisa em busca de informações básicas; já aconteceu de documentos antigos me salvarem de um diagnóstico incorreto e calamitoso.

Em geral, a história clínica começa com o problema responsável por levar a pessoa ao atendimento clínico — o *histórico da doença atual*. Talvez tenha sido um episódio agudo de depressão, o recente início de ouvir vozes, um surto de uso pesado de substâncias ou um conflito grave em um relacionamento pessoal. Entrelaçadas estarão informações que ajudarão você a entender como a vida do paciente, de parentes e de pessoas próximas foi afetada. Você também começará a coletar a *história de saúde mental,* que inclui informações sobre outros problemas mentais ou emocionais, ou episódios anteriores do problema atual, que também podem ser importantes para determinar o que há de errado no momento.

Nos filmes, nos romances e no palco, a narrativa envolve muito mais do que a simples narrativa em si. Qualquer história de Dick e Jane, mesmo a mais simples, transmite informações sobre o ambiente, a cultura, a família e o meio social do personagem principal. Algumas vezes, isso tudo aparece antes da ação principal, o que é chamado de *história prévia* e fornece textura e camadas de significado que iluminam os motivos, as ações e as emoções dos personagens. O mesmo acontece com os pacientes — todos eles também têm histórias prévias, que na prática clínica chamamos de *históricos pessoal e social*. Assim como as razões pelas quais uma peça é mais convincente quando compreendemos o que motiva seus personagens, essa informação não é apenas interessante mas muitas vezes altamente relevante, até mesmo vital, para o diagnóstico. Esse material é tão importante que dediquei o Capítulo 8 à discussão dos antecedentes da infância, da situação de vida atual e da *história familiar,* sobretudo de transtorno mental. A história médica (Capítulo 9) é outra parte importante da sua avaliação. Por fim, você usará o EEM (Capítulo 10) — embora talvez não tanto quanto imagina. Ao longo da Parte I deste livro, examinaremos esses diversos aspectos da avaliação de saúde mental e como podemos usá-los para elaborar um diagnóstico.

Em sua rotina, você provavelmente terá um grande número de pacientes; como resultado, pode não haver tempo suficiente para reunir todo o material necessário para uma avaliação inicial completa. Tudo bem! A tarefa aqui é aprender como o trabalho é feito quando as condições são ideais; com a prática, você será capaz de realizar a mesma coisa durante um dia agitado no consultório ou em uma noite frenética no pronto-atendimento.

SINAIS E SINTOMAS

No Capítulo 3, discutiremos o plano básico para se fazer um diagnóstico sólido. Antes, precisamos definir alguns termos que se relacionam com as matérias-primas para qualquer diagnóstico clínico. Tecnicamente, *sintomas* são os aspectos dos quais os pacientes se queixam, já *sinais* são o que os médicos observam. O paciente com pneumonia que descrevi no Capítulo 1 queixou-se de vários sintomas relevantes, incluindo tosse, dispneia e sensação de cansaço. Os sintomas são os indicadores de doença percebidos pelos pacientes ou por seus amigos e seus familiares; são os problemas que os pacientes mencionam quando conversam com seus profissionais de saúde. No campo da saúde mental, os sintomas podem incluir uma enorme variedade de emoções, comportamentos e sensações físicas. Em um ou outro momento, os sintomas de Carson incluíam sensação de depressão, dificuldade de concentração nos estudos, sentimentos de pânico, dificuldade para dormir e falta de apetite. Alucinações e delírios são sintomas. O mesmo acontece com o "nervosismo", o medo de aranhas e as ideias de suicídio.

É claro que as circunstâncias e o grau desempenham papéis importantes na determinação do que é ou não um sintoma: muitas pessoas não se importam com aranhas, e os médicos normalmente lavam as mãos com frequência, para não espalhar microrganismos de um paciente para outro. Sendo assim, devemos compreender que os sintomas são sempre mais ou menos subjetivos, pois dependem da perspectiva da pessoa. Já os sinais são pistas muito mais objetivas da doença. Em geral, pacientes e informantes não se queixam de sinais; em vez disso, o médico os identifica pela aparência ou pelo comportamento do paciente. O indivíduo com pneumonia provavelmente apresentaria sinais de febre, aumento da frequência cardíaca e, talvez, alteração na pressão arterial, e alguém com um estetoscópio ouviria sons crepitantes de fluidos nos pulmões enquanto o paciente luta para respirar. Os sinais de doença mental de Carson, em nosso exemplo, incluíam choro e postura desleixada.

Os conjuntos de sinais e sintomas ocasionalmente se cruzam. Neste livro, por vezes posso falar sobre um sinal que pode ser um sintoma (ver quadro "Sinais e sintomas"). Você terá de dar conta dessa ambiguidade — faz parte da mística clínica. Então, você pode perguntar, por que precisamos perceber que há uma diferença? A razão é que os sinais são mais objetivos do que os sintomas e, portanto, são indicadores mais confiáveis da doença. Desse modo, mais adiante afirmaremos que um dos nossos princípios diagnósticos é que "os sinais superam os sintomas". Isso nem sempre é válido, mas ocorre com frequência suficiente para justificar a observação das diferenças entre sinais e sintomas. Por exemplo, apesar de duvidar de que se sentia deprimido (sintoma), o choro e os ombros caídos (sinais) de Carson sugeriam o oposto.

> *Sintoma*: sensação subjetiva, desconforto ou alteração na função da qual o paciente ou o informante se queixa. Exemplos: cefaleia, dor abdominal, prurido, depressão e sensação de prurido no nariz.
>
> *Sinal*: indicador de anormalidade que pode ser notado por outras pessoas. Exemplos: nódulo na cabeça, dor à palpação do abdome, erupção cutânea, choro e espirros.

Os sinais e sintomas são úteis de duas maneiras. Primeiro, como no ataque de pânico de Carson, eles sinalizam que há algo de errado. Da mesma forma, pensamentos suicidas, falta de apetite ou ouvir vozes podem indicar a necessidade de uma avaliação de saúde mental. Segundo, o uso dos sinais e sintomas serve para nos colocar no caminho para um diagnóstico apropriado: a intoxicação pública repetida sugere transtorno por uso de álcool; uma prisão por furto em lojas deveria suscitar questões relativas à cleptomania; e uma crise de ansiedade ao assistir a um filme de guerra pode motivar um veterano de combate a procurar atendimento para transtorno de estresse pós-traumático (TEPT).

Sinais e sintomas

A doença mental não apresenta muitos sinais, mas aqui estão alguns: choro, suspiros, andar de um lado para o outro, perda de peso, uso de roupas esfarrapadas e falta de higiene. Alguns indicadores podem ser um sinal ou um sintoma, dependendo de quem o percebe. Carson não teria reclamado de sua própria postura curvada, mas sua esposa ou um vizinho poderiam notar e mencionar isso a um clínico. Dependendo das circunstâncias, praticamente qualquer comportamento que possa ser observado por outras pessoas e que, em geral, seja tratado como um sinal pode ser um sintoma.

Até cerca de 1850, os médicos não faziam distinção entre sinais e sintomas; agora, livros inteiros se dedicam ao conceito. Recentemente, no entanto, surgiram indícios de que podemos estar mais uma vez confundindo as fronteiras, pelo menos nos Estados Unidos. No final da década de 1990, a preocupação de que os médicos estivessem com frequência ignorando a dor dos pacientes levou essa sensação a ser chamada de "quinto sinal vital". A intenção era incentivar a avaliação e a documentação da dor em cada consulta clínica, bem como a avaliação dos quatro sinais vitais clássicos

> (e inegáveis) — temperatura, pressão arterial, frequência cardíaca e frequência respiratória. Tecnicamente, porém, a dor é uma queixa que, em razão da sua subjetividade inata, só pode ser um sintoma.
>
> Às vezes, nós, clínicos, nos descuidamos em nossa fala e nos esquecemos da real diferença entre sinais e sintomas. Após décadas de experiência, entendi que isso não mudará, mas nunca podemos esquecer que essa diferença existe e que podemos utilizá-la para avaliar um paciente.

POR QUE PRECISAMOS DE SÍNDROMES

Por si só, os sinais e sintomas não são suficientes para se fazer um diagnóstico útil. Nosso paciente da clínica médica com tosse, dispneia e fraqueza poderia estar com covid, mas os mesmos sintomas poderiam indicar um resfriado comum — ou um câncer de pulmão. Para chegar a um diagnóstico que possa ser utilizado para fazer previsões, devemos considerar as circunstâncias que envolvem os sinais e sintomas que identificamos.

Embora muitas pessoas mentalmente saudáveis se preocupem com o que está por vir, a preocupação também pode ser sintoma de transtorno de ansiedade ou de um episódio depressivo. Se você comprar uma arma, talvez esteja apenas interessado em melhorar sua pontaria para uma competição de tiro. Porém, se o quadro depressivo o faz acreditar que não vale mais a pena viver, essa aquisição pode ter implicações nefastas. Se eu começar a chorar durante uma reunião profissional, pode significar que estou deprimido e preciso de tratamento. Mas, se esse choro ocorreu após receber uma mensagem de texto informando que minha irmã morreu de forma inesperada, é então uma reação esperada no contexto de notícias terríveis.

E assim chegamos ao termo *síndrome,* palavra grega utilizada pela primeira vez há quase 500 anos que significa "coisas que operam ou ocorrem juntas". Mais do que uma coleção de sinais e sintomas, a síndrome deve ser compreendida como sinais, sintomas e *circunstâncias,* todos ocorrendo em padrão reconhecível que implica a existência de um transtorno específico. Assim, uma síndrome inclui características tão diversas como rapidez de início, idade de início, ocorrência de precipitantes, história de episódios anteriores, duração do episódio atual e extensão em que o trabalho ou a vida social da pessoa são afetados. Cada uma dessas características restringe o significado da síndrome e ajuda a identificar um grupo uniforme de pacientes. Uma característica óbvia da depressão recorrente de Carson é que começava e terminava regularmente em determinada época do ano. A combinação dessa evidência histórica com seus sintomas de humor define a síndrome do transtorno afetivo sazonal.

> *Síndrome*: sinais, sintomas e circunstâncias que ocorrem em um padrão definido que indica a existência de um transtorno.

Uma síndrome é um excelente ponto de partida para a identificação de uma doença, mas nós, profissionais de saúde mental, ainda temos um longo caminho a percorrer antes de chegarmos ao diagnóstico. A medicina interna categoriza as doenças segundo sua causa. A pneumonia, como observamos, pode ser causada por uma grande variedade de bactérias, muitos vírus e até por produtos químicos (alguém que engoliu gasolina pode desenvolver problemas respiratórios muito semelhantes aos tipos infecciosos de pneumonia). A virtude de um diagnóstico baseado em causas é que ele direciona o médico com precisão ao melhor tratamento. Infelizmente, os diagnósticos de saúde mental que podem ser realizados por sua causa são muito raros. Na verdade, os atuais esquemas diagnósticos permanecem orgulhosamente "ateóricos", utilizando critérios escritos de modo a não forçar o clínico a escolher entre hipóteses concorrentes sobre como e por que os transtornos mentais se desenvolvem. Talvez isso facilite a comunicação entre clínicos que apoiam diferentes escolas de pensamento — por exemplo, um behaviorista e um psicanalista podem discutir amigavelmente o diagnóstico de Carson —, mas isso não os ajudará a chegar a um acordo sobre o tratamento.

Elaborar uma coleção de sinais, sintomas e outras características que identifiquem com segurança grupos homogêneos de pacientes é apenas uma parte da identificação da doença. A próxima fase é saber se o processo de seleção pode ajudar a predizer o futuro — isto é, se é *válido* (ver quadro "Validade e confiabilidade"). Observe como isso é feito: os pesquisadores acompanham os pacientes do grupo que está sendo estudado para verificar seus desfechos — após diversos anos, eles continuam apresentando sintomas semelhantes e respondem uniformemente ao tratamento, ou múltiplos diagnósticos manifestaram-se com o tempo?

Uma boa ilustração desse processo ocorreu em meados do século XX, quando o termo *histeria* ainda era de uso comum como diagnóstico. Ao localizar pacientes que tinham sido diagnosticados com histeria, os investigadores descobriram que, anos mais tarde, alguns estavam completamente bem, já outros haviam desenvolvido uma doença física que poderia explicar os sintomas que seus médicos outrora acreditaram ser de origem emocional. Outros, ainda, pareciam ter sintomas de origem histérica. Os pesquisadores concluíram que histeria não é um diagnóstico válido porque não prediz um desfecho uniforme. Dessa constatação surgiu o conceito de *transtorno de somatização*, o que é muito melhor do que o termo histeria para predizer o desfecho dos pacientes. Infelizmente, as edições recentes do *Manual diagnóstico e estatístico de transtornos mentais* (agora, *DSM-5-TR*) estabelecem critérios marcadamente revisados para esse diagnóstico — e não para melhor, na minha opinião. Agora, o conceito é agrupado com outros transtornos somatoformes extintos no capítulo *Transtorno de sintomas somáticos e transtornos relacionados*. Continuarei defendendo critérios diagnósticos mais antigos quando apropriado, e terei muito mais a dizer sobre isso no Capítulo 9.

Como sabemos, muitas (senão a maioria) doenças mentais recorrem dentro de famílias (a avó de Carson também tinha depressão). Por isso, outra maneira de verificar a validade de um diagnóstico é saber qual a probabilidade de os familiares do paciente terem tido doenças iguais ou semelhantes. Discutiremos isso com mais detalhes no Capítulo 8.

> ## Validade e confiabilidade
>
> Validade e confiabilidade são dois termos normalmente usados para descrever achados em todas as áreas da saúde. Eles têm significados distintos entre si, mas às vezes são utilizados de maneira intercambiável na fala e na escrita cotidiana. Aqui está a distinção importante: um achado *válido* foi demonstrado por meio de estudos científicos como sendo sólido e bem estabelecido. Um achado confiável é aquele que, independentemente de sua verdade básica, pode ser replicado de uma época ou indivíduo para outro.
>
> Note os padrões climáticos, por exemplo. Se muitos escritores afirmam que as temperaturas em todo o mundo estão aumentando, esses relatos podem parecer confiáveis porque são repetidos com muita frequência. Mas essa afirmação só seria considerada válida quando os pesquisadores a verificassem, registrando provas reais de elevações de temperatura anuais, em locais diversos. Da mesma forma, se pacientes gravemente deprimidos se queixam com frequência que acordam cedo pela manhã e não conseguem voltar a dormir, podemos dizer que a insônia matinal é uma característica confiável de depressão. Porém, apenas após estudos duplo-cegos do sono que confirmem a observação, possivelmente usando eletrencefalogramas (EEGs) é que a chamaríamos de válida.

Um diagnóstico significativo para o transtorno de Carson ajudaria você, como clínico, a decidir se deve tratá-lo com fármacos antidepressivos, estabilizadores do humor ou terapia cognitivo-comportamental — ou os três juntos. Uma determinação precisa também ajudaria a evitar os danos que tratamentos ineficazes poderiam causar ao atrasar o emprego de uma abordagem eficaz. Além disso, pode-se antecipar o curso da doença de Carson e aconselhá-lo sobre um tratamento que o ajudaria a proteger-se contra episódios futuros, sobre a contratação de um seguro de saúde adicional e sobre as chances de seus irmãos e seus filhos poderem desenvolver uma doença semelhante. Por fim, síndromes cuidadosamente definidas facilitam a investigação de novos tratamentos. Quanto mais pormenorizada for a definição das síndromes, melhores serão as previsões nelas baseadas.

Por fim, gostaríamos de saber se uma síndrome pode ser apoiada por achados laboratoriais ou de imagem, assim como a pneumonia. Até agora, quase nenhum teste laboratorial objetivo foi concebido para o campo da saúde mental. Sem testes definitivos, é difícil atribuir causalidade e, na ausência de uma causa, não podemos de fato dizer que identificamos uma *doença* mental. *Síndrome* continua sendo a concepção dominante no caso dos transtornos mentais, e é provável que continue assim no futuro. Mas tudo bem: aplicado com cuidado, o conceito funciona bem. Além disso, simplesmente não há uma alternativa melhor.

É claro que o diagnóstico envolve muito mais do que apenas identificar síndromes — ou você já estaria terminando sua leitura. No Capítulo 11, você encontrará uma discussão mais completa sobre Carson e seus problemas, que se revelaram um pouco mais complicados do que pareciam inicialmente. Agora, porém, passaremos à discussão de um método diagnóstico que muitos clínicos experientes utilizam, às vezes sem perceber.

3

O MÉTODO DIAGNÓSTICO

Se até clínicos experientes "tropeçam" ao fazer um diagnóstico de saúde mental, que esperança pode haver para um novato? Felizmente, diversos estudos científicos confirmaram o valor de dois comportamentos importantes que todos os clínicos deveriam adotar. O primeiro deles é que, desde a primeira consulta a um novo paciente, deve-se considerar diagnósticos alternativos. Quando nós, clínicos, formulamos várias hipóteses no início de nossa tomada de decisão diagnóstica, é mais provável que a correta esteja entre elas. O segundo comportamento é que, desde o início, deve-se "peneirar" todos os diagnósticos possíveis, permitindo-nos rejeitar os que estão errados e manter os corretos.

Neste capítulo, abordaremos dois mecanismos que podem nos ajudar a levantar e avaliar hipóteses alternativas. O diagnóstico diferencial é a melhor maneira que conheço para garantir uma listagem abrangente de todas as possíveis causas para a condição de um paciente (discutiremos isso a seguir). A árvore de decisão é um método sistemático para examinar as possibilidades dessa lista. Qualquer que seja nosso nível de experiência como clínicos, todos podemos explorar esses dois mecanismos para pensar sobre o processo diagnóstico.

> Dois comportamentos são vitais para um diagnóstico preciso:
>
> 1. Desde o início do processo, considere todas as alternativas — pense no diagnóstico diferencial.
> 2. Analise sistematicamente todos os diagnósticos possíveis. Ascenda ao longo da árvore de decisão.

O DIAGNÓSTICO DIFERENCIAL

O *diagnóstico diferencial* é uma lista abrangente de condições que podem ser responsáveis pelos sintomas de um paciente. Por exemplo, os diagnósticos possíveis para um jovem de 23 anos com alucinações incluiriam depressão psicótica, toxicidade por fármacos, mania, esquizofrenia, uso de álcool e problemas médicos como epilepsia ou tumor cerebral. Se você tiver pouca experiência com o sintoma em questão, precisará de ajuda para elaborar essa lista (forneço muitos exemplos na Parte III deste livro). Se for um clínico experiente, já terá atendido dezenas de pacientes com alucinações e será capaz de citar muitos transtornos possíveis. Contudo, mesmo clínicos com longa jornada profissional precisam ser lembrados das possibilidades em casos difíceis ou incomuns. Por experiência própria, sei como pode ser importante consultar uma lista de possibilidades de diagnósticos diferenciais. Por exemplo, aqui está um paciente com um curioso caso de demência.

Há alguns meses, Alvin, um contador público concursado de 58 anos, vem lidando com problemas de memória. A princípio, ele não conseguia se lembrar das últimas mudanças na legislação tributária; mais tarde, esqueceu de compromissos e não se lembrava de nomes de clientes. Como resultado, Alvin precisou deixar seu emprego. Em poucos meses, não se lembrava da idade dos filhos; por fim, sequer lembrava de seus *nomes*. Alvin já não era mais capaz de cuidar de si mesmo, e sua esposa precisou contratar uma enfermeira domiciliar durante algumas horas por dia para cuidar de atividades da vida diária, como banho e alimentação.

O médico de Alvin diagnosticou doença de Alzheimer e estava prestes a recomendar sua internação em um lar de idosos quando Alvin foi hospitalizado com pneumonia. Lá, um neurologista interconsultor reuniu diversas observações importantes: a idade relativamente jovem de Alvin, a história familiar negativa para Alzheimer, a marcha arrastada ao deambular e o inconfundível odor de urina impregnado em suas roupas. O problema na marcha e a perda do controle vesical são sintomas clássicos da hidrocefalia de pressão normal (HPN), uma condição potencialmente reversível. Quando exames de imagem confirmaram o diagnóstico, um procedimento de desvio drenou o excesso de líquido cerebrospinal, e os sintomas de Alvin melhoraram.

Se o primeiro médico de Alvin tivesse elaborado um cuidadoso diagnóstico diferencial para demência, a terrível deterioração gradual poderia ter sido evitada. Iniciado de maneira precoce, o tratamento eficaz para HPN pode restaurar grande parte da capacidade cognitiva perdida do indivíduo. Embora seja responsável por até 10% de todos os casos de demência (hoje, em vez de *demência*, registraríamos o diagnóstico oficial de *transtorno neurocognitivo maior*), a HPN é muito menos comum do que outras causas de demência — incluindo a doença de Alzheimer e os acidentes vasculares cerebrais —, por isso, pode passar despercebida com facilidade.

A HIERARQUIA DE SEGURANÇA

A situação vivida por Alvin ilustra que clínicos experientes também devem ser lembrados sobre condições incomuns que podem ser tratáveis. Elaborar uma lista diferencial envolve mais do que coletar diagnósticos — o modo como os organizamos faz uma grande diferença. Pense nisso como uma lista de tarefas de reparo doméstico: pintar a grade da varanda, varrer a garagem, consertar o cano quebrado no porão. Não se escolhe aleatoriamente o que fazer primeiro; em vez disso, prioriza-se: "talvez seja melhor cuidar primeiro do porão inundado".

Então, no topo da lista você coloca emergências, como o cano rompido; depois estarão os trabalhos importantes, mas menos urgentes, como consertar um buraco no telhado ou exterminar formigas cortadeiras; por fim, trabalhos que podem esperar a conclusão das tarefas mais importantes — remendos, reboco e pintura, que constituem aspectos da manutenção de rotina. Observe que o que colocamos no topo não será, necessariamente, o que tem maior probabilidade de ocorrer: canos defeituosos são muito raros, sobretudo em comparação com a quantidade de retoques que uma casa exige. Na verdade, criamos uma *hierarquia de segurança* para reparos domésticos.

É disso que precisamos para o diagnóstico diferencial — uma forma de listar os diagnósticos admissíveis de modo a expor nossos pacientes ao menor risco possível de perigos como tratamento inadequado ou totalmente errôneo, prognóstico impreciso, estigma social e condições de vida inadequadas. Uma hierarquia de segurança coloca no topo as condições cujo tratamento é mais urgente, com maior probabilidade de responder bem ao tratamento e com o melhor desfecho. Para mim, um diagnóstico seguro é aquele que escolheria para mim ou para um membro da minha família. Se esse diagnóstico for correto e seu tratamento eficaz, poderá restaurar a sanidade, curar uma doença física potencialmente grave ou até salvar uma vida.

Princípio diagnóstico: organize seu amplo diagnóstico diferencial conforme uma hierarquia de segurança.

Ainda pensando na estrutura de lista, na parte inferior estão as condições cujo tratamento parece ter pouca probabilidade de ajudar — com um prognóstico terrível. Todo o restante vai para algum lugar no meio disso. Provavelmente, obteríamos um bom consenso entre os clínicos experientes sobre o que pertence às categorias superior e inferior, mas a ordem exata da porção intermediária poderia ser (e talvez será) debatida para sempre.

Princípio diagnóstico: os problemas físicos e seu tratamento podem causar ou piorar sintomas mentais.

Nossa lista tornou-se uma ferramenta, por meio da qual podemos extrair algum tipo de ordem do caos que tantas vezes enfrentamos quando avaliamos um novo paciente. Com a hierarquia de segurança, chegamos ao nosso primeiro princípio diagnóstico: liste os itens de seu diagnóstico diferencial segundo uma hierarquia de segurança, como a do Quadro 3.1.

Princípio diagnóstico: o uso de substâncias, incluindo medicamentos de venda livre e sob prescrição, pode causar uma diversidade de transtornos mentais.

Preciso mencionar outra questão aqui — duas, na verdade. A hierarquia de segurança nos prepara para alguns princípios diagnósticos adicionais. Observe o que colocamos no topo da hierarquia de segurança: transtornos decorrentes de uma doença física (você encontrará diversos deles listados no Quadro 9.1) ou decorrentes de efeitos do uso de substâncias (ver Quadros 9.2 e 9.3). O assunto será mais explorado no Capítulo 9, mas, por enquanto, vamos apenas observar que essas duas classes de condições pertencem ao topo de todo diagnóstico diferencial que elaboramos.

QUADRO 3.1 Hierarquia de diagnósticos conservadores (seguros)

Mais desejável (mais perigoso, mais tratável, melhor desfecho) *Qualquer transtorno induzido por substância/medicamento ou outra condição médica* *Transtorno depressivo recorrente* *Mania ou hipomania*
Meio-termo *Transtorno por uso de álcool* *Transtorno de pânico* *Transtornos fóbicos* *Transtorno obsessivo-compulsivo* *Anorexia nervosa* *Transtorno de adaptação* *Transtorno por uso de substâncias (exceto álcool)* *Transtorno da personalidade* borderline
Menos desejável (difícil de tratar, desfecho ruim) *Esquizofrenia* *Transtorno da personalidade antissocial* *Complexo aids–demência* *Doença de Alzheimer*

Nota: Adaptada de *Boarding time: the psychiatry candidate's new guide to part II of the ABPN Examination* (4. ed.) por James Morrison e Rodrigo A. Muñoz (American Psychiatric Press, 2009). Copyright © 2009 the American Psychiatric Association. Adaptada com permissão.

MAIS SOBRE CARSON

Para ver um diagnóstico diferencial em ação, vamos revisitar Carson, que conhecemos no início do Capítulo 1. Por enquanto, vamos nos limitar às possíveis causas de sua depressão. Mesmo uma lista abreviada deveria incluir vários *transtornos do humor* (como eu, principalmente, os continuo chamando, seguindo o *DSM-IV* em vez do *DSM-5-TR*), como transtornos bipolares, transtorno depressivo maior, transtorno depressivo persistente, transtorno depressivo devido a outra condição médica ou induzido por substância/medicamento e transtorno afetivo sazonal. Incluiria, também, transtorno de adaptação com humor deprimido e algum tipo de transtorno da personalidade. Como indiquei, não escrevemos apenas o que consideramos *provável* mas também o que nos parece "quase possível". Incluímos todos os diagnósticos porque, de vez em quando, um tiro a longa distância atinge o alvo, e queremos estar alertas e receptivos quando esse for o caso. Mesmo assim, algumas condições da lista parecem um pouco forçadas. Com um histórico de boa saúde, o risco de a depressão de Carson ser causada por uma doença física, como um tumor cerebral ou um distúrbio endócrino, seria muito pequeno. Em contrapartida, embora não tenhamos tido nenhuma evidência que sugira transtorno da personalidade, também não há provas de sua ausência.

Embora, como clínicos de Carson, precisássemos enfrentar uma lista bastante longa e complicada de transtornos mentais, usaríamos a hierarquia de segurança para estabelecer alguma ordem.

Transtorno depressivo devido a outra condição médica Transtorno depressivo induzido por substância/ medicamento	Transtornos tratáveis com rápido e profundo efeito na saúde do paciente
Transtorno bipolar Transtorno depressivo maior Transtorno afetivo sazonal Transtorno distímico	Transtornos graves, mas com tratamento pouco menos urgente
Transtorno de adaptação Transtorno da personalidade	Transtornos crônicos, sem tratamento específico ou com mau prognóstico

A Tabela 3.1 traz os diagnósticos diferenciais para os transtornos mentais mais comuns. Ou seja, para cada transtorno mental listado na coluna da esquerda, indiquei com um "×" cada diagnóstico que deveria ser considerado no diagnóstico diferencial desse transtorno — porque compartilham pelo menos um critério ou outra característica importante. O grau de semelhança é forte em muitos casos (p. ex., distimia com transtorno depressivo maior); em outros, é fraco (p. ex., esquizofrenia com transtorno depressivo maior, que inclui sintomas psicóticos apenas em casos extremos). Porém, o objetivo do diagnóstico diferencial é elencar cada possibilidade real, por mais remota que seja. Incluí causas físicas e o uso de substâncias como sempre sendo uma possibilidade — um lembrete de que deve considerar primeiro essas importantes causas de sintomas mentais.

É claro que os diagnósticos de uma lista são apenas a primeira parte do exercício; eles não serão positivos para seu trabalho até que você os discrimine. Para esse fim, as listas de diagnósticos diferenciais que incluí na maioria dos capítulos da Parte III contêm breves definições para cada transtorno. Seu diagnóstico diferencial pode crescer e incluir muitas possibilidades, e você pode precisar explorar mais de uma árvore de decisão, o que nos leva à próxima seção.

A ÁRVORE DE DECISÃO

A *árvore de decisão* é um mecanismo que orienta o usuário por uma série de etapas até chegar a algum objetivo. Para o paciente, isso seria um diagnóstico ou um tratamento. No papel, parece algo como uma árvore, se você pensar que as árvores crescem de cabeça para baixo. Você usa esse mecanismo respondendo "sim" ou "não" a uma série de perguntas, e cada resposta determina qual ramo seguir. A palavra *algoritmo* é outra maneira pela qual esse conceito é normalmente expresso.

Estudei árvores de decisão pela primeira vez na biologia, área em que são usadas para identificar plantas desconhecidas. Livros inteiros são dedicados a identificar gramíneas, arbustos e outros animais selvagens de diversas partes do

TABELA 3.1 Diagnóstico diferencial por diagnóstico

Use estes → diagnósticos no diagnóstico diferencial para estes ↓ transtornos	Causas físicas	Intoxicação ou abstinência de substância	Deficiência intelectual	Transtorno do espectro autista	Delirium	Demência	Esquizofrenia	Transtorno esquizoafetivo	Transtorno esquizofreniforme	Transtorno delirante	Transtorno depressivo maior	Distimia	Mania (bip. I)	Hipomania (bip. II)	Ciclotimia	Transtorno de pânico	Agorafobia	Fobia específica	Transtorno de ansiedade social	Transtorno de ansiedade de separação	TOC	TEPT	TAG	Transtorno de somatização	Transtorno da dor somática	Transtorno de ansiedade de doença	Transtorno dismórfico corporal
Deficiência intelectual	x	x	—		x														x		x						
Transtorno do espectro autista	x	x	x	—		x																					
Delirium	x	x			—	x	x	x	x	x	x		x														
Demência/ TNC (demência)	x	x	x		x	—	x	x	x		x																
Intoxicação ou abstinência de substância	x	—			x																						
Esquizofrenia	x	x			x	x	—	x	x	x	x		x														
Transtorno esquizoafetivo	x	x			x	x	x	—	x	x	x		x														
Transtorno esquizofreniforme	x	x			x	x	x	x	—	x	x		x														
Transtorno delirante	x	x			x	x	x		x	—	x		x						x							x	x
Transtorno depressivo maior	x	x			x	x	x	x	x		—	x	x	x	x												
Distimia	x	x										—															
Mania (bip. I)	x	x					x	x	x	x			—	x	x												
Hipomania (bip. II)	x	x					x	x	x	x			x	—	x												
Ciclotimia	x	x									x	x	x	x	—												
Transtorno de pânico	x	x									x					—	x	x	x		x	x	x				
Agorafobia	x	x														x	—	x	x		x						
Fobia específica	x															x	x	—	x							x	
Transtorno de ansiedade social	x		x			x					x	x				x	x	x	—	x							x
Transtorno de ansiedade de separação	x		x			x					x	x	x			x	x		x	—			x				
TOC	x	x									x					x	x				—		x			x	x
TEPT	x	x		x		x					x										x	—					
TAG	x	x									x					x			x	x	x	x	—	x		x	
Transtorno de somatização	x	x				x	x	x																—			
Transtorno da dor somática	x	x									x														—	x	
Transtorno de ansiedade de doença	x	x				x					x		x								x					—	x

Use estes → diagnósticos no diagnóstico diferencial para estes ↓ transtornos	Causas físicas	Intoxicação ou abstinência de substância	Deficiência intelectual	Transtorno do espectro autista	Delirium	Demência	Esquizofrenia	Transtorno esquizoafetivo	Transtorno esquizofreniforme	Transtorno delirante	Transtorno depressivo maior	Distimia	Mania (bip. I)	Hipomania (bip. II)	Ciclotimia	Transtorno de pânico	Agorafobia	Fobia específica	Transtorno de ansiedade social	Transtorno de ansiedade de separação	TOC	TEPT	TAG	Transtorno de somatização	Transtorno da dor somática	Transtorno de ansiedade de doença	Transtorno dismórfico corporal
Transtorno dismórfico corporal	×										×	×									×	×	×				—
Amnésia dissociativa	×	×			×	×																×		×			
Transtorno dissociativo de identidade	×	×					×	×	×		×											×					
Transtorno de despersonalização/desrealização	×	×					×	×							×		×	×		×							
Disfunções sexuais	×	×									×													×			
Disforia de gênero	×						×																				
Transtornos parafílicos	×	×	×		×	×							×														
Anorexia nervosa	×						×				×	×						×			×						×
Bulimia nervosa	×										×																
Transtorno de compulsão alimentar	×																										
Transtorno do ciclo sono-vigília	×	×			×	×	×				×	×	×	×		×						×		×			
Transtorno explosivo intermitente	×	×			×	×					×		×			×											
Cleptomania	×	×				×							×														
Piromania	×	×	×		×	×							×														
Transtorno do jogo compulsivo	×												×														
Tricotilomania	×						×																				
Transtorno de adaptação	×	×																									
TP esquizotípica	×	×					×			×																	
TP antissocial	×	×									×																
TP borderline	×	×									×	×	×														
TP narcisista	×	×											×	×													
TP evitativa	×	×																	×	×							
TP obsessivo-compulsiva	×	×																									

Legenda: TNC, transtorno neurocognitivo; TOC, transtorno obsessivo-compulsivo; TEPT, transtorno de estresse pós--traumático; TAG, transtorno de ansiedade generalizada; TP, transtorno da personalidade.

24 James Morrison

Use estes → diagnósticos no diagnóstico diferencial para estes ↓ transtornos	Amnésia dissociativa	Transtorno dissociativo de identidade	Transtorno de despersonalização/desrealização	Disfunções sexuais	Disforia de gênero	Transtornos parafílicos	Anorexia nervosa	Bulimia nervosa	Transtorno de compulsão alimentar	Transtorno explosivo intermitente	Cleptomania	Piromania	Transtorno do jogo compulsivo	Tricotilomania	Transtorno de adaptação	TP esquizotípica	TP antissocial	TP *borderline*	TP narcisista	TP evitativa	TP obsessivo-compulsiva	Transtorno fictício	Simulação	Declínio cognitivo normal	Luto normal
Deficiência intelectual																									
Transtorno do espectro autista																									
Delirium																						x	x		
Demência/ TNC (demência)																						x	x	x	
Intoxicação ou abstinência de substância																									
Esquizofrenia																x									
Transtorno esquizoafetivo																									
Transtorno esquizofreniforme																x									
Transtorno delirante																									
Transtorno depressivo maior															x										x
Distimia																									
Mania (bip. I)																									
Hipomania (bip. II)																									
Ciclotimia															x										
Transtorno de pânico																									
Agorafobia																									
Fobia específica																									
Transtorno de ansiedade social																				x					
Transtorno de ansiedade de separação																			x						x
TOC														x											
TEPT															x								x		
TAG															x										
Transtorno de somatização																									
Transtorno da dor somática			x																				x	x	
Transtorno de ansiedade de doença																									

Diagnóstico descomplicado

Use estes → diagnósticos no diagnóstico diferencial para estes ↓ transtornos	Amnésia dissociativa	Transtorno dissociativo de identidade	Transtorno de despersonalização/desrealização	Disfunções sexuais	Disforia de gênero	Transtornos parafílicos	Anorexia nervosa	Bulimia nervosa	Transtorno de compulsão alimentar	Transtorno explosivo intermitente	Cleptomania	Piromania	Transtorno do jogo compulsivo	Tricotilomania	Transtorno de adaptação	TP esquizotípica	TP antissocial	TP *borderline*	TP narcisista	TP evitativa	TP obsessivo-compulsiva	Transtorno fictício	Simulação	Declínio cognitivo normal	Luto normal
Transtorno dismórfico corporal				x		x							x						x						
Amnésia dissociativa	—	x	x																			x	x		
Transtorno dissociativo de identidade	x	—	x																			x	x		
Transtorno de despersonalização/desrealização			—																						
Disfunções sexuais				—																					
Disforia de gênero					—	x																			
Transtornos parafílicos					x	—																			
Anorexia nervosa							—	x	x																
Bulimia nervosa							x	—	x						x										
Transtorno de compulsão alimentar							x	x	—																
Transtorno do ciclo sono-vigília																									x
Transtorno explosivo intermitente										—			x	x					x						
Cleptomania											—		x						x						
Piromania												—	x												
Transtorno do jogo compulsivo													—	x											
Tricotilomania														—							x				
Transtorno de adaptação															—										x
TP esquizotípica																—	x	x	x						
TP antissocial																	—	x	x						
TP *borderline*																	x	—	x						
TP narcisista																x	x	x	—		x				
TP evitativa																		x		—					
TP obsessivo-compulsiva																		x		x	—				

mundo. Talvez sem perceber, você tenha utilizado um mecanismo semelhante para ajudá-lo a fazer escolhas comuns na vida. Por exemplo, vamos considerar uma decisão sobre onde jantar:

> "Para uma grande ocasião, e dependendo da minha condição financeira, gostaria de fazer uma boa refeição — o restaurante Ritz, se conseguir uma reserva, ou o restaurante Figaro's, que acabou de abrir, de modo que não estará lotado. Caso contrário, posso ir ao Gruta do Mar, exceto se a mamãe também for — ela detesta peixe. Nesse caso, poderíamos experimentar o Chiquita's para comer tacos (a menos que seja segunda-feira, quando estão fechados). Mas se esse ataque de espirros se transformar em uma gripe, minha alternativa seria preparar hambúrgueres vegetarianos em casa."

Para trabalhar com essas escolhas, você poderia traçar uma árvore de decisão, que seria algo semelhante à Figura 3.1. Após tomar sua decisão, como um cliente de restaurante (ou clínico) de sucesso, você deve sempre permanecer alerta para novas informações que possam sugerir a necessidade de uma mudança de planos de última hora.

As árvores de decisão podem ser comparadas a rodinhas laterais de bicicleta: são úteis quando você está aprendendo a andar, mas, mais tarde, são removidas

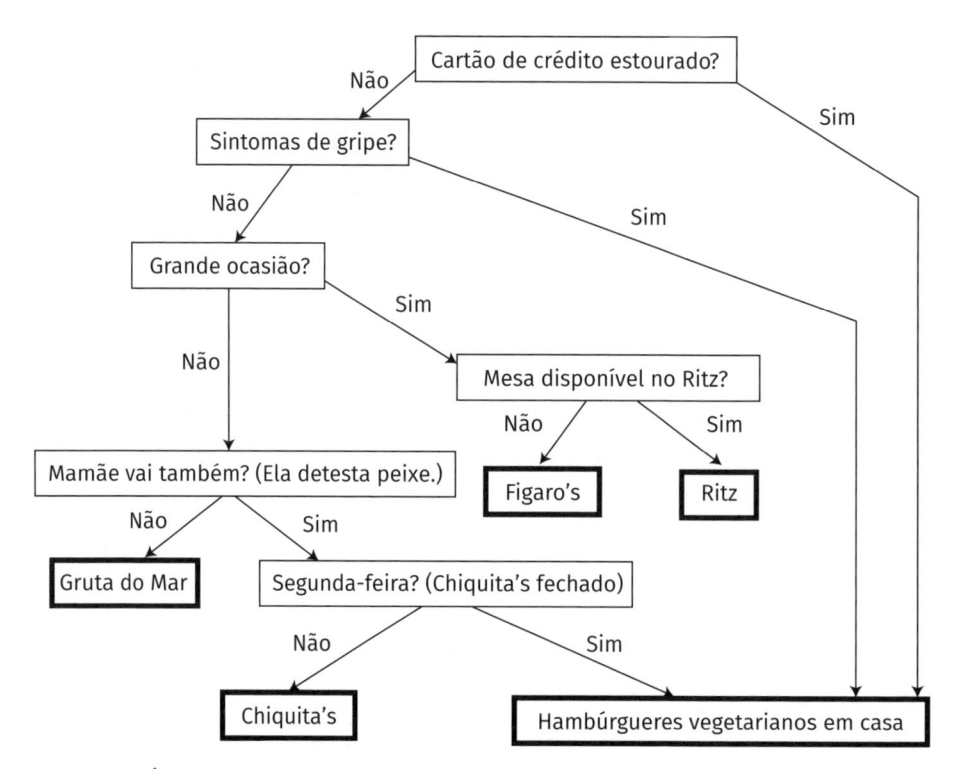

FIGURA 3.1 Árvore de decisão para o jantar.

e guardadas na garagem. Se quiser ver como uma árvore de decisão é usada para um paciente, você pode pular para o Capítulo 11, no qual empregaremos uma para explorar com mais detalhes o diagnóstico de Carson.

Antes de prosseguirmos, vamos fazer uma pausa e recapitular como está nosso método diagnóstico até agora. Aprendemos a agregar sinais e sintomas em grupos familiares, chamados *síndromes*. Como podem ter muitas causas, reunimos as síndromes que um paciente pode ter em uma lista chamada *diagnóstico diferencial*, que organizamos em uma *hierarquia de segurança*. Talvez auxiliados pelo uso de uma *árvore de decisão*, encontraremos nosso diagnóstico de trabalho no topo dessa hierarquia ou próximo a ele (ver quadro "O que é modelo médico?").

O que é modelo médico?

Se você lê muito sobre saúde mental, ouve *podcasts* ou assiste a especiais de televisão sobre o assunto, acabará se deparando com estas opiniões: fazer um diagnóstico medicaliza a miséria; os diagnósticos são subjetivos e não consideram circunstâncias individuais; os sintomas emocionais nada mais são do que reações compreensíveis a eventos indesejáveis. Você também pode ouvir que os diagnosticadores apenas "fazem ×" em listas de sintomas, em vez de ouvir com atenção as preocupações específicas do paciente, ou que os critérios subjetivos que usamos são baseados em normas sociais e não nas necessidades e nas características do indivíduo. Você pode até ouvir que dizer aos pacientes que eles têm uma doença os fará se sentir desesperados em relação ao futuro. Essas opiniões existem há décadas, então, vamos lidar com elas.

Reconheço que sim! — nosso modelo é médico, e de antemão direi que isso é bom: tão bom que já discutimos seus fundamentos (ver p. 9) e tão bom que nos possibilita fazer previsões precisas sobre nossos pacientes — qual será o desfecho se permanecerem sem tratamento (chamamos isso de história natural da doença) e como responderão a diversos tratamentos e outras intervenções. (E note que os sintomas que avaliamos estão longe de ser subjetivos: na verdade, baseiam-se em estudos científicos cuidadosos amplamente publicados e replicados.)

Isso não significa desvalorizar nossos pacientes como indivíduos. Reconhecemos que são pessoas com problemas e que, muitas vezes, não conseguem ver o caminho a seguir. Como cada um tem seu próprio conjunto de hábitos, características e peculiaridades que os tornam humanos, parte do nosso trabalho é reconhecer e acomodar essas características individuais, ao mesmo tempo que orientamos nossos pacientes em caminhos que levam à saúde — caminhos que conhecemos bem porque já os percorremos com tantos outros pacientes.

Quanto ao modo como nosso paciente pode ver o futuro, parece-me que ter uma doença estudada em muitas outras pessoas, para a qual existem tratamentos comprovados e confiáveis (e não apenas comprimidos), deveria fornecer uma boa base para a confiança no método, para o encorajamento para levar a cabo o plano de tratamento, para a fé em dias melhores que se aproximam. Na verdade, a situação mais assustadora de todas não seria se o problema que você enfrenta fosse um completo desconhecido, um emaranhado do qual você deve descobrir sua própria saída? Em vez disso, a abordagem do modelo médico adota a perspectiva de que inúmeras outras pessoas já estiveram aqui antes, de modo que ninguém precisa enfrentar a sua dor sozinho.

4

JUNTANDO TUDO

Agora é hora de reunir todo o material encontrado sobre o seu paciente e elaborar um diagnóstico que vai orientar seu tratamento e predizer o desfecho. Os capítulos da Parte III concentram-se em áreas específicas de interesse diagnóstico; este capítulo aborda os princípios básicos sobre como unir as diversas informações, a fim de elaborar um diagnóstico inicial. A primeira grande questão é julgar o valor relativo das informações reunidas.

Às vezes, tudo aponta na mesma direção:

> Nedra é uma viúva de 78 anos. Sua nora e seu filho relatam que sua memória piorou gradualmente nos últimos dois anos. A princípio, parecia que Nedra apenas colocava alguns objetos no lugar errado; com o tempo, ela começou a esquecer de conversas muito recentes, não conseguia se lembrar de suas receitas culinárias favoritas e diversas vezes esqueceu o fogão aceso. Durante toda a vida foi uma pessoa alegre e positiva que nunca dizia uma palavra contra ninguém; agora, parece calada, mau humorada e irritada. A sua única história familiar de transtorno mental é a da própria mãe, que, após um longo período de declínio, foi diagnosticada como "senil" pelo médico de família um ano antes de morrer em um lar de idosos.
>
> Ao ser examinada, Nedra se recusa a apertar a mão do médico e responde "maldita tolice" quando solicitada a identificar seu filho. Quando um auxiliar de enfermagem entra na sala, Nedra xinga e murmura insultos raciais.

O diagnóstico de Alzheimer de Nedra é fortemente sugerido por três fontes de dados: a história recente, a história familiar e o EEM atual. Não há nada que possa apoiar um diagnóstico diferente, embora devam ser obtidos dados de um exame físico e de exames laboratoriais de rotina.

Essa unanimidade entre as fontes nem sempre acontece. Considere a história de Rusty.

> Quando tinha 23 anos e novamente aos 28, Rusty esteve clinicamente deprimido. Seu pai sofria de depressão intermitente por causa do hábito de beber — "Ele era um alcoólatra inveterado", testemunhou Rusty —, mas o

paciente jurava que esse hábito nunca havia sido um problema para si. A cada episódio, Rusty respondia de maneira rápida e completa ao tratamento com medicação antidepressiva e, durante vários anos entre os episódios, não necessitou de medicação.

Agora, aos 36 anos, Rusty se casou novamente e teve depressão pela terceira vez. Desta, porém, há uma diferença: enquanto nos dois episódios anteriores ele se queixava de insônia terminal bastante grave, agora se sente "eternamente cansado" e dorme 12 horas por dia. Seu clínicoo encaminha Rusty para um médico clínico geral, que descobre que a tireoide de Rusty está com funcionamento gravemente insatisfatório. Uma semana depois de iniciar a reposição hormonal da tireoide como única medicação, Rusty já está voltando à sua condição prévia.

A história pregressa de Rusty conta uma história, e sua história familiar conta outra. Ocorre, então, um terceiro episódio — com uma diferença sutil nos sintomas. Quando uma linha de informação contradiz outra, determinar qual peso atribuir às diversas linhas de evidência pode ser difícil.

QUANDO AS FONTES DE INFORMAÇÃO SÃO CONFLITANTES

Felizmente, diversos princípios diagnósticos podem ajudar a resolver a confusão que pode resultar de fontes de informação conflitantes.

A história supera a aparência atual

Nós, clínicos, precisamos nos lembrar sempre de que o diagnóstico preciso depende muito da história prévia de doença mental. Tomemos como exemplo os delírios: o que de fato significa quando o paciente Jerome diz que um aparelho de monitoramento foi implantado em seu cérebro? Esquizofrenia é o que nos vem à mente primeiro (e muitas vezes de modo errôneo) quando consideramos qualquer sintoma psicótico. Mas os delírios também podem ocorrer no contexto de um transtorno por uso de substâncias, uma doença física, demência, transtorno da personalidade antissocial ou transtorno do humor grave.

> Há cinco anos, Dick foi hospitalizado quando ficou extremamente excitado e psicótico. Acreditando ter o poder divino de cura, ele vagava pelas ruas, orando e colocando as mãos na cabeça de qualquer pessoa que usasse cadeira de rodas. Durante várias semanas, Dick ficou hospitalizado e foi tratado com fármacos antipsicóticos. Após receber alta, desenvolveu o que se chama de "depressão pós-psicótica"; sentindo-se no fundo do poço, ele deixou seu emprego e se isolou quase completamente da vida familiar. Mais tarde, relatou que quase se matou em diversos momentos durante esse período.

Porém, Dick se recuperou e conseguiu um emprego ainda melhor do que o anterior. Reunido com sua família, ele prosperou por três anos até que, ao participar mais uma vez de uma convenção fora da cidade, ficou extremamente confuso. Dessa vez, Dick entrava na casa de estranhos, em que informava aos assustados moradores que era "o irmão de Cristo, literalmente". Dick voltou a ser hospitalizado, e uma nova equipe de saúde mental chegou ao diagnóstico de transtorno bipolar I, tratando Dick com antipsicóticos e lítio. Ele se recuperou em 10 dias e permaneceu bem apenas com lítio.

O EEM de Dick sugeria esquizofrenia, mas as informações do histórico mostravam um quadro muito diferente: início abrupto (a esquizofrenia, em geral, começa gradualmente) e recuperação completa (a esquizofrenia muitas vezes deixa alguns sintomas residuais). Pacientes com esquizofrenia podem apresentar depressões extremamente graves e duradouras, mas são muito mais típicas do transtorno bipolar I. Em outras palavras, para Dick, como para muitos pacientes com problemas de saúde mental, a história longitudinal que aparenta muito "transtorno bipolar I" supera o EEM que apenas sugere "esquizofrenia". O uso do curso da doença como base para o diagnóstico foi descrito pela primeira vez em 1852, pelo psiquiatra francês Benedict Morel (que também cunhou o termo *demência precoce*, termo antigo para esquizofrenia).

> *Princípio diagnóstico*: a história de um paciente, em geral, fornece melhor orientação para o diagnóstico do que a aparência transversal (EEM).

Classificar o verdadeiro significado de um delírio exige concentrar-se em muitos elementos, desde a história do paciente, incluindo problemas de saúde física, depressão grave ou mania e história familiar de doença mental. Há quanto tempo os sintomas estão presentes? O consumo de drogas ou álcool colabora para seu aparecimento? Eles regridem apenas com medicação ou aparecem e desaparecem de forma espontânea? Essas considerações históricas aplicam-se, evidentemente, às alucinações e a muitos outros sintomas que o paciente apresenta. Esse assunto será detalhado nas Partes II e III.

A história recente supera a antiga

Averiguamos que os sintomas relatados no início da doença de um paciente podem conter muito menos informação diagnóstica do que as evidências posteriores.

> Quando estive com Nancy pela primeira vez em meu consultório, ela tinha apenas 16 anos e não parecia nada feliz por estar lá. Sua mãe, porém, insistiu na consulta por causa do problema de apetite da filha. "Ela continua emagrecendo", disse a mãe, "e fica só remexendo a comida. Tenho muito medo de ela ter anorexia, como nossa vizinha Julie". Mas Nancy negou se achar gorda. "Acho que pareço meio magra", ela confidenciou, naquela que seria a última frase completa que ela diria antes de abandonar o tratamento. Nancy disse à

mãe que tentaria se alimentar melhor e não mais preocupá-la, e isso parecia ser o fim da história.

À época, achei que Nancy poderia ter anorexia nervosa ou outro transtorno alimentar, mas que depressão e uso de substâncias também eram possibilidades. O sintoma dela talvez fosse apenas uma expressão dos problemas que quase todos os adolescentes vivenciam ao se tornarem adultos. Só descobri a resposta certa mais tarde, oito anos depois, quando Nancy voltou sozinha, novamente com perda de apetite e 7 kg mais magra. Nessa ocasião, ela admitiu que seu humor estava tão deprimido que estava tendo problemas para desempenhar seu trabalho como funcionária novata em um banco. Para consternação de seu noivo, seu interesse sexual havia caído para quase zero, e Nancy pensava até em suicídio. Seu problema dessa vez era uma depressão grave; suspeitei que, de maneira atenuada, esse também tivesse sido seu problema na adolescência.

> *Princípio diagnóstico*: a história recente de um paciente, em geral, indica o diagnóstico com mais precisão do que a história antiga.

Clínicos com longa experiência tiveram encontros semelhantes com sintomas de ansiedade (os quais se transformarão em transtorno de ansiedade generalizada [TAG], transtorno de pânico ou transtorno do humor?) e de transtorno depressivo (os sintomas se transformarão em transtorno bipolar I ou II, distimia ou transtorno de adaptação?). Quando os sintomas mais antigos são esclarecidos, os mais recentes podem alterar o diagnóstico e informar o tratamento.

A história colateral às vezes supera a do próprio paciente

Devemos tomar cuidado, aqui, para não exagerar. É claro que o diagnóstico é, em grande parte, determinado pelo que o paciente relata, mas a alguns indivíduos falta uma perspectiva sobre suas próprias dificuldades. Uma viúva idosa que mora sozinha pode não perceber o quanto está se esquecendo das coisas; um adolescente pode crescer sem se dar conta dos problemas que estão resultando em sua participação em grupos criminosos. Ocorre, também, que as pessoas simplesmente mentem. Mesmo pacientes que fazem o possível para fornecer informações precisas e completas podem não ter acesso ao histórico familiar ou social inicial, os quais podem ajudar a determinar um diagnóstico.

Jack é estudante de biologia em uma faculdade local e reclama de "indecisão e falta de direção". Relata que teme estar desenvolvendo esquizofrenia, diagnóstico pelo qual seu pai foi internado anos atrás. Mais tarde, quando converso com a mãe de Jack (após pedir sua permissão), ela me conta que ele não é seu filho biológico, mas o fruto de um breve

> *Princípio diagnóstico*: sempre que possível, levante a história colateral; às vezes, é mais precisa do que a do próprio paciente.

relacionamento que sua irmã mais nova teve com o chefe. Jack foi adotado ao nascer e nunca soube a verdade sobre suas origens. O diagnóstico de seu pai adotivo não tem relação biológica com a doença do rapaz.

Sinais vencem sintomas

Aqui precisamos insistir nas definições técnicas de sinais (o que você observa no paciente) e sintomas (o que o paciente percebeu e pode relatar). O problema com os sintomas é que podem ter duas interpretações diferentes — a sua e a do paciente. Alguns pacientes podem não compreender a sua interpretação; outros podem até interpretar mal o que você quis dizer ao contar a outras pessoas. Em outras palavras, a objetividade dos sinais pode apontar o caminho para um diagnóstico correto.

Você já deve ter se deparado com esse fenômeno — por exemplo, quando uma paciente, com os olhos cheios de lágrimas, nega ter se sentido magoada ao ser abandonada por um parceiro. Negações mais marcantes são as do paciente magro com anorexia nervosa que afirma parecer gordo, ou do paciente com esquizofrenia que nega alucinações, mas se mostra inquieto na sala, olhando para os lados.

Princípio diagnóstico: os sinais (o que você observa sobre um paciente) podem ser um guia melhor para o diagnóstico do que os sintomas (o que o paciente conta).

Imogene, uma paciente com transtorno de somatização (ver Capítulo 9, em que discuto essa condição), está deitada em uma maca no pronto atendimento. Imogene está imobilizada pela "paralisia completa" da cintura para baixo, mas masca chiclete com indiferença e discute com uma enfermeira sobre o jogo do Super Bowl que recém terminou. A desconexão entre o sinal de seu distanciamento emocional e o sintoma físico de paralisia é um exemplo clássico de *la belle indifférence*, ou ausência paradoxal de angústia.

Tenha cuidado com dados produzidos por crises

Quando as pessoas estão profundamente perturbadas, podem ser afetadas no modo como veem o mundo e seu lugar nele. Se seu paciente acabou de ser abandonado por um parceiro, foi demitido ou está enlutado, o humor resultante pode influenciar o tom da história que você ouve, a ponto de afetar a perspectiva do indivíduo sobre experiências que ocorreram há muito tempo.

Princípio diagnóstico: o estresse gerado pela crise pode influenciar o modo como o paciente percebe as experiências de vida.

No dia seguinte ao roubo em seu apartamento, Jill reclama que é a pessoa mais azarada do mundo: "Nunca tenho uma folga!", lamenta ela. Seu terapeuta, que a conhece há anos, decide que é hora de instituir um tratamento baseado em terapia cognitivo-comportamental, em um esforço para ajudá-la a lidar com os estereótipos negativos que Jill mantém sobre si mesma.

Por sua vez, uma experiência positiva, como a alegria de um novo amor, também pode distorcer a compreensão da realidade de uma pessoa.

Achados objetivos superam julgamentos subjetivos

A intuição do clínico, embora às vezes seja estranhamente precisa, nunca deve superar informações verificáveis. A "sensação de que é esquizofrenia" que se pode experimentar ao conversar com um novo paciente só deve levar à devida diligência em busca de sinais e sintomas. O transtorno da personalidade *borderline*, por exemplo, é um diagnóstico que os clínicos podem ficar tentados a fazer sem uma avaliação completa.

> Analisemos Jordan, de 19 anos, cuja fala lenta e calma, olhar firme e sorriso triste criam instantaneamente uma simpatia em seu entrevistador. Embora ele alegue não saber o que desencadeia suas crises de ansiedade, apenas alguns minutos de conversa fizeram parecer provável que Jordan tenha transtorno de pânico, talvez encobrindo um episódio depressivo maior bastante grave. Essas previsões caem assim que sua irmã mais velha, que o acompanha na consulta, é entrevistada. Ela relata que Jordan tem se sentido cada vez mais angustiado com os sentimentos em relação à própria orientação sexual. A confusão, a vergonha e o medo de que seu pai homofóbico fique furioso fizeram Jordan confiar apenas nela. Com as informações adicionais da irmã, o transtorno de adaptação aproxima-se do topo do diagnóstico diferencial.

Princípio diagnóstico: resista ao fascínio do palpite — aceite os dados objetivos como a base para o diagnóstico.

Considere a história familiar

Há décadas sabemos que os transtornos mentais ocorrem em famílias. Na verdade, durante a última metade do século XX, inúmeros trabalhos estabeleceram o fato de que muitas (talvez a maioria) das síndromes com as quais nos deparamos todos os dias têm um forte componente genético. No Capítulo 8, consideraremos em detalhes as questões relacionadas com a história familiar, mas, por enquanto, observaremos apenas um exemplo:

> Grant sempre foi um garoto quieto e atencioso, mas pouco depois de completar 15 anos, seu comportamento se tornou errático. Durante vários meses, sua família enfrentou explosões verbais por causa de pequenas decepções. Ele se tornou provocador e passou a abordar estranhos na rua, pessoas que

ele achava "engraçadas". Em uma tarde, após a escola, Grant brigou com um policial, que o acompanhou até o pronto-socorro. Lá, ele falou consigo mesmo em aparente resposta a alucinações auditivas. Depois da admissão, Grant se masturbou em público na sala da enfermaria por duas vezes. Após uma semana tomando medicação antipsicótica, ele não está muito melhor, e a equipe se pergunta se Grant tem esquizofrenia. No entanto, um médico especialista observa que, anos atrás, o tio de Grant (irmão de sua mãe) teve psicose aguda, a qual foi tratada e mantida em remissão com lítio. Com a adição de um estabilizador do humor, a psicose de Grant se resolveu rapidamente.

É claro que não seria sensato basear toda a sua estratégia terapêutica em um único dado, mas a história familiar pode constituir uma indicação útil para seu diagnóstico. Essa afirmação ganhará detalhes (e uma versão revisada do princípio diagnóstico seguinte) no final do Capítulo 8; por enquanto, vamos expor o princípio conforme é apresentado aqui.

> *Princípio diagnóstico:* a história familiar pode ajudar a orientar o diagnóstico.

Simplifique com o princípio da navalha de Occam

Guilherme de Occam, filósofo inglês do século XIV, enunciou uma lei que se aplica a muitas áreas além da saúde. Esse pensamento — um dos pilares do diagnóstico médico (e de muitas outras áreas de resolução de problemas) — aconselha que se algo tiver duas explicações possíveis, você deve escolher a mais simples. Por "eliminar" detalhes desnecessários, passou a ser conhecida como *navalha de Occam,* ou princípio da parcimônia.

Aos 47 anos, Jakob chega ao pronto-socorro queixando-se de dois problemas: sente-se terrivelmente deprimido e ouve vozes. A depressão o atormenta há vários meses; ele está "no limite de suas forças". Jakob teme estar perto de cometer suicídio — o destino de seu irmão mais velho, Hans, há apenas dois anos. Jakob admite que perdeu o apetite e emagreceu. Além disso, dorme mal; tem pouco interesse em suas atividades habituais (é um grande colecionador de armas antigas e gosta de assistir a programas de caça a antiguidades) e sua concentração no trabalho é tão fraca que seu chefe ordenou-lhe tirar uma folga para "se cuidar". Jakob acredita que decepcionou a todos, inclusive seu chefe e sua família, e se sente extremamente culpado, merecedor da morte.

As vozes começaram a incomodá-lo há apenas alguns dias. Ele as ouve logo atrás da orelha esquerda e, embora não saiba sua causa, elas parecem terrivelmente reais. A qualquer hora do dia e durante grande parte da noite, dois estranhos (um homem e uma mulher) gritam que Jakob é "um total vagabundo" e aconselham-no a usar uma de suas armas "para o propósito que Deus lhes deu" — isto é, matar-se. Lágrimas brotam de seus olhos e seus lábios tremem enquanto ele gagueja: "Estou apavorado".

Embora Jakob resista a falar sobre isso, ele admite beber "um pouco demais, de vez em quando". Um questionamento minucioso revelou o seguinte: se durante 20 anos, Jakob consumiu quase 2,3 litros de bebidas destiladas por semana, nos últimos seis meses, sua ingestão de álcool quase dobrou. Há uma semana, uma "gastroenterite viral" fez Jakob vomitar com tanta frequência que não conseguia engolir nada, nem mesmo bebidas alcoólicas. Pouco depois disso, as vozes começaram seu clamor insistente.

Um clínico novato pode considerar que Jakob sofre de três condições mentais diferentes: transtorno depressivo grave, transtorno psicótico agudo e transtorno por uso de álcool grave. A navalha de Occam, no entanto, reduz o problema ao seu essencial: como é bastante comum no transtorno por uso de álcool, o consumo excessivo de bebidas alcoólicas de Jakob acabou induzindo a um transtorno depressivo grave. Quando ele ficou fisicamente doente (foi mesmo uma gastroenterite ou seu sistema "se rebelou" em razão de tanto álcool?), entrou em abstinência alcoólica e ouviu vozes. As alucinações auditivas que uma pessoa pode experimentar durante a abstinência do álcool são muito parecidas com as da esquizofrenia. A navalha de Occam nos leva a propor que Jakob tem uma doença básica que causou muitos sintomas e pelo menos três transtornos mentais.

Esse pensamento parcimonioso é importante em parte porque nos ajuda a compreender o que não devemos fazer. Por exemplo, é provável que o transtorno depressivo de Jakob melhore quando ele parar de beber. A medicação antidepressiva sobrecarregaria seu sistema com ainda mais substâncias químicas e reforçaria a ideia de que seu transtorno depressivo era uma doença independente que poderia ser tratada com remédios, sem enfrentar os problemas do transtorno por uso de álcool. O diagnóstico de uma psicose por álcool milita contra o uso prolongado de agentes antipsicóticos: assim que Jakob parar de beber, suas alucinações certamente desaparecerão.

> *Princípio diagnóstico*: use a navalha de Occam — prefira o diagnóstico que fornece a explicação mais simples para seus dados.

Zebras e cavalos

As profissões ligadas à cura têm um ditado ensinado aos estudantes de geração em geração: "Se você ouvir cascos na rua, pense em cavalos, não em zebras". Em outras palavras, tenha em mente o fato não muito surpreendente de que é mais provável você encontrar distúrbios comuns do que raros e ajuste seu pensamento diagnóstico de acordo com isso. Esse ditado é muito útil, sendo também um princípio diagnóstico, o qual pode ser usado de maneira certa ou errada.

A maneira errada é fazer disso o esteio de sua estratégia diagnóstica, como tenho notado acontecer, sobretudo no que diz respeito ao transtorno depressivo. Deparamo-nos com tanta frequência com o que parece ser um transtorno depressivo grave que tendemos a excluir possibilidades concorrentes. Alguns autores sugerem que uma abordagem puramente estatística ao diagnóstico (isto é, sempre diagnostique transtorno depressivo grave, encontrado em mais de 50% dos pacientes com problemas de saúde mental, sobretudo no consultório) poderia ser uma estratégia vencedora em mais de metade das vezes. É evidente que nosso desejo sempre é o de acertar com nossos pacientes, ou chegar o mais próximo possível do acerto.

A aparente raridade de uma condição depende da população com a qual você trabalha. Se você atua em um hospital psiquiátrico, pacientes psicóticos com esquizofrenia e transtornos bipolares podem constituir a maior parte da sua prática. Se você atende apenas pacientes ambulatoriais, é provável que encontre muitos com transtornos de ansiedade ou depressivo leve a moderado. Da mesma forma (e sem surpresa), você encontrará muitas pessoas com transtornos relacionados a substâncias em clínicas de reabilitação e entre veteranos de guerra com TEPT. Não é sedutor pensar que se estiver atendendo um paciente de um lar de idosos que está em processo de deterioração, o diagnóstico será doença de Alzheimer? Para o seu diagnóstico, você não pode confiar na frequência de determinada condição na população de pacientes em questão. Encontrei transtorno depressivo em veteranos (que também podem ter TEPT); transtornos bipolares em estudantes (que costumam apresentar transtorno de déficit de atenção/hiperatividade [TDAH]) e uma grande quantidade de casos de transtorno depressivo (e mania) em pacientes geriátricos.

A melhor maneira de utilizar o princípio "cavalos, não zebras" é sempre considerar diagnósticos comuns, mas não a ponto de ignorar outras possibilidades. Por exemplo (como discutiremos no Capítulo 10), ao formular um diagnóstico diferencial, muitas vezes incluo transtornos do humor, embora eles possam não chegar ao corte final.

> Quando Irwin chegou à clínica de saúde mental, já se sentia deprimido há quase seis meses. Seu clínico acredita que os sintomas de Irwin são bastante típicos — dificuldade para dormir, perda de apetite (embora seu peso tenha aumentado um pouco), sensação de fracasso e incapacidade de se concentrar no trabalho de *designer* de mobiliário de cozinha. Irwin nega enfaticamente qualquer pensamento sobre suicídio. Seu chefe sugeriu a consulta porque Irwin parecia estar sofrendo muito. Aos 38 anos, ele nunca teve dificuldades emocionais anteriores; não bebe nem usa drogas.
>
> O recente ganho de peso confunde seu clínico, que se pergunta se, diante da redução do apetite, a depressão poderia ter uma causa orgânica (como hipotireoidismo ou outro distúrbio endócrino). Por segurança, Irwin concorda em fazer um *check-up* com seu médico de família, que ele não consulta há "mais tempo do que consegue se lembrar". Entretanto, reconhecendo que uma causa orgânica para um transtorno do humor como o de Irwin é um "tiro no escuro", seu clínico inicia um tratamento de terapia cognitivo-comportamental.

O diagnóstico de um distúrbio raro é tão atraente que pode seduzir o clínico a ignorar as causas mais comuns de quaisquer sintomas mentais que o paciente apresente. Ter (e relatar) um diagnóstico como esse pode ser excelente para a carreira; o clínico alcança o *status* instantâneo de herói. Embora tal acontecimento seja possível, uma abordagem ponderada que também empregue a navalha de Occam combina os benefícios de um diagnóstico preciso com um tratamento rápido. (No caso, as preocupações do clínico de Irwin foram dissipadas quando uma investigação não revelou qualquer evidência de uma causa orgânica para a depressão. Em outras palavras, não havia zebras, apenas um cavalo comum.)

> *Princípio diagnóstico*: os cavalos são mais comuns do que as zebras; prefira o diagnóstico encontrado com mais frequência.

AVALIAR SEUS DADOS PARA ESTABELECER UM DIAGNÓSTICO DIFERENCIAL

Colocar em prática os princípios citados todos os dias a serviço de nossos pacientes pode parecer assustador. No entanto, se seguirmos esses passos para os casos clínicos a seguir, teremos listas de diagnósticos diferenciais viáveis que levam a diagnósticos de trabalho, os quais, em cada caso, nos ajudarão a formular um prognóstico e recomendar o tratamento. Nunca conheci um paciente cuja condição exigisse que eu usasse todos os princípios diagnósticos de uma só vez, mas o caso a seguir, um pouco mais detalhado, servirá para ilustrar diversos deles.

Edna

Edna ficou noiva recentemente, mas começou a ter episódios de ansiedade que teme que possam fazê-la perder sua bolsa de estudos. Ela pergunta ao seu clínico: "Será que faria mal se eu tomasse um ou dois comprimidos de Valium durante essas provas finais?". "Talvez devêssemos tentar entender primeiro o quadro completo", ele responde. A história dela acaba sendo mais complicada do que alguns remédios poderiam resolver.

Edna era um bebê alegre e um tanto rechonchudo, nascido de pais de primeira viagem quando eles tinham 40 anos. Sua mãe tinha uma carreira profissional, mas vivia com o transtorno obsessivo-compulsivo (TOC), o que limitava seu tempo com a bebê Edna. Seu pai viajava a negócios; quando estava em casa, passava grande parte do tempo livre participando de reuniões dos Alcoólicos Anônimos (AA) para manter sua frágil sobriedade. Como resultado, Edna foi criada por uma sucessão de funcionárias domésticas cujas principais funções não eram cuidar de criança. Deixada em grande parte por conta própria, ela cresceu tendo livros e televisão como amigos, e sem muito envolvimento social. Ela sempre foi uma criança temperamental, e essa característica não melhorou quando menstruou, aos 13 anos.

Edna era "anormalmente tímida". Na verdade, durante todo o ensino médio, ela teve apenas um encontro com um rapaz que tentou fazer sexo com ela depois do cinema. "Eu já estava só de calcinha quando meu bom senso tomou conta de mim e eu me vesti novamente." Durante o ensino médio e seus primeiros três anos de faculdade, Edna mergulhou nos estudos e nada mais. No outono de seu último ano, ela estava prestes a se formar um semestre mais cedo, *summa cum laude* em ciências políticas.

Perto do Natal, Edna conheceu um jovem, Geoffrey. Sempre convencida de que nunca se casaria, ela não se importava muito com sua aparência, mas, recentemente, uma colega de quarto a ensinou a arrumar o cabelo e jogou fora o *jeans* cafona que Edna usava nas aulas quase todos os dias. Talvez as roupas novas e o batom tenham funcionado, pois Geoffrey, que também era uma pessoa muito tímida, como Edna, demonstrou grande interesse por ela e a pediu em casamento no segundo encontro. Ela aceitou na hora. "Acho que fiquei muito grata por ter dito 'Sim'", comenta com seu clínico. "Foi a noite mais feliz da minha vida, como diz o clichê." Foi também o último dia verdadeiramente feliz que Edna desfrutou.

Desde o noivado, Edna tem passado muitas horas ansiosa. "Sinto medo — mas nem Deus sabe do quê —, fico com dispneia e meu coração bate muito rápido. Isso faz meu peito doer". Em dois dias ela apresentará Geoffrey a seus pais e já sente enjoos ao pensar nisso. Agora, Edna fica acordada à noite, tentando estudar, preocupada com a possibilidade de reprovar nos exames finais e permanecer na faculdade por mais um ano. Ela também se preocupa com o que seus pais vão achar de Geoffrey. Acima de tudo, ela sofre com a perspectiva de se casar e, talvez, ter a responsabilidade de constituir família.

A expressão facial de Edna é alegre e agradável, embora preocupada; uma ou duas vezes ela fica chorosa, mas essencialmente fala de maneira lógica e em frases completas, mostrando bom domínio dos fatos. Perto do final da avaliação, Edna menciona que sua colega de quarto, Ann, deseja falar com o clínico. As informações de Ann são breves, mas reveladoras: Edna parece bem quando está com Ann, mas, quando está com Geoffrey ou está prestes a vê-lo, ou às vezes até falando sobre ele, ela parece ser inundada pela ansiedade.

Análise

Observe como eu exploraria a história de Edna, a fim de elaborar um diagnóstico diferencial abrangente:

1. Como em qualquer diagnóstico diferencial, primeiro, questionaria se há um problema associado a outra condição médica ou de uso de substâncias

(dois princípios diagnósticos que já mencionei e que abordaremos com mais detalhes no Capítulo 9). É claro que considero em primeiro lugar as causas de outras condições médicas — não porque sejam especialmente comuns, mas em razão do seu considerável potencial para causar danos ao paciente e porque, muitas vezes, podem ser tratados com facilidade. Tanto o uso atual quanto a abstinência de substâncias podem causar ansiedade, e Edna havia solicitado Valium; portanto, o uso de substâncias como uma possível etiologia também ganha seu lugar na minha lista.

2. A principal queixa de Edna é a ansiedade; por isso, eu revisaria todo o espectro dos transtornos de ansiedade, resumidos no Quadro 12.1. Ela poderia ter um transtorno de pânico incipiente ou TAG, embora o curso dos sintomas tenha sido muito breve. A história de sua doença atual informa muitas das escolhas em nosso diagnóstico diferencial.

3. O princípio diagnóstico da história familiar surge! A mãe de Edna havia sido tratada por TOC, um problema familiar. Estudos genéticos nos dizem que é provável que um paciente com transtorno de ansiedade tenha parentes com diversos outros transtornos de ansiedade, não apenas um. (O *DSM-5-TR* coloca o TOC em um capítulo separado, mas essa condição também manifesta muita ansiedade.)

4. O que eu não incluiria na lista de transtornos de ansiedade? Concordo que não há evidências de agorafobia, e Edna não disse nada sobre fobias, a não ser a que possa estar implícita na perspectiva de envelhecer sem um companheiro. Embora o súbito pedido de casamento de Geoffrey tenha precedido os sintomas de Edna, seria um verdadeiro exagero enquadrar a sua história como TEPT (outro antigo transtorno de ansiedade que o *DSM-5-TR* coloca em seu próprio capítulo).

5. Entre outras informações da avaliação inicial, destacamos a infância um tanto isolada de Edna, o que sugere a possibilidade de transtorno da personalidade evitativa. (No entanto, mais adiante observaremos um princípio diagnóstico que nos alerta para sermos cautelosos ao diagnosticar um transtorno da personalidade diante de qualquer transtorno mental grave.) E, a propósito, descarto transtornos de somatização em qualquer jovem.

6. Não pretendo menosprezar o EEM; contudo, em vez de fornecer uma conclusão, seus componentes muitas vezes servem melhor para sugerir outros campos de investigação. O choro de Edna mostra alguma evidência de depressão, que, de qualquer maneira, quase sempre incluo em um diagnóstico diferencial. Esse é outro dos meus princípios diagnósticos.

7. Este caso clínico também demonstra o importante princípio, embora muitas vezes ignorado, de que a história colateral pode ajudar a enquadrar a discussão do diagnóstico. As informações da colega de quarto de Edna fornecem algo que a paciente aparentemente não consegue ver: a perspectiva do momento e da precipitação dos acontecimentos. O princípio diagnóstico "cavalos, não zebras" lembra-nos de que devemos considerar sobretudo

os diagnósticos que ocorrem com frequência na população em geral, dentre os quais estão os problemas situacionais (também conhecidos como problemas de vida).

Considerando todos os pontos aqui descritos, proponho o seguinte diagnóstico diferencial na avaliação do problema de Edna (e deixo como exercício a organização desses itens em uma hierarquia de segurança e a determinação do melhor diagnóstico geral):

- Transtorno de adaptação com sintomas de ansiedade (problemas de vida)
- Transtorno de ansiedade devido a outra condição médica
- Transtorno da personalidade evitativa
- Transtorno depressivo
- TAG
- TOC
- Síndrome do pânico
- Transtorno de sintomas somáticos
- Transtorno de ansiedade induzido por substância/medicamento

LIDANDO COM INFORMAÇÕES CONTRADITÓRIAS

Princípio diagnóstico: fique atento a informações contraditórias, como afeto que não se ajusta ao conteúdo do pensamento ou sintomas que não correspondem à história habitual de um transtorno.

Quando clínicos com anos de experiência se deparam com informações contraditórias, o diagnóstico apropriado muitas vezes parece surgir quase por instinto. Como tentarei mostrar com outro caso clínico detalhado, essa aparente intuição pode ser apenas uma questão de perceber quando as pistas da história entram em conflito umas com as outras, ou quando as pistas do EEM não correspondem ao curso normal de um transtorno mental. Resolver informações contraditórias não é intuição, mas prática. Tenho convicção suficiente em relação a isso para considerá-lo um princípio diagnóstico.

Tony

Tony tem apenas 45 anos, mas, ao relatar sua complicada história, parece ter uns bons 10 anos a mais. Desabrigado e gravemente deprimido, ele sofre de falta de concentração e apetite, insônia severa, incapacidade de trabalhar, recorrente desejo de morrer e tentativas de suicídio. Durante uma dessas tentativas, ele estacionou o carro em uma área remota e puxou a mangueira do escapamento para dentro do carro, ligou o motor e acomodou-se, esperando a morte, mas a tentativa falhou porque o tanque de gasolina secou antes mesmo de ele perder a consciência. Recentemente, Tony conseguiu uma pistola emprestada e apontou-a para a própria cabeça. Vários amigos o impediram, e ele fez os cinco disparos no teto. "Isso só danificou o gesso."

Esse episódio motivou sua internação em um hospital de veteranos, em que foi tratado com medicamentos. (De todos os antidepressivos que experimentou ao longo dos anos, o Prozac pareceu o ajudar mais.) Enquanto estava hospitalizado, Tony solicitou assistência habitacional, mas lhe foi negada sem explicação. Em seguida, ele resolveu deixar o hospital; quatro dias depois, encontrava-se a 320 km de distância, em outro hospital de veteranos. Tony não sabe como viajou de uma cidade para outra e não consegue se lembrar do que aconteceu durante esse período. No início, sequer lembrava de informações pessoais, como seu número de CPF, embora nunca tivesse esquecido seu nome.

Tony afirma que, além da depressão, ouviu várias vozes diferentes de maneira intermitente durante muitos anos. Ele ouvia, por exemplo, a voz de sua mãe, que ria dele, e a voz de seu irmão morto. Ouvia, também, uma estranha que Tony conhece apenas como "Cathy" e que pronunciava seu nome com tanta clareza que ele se virava para ver quem poderia estar ali. Tony não ouviu nenhuma dessas vozes nos últimos dias antes da avaliação atual. De vez em quando, tem alucinações visuais de um homem de cerca de 30 cm de altura, que encontrou pela primeira vez há muitos anos em Okinawa, quando servia no Exército. Ele às vezes também vê sua mãe (que ainda está viva) em uma cena "tão real que poderia tocá-la". De vez em quando, Tony acredita que ela e outras pessoas estão, em suas palavras, "rindo pelas minhas costas".

Durante a entrevista, o humor de Tony parece ser eutímico e apropriado ao conteúdo de seu pensamento. Seu afeto, que não era lábil, torna-se choroso quando fala de seu casamento fracassado. A história é a seguinte: há duas décadas, Tony se casou com uma mulher da Colômbia, esforçando-se para garantir que ela, seus filhos e sua mãe se tornassem residentes legais nos Estados Unidos. Como resultado de acusações infundadas e golpes praticados por sua esposa, Tony acabou indo morar em um quarto de hotel enquanto ela e seus parentes continuavam ocupando sua casa. Ele abandonou todas as suas propriedades e se tornou segurança de um cassino, afirmando nunca ter usado álcool ou drogas ilícitas de maneira intemperante.

Quando criança, diz Tony, estava sempre deprimido. Quase sem amigos, ele brincava com um lagarto de borracha que chamava de "Tonto" e com diversos amigos imaginários. Tony tinha um pé torto, que foi tratado com gesso, com o qual Tony chutava as tábuas do berço quando era apenas um bebê.

Análise

Alguns dados de Tony entram em conflito entre si ou com o bom senso. Por exemplo, as repetidas tentativas de suicídio parecem exageradas, possivelmente inventadas. Em resposta ao casamento fracassado, Tony abandonou sua propriedade e seguiu em frente. As alucinações visuais de sua mãe eram mais vívidas do que o normal na psicose. Ver pessoas "liliputianas" é característico do *delirium tremens*, mas ele nega beber. Tony deu um nome a uma das vozes que ouviu, o que é incomum na psicose. Enquanto as pessoas genuinamente psicóticas tentam ignorar as alucinações que as atormentam, Tony se vira para ver quem está falando. Enquanto estava em um suposto estado de fuga, ele viajou com aparente propósito para outro hospital de veteranos, em que não era conhecido. Embora pudesse estar contando o que outros lhe contaram, algumas declarações sobre sua própria infância parecem extravagantes: ele "sempre" estava deprimido e se lembra de chutar o berço. Por fim, apesar de suas muitas aflições e sua dolorosa história, seu humor na entrevista é eutímico, não deprimido.

Consideradas de maneira isolada, essas características podem parecer inexpressivas, mas, em conjunto, criam uma suspeita razoável de alguém que tenta apresentar-se como doente e necessitado. Esse quadro clínico, que também se enquadra em uma motivação para o ganho secundário de conseguir alojamento, impõe ao clínico o dever de rejeitar o valor nominal da história e de investigar mais antes de fazer um diagnóstico e recomendar um tratamento.

Simulação

Detesto quando me deparo com a necessidade de diagnosticar simulação. Se não o fizer, estarei descumprindo meu dever como diagnosticador — mas, uma vez que alguém é rotulado como "simulador", é difícil não considerar esse indivíduo como manipulador e mentiroso. Se alguém admitir ter inventado uma história, e se eu puder ter certeza de que estou certo, limitarei minha afirmação a esse comportamento específico: "a história do estado de fuga foi fabricada". Em outras palavras, rotulo o comportamento como "simulado" em vez de rotular a pessoa como "simuladora".

Minha relutância em usar esses termos decorre do duplo fato de que, sobretudo no caso de eventos mentais, a simulação é muito difícil de se provar e não existem critérios confiáveis. Uma série de casos que ilustra minha preocupação foi relatada em Israel por Witztum e colaboradores na revista *Military medicine*, em 1996. Dos 24 indivíduos diagnosticados como "simuladores" no decorrer de um ano, os autores rediagnosticaram quase todos como tendo uma psicopatologia grave, incluindo psicose, atraso intelectual e transtornos do humor. Dos 24, apenas três foram considerados aptos para servir nas Forças Armadas.

A falsificação de sintomas físicos costuma ser fácil de se detectar: uma observação cuidadosa revelará que o paciente que afirma ter cálculos renais derrama grânulos de areia em uma amostra de urina, ou que uma febre aparentemente persistente é o resultado do uso do termômetro para mexer o café. Muito mais difícil de detectar é a produção de sintomas e transtornos mentais, que podem incluir amnésia, TEPT, psicose, distúrbios alimentares, luto, depressão, mania e até relatos de perseguição. Discuti alguns sinais de alerta no quadro "Reconhecendo informações alarmantes".

Além da perspectiva da vantagem financeira — pensando em fraude no seguro de saúde —, uma variedade de motivos pode encorajar a notificação de sintomas falsos. Alguns pacientes desejam evitar responsabilidades sociais (como trabalho ou pensão alimentícia) ou atribuições perigosas, em especial nas Forças Armadas. Muitos clínicos atendem indivíduos que fingem dor para conseguir medicamentos prescritos que podem vender ou usar de forma indevida. Uma pessoa pode minimizar sintomas mentais reais, "fingir estar boa" para conseguir alta de um hospital psiquiátrico ou recuperar a custódia de um filho. Além disso, um motivo bem conhecido é evitar a punição por um crime, pela alegação de redução de capacidade mental ou insanidade.

> Um exemplo notório (e quase bem-sucedido) de simulação flagrante é o de Kenneth Bianchi, um dos dois homens que cometeram os assassinatos do Estrangulador da Hillside, na década de 1970, em Los Angeles e no estado de Washington. Bianchi era um homem charmoso e mentiroso compulsivo. Já havia se estabelecido como psicoterapeuta com um diploma falso da Universidade de Columbia e um diploma de "doutor em psiquiatria" de uma instituição inexistente. Ao ser pego, Bianchi produziu uma segunda personalidade, Steven, que assumiu a responsabilidade pelos assassinatos ("Matar uma garota não faz diferença para mim"). Seu desempenho foi tão persuasivo que vários especialistas em transtorno de personalidade múltipla (TPM, agora conhecido como transtorno dissociativo de identidade) o declararam psicótico e, portanto, isento de responsabilidade por seus crimes. Bianchi, no entanto, foi desmascarado pelo psiquiatra Martin Orne, e levado ao julgamento pela promotoria. Orne disse a Bianchi (falsamente) que todos os casos de TPM têm mais de duas personalidades. Em poucas horas, uma terceira personalidade emergiu. Um dos médicos que foi enganado, após se tornar psiquiatra da prisão e constatar que "tinha motivos para não acreditar em nada do que os criminosos diziam", mais tarde se retratou da sua crença no TPM de Bianchi.

Existem diferentes graus de simulação. Nos casos mais flagrantes, os pacientes inventam situações ou exageram sintomas reais. Outros podem atribuir falsamente seus sintomas a algo que sabem que não é a causa real; por exemplo, um paciente pode alegar que seus sintomas de ansiedade, na verdade de longa data, surgiram depois de um pequeno acidente de trabalho.

Sejam a história e os comportamentos adaptados a partir de algo novo ou apenas sobrepostos a algo já existente, o diagnóstico diferencial envolve mais do que apenas simulação. Uma possibilidade é o transtorno factício (mais notoriamente, pessoas com síndrome de Münchausen que são internadas em uma sucessão de hospitais); outra (que parece possível no caso de Kenneth Bianchi) é o transtorno da personalidade antissocial. Você também pode se deparar com sintomas inconscientemente aumentados ou inventados em pacientes com diversos transtornos somatizantes e dissociativos.

> ### Reconhecendo informações alarmantes
>
> Diversas características acionam o alerta de que as informações dadas por um paciente não podem ser aceitas como ele as relata. Antes de confiar plenamente nas informações, deve-se compará-las com dados de entrevistas com informantes, prontuários de saúde anteriores, exames laboratoriais — ou deva-se testá-las, discutindo-as de forma franca. Os itens da história e do comportamento listados a seguir, sem nenhuma ordem específica, são especialmente reveladores:
>
> **Perda de memória na ausência de transtorno cognitivo.** Uma memória fraca, facilmente fabricada e difícil de verificar pode ser irresistível para pacientes com algo a esconder ou a ganhar.
>
> **Amnésia irregular.** Alguém afirma não se lembrar de informações pessoais, mas conversa sobre questões contemporâneas.
>
> **Uso de linguagem extrema para descrever sintomas.** Os exemplos incluem "Perdi 10 quilos em três dias", "Às vezes passo uma semana inteira sem dormir".
>
> **Paciente que se envolve em comportamento criminoso enquanto está hospitalizado.** Pode incluir agressões, relações sexuais com funcionários ou outros pacientes e tráfico de drogas.
>
> **Repetidas tentativas de suicídio sem sucesso.** Embora muitos pacientes façam esforços múltiplos e sinceros para dar fim à vida, outros parecem fingir, em um esforço para atrair atenção ou simpatia. O perigo é que pode ser difícil avaliar o nível de sinceridade.
>
> **Sintomas incomuns.** Sintomas excessivamente dramáticos, raros ou graves — além da gama habitual de psicopatologia. Um exemplo é o comportamento de Tony ao ouvir vozes (voltar-se para confrontá-las sempre que as ouvia). Outros exemplos seriam alegações de esquizofrenia caracterizada por delírios que começam ou terminam de modo repentino, alucinações visuais de pessoas do tamanho de bonecas ou alucinações contínuas em vez de intermitentes. O início dos sintomas pode ser mais repentino do que o normal para o diagnóstico dado (delírios completos que se desenvolvem em uma noite). Sintomas de muitos distúrbios que começam ao mesmo tempo podem, às vezes, ser um alerta. É claro que um paciente astuto pode ter consultado livros didáticos para aprender como uma doença mental normalmente se manifesta.
>
> **Ausência de sintomas típicos.** Por exemplo, a maioria das pessoas deprimidas terá problemas de sono e apetite; a ausência de tais questões deveria levantar suspeitas.
>
> **História que continua mudando.** Pessoas que inventam ou exageram podem ter dificuldade em manter a mesma história.
>
> *(Continua)*

Reconhecendo informações alarmantes
(Continuação)

Múltiplas personalidades. O transtorno dissociativo de identidade genuíno tem sido bem documentado há décadas, mas o mesmo acontece com a fabricação de "alternativas" por algumas pessoas, a fim de evitar a detecção ou a punição por comportamento criminoso ou indesejável.

Ganho secundário. Sintomas que ajudam uma pessoa a ganhar dinheiro ou a evitar perdas requerem uma avaliação cuidadosa.

Curso de doença atípico para determinado transtorno mental. Um paciente que manteve emprego fixo e estável durante uma década e ainda afirma ter uma longa história de esquizofrenia levantaria minhas suspeitas.

Falta de cooperação. Os pacientes que evitam ou se recusam a responder a perguntas durante um teste ou uma entrevista podem ter algo a esconder. Eu também me preocuparia com alguém que se recusa a permitir que informantes sejam consultados.

Afeto incongruente. Um afeto agradável ou mesmo alegre que não corresponde às circunstâncias graves de uma pessoa, como paralisia ou cegueira, às vezes é chamado de *la belle indifférence* e pode ser encontrado em pacientes com transtornos de somatização. (No entanto, você pode encontrar um afeto imaturo ou incongruente em outros transtornos.)

Comportamento interpessoal. Pesquisas documentaram a tendência dos clínicos em acreditar em um indivíduo assertivo com expressão facial agradável e que domina a conversa. Precisamos estar alertas para que tais características de normalidade não sobrecarreguem nosso julgamento sobre a veracidade essencial de um paciente.

Desempenho abaixo do acaso em testes padronizados de memória, cognição ou intelecto. Mesmo respostas aleatórias podem ser corretas; acertar menos do que o acaso requer planejamento. Alguns pacientes dão respostas flagrantemente falsas, por exemplo: "2 vezes 2 é igual a 5", "O traje do Papai Noel é verde", "Há 30 horas em um dia".

Hospitalização em vários locais. Em casos da clássica síndrome de Münchausen (agora transtorno factício), os pacientes passam de uma instituição de saúde para outra.

Falha de múltiplos tratamentos normalmente adequados. Pacientes que permanecem deprimidos após tratamento com vários antidepressivos, terapia cognitivo-comportamental e realização de eletroconvulsoterapia merecem reavaliação completa, em vez de outro curso de tratamento.

Inconsistências internas na história do paciente. Por exemplo, um paciente atendido pela assistência social que fala sobre negócios deve incitar um exame mais cuidadoso de outros aspectos da história.

5

LIDANDO COM A INCERTEZA

Quando eu era estudante de medicina, muitos professores, em uma rara concordância entre os psiquiatras, salientaram que um profissional de saúde mental bem treinado pode fazer um diagnóstico válido após uma única consulta cerca de quatro de cada cinco vezes; na quinta vez, porém, o clínico pode entrevistar o paciente por horas e ainda assim ficar inseguro. Ao longo das décadas seguintes, esse número não mudou muito; por isso, se você avaliar diversos novos pacientes por semana, terá de aprender a lidar com a incerteza diagnóstica. Este capítulo apresenta algumas ideias sobre como lidar com a incerteza quando ela surge e explica por que o conceito em si é tão valioso para a busca de diagnósticos precisos.

POR QUE NÃO TEMOS CERTEZA?

Você pode sonhar com o momento em que toda a incerteza do processo diagnóstico desaparecerá, mas acho que esse dia feliz está muito longe. A principal razão é óbvia e inevitável: sempre haverá pacientes sobre os quais não teremos informações adequadas e confiáveis. Embora os pacientes com déficit cognitivo, como a doença de Alzheimer, possam querer muito cooperar, terão dificuldade em se lembrar de fatos importantes. Os familiares podem ter ficado sem contato com essas pessoas durante muito tempo, dificultando sua contribuição com informações essenciais. Um indivíduo com paranoia ou que já teve experiências infelizes com cuidados de saúde pode ter medo de revelar fatos pertinentes ao diagnóstico.

Quando Nigel consultou pela primeira vez com sua nova médica, uma jovem ainda em formação na clínica universitária, ele se sentiu subitamente envergonhado com a causa de sua ansiedade e sua depressão. Foi necessário investir a maior parte da primeira consulta até ele por fim revelar que tem sido repetidamente impotente com sua noiva, que sugeriu a avaliação.

Outros pacientes podem tentar se proteger ou proteger outras pessoas de possíveis processos judiciais.

Acusado de destruir a casa do vizinho em uma busca inútil por dinheiro e drogas, Trevor é entrevistado na prisão. Relata ter transtorno bipolar e afirma ter "apagado" durante os acontecimentos em questão. Trevor recusa-se a permitir que os clínicos contatem seus familiares para obter informações adicionais que possam validar — ou, claro, refutar — sua alegação de um transtorno mental que o torne potencialmente inimputável.

Outros pacientes que também buscam restringir informações sobre suas histórias são aqueles que apresentam transtornos factícios ou paranoides. Alguns, por uma série de razões, apenas não dizem a verdade.

É muito frequente que a base de dados de um paciente nunca esteja completa até termos obtido informações colaterais — em geral de um parente, mas às vezes de prontuários antigos ou de clínicos anteriores.

Jeff relatou histórico de alterações de humor maníacas e depressivas, típicas do transtorno bipolar. Embora ele negasse ter consumido muito álcool, Louise, sua ex-esposa, deixou-me uma mensagem de voz dizendo que o via muitas vezes em estado de estupor. Em uma noite, fui à casa dele depois de um vizinho ter telefonado para Louise expressando preocupação em relação a um som estridente e vi Jeff gravemente intoxicado por álcool e por cocaína. Eu o convenci a se internar em um hospital; no dia seguinte, ele confessou que todas as suas mudanças de humor ocorreram enquanto estava sob influência de substâncias.

Às vezes, nós, clínicos, precisamos assumir a responsabilidade pela informação insuficiente. Se eu estiver com pressa de concluir uma avaliação e omitir perguntas sobre sintomas de ansiedade, corro o risco de ignorar um diagnóstico importante. Por exemplo, no meio da noite, um médico de plantão sonolento que não vasculha um prontuário volumoso pode não notar o EEG anormal de um paciente psicótico, o qual foi tratado com sucesso com anticonvulsivantes. Acredito que muitos diagnósticos errados e incorretos decorrem da falha no levantamento e na utilização de todos os dados relevantes, embora não tenha outros dados além dos meus anos de observação do desempenho do entrevistador em apoio a essa crença.

No entanto, surpreendentemente, informações extras podem confundir o diagnóstico. A situação pode ser bastante simples, como quando um paciente com longa história de psicose apresenta características atípicas da esquizofrenia — talvez um *insight* surpreendente e um afeto modulado de forma adequada. Devemos considerar, também, indivíduos que, na sua ânsia de fornecer informações, dão respostas positivas a uma gama tão ampla de perguntas que não se pode descartar nada. Depois, deve-se examinar os fatos e decidir quais são os mais relevantes para a situação clínica atual. No Capítulo 4, descrevi como fontes de informação contraditórias podem levar à confusão diagnóstica.

Uma questão que não mencionamos com frequência é a do clínico que não se mantém atualizado em relação à evolução do conhecimento. Encontrei inúmeros profissionais de saúde mental que baseiam diagnósticos de esquizofrenia na sua intuição clínica, não nas melhores práticas evidenciadas por estudos clínicos. O espectro de tal comportamento é o que leva a maioria de nós — quase desde o momento que concluímos o nosso treinamento e iniciamos a carreira independente como profissionais de saúde — a ler periódicos, participar de conferências e acumular créditos de educação continuada, tudo no esforço para nos mantermos atualizados com os mais recentes desenvolvimentos em diagnóstico e tratamento. Em alguns países, manter-se atualizado tornou-se institucionalizado para os profissionais médicos, já que as certificações do conselho são válidas por um período limitado (geralmente 10 anos), depois do qual eles precisam fazer um exame de recertificação.

É claro que a miríade de combinações de sintomas que cada paciente apresenta pode confundir até os profissionais mais bem treinados e atualizados. Alguns exemplos bem reconhecidos são até incluídos em critérios estabelecidos. Em algum, é possível haver especificadores atípicos do transtorno depressivo: aumento do sono e do apetite — o oposto do esperado nos casos usuais de depressão.

Às vezes, seguir os critérios estabelecidos de forma muito estrita pode causar falha no diagnóstico.

> Um exemplo raro seria Corrine, cujo consumo de uma garrafa de vinho tinto todos os dias nunca lhe causou problemas. Solteira a vida toda, ela vive da riqueza herdada. Um funcionário administra a parte financeira e cuida para que Corrine receba nutrição adequada e bons cuidados de saúde. Se você insistir nos critérios exatos para transtorno por uso de álcool, Corrine pode não se enquadrar.

Mais uma vez, os critérios estabelecidos não cobrem todas as manifestações possíveis de doença mental; alguns pacientes apresentam sintomas que não estão de acordo com as noções convencionais de determinado distúrbio.

> Arvin mudou-se recentemente para o oeste de Indiana, onde cursou a faculdade. Ele tem, hoje, 35 anos, mas sua longa história de transtorno do humor começou aos 10 anos, quando tentou suicídio bebendo Lysol. Felizmente, Arvin engasgou antes de conseguir engolir a maior parte do líquido e não sofreu efeitos nocivos duradouros. Mais ou menos nessa época, ele experimentou bebida alcoólica e, assim, iniciou uma longa espiral descendente de uso de substâncias (pois consumiu maconha e anfetaminas aos 12 anos), e depressão. Por ser inteligente e passar com facilidade nos exames, Arvin concluiu o ensino médio com sua turma. Contudo, aos 19 anos, teve seu primeiro episódio de mania.

Desde então, as depressões de Arvin nunca duraram mais do que cerca de 10 dias; em metade do tempo, mais ou menos, estão entrelaçadas com explosões de mania. Seus pontos baixos e altos atendem aos respectivos critérios para transtorno depressivo maior ou episódio maníaco, às vezes com características mistas. No entanto, como seus episódios depressivos são muito breves, um médico recentemente recusou-se a diagnosticá-lo com transtorno bipolar I. "Ele me disse que eu tinha 'transtorno do humor sem outra especificação'", relata Arvin com certa consternação. "O que *isso* significa?" A despeito do diagnóstico, o humor de Arvin se estabilizou quando iniciou tratamento com fármaco estabilizador do humor.

Todo clínico experiente já atendeu inúmeros pacientes que, assim como Arvin, não se enquadram plenamente nos critérios diagnósticos oficiais. Na maioria das vezes, a terapia prossegue como se os critérios fossem atendidos e funciona perfeitamente. Concordo com a opinião consagrada nas declarações ignoradas nas letras miúdas dos conjuntos de critérios oficiais: os critérios devem ser vistos como diretrizes, não como "camisas de força", e os clínicos devem utilizá-los com julgamento que considera todas as circunstâncias individuais.

Devemos reconhecer, também, que alguns comportamentos podem, à primeira vista, assemelhar-se a doenças mentais, mas, na verdade, são mais ou menos "normais" (ver quadro "O que é normal?"). Às vezes, tais comportamentos são chamados *fatores de confusão de doença mental*. Por exemplo, algumas pessoas responderão a uma variedade de situações com emoções mais intensas do que a média. O que estou tentando é alertar contra a interpretação exagerada de um comportamento que pode diferir do nosso em uma circunstância semelhante, mas ainda estar nos limites do normal. Aqui estão alguns exemplos:

- Francine está no último ano da faculdade. Sua ansiedade poderia sinalizar TAG ou algum outro transtorno de ansiedade, mas poderia refletir uma resposta normal ao divórcio de seus pais e ao seu iminente exame de seleção para a pós-graduação. Muitas vezes, a ansiedade é perfeitamente normal, até esperada.
- Os sentimentos de intensa tristeza de Oscar indicam um transtorno do humor ou uma resposta ao rompimento com sua noiva? A infelicidade pessoal costuma ser normal.
- Aos 16 anos, Winnie comete furtos com frequência em lojas diversas do *shopping*. Ela poderia ter cleptomania, mas estaria Winnie respondendo às ameaças de um colega de escola de contar aos pais religiosamente rígidos de Winnie que ela fez um aborto? Pedaços isolados de comportamento podem sugerir um diagnóstico, mas sem contexto, não constituem um.
- No dia do grande jogo, Gordon veste as cores do time arquirrival de sua escola. Ele busca a desaprovação social e, sem dúvida, anseia por atenção,

mas seu comportamento não o qualifica para um diagnóstico. A necessidade de individualidade e reconhecimento faz parte do crescimento e da condição humana em geral.
- Sandy bebe e usa drogas em excesso, a ponto de ter notas baixas e ser presa por dirigir embriagada. Esse comportamento extremamente comum prenuncia um transtorno por uso de substâncias ou está apenas associado ao grupo de colegas com quem ela anda?

O que é normal?

Recebo esta reclamação frequente dos meus correspondentes da Internet: "Os livros didáticos e os manuais de diagnóstico não me dizem o que é normal".

É uma crítica justa. Estamos tão acostumados a explicar o que é anormal que, às vezes, acabamos definindo o que é normal com base em nossas crenças. Isso coloca a coisa na duvidosa categoria de "Eu sei o que é quando vejo" — famosa definição de Potter Stewart, juiz associado do Supremo Tribunal dos Estados Unidos, ao se referir ao termo *pornografia*. Derivado do latim *norma*, que significa "esquadro de carpinteiro", os significados para normal incluem "médio", "saudável", "usual" e "o ideal". Existem problemas com cada um desses termos — você está correto se entender que a diversidade de definições é a norma. Se definirmos normal como "médio", isso significaria algum grau (mesmo que leve) de comprometimento, pois muitos adultos são comprometidos por transtornos mentais. Se significar "saudável", como na ausência de doença, quase metade dos norte-americanos são mentalmente anormais. Se for "usual", consideraríamos anormais aqueles que não bebem álcool algum. Por fim, se for "o ideal", a normalidade é um estado ao qual podemos aspirar, mas nunca alcançar.

Estamos, então, em meio a uma série de possibilidades de decisões relativas às doenças com as quais nos deparamos. Por exemplo, precisamos diferenciar o uso indevido de substâncias do consumo social de bebidas alcoólicas, do uso recreativo de drogas ilícitas (por mais normal que seja) e do uso apropriado de medicamentos prescritos. Até criamos termos especiais para algumas condições que consideramos normais e que devemos diferenciar de doença: comportamento antissocial adulto, para criminosos comuns que não têm o "prestígio" do transtorno da personalidade antissocial; declínio relacionado à idade, para aqueles que sofrem condição semelhante à demência quando têm suas capacidades mentais reduzidas na terceira idade; luto, sentimento que esperamos nunca experimentar, mas presumimos que outros um dia experimentarão por nós.

A lista a seguir é de alguns estados e sintomas mentais, juntamente com as situações normais das quais devemos diferenciá-los. Observe que, às vezes, usamos as palavras *comum*, *ordinário* ou *cotidiano* como código para *normal*. Isso levanta a interessante questão de que, para alguns comportamentos, a definição do que é normal é um pouco distorcida. Considere, por exemplo, o comum furto em lojas (diferente da cleptomania), a criminalidade comum (diferente do transtorno da personalidade antissocial) e o incêndio com fins lucrativos de que se tem notícia com certa frequência (muito diferente da piromania).

Patologia	Normal
Psicose	Sonhos, amigos imaginários, *déjà vu* e alucinações decorrentes de quando adormecemos ou acordamos.
Depressão, mania	Tristeza e alegria comuns vivenciadas na vida diária.
Crises de pânico	Medo adaptativo que nos ajuda a evitar situações potencialmente perigosas, como proximidade com caminhões em alta velocidade, enchentes/correntezas e pessoas inconvenientes.
Fobias	Preocupações realistas sobre sentir-se envergonhado (como alguém com gagueira) ou incapaz de cuidar de si mesmo (como uma pessoa com deficiência física).
Ansiedade social	Medo do palco ou do microfone e timidez comum que não resulta em sofrimento ou prejuízo relevante.
Obsessões, compulsões	Superstições; verificar uma vez se desligou mesmo o fogão antes de ir para o aeroporto.
Preocupação patológica	Inquietações legítimas, como preocupar-se em como vai pagar o aluguel e matricular os filhos na universidade logo depois de ser demitido.
Somatização, hipocondria	Preocupações em relação a problemas físicos demonstráveis.
Dissociação	Abstrações, devaneios e fantasias.
Jogo compulsivo	Apostas profissionais e recreativas.
Disforia de gênero	Machismo-feminismo, dramatização teatral.
Parafilias	Uso de fantasia para aumentar a excitação sexual.
Transtorno da personalidade	Traços de personalidade e caráter apenas irritantes (seus) ou até cativantes (meus).

RESOLVENDO A INCERTEZA DIAGNÓSTICA

Como observei antes, cerca de 80% dos novos pacientes podem ser diagnosticados na primeira entrevista. Esta seção fornece algumas técnicas que podem ajudar você a alcançar esse percentual.

Ao nos depararmos com um obstáculo no processo diagnóstico, é natural que nosso primeiro impulso seja buscar mais informações. Às vezes, basta uma entrevista adicional com o paciente, focada nas especificidades do que precisamos para tirar nossas dúvidas. Outras vezes, informações obtidas por outro meio (parente, amigo ou ex-clínico do paciente) ou uma revisão de prontuários de saúde antigos podem fazer a diferença. No entanto, algumas histórias são confusas e permanecerão assim muito tempo após o momento apropriado para iniciar o tratamento. Depois, devemos procurar pistas que nos ajudem a organizar os diagnósticos possíveis em uma lista diferencial manejável.

Comportamento pregresso

Assumi como princípio diagnóstico o fato de que o melhor preditor do comportamento futuro é o comportamento pregresso. Isso se aplica a muitas áreas da vida, mas é ainda mais valioso ao se estabelecer um diagnóstico de saúde mental, pois sugere que qualquer pessoa que tenha tido uma síndrome ou um conjunto de sintomas durante meses ou anos provavelmente continuará a tê-los no futuro. Aqui está um exemplo:

> Ned, com cerca de 40 anos, é levado pela polícia ao pronto-socorro. Ele foi encontrado na entrada de um importante *shopping center* usando um capacete feito de papel alumínio e avisando aos clientes que um meteoro gigante estava se aproximando do noroeste do Pacífico. Quando atingisse a Terra, toda a vida seria aniquilada. Ned falava rapidamente, e suas ideias de grandiosidade (sua ex-esposa é membro da família Rockefeller; ele pode controlar o desfecho de uma eleição iminente) pareciam surgir uma após a outra, sem sequência lógica. Uma ligação para o número de telefone rabiscado em um pedaço de papel em seu bolso levantou a informação de que Ned sofre de psicose crônica há anos. Para o clínico avaliador, a esquizofrenia torna-se o melhor diagnóstico de trabalho.

Princípio diagnóstico: o melhor preditor do comportamento futuro é o comportamento pregresso.

Mais sintomas de um diagnóstico

Pela lógica, um paciente com muitos sintomas se adaptaria melhor a determinada síndrome do que alguém com apenas alguns sintomas, e isso está correto — até certo ponto. Eu votaria a favor da depressão em alguém que apresenta sete ou oito dos sintomas habituais, por exemplo. No entanto, ao utilizar esse princípio diagnóstico, lembre-se de que alguns sintomas têm peso maior do que outros. Por exemplo, o humor depressivo o dia todo, todos os dias, sugere transtorno depressivo grave com muito mais intensidade do que outro critério, como a sensação de fadiga. Da mesma forma, baixa diversidade de expressão emocional pode sugerir psicose, embora provavelmente com menos intensidade do que ouvir a voz do avô falecido.

Pode-se concluir, então, que o fato de haver sintomas *graves* não significa, necessariamente, que determinado distúrbio esteja presente. Por exemplo, na Parte II deste livro, veremos que muitas pessoas com ideias suicidas têm um diagnóstico primário diferente de transtorno depressivo maior.

> *Princípio diagnóstico*: ter mais sintomas de determinado transtorno aumenta a probabilidade de se ter esse diagnóstico.

Presença de características típicas

Se o seu paciente apresentar sintomas ou outras características que você normalmente espera encontrar em determinado transtorno, você deve considerar este como seu diagnóstico de trabalho. A perda de interesse nas atividades profissionais e de lazer (incluindo sexo), a falta de concentração, a falta de apetite e a insônia apontam para transtorno depressivo grave. Em contrapartida, seu diagnóstico será mais seguro se não houver sintomas que sugiram outras condições. Por exemplo, se sua paciente chamada Serena se queixa de alucinações, mas você percebe nela diversos sintomas de mania, o diagnóstico de esquizofrenia torna-se pouco provável.

> *Princípio diagnóstico*: a presença de características típicas de um transtorno aumenta a probabilidade de se ter esse diagnóstico; diante de características atípicas, busque alternativas.

Resposta típica prévia ao tratamento

A resposta ao tratamento pode ser complicada; há uma quantidade substancial de pacientes com praticamente qualquer condição que vai melhorar, ainda que esteja usando placebo — mesmo *sabendo* que os comprimidos não contêm qualquer ingrediente ativo. No entanto, às vezes, a resposta ao tratamento fornece uma importante pista diagnóstica; por exemplo, se você descobrir que o episódio prévio da dita esquizofrenia de seu paciente Morton se resolveu completamente com um fármaco estabilizador do humor, você suspeitará de que o diagnóstico real é um transtorno do humor.

> *Princípio diagnóstico*: a resposta típica prévia ao tratamento para um transtorno aumenta a probabilidade de este ser o diagnóstico atual.

O VALOR DO TERMO *NÃO DIAGNOSTICADO*

Após registrar toda a história que puder encontrar, buscar todas as pistas do EEM, entrevistar parentes e amigos e consultar os prontuários disponíveis, você *ainda* pode não ser capaz de validar um diagnóstico definitivo. É importante reconhecer que, para alguns pacientes, um diagnóstico imediato não será possível; para outros, a incerteza pode arrastar-se por meses ou anos. Para todos esses casos, você tem à disposição um dos termos mais poderosos deste livro: *não diagnosticado*.

Não estou brincando em relação a isso. *Não diagnosticado* é um dos meus termos diagnósticos favoritos. Penso nele como uma válvula de segurança que nos possibilita reconhecer que há algo de errado sem nos apressarmos em fechar um diagnóstico — eu definiria este como o momento em que muitas vezes paramos de pensar. O termo nos ajuda a evitar fazer um diagnóstico como esquizofrenia, doença de Alzheimer ou transtorno da personalidade antissocial que poderia prejudicar alguém caso se trate de um diagnóstico incorreto. Isso é ainda mais importante agora, que as seguradoras de saúde, os empregadores, as autoridades responsáveis pela aplicação da lei e os próprios pacientes têm cada vez mais o desejo de rever seus prontuários de saúde.

> *Princípio diagnóstico:* use o termo não diagnosticado sempre que não tiver certeza do seu diagnóstico.

Não diagnosticado pode ser um alerta para você, para o caso de dados que não se ajustam com perfeição. Ao escrevê-lo, você está dizendo: "Este paciente provavelmente tem um transtorno mental, mas não tenho certeza de qual". Ao invocar esse princípio diagnóstico, você mantém a honestidade e a demonstra aos outros. Cada vez que nos deparamos com o rótulo *não diagnosticado* no prontuário ou nos registros de um paciente, nos obrigamos a pensar de novo: "Que informações adicionais obtive desde a última vez? O que aprendi sobre a doença que pode agora ser relevante para este paciente?" Se as respostas continuarem sendo algo como "Ainda não é suficiente", *não diagnosticado* estimula investigações adicionais.

Alguns clínicos não gostam de confessar suas incertezas: isso poderia reduzir a confiança do paciente? Penso que é muito mais provável que isso facilite a confiança em um clínico sincero para reconhecer que o conhecimento tem seus limites. Além disso, ao reduzir expectativas irrealistas, poderia mitigar a probabilidade de litígio caso surgissem dificuldades imprevistas no decurso do tratamento. *Não diagnosticado* pode impedi-lo de se precipitar e fazer um tratamento injustificado e, talvez, de alto risco (p. ex., se você admitir que não sabe o que há de errado, é improvável que prescreva medicamentos com risco de efeitos colaterais graves). Certamente, também impedirá um paciente de participar de qualquer ensaio clínico experimental.

Sempre considerei o diagnóstico um "esporte de equipe", não uma exibição individual. *Não diagnosticado* alerta outros profissionais da equipe a pensarem de maneira mais profunda sobre esse paciente. Isso é muito importante em um contexto institucional, em que os pacientes costumam passar por diversos profissionais durante a avaliação. Mesmo em consultórios privados, os clínicos encaminham pacientes em busca de ajuda para problemas especializados e atendem chamadas noturnas e de fim de semana uns pelos outros — outras oportunidades em que um diagnóstico precipitado e incorreto poderia causar danos. Talvez um novo olhar reaja ao rótulo *não diagnosticado* revelando informações ou estabelecendo uma conexão que você e eu perdemos. Com o tempo, sintomas adicionais podem colocar o diagnóstico em foco. *Não diagnosticado* obriga-nos a iluminar a incerteza; sem ele, permaneceríamos sem saber que ainda estamos no escuro.

Conforme ganhei experiência com a idade, passei a me preocupar cada vez mais em me sentir muito otimista quanto à minha capacidade de diagnóstico. Esta é parte da razão pela qual enfatizo *não diagnosticado* em meu ensino e minha escrita. Uma última nota: *não diagnosticado* é um pouco mais seguro do que *transtorno X não especificado*, que é como o DSM-5-TR chama o transtorno que não atende completamente aos critérios oficiais. Minha preocupação é que *transtorno X não especificado* parece de caráter definitivo, que tende a sufocar uma investigação mais aprofundada. Tento evitar isso.

POR QUE NÃO CONSEGUIMOS CHEGAR A UM DIAGNÓSTICO?

Gerenciar a incerteza pode ser muito mais complicado do que coletar informações adicionais — embora isso seja um excelente começo. Aqui estão diversos fatores que podem contribuir para a confusão em relação ao diagnóstico de determinado paciente:

- Algumas pessoas não apresentam sintomas tradicionais suficientes para justificar um diagnóstico. Talvez o paciente esteja no início do curso da doença e os sintomas típicos ainda não tenham se desenvolvido. O tempo resolverá esse problema, mas, enquanto isso, os clínicos terão dificuldade para elaborar um plano de tratamento sensato. Isso levanta a seguinte questão: até que ponto devemos exigir que os sintomas de uma pessoa estejam próximos do "paciente ideal" antes de fazer um diagnóstico? Aqui está uma orientação: qualquer doença próxima da base da hierarquia de diagnósticos seguros (Quadro 3.1) deve exigir mais sintomas e sintomas mais típicos do que um diagnóstico relativamente benigno.
- Alguns pacientes apresentam tantos sintomas que deixam os clínicos confusos. Embora isso deva ser uma questão de investigação adicional, resolver o problema exige tempo e diligência. Resista à tentação de buscar a aproximação mais provável!
- Algumas características são raras. As características atípicas do transtorno depressivo já foram consagradas em seus próprios critérios especiais, mas um diagnosticador que insiste na "letra da lei" pode ficar perplexo com um paciente que apresenta sintomas incomuns.
- Talvez esse paciente tenha uma doença que ainda não foi identificada. Tal situação é um "tiro no escuro", mas dificilmente está além das possibilidades, afinal, livros didáticos do início da década de 1900 discutiam apenas alguns transtornos, em comparação com as dezenas de transtornos principais (e centenas de variantes) que reconhecemos agora. Cada um desses "recém-chegados" veio de algum lugar, e ainda pode haver outras condições por aí, escondidas de todos. As edições sucessivas do *DSM* listam

em um apêndice critérios de pesquisa para meia dúzia ou mais de novos transtornos para estudo mais aprofundado.
- Pode não ser possível considerar e agrupar em categorias algumas características emocionais ou comportamentais, sendo necessários critérios dimensionais. Um exemplo seria a personalidade, para a qual foram elaborados vários inventários que medem cada indivíduo em relação a uma série de escalas. Os padrões de desvio nessas escalas constituem o que chamamos de *transtornos da personalidade*. A força-tarefa do *DSM-5* flertou com diagnósticos dimensionais de personalidade antes de, por fim, adotar o mesmo sistema antigo que tem sido usado há anos. O *DSM-5-TR* manteve a linha, mas o debate continua — prepare-se, portanto, para futuras revisões! Mas você deve estar ciente de que outros sistemas de diagnóstico podem descrever melhor alguns aspectos da psicopatologia.
- Alguns pacientes não requerem um diagnóstico. São pessoas que buscam ajuda não porque estão doentes, mas porque temem que possam estar. Quando isso decorre de a pessoa ter problemas na vida, não diagnosticar *nenhum* transtorno mental pode ser tão vital quando dar o diagnóstico correto de um transtorno mental a outra pessoa. Em suma, a capacidade de descartar ou excluir um diagnóstico é uma das ferramentas mais poderosas que o clínico pode empregar. Mesmo um transtorno que está bem abaixo na hierarquia de segurança fornece o conforto de não mais precisar temer o desconhecido. É claro que, para o clínico, nada supera a alegria partilhada de informar um paciente: "Não vejo qualquer indício de uma doença mental real. Você só está vivenciando o tipo de coisa com as quais as pessoas normais se deparam de vez em quando, e podemos trabalhar nisso juntos."

> *Princípio diagnóstico:* considere a possibilidade de o paciente não ter qualquer diagnóstico mental.

Na história a seguir, busque evidências que apoiem as diversas razões pelas quais eu optaria por adiar o diagnóstico.

Vickie

Vickie tem apenas 20 anos, mas já se queixa de "depressão permanente". Ela já foi internada duas vezes em um hospital psiquiátrico por tentativas de suicídio — a primeira aos 10 anos, quando engoliu um punhado de antidepressivos de sua mãe. Agora, os sogros de Vickie lhe comunicaram que estão se mudando para uma comunidade de aposentados, em que não poderão mais cuidar da neta, filha de Vickie.

Vickie está em tratamento há três anos, durante os quais experimentou pelo menos seis medicamentos antidepressivos. Recentemente, tomou venlafaxina (300 mg por dia) e, quando foi instruída a dobrar a dose, seu humor começou a oscilar "para cima e para biaxo", e ela foi rediagnosticada como tendo transtorno bipolar. Vickie, então, interrompeu o medicamento em razão de uma urticária. Na entrevista, ela descreve seu humor como sendo deprimido por até uma semana, seguido por dois ou três dias de "elevação", com o que ela parece querer dizer "aproximadamente normal" — ela nega grandiosidade, pensamentos acelerados ou hiperatividade, que seriam típicos da mania. Mesmo quando estava deprimida, sentia-se melhor quando acontecimentos a distraíam ("Posso ser 'pateta' no trabalho").

Ela reclama que seu sono é péssimo há anos: "Fico a noite toda sem dormir, mesmo quando tomo uma dose dupla de remédio". Tendo sono muito ruim, Vickie tem dificuldade em concentrar-se em suas atividades habituais e preocupa-se com a possibilidade de não conseguir manter seus dois empregos, dos quais necessita. Embora seu apetite tenha diminuído, ela não perdeu peso.

Durante anos, Vickie ouviu vozes em sua cabeça. Ela não as reconhece; às vezes, dizem coisas maldosas, embora Vickie as considere "apenas conversa". Em algumas ocasiões, como se estivesse assistindo a um programa de TV, Vickie consegue se ver "conversando com outra pessoa". Como resultado dessas experiências, foram prescritos a ela diversos fármacos antipsicóticos. No entanto, ela nega ter sentido que está sendo assediada, espionada, seguida ou perseguida de alguma forma.

Nos últimos seis meses, Vickie tem se sentido pior do que o habitual. Essa piora foi precipitada pelos problemas atuais, incluindo muitas contas a pagar, algumas das quais são o resultado de seus múltiplos problemas de saúde. Ela também tem tido desentendimentos com o marido, com quem é casada há três anos. Parte desse atrito conjugal se deve ao fato de ela ter dois empregos; como seus horários de trabalho parecem nunca coincidir, eles raramente se veem. Além disso, Vickie se desespera com a ideia de ter de encontrar outra babá tão atenciosa (e barata) quanto sua sogra.

Além das dificuldades emocionais, Vickie foi informada de que tem fibromialgia, hipotireoidismo e asma. No entanto, seus sintomas físicos não são extensos o suficiente para ser qualificada com o diagnóstico de transtorno de sintomas somáticos. Quando era criança, seus pais bebiam muito, e seu pai se recusou a procurar ajuda para uma irmã mais velha que tinha "retardo mental" (como era chamado na época), o que resultou em problemas de comportamento agressivo. Não há outro histórico de doença mental em sua família imediata ou estendida. No entanto, uma vez, quando ela tinha 8 anos, o tio materno favorito de Vickie deitou-se com ela na cama, embriagado, e a acariciou por baixo da camisola — um episódio que ela nunca revelou aos pais.

Ligeiramente acima do peso, Vickie parece um pouco mais velha para sua idade. Ela fica sentada em silêncio durante a entrevista, está limpa e arrumada, vestida com calças e uma blusa de cores vivas. Seus antebraços estão cobertos de marcas vermelhas que parecem ser crostas cicatrizadas. Ela admite que se cutuca repetidamente "por sentir-se muito nervosa", e finas cicatrizes brancas em seus pulsos marcam onde, durante o início da adolescência, ela costumava se cortar. Vickie fala de maneira clara e coerente, e seu humor parece ser eutímico e apropriado ao conteúdo de seu pensamento. Ela se ilumina quando fala sobre a cidade da Califórnia onde foi criada ("Eu adoraria voltar para lá algum dia"). Embora a ideia de suicídio "tenha sido uma companheira constante", ela nega ter esses pensamentos agora.

Análise

Vickie apresenta um histórico de depressão descrito de maneira extravagante — "permanente", ela pode passar "a noite toda sem dormir" — e com poucos critérios para que se possa fazer qualquer diagnóstico sólido. Embora alegue estar deprimida, nem seu humor nem seu afeto estão atualmente deprimidos (podemos invocar o princípio diagnóstico que fala de informações contraditórias). Seus sintomas de mania parecem muito fracos e breves para transtorno bipolar (em outras palavras, ela não atende ao princípio diagnóstico de "características típicas"). Vickie admite alguns sintomas psicóticos (alucinações), mas não apresenta delírios ou anormalidades de afeto ou de fala que justifiquem o diagnóstico de esquizofrenia. As lesões nos antebraços nos levam a considerar a possibilidade adicional de transtorno de escoriação. Há evidências de que ela e o marido têm problemas interpessoais; isso, somado ao histórico de contas não pagas e de automutilação, me faria pensar se Vickie poderia ter um transtorno da personalidade. Contudo, como discutiremos no próximo capítulo, prefiro não invocar um diagnóstico de transtorno da personalidade no início de uma avaliação, sobretudo na presença de um possível diagnóstico mental importante. As diversas tentativas com antidepressivos foram infrutíferas — o que poderia, claro, significar apenas que nenhum medicamento foi o correto ou estava em uma dose adequada, mas após várias tentativas, começamos a pensar até que ponto a "depressão" de Vickie contraria o princípio diagnóstico sobre a resposta típica ao tratamento. Além disso, ela chega para avaliação em meio a uma crise pessoal — um princípio diagnóstico já citado que nos alerta para sermos cuidadosos na avaliação de suas informações. Resumindo, não consigo chegar perto de um diagnóstico concreto para Vickie; por enquanto, sinto que estaríamos indo bem com o rótulo *não diagnosticado*.

Comentário

O termo *não diagnosticado* não é uma invenção moderna. O *Dicionário de Inglês de Oxford* observa sua primeira aparição em 1864, mas somente em 1917 o termo foi usado pela primeira vez para indicar "psicose não diagnosticada" pela American Medico-Psychological Association, a precursora da atual American Psychiatric Association.

6
DIAGNÓSTICOS MÚLTIPLOS

As queixas do paciente Aaron incluem depressão grave, alucinações auditivas, dificuldade para dormir, embriaguez e episódios de ansiedade tão graves que ele não consegue se concentrar em seu trabalho diário como programador de computador, muito menos evoluir em seu sonho de formar sua própria banda de *rock*. Discutiremos mais tarde o caso dele com detalhes; por enquanto, considere esta questão: como clínico de Aaron, como você o diagnosticaria — com uma ou cinco doenças?

Embora você possa achar que inúmeros diagnósticos deveriam estar presentes ao mesmo tempo para uma precisão, esse não é o caso. Essa é apenas uma das características por vezes intrigantes de diagnósticos assim. Outra característica é o fato de que, no caso de alguns transtornos (como o de ansiedade social), as pessoas sequer buscam tratamento até que surjam outros problemas, como depressão ou crises de pânico. Neste capítulo, resolveremos tudo isso e discutiremos o que nós, clínicos, precisamos considerar ao fazer (ou rejeitar) mais de um diagnóstico por vez.

O QUE É COMORBIDADE?

Quando alguém tem diagnósticos múltiplos, utilizamos o termo *comorbidade*. A opinião de alguns clínicos é que o termo deveria ser aplicado a todos os pacientes nos quais dois transtornos distintos ocorrem juntos, mas a maioria concordaria que diagnósticos verdadeiramente comórbidos não podem causar um ao outro. Assim como você não diria que tosse e espirro são comórbidos em um resfriado, as características faciais típicas da síndrome de Down não podem ser comórbidas com deficiência intelectual (ambas resultam do mesmo processo patológico). Da mesma forma, o transtorno por uso de álcool e a intoxicação por álcool costumam ocorrer juntos e derivam do mesmo processo subjacente, mas não os abordamos como comórbidos.

Embora algumas doenças pareçam altamente comórbidas, sua relação pode ser apenas um compartilhamento de muitos sintomas. Por exemplo, nos últimos anos, pesquisadores têm debatido a questão de como o transtorno de ansiedade social e o transtorno da personalidade esquiva estão relacionados. Algumas autoridades argumentam que as duas condições são apenas variações estatísticas uma da outra; outros profissionais insistem que são condições distintas que ocorrem juntas com frequência. Eu diria algo semelhante para o transtorno de sintomas somáticos e o transtorno da personalidade histriônica.

Mesmo quando são utilizadas definições estritas, os pacientes do século XXI com transtornos mentais têm grande risco de apresentar comorbidades (ver quadro "Taxas de comorbidade"). Em algumas doenças específicas, a presença de uma comorbidade é muito superior a 50%. No início da década de 1990, a National Comorbidity Survey dos Estados Unidos, realizada com pessoas de 15 a 54 anos, descobriu que impressionantes 48% da população em geral tiveram em algum momento pelo menos um transtorno e 27% tiveram pelo menos dois; 14% relataram três ou mais transtornos. Uma análise dos dados revela que, daqueles com pelo menos um transtorno, mais da metade tem no mínimo outro adicional. De todas as doenças mentais diagnosticadas em adultos, quase metade ocorre em apenas 14% da população total. Esse enorme fardo da doença mental sugere fortemente que todos os profissionais de saúde mental devem trabalhar com afinco para descartar (ou excluir) diagnósticos múltiplos. Reconhecer todas as doenças é um desafio difícil de superar; estudos têm mostrado que os profissionais que empregam uma entrevista clínica não estruturada fazem muito menos diagnósticos do que os que utilizam uma entrevista completa.

> A comorbidade verdadeira ocorre quando uma pessoa tem diagnósticos múltiplos independentes.

POR QUE PROCURAR COMORBIDADES?

Além da satisfação de ter o quadro mais completo possível da doença de um paciente, a busca pelo diagnóstico de comorbidades oferece diversas vantagens.

1. A comorbidade ajuda a determinar o escopo do tratamento. Parece óbvio que, se você perder parte do quadro diagnóstico, também poderá negligen-

---

Taxas de comorbidade

As taxas de comorbidade em pacientes produzirão estimativas mais altas do que as levantadas na população em geral e é fácil perceber o porquê. A maioria das pessoas que comparece para uma avaliação de saúde mental terá pelo menos um transtorno, com maior probabilidade de que um ou mais transtornos adicionais sejam encontrados durante o curso da avaliação. Aqui está outro fator que aumentou as taxas de comorbidade: ao longo dos anos, as edições do DSM eliminaram muitas regras de exclusão. Por exemplo, a maioria dos transtornos de ansiedade agora pode ser diagnosticada em conjunto com um transtorno do humor — uma prática que não era permitida anteriormente.

ciar aspectos do tratamento. Se a embriaguez de Aaron não for detectada, ele poderá não receber tratamento para o uso de substâncias — vital para seu desfecho geral. Aqui está outro problema: já soube de casos de alguém como Aaron, com, digamos, esquizofrenia e transtorno por uso de substâncias, ficar alternando entre as equipes de tratamento. A equipe de saúde mental encaminha o indivíduo à equipe que trata usuários de substâncias, a qual não oferece o devido tratamento porque o paciente tem um transtorno psicótico. Com o tratamento para uma condição aguardando o de outra, a situação de Aaron se torna um clássico "beco sem saída". Ele necessita de tratamento simultâneo para ambas as condições e isso depende de um diagnóstico precoce e completo. Aqui estão mais dois problemas: primeiro, a presença de um diagnóstico pode alterar o curso do tratamento do outro, sobretudo se demandarem fármacos que interferem entre si; segundo, o paciente pode ter também um problema físico (como diabetes) que pode ser exacerbado pelo medicamento prescrito para o problema mental.
2. Levanta-se, aqui, toda a questão do prognóstico. Pacientes que têm, por exemplo, transtorno bipolar I comórbido com transtorno de ansiedade tendem a adoecer mais cedo, permanecer doentes por mais tempo, não responder tão bem aos fármacos estabilizadores do humor tradicionais, ter risco aumentado de suicídio e ter qualidade de vida pior do que alguém com transtorno bipolar I não complicado. Predizer com sucesso as interações entre diagnósticos múltiplos exige que, primeiro, reconheçamos que todos eles existem.
3. Antecipar um segundo transtorno pode proteger contra complicações futuras. Por exemplo, se o seu paciente tem transtorno bipolar, você sabe que deve ser extremamente vigilante quanto ao uso de substâncias, mesmo que não haja evidências atuais disso. Em um artigo de 2003, Keel e colaboradores descobriram que várias mulheres com anorexia nervosa que não bebiam no início do estudo tinham desenvolvido transtorno por uso de álcool quando avaliadas no seguimento de 7 a 12 anos.
4. Alguns escritores, como Krueger (1999), sugeriram que a comorbidade indica uma psicopatologia subjacente comum. Se a investigação demonstrar que é o caso, devemos começar a procurar os fundamentos centrais em vez de nos concentrarmos em diagnósticos separados.

IDENTIFICANDO COMORBIDADES

Nem sempre é fácil decidir quando são necessários diagnósticos adicionais. Essa decisão depende de um conjunto completo de dados, aos quais o clínico deve acrescentar o conhecimento dos critérios diagnósticos e a compreensão de causa e efeito. A questão central é: após feito o diagnóstico principal, alguma coisa ficou sem explicação? Por exemplo, vamos considerar com mais detalhes o histórico de saúde mental de Aaron.

Aaron

Aaron chega à clínica com muitos problemas. Seu desempenho no trabalho de programação de computadores está sendo muito prejudicado pelo agravamento do seu estado de saúde mental. O paciente tem 32 anos e há sete anos teve um episódio de psicose aguda, sendo diagnosticado então com esquizofrenia e tratado primeiro com Haldol e depois com Risperdal. Com os sintomas praticamente resolvidos, Aaron continua tendo receios persistentes de que alguém do "governo" está o observando para ver se ele está criando vírus de computador. Mesmo assim, Aaron conseguiu manter seu emprego no Vale do Silício. Por sugestão recente de um novo clínico, ele desistiu de tomar a medicação — em suas palavras, "para ver o quão pouco consigo sobreviver". Aaron estava tomando metade da dose anterior há mais de um mês quando ouviu vozes dizendo: "É melhor você se cuidar" e "Não confie nesses médicos — eles não sabem o que estão fazendo". Seu clínico, de imediato, aumenta a dose de Risperdal ao nível anterior, e as alucinações começam a diminuir.

Mesmo quando a psicose desaparece, o humor de Aaron piora. Ele se lembra daquelas semanas que passou em um hospital psiquiátrico há muito tempo e teme a recorrência dos efeitos colaterais dos medicamentos. Ruminações sobre o governo interferem em sua concentração, de modo que ele consegue realizar apenas uma fração do seu trabalho diário. Aaron perdeu o interesse pelo seu *hobby* (ele coleciona selos postais da Dinamarca) e deixou de frequentar as reuniões de seu clube de selos; revistas profissionais e relacionadas com seu *hobby* seguem empilhadas, não lidas. Embora ele ache que seu apetite está normal, Aaron perdeu peso.

Por muitas noites, a preocupação de que uma agência governamental esteja censurando seu *e-mail* mantém Aaron acordado por horas. Como já fez antes, ele começou a beber para dormir. "Na maioria das vezes, bebo Bloody Marys — o suco de tomate os faz parecer um pouco mais saudáveis —, mas são muitos Bloody Marys", confessa. Aaron trabalha remotamente (em casa), mas, em muitas manhãs, ele está com ressaca demais para começar a trabalhar na hora certa. Seus pais lhe dizem que estão muito preocupados com o fato de ele beber. Pouco antes de retornar ao seu terapeuta, Aaron começou a pensar que "poderia estar melhor morto".

Análise

No caso de Aaron, as evidências em apoio ao diagnóstico de esquizofrenia são sólidas. Ele tem longa história (satisfazendo o princípio diagnóstico relativo ao comportamento pregresso) de alucinações e delírios (sintomas típicos) que responderam bem à dose de fármacos antipsicóticos normalmente prescrita para essa condição; quando a dose é diminuída, Aaron recai (observe o princípio diagnóstico sobre a resposta típica ao tratamento). Porém, apareceram outros sintomas — mau humor, perda de concentração, problemas para comer e dormir e pensamentos crescentes sobre morte. Seu diagnóstico principal de esquizofrenia não cobriria de maneira adequada esse grupo de sintomas, por isso devemos expandir o diagnóstico de trabalho de modo a incluir tanto esquizofrenia *quanto* transtorno depressivo; não faz sentido escolher entre essas duas condições.

Agora, vamos considerar o hábito de beber de Aaron, agravado pela piora dos sintomas psicóticos. A frequência e a quantidade são intensas o suficiente para alarmar Aaron e seus pais. Mesmo que não tivesse esquizofrenia, é provável que ele precisasse de ajuda para ficar sóbrio e continuar assim. Embora seja frequente que o uso de substâncias acompanhe muitos transtornos mentais, ele não está entre seus critérios diagnósticos. Aaron não parece ser dependente de bebidas alcóolicas (não há evidências de que tenha desenvolvido tolerância ao álcool ou tido abstinência), mas está claro que faz uso abusivo da substância. Algumas autoridades afirmam que os pacientes com esquizofrenia ou transtornos do humor que utilizam substâncias podem desenvolver problemas sociais, mas talvez não dependência. Usando o *DSM-5-TR*, eu diagnosticaria Aaron com transtorno por uso de álcool moderado ou grave, dependendo de quantos problemas (critérios) forem descobertos. Esse diagnóstico estabeleceria em minha mente, assim como na de Aaron, mais uma questão para reavaliação futura e tratamento.

Mas isso é tudo? E quanto à possibilidade de um distúrbio do sono? Essa situação é um pouco menos clara. A insônia é um critério diagnóstico para transtorno depressivo, contudo, os manuais de diagnóstico também incluem o já clássico transtorno de insônia, que pode ser comórbido com outro transtorno mental. Nós a diagnosticaríamos caso a insônia fosse grave o suficiente para justificar avaliação e tratamento independentes. Muitas vezes, esses pacientes concentram-se nos sintomas do sono a ponto de minimizar ou ignorar a doença subjacente, talvez até culpando a falta de sono pelos outros sintomas. No entanto, minha opinião é de que a queixa de sono de Aaron não chega a esse nível, por isso não daria um quarto diagnóstico de saúde mental. São grandes as chances de que sua insônia se resolva assim que os outros problemas forem controlados.

Agora, vamos resumir o que precisamos considerar ao fazer um diagnóstico de comorbidade:

1. Os sintomas estão cobertos pelo diagnóstico principal? Caso não estejam, considere um diagnóstico adicional.
2. Quais serão os benefícios do diagnóstico adicional? Ou seja, o diagnóstico alerta para um distúrbio tratável que ameaça o bem-estar do paciente? Esclarece o prognóstico?
3. O diagnóstico adicional proposto atende aos critérios para o transtorno comórbido que temos em mente?

> *Princípio diagnóstico:* quando os sintomas não podem ser explicados adequadamente por um transtorno único, considere diagnósticos múltiplos.

Transtorno da personalidade como comorbidade

Os transtornos da personalidade serão discutidos com mais detalhes no Capítulo 17, mas, agora, quero destacar um ou dois pontos importantes.

No caso de um paciente cooperativo e com algumas informações colaterais, o transtorno da personalidade não é difícil de se diagnosticar — se for o único problema em questão, o que não ocorre com frequência. No entanto, pode ser muito difícil avaliar a personalidade de uma pessoa que está gravemente enferma com algum outro transtorno mental. Isso é verdadeiro sobretudo no caso de algo grave, como um episódio agudo de esquizofrenia ou um transtorno do humor grave. Depressão, grandiosidade maníaca, psicose, intensa ansiedade e uso de substâncias são aspectos que podem encobrir os sutis indicadores de transtorno da personalidade.

O outro lado desse argumento é que muitos pacientes gravemente enfermos que foram diagnosticados com um transtorno da personalidade acabam *não* o tendo; uma vez resolvida a doença aguda, os sintomas relacionados com a personalidade muitas vezes parecem se resolver. Em 2002, Fava e colaboradores descobriram que pacientes com transtorno depressivo maior que receberam diagnóstico comórbido de transtorno da personalidade não se qualificavam mais para o diagnóstico de transtorno da personalidade após serem tratados com Prozac. Meus pensamentos se resumem a isto: tenha especial cuidado ao diagnosticar transtorno da personalidade diante de outras condições mentais, aguarde até que os sintomas de outras doenças sejam reduzidos ao mínimo absoluto. Você reconhecerá mais facilmente, então, os sintomas do transtorno da personalidade e diminuirá suas chances de interpretá-los mal. Tenho convicção suficiente quanto a isso para consagrá-lo como um princípio diagnóstico.

> *Princípio diagnóstico*: evite o diagnóstico de transtorno da personalidade quando seu paciente estiver muito enfermo com um transtorno mental grave.

Fatores adicionais a considerar nas comorbidades

As características demográficas de um paciente têm poder de afetar quais transtornos podem ser comórbidos com outros. No caso do sexo masculino, pense mais na possibilidade de transtorno por uso de álcool comórbido, muito mais comum em homens do que em mulheres. Da mesma maneira, a anorexia nervosa e a bulimia nervosa (e, em menor grau, o transtorno da compulsão alimentar periódica) são mais comuns em mulheres. O Quadro 8.2 traz uma comparação entre sexos (p. 97). Você deve estar alerta para quaisquer transtornos que já tenham sido identificados na família de um paciente.

Aqui está outra advertência sobre diagnósticos duplos que incluem uso de substâncias. Em um estudo de 2002, Heilig e colaboradores relataram que condições comórbidas, como transtornos do humor e ansiedade, foram reduzidas de forma significativa quando os pacientes estavam "limpos" e sóbrios por apenas três semanas. Embora o achado precise ser substanciado, sugere que nós, clínicos, devemos evitar diagnósticos precipitados de comorbidades diante de problemas de uso de substâncias.

ORDENANDO AS COMORBIDADES

Após identificar os diversos diagnósticos comórbidos do seu paciente, há alguma diferença real em qual transtorno é listado primeiro? Pode haver, e com frequência há.

É provável que prestemos especial atenção ao primeiro diagnóstico de uma lista, sob a impressão lógica, embora por vezes errônea, de que é o mais importante. Talvez presumamos que isso conduz a qualquer outro problema que o paciente tenha. A ordem em que os diagnósticos são registrados também pode sugerir onde e como iniciar o tratamento, podendo ter implicação no que diz respeito ao prognóstico. Portanto, mesmo que seja apenas com o propósito de sinalizar atenção especial, faz sentido pensar um pouco sobre as diferentes maneiras pelas quais você poderia impor uma ordem em sua lista de diagnósticos.

Uma delas é listar primeiro o diagnóstico mais importante para o bem-estar do paciente. Para demonstrar essa estratégia, voltemos a Aaron — que, como acabamos de decidir, deveria receber três diagnósticos separados: esquizofrenia, transtorno depressivo maior e transtorno por uso de álcool. Considerando a urgência do tratamento, elencaríamos primeiro sua depressão, pois no momento de sua reavaliação, a morte havia começado a atraí-lo. O próximo na ordem pode ser a esquizofrenia e, por fim, o transtorno por uso de álcool. Uma desvantagem óbvia dessa estratégia seria a dificuldade em saber qual diagnóstico é mais urgente. Relevante à situação de Aaron, por exemplo, é que o comportamento suicida também pode estar associado à esquizofrenia e ao uso de substâncias. Quem poderia dizer que as crescentes ideias suicidas de Aaron estavam relacionadas apenas com a depressão?

Uma segunda estratégia é listar os diagnósticos na ordem da maior confiança de que se aplicam ao paciente. Isso colocaria condições mais especulativas em um lugar inferior na lista, abaixo daquelas que parecem sólidas. É claro que essa estratégia sugere a fé em nossa capacidade de ordenar a confiabilidade dos diagnósticos. No caso de Aaron, eu me sentiria confiante em meu diagnóstico de esquizofrenia, mas tenho quase certeza de que ele também tem um transtorno do humor e um transtorno por uso de álcool. Volto, então, à estaca zero. Em suma, listar por ordem de confiança é uma estratégia que pode funcionar melhor no caso de um diagnóstico diferencial do que para classificar um grupo de diagnósticos comórbidos.

Outro método é listar primeiro o diagnóstico que parece ser o "motor principal", a causa subjacente dos outros transtornos. Isso pode funcionar muito bem se tivermos certeza sobre causa e efeito. No caso de Aaron, poderíamos concordar que a esquizofrenia está no topo; como tantas vezes é verdade, o etilismo poderia ser entendido, então, como automedicação para uma psicose crônica. Mas clínicos experientes muitas vezes discordam sobre o que causa, por exemplo, a depressão de um paciente — é o estresse, ou uma perda, ou o efeito de medicação, ou surge "do nada"? No caso de Aaron, sua psicose causou a depressão? Para alguns clínicos, isso seria difícil de aceitar.

Em contrapartida, pode ser fácil decidir se uma doença começa cronologicamente mais tarde que outra. Aquela que começasse primeiro seria considerada primária, já as seguintes seriam consideradas secundárias e listadas depois. A questão de saber se um transtorno do humor é primário ou secundário também pode, às vezes, ajudar a direcionar o paciente e o clínico ao tratamento mais rápido e eficaz. Segundo essa estratégia, a esquizofrenia de Aaron deveria ser listada primeiro, seguida pelo transtorno depressivo e pelo transtorno por uso de álcool.

> *Princípio diagnóstico*: organize diagnósticos múltiplos de modo a listar primeiro aquele mais urgente, tratável ou específico. Sempre que possível, liste também os diagnósticos em ordem cronológica.

Considerando tudo o que dissemos antes, escrevi o princípio diagnóstico sobre diagnósticos múltiplos que diz que se deve abordar primeiro o mais urgente, tratável ou específico. (Isso se parece muito com o princípio de segurança no início de nossa busca diagnóstica, mas vale a pena considerar o ponto novamente perto do final.) Se possível, diagnósticos múltiplos também devem ser listados em ordem cronológica. Aqui está um breve exemplo:

> Quando tinha apenas 16 anos, Annie fugiu de sua casa no subúrbio de Chicago. Após viver nas ruas de São Francisco por quase dois anos, ela se inscreveu na secretaria de habitação para conseguir um lugar para ficar e para tratar seu estado mental deteriorado. Uma clínica observa que ela usa cocaína há mais de um ano; outra está preocupada com seu histórico de depressão nos últimos dois meses. Agora, Annie chora com frequência e expressa desesperança em relação ao futuro, embora negue ter ideias suicidas.

Como a depressão parece ter começado muito depois de Annie usar cocaína (controlar o uso de substância provavelmente resolveria a depressão), seus dois clínicos concordam em listar primeiro o transtorno por uso de cocaína e depois o transtorno do humor. Eles suspenderão a medicação antidepressiva por enquanto e reavaliarão seu estado mental quando ela estiver livre de drogas.

RELAÇÕES ENTRE COMORBIDADES

A Tabela 6.1 (pp. 68-71) mostra quais diagnósticos costumam ocorrer juntos. Se pudesse, teria colocado percentagens, a fim de indicar a frequência das associações, mas como os estudos relevantes muitas vezes apresentam números muito divergentes, decidi utilizar um ×. Por serem relativamente novos ou raros a ponto de precisarem ser estudados com cuidado, alguns transtornos citados na tabela têm muito menos comorbidades do que outros. Na Parte III, acrescentarei comentários sobre associações específicas entre transtornos.

Aqui está uma observação sobre a força das associações. O transtorno A pode, com frequência, acompanhar o transtorno B, mas o inverso pode não ser verdadeiro; portanto, a tabela só pode ser lida em uma direção: você deve começar com o transtorno no qual está interessado na coluna da esquerda e, em seguida, encontrar as associações lendo ao longo da linha. A razão se deve à prevalência na população em geral e à frequência relativa dos transtornos. O diagrama de Venn (Figura 6.1), nos mostra que o transtorno B geralmente ocorrerá por si só, mas, quando se encontra o transtorno A, quase sempre estará acompanhado pelo B.

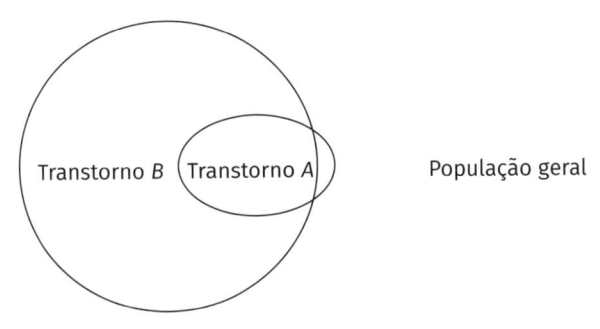

FIGURA 6.1 Frequências relativas e relações entre dois transtornos mentais, A e B.

TABELA 6.1 Diagnósticos comórbidos por diagnóstico

Estes diagnósticos → provavelmente serão comórbidos com estes ↓	Delirium	TNC (demência)	Intoxicação ou abstinência da substância	Esquizofrenia	Transtorno esquizofreniforme	Transtorno delirante	Transtorno depressivo maior	Distimia	Mania (bip. I)	Transtorno de pânico	Agorafobia	Fobia específica	Transtorno da ansiedade social	TOC	TEPT	TAG	Transtorno de somatização	Transtorno da ansiedade da doença	Transtorno dismórfico corporal	Qualquer transtorno de ansiedade
TNC (demência)	×	—																		
Intoxicação ou abstinência de substância		—	×		×		×							×	×					
Esquizofrenia		×	—											×						
Transtorno esquizoafetivo		×																		
Transtorno delirante				—	×									×					×	
Transtorno depressivo maior		×					—	×	×					×						
Distimia		×						—												
Mania (bip. I)		×							—	×				×						
Hipomania (bip. II)		×								×				×						
Ciclotimia		×																		
Transtorno de pânico		×					×			—	×	×	×	×	×	×		×		
Fobia específica		×					×					—								×
Transtorno de ansiedade social		×					×						—							×
TOC							×		×			×	×	—						
TEPT		×					×	×	×	×		×	×	×	—	×				
TAG		×					×	×	×	×			×			—				
Transtorno de somatização		×					×		×								—			
Transtorno da dor somática		×					×													×
Transtorno da ansiedade de doença							×											—		×
Transtorno dismórfico corporal					×	×						×		×					—	
Transtorno factício		×																		
Amnésia dissociativa		×			×															
Transtorno dissociativo de identidade		×			×															

Estes diagnósticos → provavelmente serão comórbidos com estes ↓	Delirium	TNC (demência)	Intoxicação ou abstinência da substância	Esquizofrenia	Transtorno esquizofreniforme	Transtorno delirante	Transtorno depressivo maior	Distimia	Mania (bip. I)	Transtorno de pânico	Agorafobia	Fobia específica	Transtorno da ansiedade social	TOC	TEPT	TAG	Transtorno de somatização	Transtorno da ansiedade da doença	Transtorno dismórfico corporal	Qualquer transtorno de ansiedade
Transtorno de despersonalização/ desrealização			×				×	×											×	×
Disfunções sexuais							×			×	×	×		×						
Transtornos parafílicos							×													
Disforia de gênero				×																
Anorexia nervosa				×			×							×						
Bulimia nervosa				×			×	×												×
Transtorno de compulsão alimentar		×		×			×												×	
Transtorno explosivo intermitente				×			×		×											×
Cleptomania							×													×
Piromania				×																
Transtorno do jogo compulsivo				×			×													
Tricotilomania				×			×							×						×
TP paranoide				×	×	×	×			×				×						
TP esquizoide					×	×	×													
TP esquizotípica				×	×	×	×													
TP antissocial				×			×										×			×
TP borderline				×			×								×					
TP histriônica							×												×	
TP narcisista			×																	
TP evitativo							×						×							
TP dependente							×													×
TP obsessivo-compulsivo										×	×	×		×						

Legenda: TNC, transtorno neurocognitivo; TOC, transtorno obsessivo-compulsivo; TEPT, transtorno de estresse pós-traumático; TAG, transtorno de ansiedade generalizada; TP, transtorno da personalidade.

Estes diagnósticos → provavelmente serão comórbidos com estes ↓	Anorexia nervosa	Bulimia nervosa	Transtorno explosivo intermitente	Cleptomania	Piromania	Transtorno do jogo compulsivo	Tricotilomania	Transtorno de adaptação	TP paranoide	TP esquizoide	TP esquizotípica	TP antissocial	TP borderline	TP histriônica	TP narcisista	TP evitativo	TP dependente	TP obsessivo-compulsivo	Deficiência intelectual	Síndrome de Tourette
TNC (demência)																				
Intoxicação ou abstinência de substância												×	×							
Esquizofrenia									×	×	×									
Transtorno esquizoafetivo									×	×	×		×							
Transtorno delirante									×	×					×					
Transtorno depressivo maior	×	×											×							
Distimia													×	×	×	×	×			
Mania (bip. I)	×	×																		
Hipomania (bip. II)	×	×											×							
Ciclotimia																				
Transtorno de pânico																				
Fobia específica																				
Transtorno de ansiedade social		×														×				
TOC	×															×	×	×		×
TEPT																				
TAG																				
Transtorno de somatização												×	×	×						
Transtorno da dor somática																				
Transtorno da ansiedade de doença																				
Transtorno dismórfico corporal																				
Transtorno factício													×							
Amnésia dissociativa																				
Transtorno dissociativo de identidade	×												×							
Transtorno de despersonalização/desrealização													×		×	×				

Diagnóstico descomplicado

Estes diagnósticos → provavelmente serão comórbidos com estes ↓	Anorexia nervosa	Bulimia nervosa	Transtorno explosivo intermitente	Cleptomania	Piromania	Transtorno do jogo compulsivo	Tricotilomania	Transtorno de adaptação	TP paranoide	TP esquizoide	TP esquizotípica	TP antissocial	TP borderline	TP histriônica	TP narcisista	TP evitativo	TP dependente	TP obsessivo-compulsivo	Deficiência intelectual	Síndrome de Tourette
Disfunções sexuais																				
Transtornos parafílicos																				
Disforia de gênero																				
Anorexia nervosa	—												×							
Bulimia nervosa		—											×							
Transtorno de compulsão alimentar																				
Transtorno explosivo intermitente		—																		
Cleptomania		×	—																	
Piromania					—															
Transtorno do jogo compulsivo						—						×	×		×					
Tricotilomania	×						—													×
TP paranoide									—	×	×		×		×	×				
TP esquizoide										—					×					
TP esquizotípica									×	×	—		×		×					
TP antissocial						×						—	×	×	×					
TP borderline		×											—							
TP histriônica												×	×	—	×		×			
TP narcisista	×								×			×	×	×	—					
TP evitativo									×	×	×		×			—	×			
TP dependente								×					×	×		×	—			
TP obsessivo-compulsivo																		—		

Legenda: TNC, transtorno neurocognitivo; TOC, transtorno obsessivo-compulsivo; TEPT, transtorno de estresse pós-traumático; TAG, transtorno de ansiedade generalizada; TP, transtorno da personalidade.

7

VERIFICAÇÃO

Antes de passar às Partes II e III, vamos fazer uma pausa para revisar os capítulos anteriores com outro caso clínico. Visando fornecer material para uma discussão sustentada de muitos pontos já mencionados, incluí muito mais detalhes do que diversos dos casos clínicos já estudados. Como exercício, enquanto estiver lendo, anote cada diagnóstico possível que você imaginar. Mais tarde, você poderá comparar sua lista com a minha.

Veronica

Logo após as férias de primavera, os pais de Veronica a levam ao clínico para avaliação. A consulta deles foi ocasionada por um encontro casual entre mãe e filha certa manhã, quando Veronica saía do banho. "Ela sempre usa blusas e calças largas, por isso eu não tinha percebido como ela estava magra", diz a Sra. Harper, enxugando os olhos com um lenço. "Ela sempre promete comer melhor, mas parece estar definhando. Agora ela pesa apenas 40 kg, medindo 1,50 m."

"Ela parece um boneco palito!" O pai dela faz uma careta e bate com o punho no braço da cadeira.

Veronica estremece, mas ainda assim não cede. "Não há nada de errado comigo", ela insiste. "Exceto talvez meu peso."

"Agora você está mostrando algum bom senso, pelo menos." Voltando-se para o clínico, o Sr. Harper acrescenta: "Ela precisa ficar internada".

"O que estou dizendo é que estou cheinha e tenho pneus na cintura! Além disso, sou adulta. Você não pode me obrigar a uma internação." Os olhos de Veronica se enchem de lágrimas, e pai e filha recorrem ao clínico em busca de apoio. A mãe de Veronica franze a testa para o marido e envolve a filha com um braço protetor. A atmosfera na sala fica mais densa de raiva e medo.

O comportamento alimentar peculiar de Veronica começou quando ela estava no nono ano, ao ler um artigo em uma revista feminina sobre celulite. De repente, ela teve medo de ficar obesa e, a partir de então, passou a fazer dieta esporadicamente, embora nunca tenha perdido tanto peso como agora. Em vários momentos, quando estava no ensino médio, seus pais notaram como ela parecia evitar comer, empurrando a comida de um lado para outro no prato.

Sua mãe aceitava as desculpas sem contestar — ela não estava com fome, ou estava estressada com a escola, ou estava menstruada —, mas seu pai ficava extremamente preocupado. Quando Veronica era mais nova, ele insistia para que ela ficasse sentada à mesa até que comesse o que lhe era servido; uma vez, Veronica ficou sentada de mau humor diante de uma lasanha já gelada em seu prato até a hora de dormir. Com o tempo, porém, ela aprendeu a contornar o controle dos pais, engolindo o que era necessário e depois indo para o banheiro, onde provocava vômito. No início, isso exigia o estímulo de uma colher ou do dedo na garganta, mas depois, ela própria admitiu que aprendeu a vomitar quando queria. Ela mascarava o som apertando a descarga.

No ensino médio, Veronica experimentou medicamentos para controlar o apetite. Duas meninas que abandonaram a escola no ano anterior apresentaram-na às anfetaminas. Isso funcionou, mas ela parou depois de apenas algumas semanas "porque me faziam ficar ligada". Ela também experimentou laxantes por um breve período, mas também os abandonou: "Aquilo era nojento".

Quando criança, Veronica era muito ativa e desatenta — seja durante uma história lida para ela ou até ao assistir a um programa de TV favorito, como *Rua Sésamo*. Apesar da alta inteligência, ela teve problemas para se concentrar nas aulas durante os primeiros anos escolares. Seus professores do segundo e terceiro anos pediram que ela fosse avaliada quanto a transtorno de déficit de atenção (como era então chamado), mas seu pai recusou. Advogado especializado em litígios por negligência médica, ele declarou: "Nenhum filho meu vai ser drogado por algum médico charlatão", e pronto. Agora até ele admite que algo está muito errado, e medidas extremas parecem ser necessárias.

De vez em quando, Veronica se queixa de depressão. Durante vários anos, ela se sentiu pior perto do Natal ("Talvez seja porque sou ateia e me ressinto de todas essas coisas religiosas"). Ela sempre parece melhorar novamente quando a primavera chega. Durante esses períodos de depressão do inverno, Veronica se sente cansada e dorme mais do que o normal, e sua concentração fica prejudicada a ponto de impactar em suas notas. Até seu interesse em malhar diminui, achando difícil ir até a piscina. Depois, estranhamente, ela come mais; Veronica observa com angústia como sempre ganha alguns quilos quando está tendo "as baixas de inverno", como ela chama os períodos de depressão.

No inverno passado, o clínico receitou-lhe um antidepressivo; em três semanas, seu sono voltou ao normal e ela estava mais uma vez dando duro na escola — e evitando comer. Veronica termina sua história dizendo ao clínico que agora se sente "ótima" e que está feliz porque, por ter voltado à rotina de exercícios, seu peso está de volta ao que ela considera normal. Veronica nega sentir muita fome; em vez disso, está apenas fortemente interessada em comida. Com evidente orgulho, cita as centenas de receitas de seu acervo, que mantém em uma planilha de Excel. Na verdade, ela não cozinha, mas gosta de pensar nesses pratos e os usa para planejar cardápios semanais.

Apesar da intensa perda de peso, Veronica afirma estar com excelente saúde. Ela nada 90 minutos todos os dias antes das aulas; no início do ano, antes de ficar ocupada demais com os estudos, jogou no time feminino de vôlei. Esquiadora ávida, Veronica está impaciente para voltar às pistas — embora, como seu irmão mais novo comentou, "ela pareça um dos bastões dela de esqui". Ela não menstrua há meses, e uma consulta ao médico de família na semana passada revelou que sua tireoide está funcionando abaixo do normal. Além do peso, os dois únicos achados físicos são queda de cabelo (sem perda de pelos corporais) e o afinamento do cabelo restante.

Após um começo difícil nos primeiros anos escolares, Veronica trabalhou duro para se tornar uma aluna A+. Ela refaz todos os problemas de álgebra que errou em uma prova até acertá-los e dedica inúmeras horas a trabalhos extracurriculares em biologia. Em seu último ano, Veronica deveria se tornar a coordenadora estudantil da feira de ciências, mas acabou recusando porque temia o ridículo que sofreria se "estragasse tudo". Ela concorda que durante anos se sentiu insegura e que sua diligência no ensino médio serve, em parte, para evitar críticas de seus pais ou seus professores. Depois que descobriu que poderia se dedicar mais para ter a primeira cadeira na banda da escola, ela praticou clarineta por uma hora todos os dias. Veronica também cantou no coral e participou de duas operetas escolares — para uma delas, ela cortou a saia de sua fantasia na lateral, para aclamação dos meninos do coro.

A irmã mais velha de Veronica tinha bulimia quando estava na faculdade; agora casada, está grávida e muito cuidadosa com o que come. O pai admite ter períodos ocasionais de depressão, mas quando estava na faculdade de direito, "às vezes se sentia tão forte, tão capaz, tão no topo do mundo que parecia que se juntasse as pontas de seus dedos indicadores, faíscas poderiam saltar entre eles!" Ele nunca foi avaliado por transtorno do humor, mas menciona que seu próprio pai, deprimido pelo fracasso empresarial, cometeu suicídio aos 40 anos. A mãe concorda que gosta de coisas limpas e organizadas: "Acho que também tenho traços de TOC".

Agora com 19 anos e no segundo ano de faculdade, Veronica admite que tem apenas uma amiga próxima, outra jovem com problemas de peso. "Não me sinto confortável com outras pessoas", reclama. "Fico meio, você sabe, ansiosa quando estou com pessoas. De certa forma, acho que eles devem perceber o quão gorda eu sou." Ela também nega qualquer histórico de problemas legais ou de abuso físico ou sexual.

Mais tarde, em uma consulta privada, Veronica se queixa de ainda morar na casa dos pais. "Meus pais não confiam em mim para morar no campus", afirma ela. Ela só teve um namorado, Mitchell. Por um tempo, Veronica saiu com ele interessada em ter relações sexuais, mas Mitchell acabou abandonando-a — assustado porque, embora comer fosse o assunto favorito de Veronica, ela parecia estar definhando. O abandono não a incomoda. Ela nunca se interessou especialmente por sexo, que nem sequer tirava sua mente da comida. "Eu ficava ali deitada e pensava em *muffins* ingleses", diz ela, com um traço de sorriso.

DISCUSSÃO DO CASO DE VERONICA

Note que a avaliação de Veronica se baseia em uma grande variedade de informações: histórico da doença atual, história clínica, histórico pessoal e social desde a infância, história familiar de transtorno mental, bem como algumas dinâmicas familiares, e o atual EEM de Veronica. Os recursos utilizados para desenvolver essas informações incluem uma entrevista com a própria paciente e informações colaterais de sua família. Seu clínico também tinha disponíveis alguns prontuários de saúde; se houvesse algum, também seriam utilizados relatórios de testes psicológicos e material de conselheiros escolares, autoridades religiosas e serviços sociais.

Elaborando o diagnóstico diferencial

Primeiro, vamos avaliar toda a história de Veronica em busca de evidências de síndromes que deveríamos incluir inicialmente em um diagnóstico diferencial abrangente. Claro, um transtorno alimentar está no topo de nossa lista. Suspeita-se de anorexia nervosa, mas como ela se entregou a algumas compulsões e purgações, adicionaremos bulimia nervosa. Além disso, ela tem evidências de depressão que, dependendo do curso do tempo e de outras características, apoiariam um diagnóstico de distimia (o *DSM-5-TR* chama isso de transtorno depressivo persistente) ou transtorno depressivo maior. Embora as evidências sejam escassas, às vezes, Veronica fica irritada e hiperativa, então deveríamos incluir menção ao transtorno bipolar. Mesmo alguns poucos sintomas físicos em uma jovem sugerem transtorno de sintomas somáticos, o que parece correto porque explica os tantos sintomas com um único diagnóstico — a navalha de Occam em ação.

Não deveríamos mencionar o uso de substâncias? Certa vez, Veronica experimentou anfetaminas para reduzir seu peso. Devemos considerar que uma condição clínica pode causar transtornos do humor e alimentares. Exemplos: embora a menstruação cesse no caso de perda acentuada de peso, Veronica poderia ter um distúrbio endócrino primário, como hipotireoidismo? A perda de peso significativa decorrente de uma doença crônica debilitante seria apenas uma possibilidade vaga, ainda mais porque Veronica acabou de consultar seu médico de família, mas devemos mencioná-la, mesmo que apenas para se ser abrangente. Como ela pensa muito em comida e mantém listas de cardápios, deveríamos mencionar

TOC. Espalhados por todo o caso clínico estão exemplos de dificuldade em se relacionar com outras pessoas — então é melhor deixarmos o transtorno da personalidade completar nossa lista de possibilidades.

Com apenas poucas evidências apoiando uma série de problemas nessa lista, incluir a todos pode parecer forçado. No entanto, é adequado dizer que não se pode fazer um diagnóstico que nunca sequer se considerou e, pelas nossas regras, incluir um transtorno não o rotula como uma causa provável. Em vez disso, um diagnóstico diferencial extenso deve incluir até aqueles transtornos que podem, no contexto, parecer fora de questão; ocasionalmente, algum atingirá o alvo.

Considerando tudo isso, o Quadro 7.1 apresenta o diagnóstico diferencial que eu consideraria para Veronica. Observe as cinco condições no topo: segundo o princípio da segurança, não são os diagnósticos que consideraríamos mais prováveis, mas aqueles que poderiam ter a maior importância imediata para o tratamento e o bem-estar geral da paciente.

Esquadrinhando a lista diferencial

O próximo passo será eliminar os transtornos a serem considerados. Tentei explicar em detalhes como um clínico experiente raciocina em relação a um paciente complexo, mas quando você se tornar experiente, essas etapas se fundirão em um processo quase contínuo que ocorre em segundos, e não nos minutos necessários para resolver uma situação diagnóstica pela primeira vez. Antes de continuar a leitura, pode ser útil analisar o Quadro 7.1, para ver como o seu pensamento se compara ao meu.

Em nossa discussão, poderíamos começar com depressão ou ansiedade; na verdade, as árvores de decisão das Figuras 11.1 e 12.1 poderiam ser utilizadas

QUADRO 7.1 Diagnóstico diferencial para Veronica

Transtorno do humor devido a hipertireoidismo
Transtorno do humor induzido por substância/medicamento
Perda de peso devido a uma condição médica (p. ex., aids, câncer)
Perda de peso induzida por substância/medicamento
Transtorno por uso de anfetaminas
Anorexia nervosa
Bulimia nervosa
Transtornos bipolares
Transtorno depressivo maior
Transtorno de somatização
Distimia
TOC
Transtorno de ansiedade social
TDAH
Transtorno da personalidade de tipo não especificado

(ver páginas 139 e 174). Não importa por onde comecemos — o primeiro lugar sempre pertence à possibilidade de uma condição médica ou de uso de substâncias estar causando a sintomatologia principal. A deficiência de hormônios da tireoide pode causar depressão e falta de apetite; entretanto, o hipotireoidismo sazonal seria uma novidade. Deve-se sempre pensar em condições clínicas graves no caso de uma intensa perda de peso, mas acho que podemos acreditar na palavra do médico de família de Veronica de que, além da perda de peso em si, ela está com boa saúde. Além da amenorreia e do baixo interesse sexual, ela parece não ter se queixado de sintomas somáticos múltiplos, e o transtorno de sintomas somáticos pareceria improvável. Contudo, apenas por segurança, eu revisaria os sintomas dessa condição (ver Capítulo 9, "Transtorno de somatização: um caso especial", p. 107).

A depressão, os sintomas de ansiedade e a anorexia estão todos notoriamente associados à intoxicação e à abstinência de anfetaminas (ver Quadro 9.3, pp. 121-124); contudo, as informações disponíveis sugerem que o uso de substâncias de Veronica (1) foi o resultado do desejo de perder peso, não a causa disso; e (2) é um fato antigo. Além disso, não temos nada que sugira que ela usou anfetaminas (o que poderia explicar suas alterações de humor) apenas em épocas específicas do ano, ou que ela perdeu peso apenas quando as utilizou. No entanto, por uma questão de minúcia, Veronica deve fazer pelo menos um exame de sangue ou de urina para detectar o uso de substâncias.

Tendo agora descartado as etiologias associadas a outras condições médicas e ao uso de substâncias nas árvores de decisão de depressão e ansiedade, vamos explorar os numerosos sintomas de humor de Veronica. Alguns eram do tipo atípico (aumento do sono e do apetite), mas sintomas atípicos são frequentes em adolescentes. A resposta dela ao tratamento anterior (esse é um princípio diagnóstico) sugeriria um transtorno do humor independente. O fato de seus sintomas de humor terem recorrido todos os anos, mais ou menos na mesma época, também indica fortemente um transtorno do humor sazonal (outro princípio diagnóstico: "O melhor preditor do comportamento futuro é o comportamento pregresso"). Listá-lo como tal lembraria aos futuros clínicos que eles devem estar atentos quanto à recorrência dos sintomas a cada inverno e, talvez, fornecer tratamento profilático. A breve duração dos sintomas depressivos exclui a distimia, que perdura por anos.

Deveríamos considerar o nível de atividade e o afeto radiante de Veronica como sintomas de mania? Mesmo associada ao histórico de possível hipomania de seu pai, essa interpretação parece absurda — embora Veronica e famíliares devam ser alertadas quanto a possíveis sintomas de bipolaridade no futuro. (Em um estudo de 2005, Kennedy e colaboradores relataram que as mulheres não apenas têm maior probabilidade do que os homens de terem transtorno bipolar mas que, nessas mulheres, o primeiro episódio provavelmente será de depressão.) Embora tenhamos incluído o transtorno de ansiedade social no diagnóstico diferencial, Veronica não atenderia aos critérios porque não evitava outras pessoas. Não houve sugestão de crises de pânico ou comportamento compulsivo, rebaixando em nossa lista outros transtornos de ansiedade e TOC. Ela teve sintomas de TDAH quando pequena, mas nunca foi examinada à época, e não há nenhuma sugestão de características atuais desse transtorno.

Devemos agora considerar a anorexia nervosa. A própria Veronica nega haver algo de errado com sua alimentação, por isso devemos usar duas de nossas regras para avaliar informações concorrentes. Primeiro, sinais como a aparência esquelética e o nível de atividade física — ambos típicos em pacientes com anorexia nervosa — suplantam a relatada ausência de sintomas. Em segundo lugar, as declarações de seus pais sobre sua alimentação e seu peso suplantaram a história da própria Veronica (a história colateral se sobrepõe). Considerando todos os dados disponíveis, podemos apresentar um excelente argumento para justificar a anorexia nervosa como um dos diagnósticos de Veronica.

Por fim, que tal um transtorno da personalidade? A Tabela 6.1 sugere que os transtornos da personalidade são encontrados com frequência em associação aos transtornos alimentares. No momento da entrevista, Veronica apresentava alguns sintomas que poderiam sugerir um transtorno da personalidade esquiva ou histriônica — mas, como aconselha nosso princípio diagnóstico sobre transtornos da personalidade, estes deveriam ser reavaliados após o tratamento adequado para sua anorexia nervosa. Por enquanto, o máximo que eu faria seria mencionar traços de personalidade.

O diagnóstico de trabalho

A análise cuidadosa e bastante extensiva produz esta lista de diagnósticos de trabalho:

- Anorexia nervosa
- Transtorno depressivo maior, recorrente, com padrão sazonal, com características atípicas.
- Diagnósticos relacionados com transtornos da personalidade adiados; traços de personalidade esquiva e histriônica.

Ordenar os diagnósticos comórbidos de Veronica não é difícil. Temos apenas dois diagnósticos principais a considerar: anorexia nervosa e transtorno depressivo maior. A partir de uma variedade de estudos, sabemos que as perspectivas para os pacientes com anorexia nervosa são preocupantes. Cerca de um quarto se recupera e metade melhora muito depois de 10 anos de seguimento; no entanto, os demais se tornam crônicos, com alguns estudos sugerindo que a taxa de mortalidade global se situa na faixa dos 15 a 20%. Embora a depressão grave também possa resultar em morte precoce por suicídio, a situação de Veronica tem sido sazonal, ela não está deprimida no momento da entrevista e respondeu bem ao tratamento. Com bastante tempo para trabalhar em seu transtorno do humor mais tarde, eu o colocaria em segundo lugar em relação à mais urgente anorexia nervosa. Além disso, é muito provável que essa condição seja anterior à depressão em vários anos, de modo que posso fazer a lista dos transtornos em ordem cronológica.

Em quase todos os pacientes, o transtorno da personalidade vem por último. Com as informações que temos neste momento, não vejo razão para mudar a avaliação da personalidade de Veronica de como já foi declarada, a qual apresenta um pouco mais de informação do que o sempre valioso termo *não diagnosticado*. Ao mesmo tempo, isso já é suficiente para que seu clínico permaneça alerta em busca de quaisquer dados adicionais que possam permitir um diagnóstico mais definitivo (ou, quem sabe, eliminar completamente as questões de personalidade).

PROBLEMAS COMUMENTE ESQUECIDOS

Mesmo com um diagnóstico de trabalho em mãos, você ainda precisa prestar atenção a estas questões: "Ainda me faltam informações, como sintomas adicionais, história familiar; existe uma lacuna na história? Negligenciei algum diagnóstico relativamente incomum, mas ainda possível? Devo considerar algum diagnóstico comórbido adicional?" Como auxílio à memória, incluí nesta breve seção pontos que às vezes são esquecidos pelos clínicos.

- *HIV e aids*. Muitas doenças infecciosas podem causar sintomas mentais (ver Quadro 9.1, pp. 108-115), mas HIV e aids são evitáveis e tratáveis.
- *Uso de substâncias*. Ao avaliar pacientes adultos, o clínico raramente deixa de avaliar quanto ao uso de álcool, drogas ilícitas e medicamentos prescritos. Contudo, estes também podem ser problemas em pacientes geriátricos, adolescentes e até crianças.
- *Psicose esquizofreniforme*. O conceito é simples: parece que os sintomas de um paciente podem resultar em esquizofrenia no futuro; durante sua investigação, entretanto, não se passou tempo suficiente para se ter certeza. Discutirei isso com mais detalhes no Capítulo 13.
- *Deficiência intelectual e funcionamento intelectual* limítrofe. Suspeito que muitas vezes não nos damos conta da deficiência intelectual, embora pelo menos 3 em cada 100 pessoas na população em geral tenham algum grau de déficit na função intelectual. Alguns passarão por seu consultório, e a maioria terá outros transtornos de saúde mental que requerem atenção. É muito fácil atribuir a outros transtornos alguns dos comportamentos típicos das pessoas com deficiência intelectual: afeto rígido, aparente falta de concentração, "alucinações" que de alguma forma não são exatamente psicóticas e dificuldade crônica para lidar com o trabalho e com outras pessoas. Lembre-se: para muitas dessas pessoas, tais

comportamentos são a base da normalidade, não um indicador de transtorno mental grave.
- *Transtorno de sintomas somáticos.* Muitas vezes, os clínicos ignoram esse transtorno, mas ele causa muito sofrimento. Darei-lhe merecida atenção no Capítulo 9 (ver "Transtorno de somatização: um caso especial", p. 107).
- *Ausência de doença mental.* Não sei dizer se esse "diagnóstico" é super ou subutilizado; você não encontrará muitas pesquisas sobre o assunto. Mas quero salientar que acontece, embora raras vezes, que uma pessoa que chega para avaliação psiquiátrica não tenha qualquer transtorno mental ou mesmo um problema relacional — em suma, nada para o clínico relatar, exceto boas notícias. Porém, como a linha que separa a doença mental da normalidade nem sempre é nítida, por vezes confundimos com doença qualquer uma destas características não patológicas: conflito com uma instituição social (p. ex., objeção de consciência *versus* recrutamento militar), má adequação ao papel social (houve um tempo em que ser *nerd* era considerado chato) e qualquer emoção que uma pessoa sinta intensamente, como a infelicidade. Já consagrei "ausência de doença mental" em seu próprio princípio diagnóstico.
- *Não diagnosticado.* Menciono aqui, mais uma vez, este útil termo, que implica a necessidade de reflexão e de investigação adicionais, sem induzir o clínico quanto à direção que sua investigação deve tomar.
- *Questões sociais e ambientais.* Com frequência, esquecemos que problemas ambientais ou sociais podem afetar o diagnóstico ou o tratamento. A maioria dessas questões surge no contexto do histórico pessoal e social e incluem a família do paciente (p. ex., os pais podem ajudar a cuidar de uma pessoa com esquizofrenia?), ambiente social imediato (devido à doença mental, o paciente enfrenta discriminação?), escolaridade, ocupação, moradia, suporte financeiro, acesso a cuidados de saúde e questões jurídicas criminais e civis. Muitas pessoas terão múltiplos problemas — como Rupert, um outrora popular e rico sobrevivente das *pontocom*, cuja bebida lhe custou o negócio, a saúde e o apoio familiar, levando a uma vida solitária e à ruína financeira.

Muitas dessas questões sociais e ambientais serão negativas — circunstâncias que prejudicam o indivíduo, como a pobreza, um relacionamento pessoal rompido ou a prisão. No entanto, é possível que um problema possa parecer exatamente o oposto.

George III, Rei da Grã-Bretanha durante a Guerra Revolucionária da América, necessitou de tratamento para uma psicose aguda. Como você pode conferir na emocionante dramatização do filme *A loucura do Rei George*, o fato de ele ser a autoridade suprema da Grã-Bretanha, tornou difícil para seus clínicos — e imagine para seus criados — detê-lo para tratamento.

Até certo ponto, o *status* elevado poderia dificultar o atendimento a um político ou executivo empresarial que goza de uma posição de poder ou autoridade. Embora ter escolaridade avançada na área da saúde mental pareça ser uma vantagem, um paciente com, digamos, hipomania que tenha formação em psicologia pode saber o suficiente sobre transtornos mentais para permitir a dissimulação astuta de uma psicopatologia reveladora.

- *Pontos fortes*. O outro lado de declarar os problemas ambientais e sociais de seu paciente é enumerar seus pontos fortes. Observe o paciente Lennie, por exemplo. Ele está passando por uma fase muito ruim — depressão, morte dos pais e perda do emprego em um *call center* no exterior —, mas desfruta das vantagens de uma educação sólida, personalidade carismática e presença de um parceiro que oferece suporte. A listagem de pontos fortes muitas vezes é ignorada, o que é uma pena, pois poderia ajudar os clínicos a manterem-se atentos quanto a recursos potencialmente valiosos. Embora a avaliação dos pontos fortes não seja uma parte obrigatória do diagnóstico, talvez devesse ser.
- *Avaliação global de funcionamento (AGF)*. Por meio da AGF, podemos avaliar até que ponto os sintomas do paciente causam sofrimento ou interferem nas atividades diárias. Infelizmente, o *DSM-5-TR* a abandonou completamente. No entanto, isso não significa que devemos desistir: incluí uma cópia completa da AGF em meu livro *DSM-5-TR Made Easy* (Guilford Press, 2023). A AGF é muito útil, mas, ironicamente, com ela não medimos nada. Em vez disso, devemos fazer a nossa melhor estimativa sobre o nível de funcionamento de um paciente e atribuir-lhe um número (de 1 a 100). É importante determinar o grau em que a doença afeta a vida do paciente e das pessoas próximas a ele, ainda que não haja a precisão de uma estimativa perspicaz.

DIAGNÓSTICOS USADOS EM EXCESSO

Há muitas condições que os clínicos tendem a diagnosticar com demasiada frequência — quando as circunstâncias e os critérios não os justificam e, em geral, quando outro diagnóstico é totalmente justificado. Mencionarei apenas três deles aqui.

- *Esquizofrenia*. Essa condição é (ou costumava ser) sobrediagnosticada, sobretudo por clínicos norte-americanos. Este era o caso há algumas gerações, quando um estudo transnacional descobriu que os psiquiatras norte-americanos tinham uma probabilidade muito maior de diagnosticar esquizofrenia do que clínicos europeus. Essa prática ainda é um problema? Embora estudos mostrem que os clínicos norte-americanos tenham reforçado seus padrões, isso ainda acontece. Em um encontro há alguns anos, clínicos seniores estavam analisando o caso de uma jovem que tinha alucinações sem delírios. Apesar de estar doente há menos de um mês e vir de uma cultura em que as visitas de espíritos eram comuns, o diagnóstico de esquizofrenia foi mencionado de forma livre e sem objeções. Por acarretar pesada penalidade prognóstica, o diagnóstico só deve ser feito quando há amplo apoio de critérios confiáveis.

- *Transtorno dissociativo de identidade*. Essa condição também tende a ser citada com mais frequência pelos clínicos norte-americanos. Antes chamada de transtorno de personalidade múltipla (TPM), essa condição chamou a atenção de mais de um cineasta (com os filmes *Sybil* e *As três faces de Eva*) e de pelo menos um *serial killer*. Levanta uma questão que todo clínico deve ter em mente: "Estou sendo excessivamente influenciado pela minha especialidade ou por interesses específicos?" Devemos ter cuidado com a tendência de ver nossos interesses por todo lado; caso contrário, com o passar do tempo, seus limites expandem-se de modo a abranger demasiados pacientes. Há alguns anos, tratei Emma, uma estudante universitária altamente sugestionável que, durante as férias de verão, longe do meu olhar atento, ficou sob os cuidados de um clínico que publicou muitos artigos sobre pacientes com TPM. Como não poderia deixar de ser, quando Emma voltou, havia desenvolvido duas novas identidades, razão pela qual passou as férias em tratamento.

- *Transtorno da personalidade* borderline. Essa condição, para mim, continua sendo diagnosticada com mais frequência do que o necessário. Foi bem estudada ao longo dos anos e, por experiência própria, tenho certeza de que existe; no entanto, estou certo de que muitos pacientes que recebem esse diagnóstico não fazem jus a ele, ou pelo menos têm algo mais a acrescentar. Às vezes, damos esse diagnóstico a pessoas de quem não gostamos — chefes e parentes vêm a mente. Receio que muitos clínicos o utilizem como uma espécie de categoria "de eliminação" que cobre suas incertezas, justamente quando o termo *não diagnosticado* cairia muito bem. Assim como acontece com todos os outros transtornos da personalidade, o diagnóstico do indivíduo *borderline* deve ser feito apenas com uma grande quantidade de informações provenientes de pelo menos duas fontes, com base em uma avaliação completa do curso dos sintomas ao longo da vida adulta do paciente.

VERIFICANDO COM UM RESUMO

Após concluir a avaliação e ter o diagnóstico em mente, recomendo fazer uma rápida verificação da realidade, a fim de averiguar sua lógica e sua integridade, utilizando um resumo de saúde mental. Esse mecanismo pode ajudar a garantir que você cobriu todos os fatos e teorias relevantes sobre o desenvolvimento da doença. Será uma declaração breve (na verdade, pode ter qualquer extensão, mas recomendo que seja breve) resumindo a história, os sintomas significativos, as possíveis causas, o diagnóstico diferencial e os pontos fortes importantes do paciente. Você pode compartilhar esse resumo com o profissional que encaminhou o paciente para avaliação de saúde mental, bem como com o próprio paciente. Na verdade, recomendo que compartilhe com o paciente, pois isso permitirá que ele entenda seu raciocínio e proporcionará uma chance de corrigir qualquer possível mal-entendido entre vocês dois. Com a permissão do paciente, isso também pode ajudar a família a compreender sua avaliação. Por fim, o resumo será a base para a construção do seu plano de tratamento.

A abordagem tradicional à avaliação e à prescrição de tratamento é o *modelo biopsicossocial*, que incorpora três tipos de informações sobre possíveis influências na sintomatologia atual de um paciente. A área *biológica* inclui dados como hereditariedade genética, desenvolvimento físico, doenças pediátricas, lesões e doenças físicas anteriores, cirurgias e fatores tóxicos no ambiente. O domínio *psicológico* abrange cognição, emoções, comportamento, comunicações e relações interpessoais, incluindo métodos para lidar com a adversidade (ou, às vezes, com o sucesso). A área *social* descreve como uma pessoa interage com a família, grupos culturais e instituições diversas (como escolas, locais de culto e diferentes níveis de governo) e a disponibilidade e competência dessa rede de apoio.

Como se entende que essas três áreas interagem entre si de modo a produzir o estado final de doença mental, cada uma delas deve ser explorada em sua formulação diagnóstica. Aqui está um exemplo, baseado na avaliação de Veronica, que conhecemos no início deste capítulo:

> Veronica Harper, estudante universitária de 19 anos, tem histórico de anorexia nervosa há cinco anos. Pesando 40 kg, ela está pelo menos 25% abaixo do peso corporal mínimo normal para sua idade e sua altura; no entanto, acredita que parece gorda e teme ganhar peso. Ela ama atividade física e segue uma rotina vigorosa de natação. Sua última menstruação foi há cinco meses. Embora já tenha experimentado laxantes e anfetaminas por um curto período, nos últimos anos a perda de peso advém apenas da restrição na ingestão calórica.
>
> Durante vários anos, Veronica teve depressão no inverno, que começava por volta de dezembro e se resolvia a cada primavera de forma espontânea. Seus sintomas incluem mau humor, aumento do sono, cansaço, melhora do apetite, perda de interesse e falta de concentração, mas nunca ideias suicidas. No inverno passado, esses sintomas foram resolvidos precocemente com medicamentos antidepressivos. Além do baixo peso e do hipotireoidismo leve, sua saúde física é considerada boa.
>
> Veronica é uma jovem muito magra, animada e alegre, que coopera na entrevista. Seu discurso é claro e coerente; ela nega delírios, alucinações,

fobias, crises de pânico, compulsões e obsessões, manifestando interesse permanente por comida, culinária e receitas. Seu humor mostra labilidade normal e é adequado ao conteúdo do pensamento. Ela tem um baixo *insight* — apesar da óbvia magreza, Veronica acredita que está acima do peso — e seu julgamento em relação ao seu comportamento alimentar é fraco e nocivo à saúde.

Contribuindo para seu transtorno principal (anorexia nervosa), pode haver genética (sua mãe pode ter alguns sintomas de TOC e sua irmã tem bulimia); fatores sociais (as sociedades ocidentais associam magreza à beleza) e desejo psicológico de frustrar as tentativas de controle exercidas pelo pai. Seu transtorno depressivo maior sazonal é, em parte, explicado pela hereditariedade (histórico de transtorno do humor, possivelmente bipolar, em seu pai) e em parte pela angústia causada pelos sentimentos de rejeição por parte de seus colegas. Os principais pontos fortes de Veronica são boa inteligência, forte ética de trabalho e pais que, embora controladores, estão profundamente preocupados e, à sua maneira, são apoiadores.

SEGUINDO ADIANTE

Clínicos erram e pacientes mudam — duas razões pelas quais devemos estar sempre alertas para a necessidade de se repensar o diagnóstico. No entanto, não se fala muito sobre reajustar o diagnóstico diante de novas informações. Embora você deva *sempre* considerar a possibilidade de tal mudança, certas situações devem acionar o mecanismo de rediagnóstico.

1. Seu novo paciente chega com um diagnóstico pronto. Uma armadilha para os clinicos, tal situação muitas vezes sinaliza a necessidade de uma reavaliação diagnóstica. Infelizmente, nem todos praticam diagnósticos científicos, e, muitas vezes, o destino de um paciente é decidido à moda antiga e questionável — por palpite ou por preconceito. O início do tratamento com um novo paciente é o momento ideal para revisar a história completa e reavaliar o estado mental. Após aceitar o diagnóstico antigo e iniciar o tratamento, é muito mais difícil voltar atrás.
2. Seu próprio diagnóstico deixa alguns sintomas sem explicação. Os exemplos podem incluir um paciente ansioso que tem depressão, um paciente deprimido com delírios e, para fechar o círculo, um paciente psicótico que se queixa de ansiedade. Um único diagnóstico pode abranger todos os sintomas para cada um desses indivíduos, mas todos representam uma situação que eu observaria com cuidado para ter certeza de que todos os sintomas respondem plenamente ao tratamento.
3. Um paciente desenvolve novos sintomas não explicados pelos diagnósticos atuais. Se você tratou a depressão em alguém que desenvolveu sintomas de mania, precisa repensar com seriedade. Mas e um paciente com

demência que fica deprimido? Ou alguém com TEPT que para de comer? Se o novo sintoma se enquadrar perfeitamente no diagnóstico atual, você terá uma explicação razoável, porém, tente resistir à tentação de forçar novos dados em um esquema antigo. Seu paciente precisa que você mantenha a flexibilidade mental, por isso, não se apegue a um diagnóstico que não se aplica mais.

4. Apesar de um tratamento que parece apropriado, seu paciente continua sofrendo com sintomas. Claro, a culpa pode ser do tratamento em si, mas você tem se concentrado no diagnóstico errado de forma inadvertida? Por exemplo, talvez o uso de cocaína pelo qual o paciente compareceu fielmente ao Narcóticos Anônimos esteja escondendo uma depressão subjacente.
5. Os sintomas estão melhorando, mas a situação profissional ou familiar do paciente está se deteriorando. Embora a terapia comportamental tenha reduzido as crises de pânico da paciente Elisa, ela relata piora nas brigas com o marido e nos comentários críticos do chefe. Uma revisão de sua história e uma reavaliação de seu *status* mental revelam depressão superveniente. Em outros pacientes, esse pode ser o momento de reavaliar a presença de um transtorno da personalidade.
6. Você enfim conhece os parentes, o cônjuge ou outros entes queridos do paciente, o que pode produzir história adicional, história familiar nova e outras informações que podem alterar seu diagnóstico de trabalho. No mínimo, você terá um novo ponto de vista que pode validar seu diagnóstico anterior.
7. Os dados de exames laboratoriais podem acrescentar novas pistas. É possível que o nível anormal de hormônio tireoidiano ou o resultado de exame de imagem desencadeia a reavaliação de um paciente que, de outra maneira, poderia parecer estar bem.
8. Surge uma doença nova. Ok, mas novos transtornos não aparecem com tanta frequência. Contudo, como exercício, você pode, em algum momento, examinar o apêndice relevante do último *DSM*, apenas para ver quantos transtornos estão sendo estudados para inclusão em edições futuras. O *DSM-5-TR* incluiu seis, mas esse número já chegou a uma dúzia ou mais, e o *DSM* não é a única obra que aborda transtornos mentais. É provável que mais transtornos surjam a qualquer momento.
9. Talvez folhear um livro sobre diagnósticos o lembre de um transtorno existente que você não havia considerado para um paciente específico.

O DESAFIO DE UM DIAGNÓSTICO EM MUDANÇA

Quando obtiver informações novas ou quando surgirem outros problemas durante o tratamento, talvez seja necessário reconsiderar seu diagnóstico de trabalho. Quando as circunstâncias o justificam, não o fazer pode ser muito prejudicial (ver quadro "Diagnósticos falso-positivos"). Aqui estão algumas sugestões para encontrar o caminho por meio das incertezas de um diagnóstico em evolução:

- Não aja de maneira precipitada. Proceda com cautela, sobretudo se o paciente estiver estável e bem. Na ausência de uma emergência verdadeira, movimentos repentinos podem confundir em vez de esclarecer. Mesmo com uma deliberação cuidadosa, você pode ter problemas.

Diagnósticos falso-positivos

Os diagnósticos falso-positivos — que se revelam imprecisos — são muito problemáticos e acabam não merecendo espaço para discussão. (Falso-negativos, em que um diagnóstico deveria ter sido feito, mas não foi, também podem ser muito prejudiciais, e suas consequências são bastante óbvias.) Há uma série de razões para se evitar tais diagnósticos.

- Estigma associado a certos diagnósticos mentais. Infelizmente, mesmo em pleno século XXI, ter um diagnóstico de saúde mental muitas vezes implica em censura social, acompanhada de perda da autoestima e de uma diminuição no senso de responsabilidade pessoal. O transtorno da personalidade antissocial e a esquizofrenia são dois desses diagnósticos, que só devem ser concedidos após um estudo cuidadoso e na presença de total confiança.
- Ao perseguir um diagnóstico falso, você pode ignorar outros mais precisos. Falsos positivos podem fornecer uma falsa sensação de segurança, quando você deveria estar ocupado pensando no próximo passo da sua investigação.
- Diagnósticos falso-positivos podem ter dois tipos de efeitos nos cuidados que você presta: promover um tratamento desnecessário e atrasar o que é de fato necessário. É evidente o custo financeiro resultante disso (despesas com seguro de saúde, tempo de trabalho perdido).

Diagnósticos falso-positivos são especialmente prováveis quando usamos critérios que se baseiam apenas na quantidade de sintomas. (Contar os sintomas é fácil; compreender seu contexto pode ser difícil.) Até certo ponto, os manuais de diagnóstico podem promover o sobrediagnóstico, incentivando diagnósticos múltiplos.

Pacientes que experimentaram as consequências de um diagnóstico falso-positivo nos ajudam a entender a necessidade de um acompanhamento cuidadoso e da reconsideração das evidências. Em 2005, Opal Petty (você pode pesquisar seu nome verdadeiro no Google) morreu após passar 51 anos em um hospital psiquiátrico do estado do Texas. Provavelmente com inteligência limítrofe, começou a se comportar de maneira peculiar quando adolescente: Opal Petty queria ir dançar, e seus pais fundamentalistas desaprovavam. Quando um exorcismo religioso não conseguiu aliviar a crise, eles a internaram. Diagnosticada erroneamente com esquizofrenia, ela permaneceu confinada até os 67 anos. Os médicos que testemunharam em seu nome concluíram que, embora ela pudesse ter tido uma depressão psicótica quando foi internada pela primeira vez, recuperou-se logo depois. Um parente distante, enfim, solicitou sua libertação, e ela viveu seus últimos 20 anos em sua própria casa, aparentemente livre de psicose — e de possessão demoníaca.

Candy, uma jovem que uma vez diagnostiquei como tendo transtorno bipolar, tornou-se cada vez mais psicótica, apesar dos estabilizadores do humor, do lítio e até de um tratamento com eletroconvulsoterapia. Após quase dois anos e de forma relutante, comecei a considerar para ela o diagnóstico de esquizofrenia. Os antipsicóticos a fizeram melhorar um pouco, mas continuou enferma e incapaz de manter um emprego; seu marido se divorciou dela. Acabei por perdê-la de vista, mas alguns anos depois nos encontramos por acaso e paramos para conversar. Usando um estabilizador do humor recentemente disponível, outro clínico a tratava de transtorno bipolar; Candy parecia ter se recuperado por completo. Vivenciei um misto de sentimentos: fiquei muito feliz por ela, mas decepcionado comigo mesmo.

- Reavalie as novas informações com cuidado. Considerando o conteúdo e a fonte, são confiáveis? Como isso se encaixa com o que você já sabe? Os princípios diagnósticos que já discutimos podem ajudar a avaliar as últimas notícias.
- Quais são as possíveis consequências de uma mudança no diagnóstico? Antes de fazer esse movimento, busque considerar as consequências. É claro que o tratamento mudará, mas e o prognóstico? Como a família reagirá?
- Peça ajuda. Fazer diagnósticos de saúde mental pode ser uma ocupação solitária, e o olhar renovado de um colega pode, por vezes, estimular novas direções para o seu pensamento diagnóstico. O simples fato de ter alguém com quem discutir um paciente difícil ou confuso às vezes me ajuda a organizar meus pensamentos. Das reuniões que participo, as mais valiosas são aquelas em que os clínicos apresentam seus problemas diagnósticos difíceis, a fim de solicitar novas ideias aos colegas.
- Repense qualquer informação objetiva que possa ajudar a garantir um desfecho positivo. Testes psicológicos e clínicos estão entre os tipos de material a incluir.
- Compartilhe seus pensamentos. Informe seu paciente (e, se for o caso, a família) sobre os novos achados, sua opinião sobre a necessidade de mudança no diagnóstico e o que tudo isso pode significar para o tratamento. A melhor maneira de garantir a adesão é ajudar todos a compreenderem a situação, mesmo (ou especialmente) que isso inclua o grau de sua insegurança quanto ao diagnóstico. Recomendo a franqueza, que deve ser expressa de maneira positiva, visando evitar induzir a traumas emocionais adicionais.

PARTE II
OS BLOCOS DE CONSTRUÇÃO DO DIAGNÓSTICO

8
COMPREENDENDO O PACIENTE COMO UM TODO

Se alguém se apresentar a você com sintomas de mania e histórico de transtorno bipolar I, não há dificuldade alguma em estabelecer diagnóstico mais provável. Porém, no que diz respeito a Carson (ver Capítulo 1) e à sua depressão, faz alguma diferença ele estar em meio a uma mudança de cidade quando me contatou pela última vez? É claro que sim! A história de Carson mostra a importância das informações ambientais e históricas para nossa compreensão das emoções e dos comportamentos. Meu ponto é reforçado por um editorial de 2005 no *American Journal of Psychiatry* que observou que, para se fazer um diagnóstico, a boa prática clínica vai além (muito além, eu diria) das habituais listas de verificação de sintomas, de modo a incluir também um completo histórico social e de saúde mental pregressa.

Outra razão para explorar todas as informações possíveis é tranquilizar pacientes ocasionais de que eles não têm qualquer doença mental diagnosticável, embora temam ter. Observe o caso de Tom, por exemplo. Seu casamento está desmoronando, e seu chefe lhe diz que se ele não fizer mais horas extras, a empresa vai falir. O estresse e o desconforto de Tom podem fazê-lo se preocupar com a possibilidade de haver algo fundamentalmente errado — talvez sentindo que está à beira de um colapso mental. Aqui, uma história completa tem dupla função, apontando tanto o que Tom não tem (um transtorno mental) quanto o que tem (múltiplos problemas de vida). O tratamento para problemas como o de Tom muitas vezes é menos específico — embora talvez não menos urgente — do que para uma doença diagnosticável; por isso, queremos ter certeza de que faremos um diagnóstico dependente do contexto, como estresse no trabalho ou discórdia conjugal, somente após descartarmos a possibilidade de outras causas mais específicas de transtorno emocional.

É claro que mesmo pacientes com doenças mentais costumam ter problemas adicionais e não relacionados que precisamos abordar.

Agora com quase 30 anos de idade, Dorothy vem sendo tratada de esquizofrenia há 15 anos. Embora tenha se graduado e concluído sua especialização em literatura inglesa, ela vive de um pequeno benefício financeiro por invalidez e com o que ganha trabalhando meio período em um supermercado na função de empacotadora de alimentoss e organizadora dos carrinhos de compras. Dorothy compartilha um quarto em uma residência terapêutica, faz suas próprias compras e organiza suas contas pessoais. Graças aos fármacos antipsicóticos, já se passou uma década desde que ela foi hospitalizada pela última vez, mas, mesmo assim, ela se sente profundamente perturbada.

Sua colega de quarto, Janette, não trabalha nem colabora na limpeza do apartamento, e gasta seu dinheiro (e parte do dinheiro de Dorothy) em boliche, *videogame* e *pizzas* que ela pede. A vida social de Dorothy é inexistente: Janette grita e a intimida, e é tão desleixada que receber amigos em casa não é uma opção. Dorothy precisa fazer a limpeza sozinha. Embora saiba que Janette a usa e a manipula, ela se sente impotente para fazer qualquer coisa a respeito. Com uma longa lista de pessoas esperando para ser acolhida, Dorothy teme que, se reclamar, seja convidada a sair em favor de alguém mais complacente.

Além dos aspectos práticos do tratamento, é interessante e gratificante saber tudo sobre o paciente. O interesse aumentado edifica o relacionamento, gerando, por sua vez, maior simpatia (em ambas as direções) e facilitando nossa capacidade de trabalhar juntos. Por essas razões, é vital considerar a variedade de informações frequentemente descritas sob o título "histórico pessoal e social", além de detalhes da família de origem do paciente. Neste capítulo, exploraremos muitos itens deste grande alicerce da história da saúde mental: as informações básicas que podem moldar nossa compreensão dos sintomas e influenciar os diagnósticos dados aos nossos pacientes. Apresentei esse conteúdo de forma resumida no Quadro 8.1 para consulta rápida.

INFÂNCIA

Roland é um contador de 40 e poucos anos cuja atitude amarga ao longo da vida o impediu de estabelecer relacionamentos íntimos. Sua mãe morreu quando ele tinha 2 anos, por isso, Roland foi acolhido por uma tia que tinha dois filhos pequenos. Roland recebeu cuidados adequados com relação a alimentação e moradia, mas nunca teve um sentimento de pertencimento. No Natal, seus primos recebiam presentes elaborados, já o pequeno Roland recebia lembrancinhas mais simples. Em um dos anos, os primos ganharam blocos de montar que permitiam construir um saltador de paraquedas motorizado, enquanto os de Roland construíam apenas um pequeno caminhão que ele teria que empurrar.

QUADRO 8.1 Esboço do histórico pessoal e social

Infância	Idade adulta
Onde o paciente nasceu e foi criado?	Com quem mora no momento?
Foi criado por ambos os pais?	Tipo/fonte de apoio financeiro.
Quantidade de irmãos e posição do paciente na irmandade.	Já ficou desabrigado?
	Rede de apoio atual: família, instituições.
O paciente se sentiu querido quando criança?	Número de casamentos.
	Dificuldades conjugais, divórcios, separações.
Se adotado, quais foram as circunstâncias?	Quantidade, idade e sexo de filhos/enteados.
A adoção foi extra ou intrafamiliar?	
Relacionamento com pais e irmãos.	Ocupação. Número de empregos ao longo da vida.
Havia outros adultos e crianças na casa?	
Como era sua saúde quando criança?	Razões para mudanças de emprego.
Escolaridade: último ano escolar concluído.	Serviço militar: ramo, posto, problemas disciplinares.
Problemas escolares, comportamentais e/ou disciplinares.	Experiência em combate.
	Problemas jurídicos (civis, prisões e/ou violência).
Quantidade e qualidade das amizades.	
Idade em que começou a namorar.	Religião atual, assiduidade.
Abuso sexual ou físico (fornecer detalhes).	Atividades de lazer (organizações, *hobbies*).
Desenvolvimento sexual.	Preferência e ajustamento sexual.
Passatempos e interesses.	Idade da primeira experiência sexual (fornecer detalhes).
Religião quando criança.	
Perdas por divórcio e/ou luto.	Tentativas de suicídio: métodos, associação ao uso de substâncias, consequências.
História familiar	
Transtornos mentais em parentes próximos.	Traços de personalidade e evidências de padrões de comportamento ao longo da vida.
Relacionamento atual com pais, irmãos, filhos e outros parentes.	Práticas sexuais atuais.
	Ocorrência de infecções sexualmente transmissíveis.
	Uso de substâncias: tipo, quantidade, duração, consequências.

Embora uma pesquisa de 2005 de Kessler e colaboradores tenha observado que metade de todas as doenças mentais começa aos 14 anos, muitas informações sobre a infância do seu paciente contribuirão menos para o diagnóstico e mais para a sua apreciação geral do que pode ser chamado de "experiências formadoras de caráter". É claro que isso tudo é valioso de se saber, mas, por vezes, as informações obtidas sobre os anos de infância de uma pessoa podem ajudá-lo a interpretar sintomas com os quais se depara — talvez o fato de uma pessoa imitar o pai ou outro familiar quando responde a condições positivas de amor e sucesso ou ao estresse da frustração ou do fracasso. A infância de "segunda categoria" de Roland o condenou a uma vida inteira de sentimentos de rejeição e isolamento.

Relacionamentos precoces

Que tipo de características esse paciente tinha quando criança? Extrovertido? Introvertido? Quieto? Sério? Exibicionista? Uma história de solidão pode ser seguida por psicose crônica e transtorno da personalidade. Alguém que sempre se sentiu desconfortável com os outros pode estar em risco de transtorno por uso de álcool. Por vezes, filhos mais velhos precisam assumir a responsabilidade de cuidar de irmãos mais novos, o que provavelmente afeta a sua própria experiência de infância e as oportunidades de estabelecer relacionamentos quando adolescentes.

> Ser a "mãe" de seis irmãos menores marcou a vida de Jolie. Já adulta, ela convenceu o marido a ter filhos adotivos — até sete de uma vez —, culminando no fim do casamento deles em razão das responsabilidades da criação dos filhos.

Informações sobre como a pessoa interagiu com os pais (houve envolvimento excessivo? distanciamento?), irmãos e outras pessoas dentro e fora da casa podem ser relevantes para pessoas que, como Jolie, não têm um transtorno mental real.

O desenvolvimento social inicial de um paciente com síndrome de Asperger (agora reunido pelo *DSM-5-TR* sob a égide de transtorno do espectro do autismo) será marcado por déficit de contato visual, carência de relacionamentos com colegas adequados à idade e ausência de vínculo com colegas e familiares. A incapacidade de compreender e ter empatia com sentimentos e experiências dos outros estende-se à vida adulta.

> Apesar da síndrome de Asperger, Audrey iniciou um relacionamento romântico com Bert, um jovem com deficiência de desenvolvimento. No último Dia de Ação de Graças, quando os dois estavam comemorando em separado, com suas respectivas famílias, Audrey telefonou para Bert para dizer que o amava. Ela então ligou de novo e de novo — um total de 11 vezes, embora Bert e seus pais tenham pedido que Audrey parasse de ligar.

Perdas

A dissolução de um relacionamento pode ser muito difícil para uma criança, com efeitos que podem perdurar por anos.

O pai de Tyler era grande defensor da abstemia e abandonou a família quando o menino tinha apenas 12 anos. Tyler passou os 20 anos seguintes profundamente ressentido. "Sempre achei que esse tinha sido o grande motivo que me levou a usar drogas", disse ele durante uma sessão de terapia. "Eu estava tão chateado com meu velho. Acho que o tempo todo venho tentando puni-lo".

Embora os mecanismos de associações assim sejam obscuros, a perda de um dos pais na infância por morte pode refletir-se em depressão com início na idade adulta. Estudos também relacionaram a depressão grave e o transtorno de ansiedade generalizada com o divórcio ou a separação dos pais. A perda do pai antes dos 14 anos pode sinalizar um risco aumentado de transtorno da personalidade.

Escolaridade

Diversos problemas disciplinares e escolares estão correlacionados com dificuldades comportamentais posteriores.

Dudley, de 21 anos, foi pego alcoolizado assaltando um apartamento perto de onde mora com sua mãe — é seu terceiro delito em um ano. "Os três meses de prisão e o período de sua primeira liberdade condicional não lhe ensinaram nada", disse o promotor público assistente responsável por seu caso. "Ele é claramente um sociopata". O médico trazido pelo advogado de defesa pontua que Dudley era um aluno modelo, que se graduou no ensino médio com altas honras, e que não teve nenhum problema com a justiça até começar a beber, um ano antes. Após salientar que a própria definição de transtorno da personalidade antissocial inclui transtorno de conduta precoce (que Dudley não tinha), o consultor oferece, em vez disso, um diagnóstico de transtorno por uso de álcool. O juiz acata o pedido de Dudley de ir para a reabilitação.

OK, suponho que seja possível que uma pessoa com transtorno da personalidade antissocial emergente tenha passado pela escola sem problemas disciplinares, embora nunca tenha encontrado um caso assim. Você também pode utilizar o histórico educacional do paciente para ajudar a diferenciar entre demência e deficiência intelectual, ou entre transtorno de aprendizagem e TDAH.

Sexualidade e abuso

Próximo ao final da infância, chega o momento do despertar e da exploração da sexualidade. Muitos pacientes adultos terão experiências memoráveis desse período.

Aos 15 anos, o desenvolvimento físico de Josephine ultrapassou em muito o seu julgamento: ela e seu namorado de longa data tornaram-se pais quando ainda eram adolescentes. A humilhação resultante e a oportunidade educacional perdida os acompanharam até a idade adulta, culminando em bebida, depressão e divórcio.

A vida sexual de muitas crianças pode ser uma história sombria, começando com agressão e traição. O abuso sexual infantil é doloroso, mas precisa ser relatado porque é um sinal de muitos transtornos mentais em adultos — incluindo bulimia nervosa, depressão, alcoolismo e esquizofrenia, bem como transtornos dissociativos, somatizantes, da personalidade (sobretudo *borderline*), de pânico e de conduta. Essa influência em um amplo espectro de diagnósticos nos faz questionar se o abuso sexual infantil, em vez de ter algum efeito específico, facilita o desenvolvimento de muitos tipos de patologia. Qualquer que seja a possível relação de causa e efeito, utilizo a correlação de duas maneiras: quando encontro alguém que foi vítima de abuso quando criança, procuro um desses transtornos mencionados, e sempre que penso que um paciente pode ter um desses transtornos, tomo ainda mais cuidado ao verificar se há indícios de abuso.

Embora os dados sejam um pouco menos certos, é provável que as implicações da violência física na infância sejam semelhantes.

VIDA ADULTA E SITUAÇÃO DE VIDA

Você pode encontrar muitas dicas para o diagnóstico a partir dos fatos básicos da vida atual de um adulto. Aqui estão algumas questões que considero quando avalio um novo paciente.

Idade e sexo

Essas duas características básicas do paciente têm implicações muito importantes para o diagnóstico. Por exemplo, a versão do transtorno de somatização do *DSM-IV* — ainda não podemos ter certeza quanto ao transtorno de sintomas somáticos do *DSM-5-TR* — é encontrada quase exclusivamente em mulheres (sobretudo nas mais jovens), e é por isso que posso considerar este diagnóstico se estiver atendendo uma mulher em vez de um homem. Em contrapartida, você encontrará transtorno da personalidade antissocial principalmente em homens jovens, em especial aqueles encarcerados. Embora algumas condições importantes *não* discriminem sexos (pode-se dizer que esquizofrenia, transtornos bipolares e TOC são os únicos da lista), a maioria dos transtornos mentais tem um gênero favorito. O Quadro 8.2 contém uma listagem parcial.

Vida sexual e conjugal e suas dificuldades

Mudanças no interesse sexual (para mais ou para menos) são sinalizadores comuns para as fases dos transtornos do humor, e o comportamento sexual inadequado às circunstâncias costuma estar associado a transtornos tão diversos

QUADRO 8.2 Predominância por sexo em transtornos específicos

Predominância no sexo masculino	Predominância no sexo feminino
Transtorno por uso de álcool	Anorexia nervosa
Outros transtornos relacionados a substâncias	Transtornos de ansiedade e transtornos relacionados (exceto TOC)
Transtorno da personalidade antissocial	Bulimia nervosa
Transtorno factício	Transtornos dissociativos
Parafilias	Cleptomania
Transtorno do jogo compulsivo	Depressão grave
Piromania	Transtorno de somatização

quanto demência e uso de substâncias. O baixo interesse sexual é típico de transtornos somatizantes.

Com a mudança dos costumes, os múltiplos parceiros antes do casamento e o sexo fora do matrimônio tornaram-se tão comuns que já não carregam mais o estigma de escândalo que carregavam décadas atrás. No entanto, quando me deparo com alguém com mais de um casamento fracassado, suspeito que haja possibilidade de uso de substâncias ou transtorno da personalidade. Na ausência de evidências claras de mania, eu teria cuidado especial ao avaliar a presença de transtornos da personalidade em um paciente que apresenta comportamento sedutor exacerbado, sobretudo se esse comportamento for direcionado para o clínico.

Antes, a maioria das pessoas com esquizofrenia tendia a permanecer solteira, mas isso pode ser menos percebido atualmente por duas razões: melhora do tratamento e declínio acentuado da prática de institucionalização. No entanto, é provável que alguém com transtorno da personalidade esquizoide, por definição, demonstre pouco interesse em manter relações sexuais com outra pessoa.

Ambiente atual

As pessoas sobrevivem em uma ampla variedade de situações de vida. Conheço muitos que prosperam vivendo sozinhos, às vezes em circunstâncias que consideraríamos terríveis. (Quando perguntado sobre onde mora, um homem respondeu: "Bem, o inquilino anterior era uma geladeira.") A maioria das pessoas, porém, se dá melhor com a segurança e o amor que amigos próximos e vizinhos podem trazer. É por isso que a avaliação em saúde mental não consiste apenas no diagnóstico de doenças; você deve avaliar também se o sistema de apoio do paciente é suficiente para observá-lo quanto a sintomas de mania ou depressão, para observar evidências de que ele voltou a beber ou usar outras substâncias e para notificar o clínico se ele parar de tomar medicamentos vitais para a estabilidade de comportamentos e emoções.

Anos atrás, entrevistei um jovem em recuperação por uso de substâncias que morava sozinho em um apartamento. Quando perguntei sobre sua rede de apoio, a triste verdade é que ele só tinha seus profissionais de saúde mental e seu grupo de terapia para citar. A perspectiva para tal pessoa deve ser muito menos otimista do que para alguém que desfruta do apoio contínuo de amigos e familiares. Além disso, mudanças no sistema de apoio podem ser muito prejudiciais. Por exemplo, uma pessoa com agorafobia pode, de repente, tornar-se reclusa em casa quando o cônjuge ou o companheiro morrer ou se mudar. Outro ponto a se observar é que a qualidade dos relacionamentos pode ser tão crítica quanto a sua quantidade — sabe-se que indivíduos com esquizofrenia são muito propensos a recaídas se tiverem parentes que se sentem prejudicados e injustiçados e atribuem culpa aos outros. Não conheço quaisquer dados sólidos, mas é lógico que qualquer pessoa que estivesse criando os filhos sozinha, enfrentando dificuldades financeiras ou à beira de um divórcio se sentiria mais vulnerável em um ambiente repleto de tensão.

Pode ser relevante avaliar onde o paciente mora. Um exemplo clássico ocorre quando uma pessoa com demência em evolução precisa se mudar de um ambiente familiar, o que gera sobrecarga e manifestações crescentes de desorientação. Um indivíduo que mora na cidade e tem medo de cobras pode nunca apresentar sintomas até se mudar para um ambiente rural. Mesmo fatores ambientais, como a época do ano, podem influenciar o diagnóstico. Conforme observado no Capítulo 1, Carson regularmente manifestava sintomas de depressão no outono ou no inverno e se recuperava na primavera.

Trabalho e suporte financeiro

Além do suporte financeiro promovido, o trabalho é um alicerce para a autoestima, pois possibilita que nos vejamos como membros produtivos da sociedade. O tipo de trabalho e a perspectiva do indivíduo em relação a ele podem sugerir diversas possibilidades diagnósticas. Ilsa — que se formou como bibliotecária e depois passou anos trabalhando na limpeza de uma grande loja de departamentos enquanto lutava contra alucinações e delírios — é um exemplo de como as pessoas com psicose podem ser rebaixadas na escala ocupacional. A história de Nick é semelhante, embora esteja relacionada com o uso de substâncias.

> Enquanto me mudava para outro estado, conheci Nick, um homem inteligente e perspicaz, e perguntei como ele tinha ido parar naquele trabalho de carregador de móveis. Ele disse que era muito bom em consertar computadores, mas sua dificuldade em controlar o uso de cerveja o levou a repetidas suspensões em sua carteira de motorista. Quando, por fim, perdeu o direito de dirigir, Nick não tinha mais como ir até o trabalho. "O que eu gosto da parte de carregar móveis", disse, "é que a empresa me busca todos os dias de manhã e me deixa em casa no final da tarde. E isso não é um obstáculo entre mim e meu *fardinho* de 12 Buds todas as noites depois do trabalho".

Uma história de desemprego prolongado sinaliza que algo está errado há muitos meses ou anos; muitas vezes, esse "algo" envolve psicose, uso de substâncias ou transtorno bipolar I. (Embora a renda por invalidez sugira uma doença grave e crônica, como a esquizofrenia, também conheci pacientes com transtornos somatizantes ou relacionados a substâncias que tinham um salário por invalidez.) Outro padrão revelador é o histórico ocupacional conturbado, com demissões repetidas e exonerações repentinas — clássicas do transtorno da personalidade antissocial. Mesmo celebridades badaladas podem não estar imunes às consequências de um mau comportamento no trabalho. Em uma reunião da equipe do New York Jets, o *ex-quarterback* do campeonato Joe Namath disse duas vezes diante das câmeras a uma repórter que queria beijá-la. Esse foi o estopim para o atleta ser encaminhado à reabilitação por alcoolismo.

O longo período que passei trabalhando em hospitais e clínicas de veteranos me ensinou a ser especialmente vigilante com pessoas cujo histórico de trabalho inclui tempo de serviço militar ou como bombeiros ou policiais. Os perigos inerentes a essas profissões alertam para o fato de que quaisquer sintomas de ansiedade podem ser decorrentes de TEPT e, portanto, tais sintomas devem motivar uma busca cuidadosa por evidências de trauma psicológico. Pessoas com TEPT também têm grande probabilidade de ter depressão e transtornos relacionados a substâncias.

Problemas com a lei

Sempre que você se deparar com um paciente que foi encarcerado ou condenado, é provável que seu primeiro pensamento seja o de transtorno da personalidade antissocial, transtorno de conduta ou uso de substâncias, pois problemas com a lei são critérios para esses transtornos. No entanto, os responsáveis pela aplicação da lei priorizam, muitas vezes, a detenção de pessoas com parafilias (sobretudo pedofilia e voyeurismo) e com a maioria dos transtornos que envolvem o controle de impulsos — transtorno explosivo intermitente, cleptomania, piromania e transtorno do jogo compulsivo. No auge da mania, o julgamento de um paciente pode ser errático ao ponto de criar conflitos com a lei. Pacientes com esquizofrenia têm alguma probabilidade de apresentar histórico de violência, podendo até ser responsáveis por homicídios.

HISTÓRIA FAMILIAR

Embora os sistemas de diagnóstico padrão não utilizem a história familiar como critério, a maioria dos transtornos mentais ocorre de forma repetida na mesma família. Na verdade, milhares de estudos demonstraram que quase todos os transtornos mentais podem ser transmitidos de uma geração para a seguinte, pelo menos em parte, por meio da herança genética. Sendo assim, a existência de um parente biológico com histórico de doença mental deve servir como sinalizador de que seu paciente pode ter o mesmo transtorno.

Padre Mark, um sacerdote de 34 anos, passou dois anos trabalhando nos arquivos do Vaticano. Em certa tarde, ele encontrou uma menção ao apóstolo Marcos em um antigo documento em latim. "De repente", relatou ele mais tarde, "ficou absolutamente claro que o documento, na verdade, se referia a mim". Nos dias que se seguiram, Mark foi ficando cada vez mais agitado ao perceber as implicações disso: ele próprio era a segunda encarnação de Cristo. Quando relatou essa revelação aos outros sacerdotes, causou grande comoção. Em pouco tempo, sob o efeito de sedativos e acompanhado por dois noviços corpulentos, padre Mark foi levado de volta aos Estados Unidos para tratamento.

Quando avaliado pela primeira vez, ainda tinha delírios de grandeza e ouvia vozes dizendo que Mark estava destinado a salvar o mundo. O fato de seu irmão mais novo vir sendo tratado há alguns anos para transtorno bipolar I clássico, favoreceu em parte, a prescrição de lítio para o padre. Seus sintomas logo desapareceram e, consciente de que estava doente, Mark retomou as funções sacerdotais. No entanto, nunca mais foi enviado ao Vaticano.

Além dos transtornos do humor, padrões de relação familiar semelhantes aos encontrados no caso do padre Mark podem ser vistos em diversos transtornos mentais, como esquizofrenia; muitos transtornos de ansiedade (sobretudo transtorno de pânico, fobias e TAG); transtorno por uso de álcool e outras substâncias; transtorno de sintomas somáticos; doença de Alzheimer; anorexia e bulimia nervosa; e transtornos da personalidade, principalmente antissocial. Mesmo a narcolepsia — distúrbio do sono em que os pacientes adormecem de forma repentina em momentos inoportunos (até mesmo enquanto dirigem) — tem fortes traços hereditários.

Quero fazer um alerta sobre o uso da história familiar ao avaliar um paciente — na verdade, três alertas. O primeiro é que, por vezes, é muito fácil o diagnóstico de um familiar influenciar o de outro. Aconteceu comigo, por isso sei que devo tomar muito cuidado para não permitir que o que sei sobre o paciente prejudique o meu julgamento em relação ao significado dos sintomas de um familiar. Pesquisadores da área estão cientes desse problema, por isso desenvolveram a chamada "avaliação cega": um clínico avalia o paciente enquanto outro profissional, que desconhece o diagnóstico do indivíduo, coleta e interpreta as informações relativas aos familiares. Você talvez não tenha esse "luxo" ao fazer seus próprios diagnósticos, então também precisará praticar o que eu prego: tenha um cuidado especial para não permitir que o preconceito afete seu julgamento clínico.

O segundo alerta é que os diagnósticos de familiares relatados pelos pacientes e seus familiares podem ser enganosos ou apenas errôneos. A fonte pode ser um paciente que entendeu mal ou, francamente, um clínico que errou.

Minha paciente Julia, que tinha depressão, me contou que seu avô havia sido hospitalizado por esquizofrenia. A história adicional da mãe de Julia revelou que, na verdade, houve três períodos durante os quais o avô se convenceu de que tinha "poderes cerebrais" especiais, por meio dos quais a força de suas ondas de pensamento poderia alterar o curso da história humana. Após de cada episódio, ele voltava ao normal aos poucos e retomava seu trabalho como motorista de ônibus urbano. Apesar do suposto diagnóstico do avô, pela história que obtive, sua psicose não era crônica, mas episódica — e, portanto, altamente suspeita de transtorno bipolar I. Isso me sugeriu que Julia deveria receber tratamento para prevenir mania.

Princípio diagnóstico: a história familiar pode ajudar a orientar o diagnóstico, mas, como nem sempre podemos confiar nos relatos, devemos tentar rediagnosticar cada familiar.

A questão é que, sempre que possível, você deve obter todas as informações disponíveis para permitir uma avaliação independente do diagnóstico de um familiar. Isso sugere que precisamos modificar nosso princípio diagnóstico sobre a história familiar em relação à versão apresentada antes, no Capítulo 4.

Aqui está o terceiro aviso: em geral, a *ausência* de história familiar não nos diz nada sobre determinado paciente. Existem pelo menos duas razões para isso: a primeira é que a história pode estar incompleta (os informantes podem esquecer ou ocultar informações; o paciente pode ter sido adotado e não saber disso), e a segunda é que, mesmo com boa informação, apenas cerca de 10% dos pais, irmãos e filhos de pacientes com doença mental grave terão a mesma doença. É por isso que muitos pacientes não têm parentes próximos afetados. Portanto, encare a história familiar positiva como uma possibilidade — mas perceba que, mesmo na ausência de alguma doença mental em familiares, o paciente pode apresentar algum transtorno.

9

DOENÇAS FÍSICO-CLÍNICAS E DIAGNÓSTICO MENTAL

Uma doença física pode desempenhar papel vital na produção ou na extensão dos sintomas de saúde mental. Se nos esquecermos desse fato, colocaremos em perigo o nosso diagnóstico e a saúde do paciente — na verdade, até a vida dele.

James

Como integrante do grupo avançado de nosso batalhão de infantaria, acreditei que estava indo muito bem na manhã em que desembarquei no Vietnã. O terror dos ataques noturnos de morteiros, o horror dos corpos mutilados, a sensação repugnante de vulnerabilidade quando o comandante do meu batalhão morreu em combate — estas experiências estavam por vir nas próximas semanas. Durante as primeiras horas daquele primeiro dia, mantive a cabeça baixa e o ânimo elevado enquanto cumpria a enfadonha rotina de montar postos de socorro e inspecionar a limpeza das cozinhas de campanha. Porém, à medida que a noite se aproximava, comecei a ficar inquieto e depois muito nervoso. Desenvolvi o mais alarmante conjunto de sintomas, começando com o alarme — ansiedade intensa demais para ser ignorada, aliada a uma fadiga tão grande que eu mal conseguia entrar em ação. Percebi que meu coração batia muito rápido, muito forte e de maneira irregular. Sentia dificuldade para respirar e o suor escorria pela minha testa, embora eu estivesse em pé na sombra, ou melhor, sentado, pois minhas pernas de repente pareceram fracas demais para sustentar um soldado vestindo um colete à prova de balas e um capacete de aço enquanto carregava uma maleta médica e um rifle M-16.

Eu estava enlouquecendo, sucumbindo à pressão, ou havia algo mais acontecendo? Como único profissional da saúde por perto, revisei com dificuldade as atividades do dia em busca de pistas sobre o motivo do meu desconforto agudo. De repente, entendi: tinha esquecido (recusei, na verdade, com a arrogância da juventude) de tomar os tabletes de sal que todos recebemos antes do pouso. Em reposta, minha transpiração abundante precipitou uma deficiência aguda de eletrólitos, que o sal deveria prevenir. Com um cantil de água, tomei alguns tabletes e prometi não errar mais; em poucos minutos, minha crise de pânico começou a melhorar.

Minha própria experiência durante a guerra ilustra a importância da saúde física e do seu oposto, a doença física, para a empreitada do diagnóstico em saúde mental. Na verdade, se não aproveitarmos esses conceitos como blocos de construção, eles se tornarão obstáculos à compreensão das doenças de nossos pacientes. Com frequência, sintomas físicos dos transtornos mentais são difíceis de se compreender, e os profissionais de saúde mental que não são médicos nem enfermeiros podem se sentir intimidados. No entanto, é muito importante para o paciente que todo profissional de saúde, qualquer que seja sua especialidade, compreenda esse elemento do diagnóstico de saúde mental. É importante a ponto de eu já ter concedido a ele o *status* de princípio diagnóstico.

COMO DOENÇAS FÍSICAS E MENTAIS SE RELACIONAM

Os efeitos de condições físicas e mentais umas sobre as outras podem ser complicados, mas, se considerados em pequenos passos, as relações são compreendidas com facilidade.

Doenças físicas podem produzir sintomas mentais

Quando o paciente Derek tem uma de suas crises convulsivas, impulsos elétricos pulsam por todo o seu encéfalo. Pessoas com epilepsia podem ter alucinações em qualquer um dos outros sentidos. Alguns se sentirão deprimidos; outros podem ter dificuldade para pensar ou falar. Experiências de *déjà vu* (a falsa sensação de que já se experimentou algo antes) também podem ocorrer. Assim como Derek, pacientes com doenças cerebrais tão variadas quanto tumores, esclerose múltipla ou traumatismo craniencefálico podem apresentar alterações de humor. Na verdade, muitas doenças físicas produzem sintomas que se parecem com transtornos mentais.

Em seu fantástico romance *Saturday*, Ian McEwan descreve um membro de gangue que está nos estágios iniciais da doença de Huntington. Rapidamente, o humor de Baxter pode variar de raiva para depressão latente e euforia, muito parecido com o de um paciente com transtorno bipolar. No desfecho de tirar o fôlego, o neurocirurgião protagonista opera para remover hematomas do encéfalo de Baxter, salvando assim uma vida que o paciente poderia ter preferido perder.

Há muitas histórias médicas com pacientes erroneamente diagnosticados como tendo esquizofrenia ou depressão — às vezes, tratados desses transtornos durante anos —, quando o verdadeiro problema é uma anormalidade na tireoide ou adrenal. Um estudo de 1978, realizado por Hall e colaboradores, dá substância a essas histórias: de 658 pacientes consecutivos, 9% apresentavam doenças físicas que produziam sintomas mentais — depressão, confusão mental, ansiedade e perda de memória foram os problemas encontrados com maior frequência. Na maioria das vezes, a causa foi uma infecção, uma doença pulmonar ou tireoidiana, diabetes ou uma doença do sangue, do fígado ou do sistema nervoso central. Em quase metade das ocorrências, nem os pacientes e nem os médicos tinham reconhecido previamente essas doenças clínicas.

Passada uma geração, as doenças físicas que provocam sintomas mentais ainda não eram reconhecidas da forma adequada. Em um estudo realizado em 2002, Koran e colaboradores relataram que de 289 pacientes, três tinham hipotireoidismo não detectado anteriormente — em um caso, isso causou os sintomas mentais de um paciente e em dois outros fez tais sintomas piorarem. Os pesquisadores também descobriram que doenças físicas previamente conhecidas causaram os sintomas mentais de seis pacientes e pioraram os de oito. As suas doenças eram tão variadas quanto abstinência de drogas, demência alcoólica, psicose epiléptica, transtorno pós-concussional e infarto agudo do miocárdio. Se você consultar o PubMed em relação a diagnósticos incorretos de transtorno mental, encontrará muitas evidências de que ainda cometemos alguns dos mesmos erros.

Doenças físicas podem piorar sintomas mentais existentes

Mesmo que não seja a causa original, é fácil ver como o impacto de doenças cardíacas, do uso de substâncias ou da aids pode intensificar os sintomas de alguém que já tem uma doença mental grave.

> Justamente quando Glória está se recuperando de seu último episódio de depressão bipolar, ela descobre que tem doença de Addison — insuficiência adrenal. "Não é preciso ser um Freud para descobrir que a notícia me levaria de volta à depressão", lamenta ela. Seu médico generalista concorda, mas salienta: "Não se esqueça de que os efeitos patológicos de uma doença metabólica ou infecciosa podem produzir sintomas mentais, como depressão, psicose e ansiedade. Isso significa que seu humor poderá melhorar muito assim que conseguirmos controlar seu sistema endócrino".

O tratamento para doenças físicas pode causar sintomas mentais

A maioria dos medicamentos tem efeitos colaterais, alguns dos quais podem incluir sintomas mentais. Por exemplo, a psicose pode ser provocada pelo uso de esteroides adrenais, prescritos para doenças tão diversas como artrite, infecções, insuficiência adrenal (como no caso de Glória, descrito antes), lúpus e asma. Na verdade, é provável que a maioria de todos os medicamentos em uso, incluindo aqueles usados para tratar transtornos mentais, podem produzir sintomas mentais de um tipo ou de outro.

Doenças físicas e mentais podem ser condições independentes

Mesmo quando uma doença física não causa nem piora sintomas mentais, devemos reconhecer e abordar as doenças físicas de pacientes psiquiátricos. É muito fácil — aconteceu comigo — ficar tão focado no transtorno mental de um paciente a ponto de só perceber sintomas de uma doença física independente quando estes são intensos. Daí a estratégia diagnóstica de que cada novo sintoma deve levar primeiro a este pensamento: será que uma doença física pode estar por trás disso?

Águas desconhecidas

Existem alguns achados físicos cujo significado ainda não entendemos. Por exemplo, há décadas sabemos que os pacientes com esquizofrenia costumam apresentar ventrículos cerebrais aumentados. O grau de aumento não é grande e nem sempre ocorre, de modo que o achado não é robusto o suficiente para levar ao diagnóstico em um paciente específico. Não sabemos o que isso significa, mas é real. Aqui está outro exemplo: pesquisadores detectaram uma quantidade reduzida de receptores para o neurotransmissor serotonina no encéfalo de pacientes com transtorno de pânico. O que isso significa? Mais uma vez, o conhecimento precedeu a compreensão.

Dizem que o grande curador é o tempo, que também pode ser um ótimo diagnosticador. O que não entendemos atualmente pode ficar claro conforme o passar do tempo, o que revela novos sintomas ou esclarece o significado de sintomas mais antigos. Mesmo sem esperar, há duas maneiras pelas quais o tempo nos ajuda a resolver as relações entre uma doença física e sintomas mentais: (1) se o sintoma mental e a doença física surgem mais ou menos ao mesmo tempo, e (2) se os sintomas mentais ou emocionais do paciente melhoram conforme a melhora na doença física.

> Quando seu lúpus piora e Sylvia desenvolve insuficiência renal, ela fica deprimida; seu apetite diminui e ela se sente fraca e letárgica. Após Sylvia iniciar a diálise, esses sintomas de depressão remitem. Durante uma breve viagem de férias para o oeste da Califórnia, Sylvia faltou a duas diálises consecutivas; mais uma vez, seu humor piorou.

Se nenhum desses critérios de tempo for atendido, você pode suspeitar de um sintoma mental caso ele seja associado com frequência a uma condição física. Para esse fim, listei no Quadro 9.1 (pp. 108-115) os sintomas mentais de 60 condições clínicas. Adaptei o Quadro 9.1 do meu livro *When Psychological Problems Mask Medical Disorders*, que descreve essas condições em mais detalhes. O objetivo do quadro é alertar os clínicos para a grande variedade de condições físicas que podem levar a tais sintomas. Na segunda coluna, você encontrará a frequência relativa com que cada condição é encontrada na população em geral:

Comum — A maioria dos adultos tem pelo menos um amigo ou conhecido que tem ou terá essa condição. (A prevalência varia de 1 em 200.)
Frequente — Uma vila ou cidade pequena será o lar de uma ou mais dessas pessoas. (A prevalência varia de 1 em 10 mil.)
Incomum — Pelo menos uma pessoa em uma cidade grande ou estado pequeno tem a doença. (A prevalência varia de 1 em 500 mil.)
Rara — A prevalência é inferior a 1 em 1 milhão.

Observe que essas frequências *não* indicam com que constância uma condição física produz sintomas mentais; dados assim não estão disponíveis. A boa notícia é que essas condições não são encontradas com frequência, e a má é que sua relativa raridade nos acalma, gerando falsa sensação de segurança. Se não nos mantivermos alertas, corremos o risco de interpretar mal os sintomas quando nos depararmos com eles.

Em contrapartida, também é importante saber quais sintomas físicos estão mais associados a transtornos mentais. O quadro "Sintomas físicos comumente associados a transtornos mentais" discute alguns deles.

PISTAS DE QUE UMA CAUSA FÍSICA É RESPONSÁVEL POR SINTOMAS MENTAIS

Sinais, sintomas e informações históricas podem sugerir doenças físicas subjacentes. Se você se deparar com um paciente com alguma dessas características (baseei-me vagamente em um artigo de 1989, de Honig e colaboradores, no *British Journal of Psychiatry* e em outras fontes), pode ser justificado realizar uma investigação mais aprofundada (exame físico, laboratoriais e de imagem). Uma causa física para sintomas mentais pode ser muito provável se o paciente:

- está tendo um primeiro episódio de doença mental — a probabilidade de uma causa física é menor no caso de doenças recorrentes;
- tem 40 anos ou mais — o avanço da idade aumenta a probabilidade de alguém desenvolver uma doença física grave;
- deu à luz recentemente — alterações hormonais pós-parto podem provocar sintomas mentais;

- tem uma doença física grave — por exemplo, no diabetes, episódios de hipoglicemia podem causar crises de ansiedade;
- toma um medicamento prescrito ou de venda livre — essa pista será mais forte se os sintomas começaram no momento em que o medicamento foi administrado pela primeira vez;
- apresentou sintomas neurológicos — fraqueza em um dos lados do corpo, dormência ou parestesia, comportamento desajeitado, dificuldade para deambular, tremores, movimentos involuntários, cefaleias que pioraram, tontura, visão turva ou dupla, cegueira em parte do campo visual, problemas de fala ou de memória, perda de consciência, pensamento lento e dificuldade para reconhecer objetos familiares ou seguir comandos;
- teve grande perda de peso (10% ou mais), iniciando uma dieta incomum (sobretudo uma muito limitada em variedade, como chá e torradas ou macarrão e cerveja) ou exibindo autonegligência — qualquer uma dessas condições pode causar sintomas de deficiência de vitaminas;
- tem histórico de doença física grave, incluindo doenças do sistema endócrino, cardiovascular, renal, hepático, pulmonar ou neurológico;
- caiu ou teve ferimento recente na cabeça que envolveu perda de consciência — mesmo um traumatismo craniencefálico leve pode estar associado a sintomas pós-concussionais e outros transtornos mentais;
- tem histórico recente de uso de álcool ou drogas, com implicações óbvias em quedas, desnutrição e outros problemas físicos;
- tem história familiar de doença hereditária, como diabetes, doença de Alzheimer ou outra doença metabólica ou degenerativa;
- tem níveis flutuantes de consciência, algum comprometimento do pensamento, alucinações que não sejam auditivas ou sintomas mentais intercalados com períodos de lucidez;
- apresenta início recente de um sintoma físico alarmante, como febre alta, visão turva, inchaço do abdome ou dos tornozelos, icterícia ou dor torácica;
- apresenta sintomas mentais ou comportamentais que não desaparecem, apesar do tratamento que deveria ser eficaz;
- apresenta alguma evidência de deterioração da saúde física que ainda não foi avaliada por um médico.

TRANSTORNO DE SOMATIZAÇÃO: UM CASO ESPECIAL

Todos os elementos utilizados para chegar a um diagnóstico são importantes, mas alguns são mais do que outros. O transtorno de somatização é uma condição mental que, conforme descrito no DSM-IV, compreende sintomas exclusivamente físicos (somáticos). Embora seja comum, talvez afetando 1% da população em

QUADRO 9.1 Algumas condições clínicas que podem causar sintomas mentais

	Frequência relativa[a]	Sintomas emocionais/comportamentais																	
		Depressão	Mania	Ansiedade	Pânico	Comportamentos semelhantes a TOC	Labilidade emocional	Abstinência	Catatonia	Insônia	Hipersonia	Alucinações	Delírios	Despersonalização/desrealização	Déjà vu	Insight pobre	Ideias suicidas	Sintomas de TEPT	Rubor	Kluver—Bucy
Insuficiência adrenal	I	×		×				×				×	×				×			
Aids	F	×	×	×				×				×	×				×			
Doença da altitude	I				×					×		×	×			×				
Esclerose lateral amiotrófica	I	×																		
Excesso de antidiurético	F											×	×							
Abscesso encefálico	I																			
Tumor encefálico	F	×	×				×					×	×	×	×					
Câncer	C	×		×	×															
Carcinoide	F			×															×	
Arritmia cardíaca	C			×						×							×	×		
Doença cerebrovascular	C	×		×			×					×	×			×	×			

Diagnóstico descomplicado

Doença	Tipo													
Doença pulmonar obstrutiva crônica	C	x		x						x	x			
Insuficiência cardíaca congestiva	C	x		x						x	x			
Criptococose	F		x							x				
Síndrome de Cushing	F	x		x						x	x			
Surdez	C			x						x	x			
Diabetes melito	C	x		x										
Epilepsia	C	x					x			x		x		
Fibromialgia	C	x		x										
Traumatismo craniencefálico	C	x		x					x	x				
Encefalite pós-herpética	I			x			x			x	x		x	
Homocistinúria	I						x							
Doença de Huntington	I	x						x		x	x			
Hiperparatireoidismo	F	x		x				x		x	x		x	
Encefalopatia hipertensiva	F								x		x			
Hipertireoidismo	C	x		x					x	x				

	Frequência relativa[a]	Depressão	Mania	Ansiedade	Pânico	Comportamentos semelhantes a TOC	Labilidade emocional	Abstinência	Catatonia	Insônia	Hipersonia	Alucinações	Delírios	Despersonalização/ desrealização	Déjà vu	Insight pobre	Ideias suicidas	Sintomas de TEPT	Rubor	Kluver—Bucy
Hipoparatireoidismo	I	x		x		x	x	x				x	x							
Hipotireoidismo	C	x										x	x							
Insuficiência renal	F	x								x		x								
Síndrome de Klinefelter	F	x										x					x			
Insuficiência hepática	C	x														x				
Doença de Lyme	F	x		x	x	x	x			x		x	x							
Doença de Ménière	F	x		x	x					x										
Menopausa	N	x		x	x															
Enxaqueca	C	x																		
Prolapso da valva atrioventricular esquerda	C			x	x															
Esclerose múltipla	F	x		x			x									x				
Miastenia grave	F		x	x																
Doenças neurocutâneas	F	x		x																
Hidrocefalia de pressão normal	F	x		x					x			x	x							
Doença de Parkinson	F	x		x																

Diagnóstico descomplicado

Doença	Tipo												
Pelagra	R	x						x					
Anemia perniciosa	C	x		x									
Feocromocitoma	I											x	
Pneumonia	C			x									
Porfiria	I	x		x			x		x				
Estados pós-operatórios	F	x		x					x				
Síndrome pré-menstrual	C	x		x		x	x		x	x			
Doenças priônicas	R			x	x			x					
Paralisia supranuclear progressiva	I	x		x	x								
Desnutrição proteico-calórica	C	x							x				
Tromboembolismo pulmonar	F			x									
Artrite reumatoide	C	x					x		x				
Anemia falciforme	F	x							x				
Apneia do sono	C	x		x			x		x				
Sífilis	I		x				x		x	x	x		
Infecção sistêmica	C	x		x	x		x		x				
Lúpus eritematoso sistêmico	F	x					x		x				
Deficiência de tiamina	F			x		x							
Doença de Wilson	I	x							x				x

	Frequência relativa[a]	Sintomas cognitivos								Sintomas de personalidade							
		Comprometimento da memória	Desorientação	Comprometimento cognitivo leve	Delirium	Demência	Desatenção	Pensamento lentificado	Deficiência intelectual	Irritabilidade	Apatia	Desinibição	Jocosidade	Impulsividade	Tenacidade	Agressividade	Criminalidade
Insuficiência adrenal	I	×	×		×					×	×						
Aids	F	×	×	×	×	×	×	×		×	×						
Doença da altitude	I	×	×		×					×							
Esclerose lateral amiotrófica	I					×											
Excesso de antidiurético	F				×												
Abscesso encefálico	I		×				×										
Tumor encefálico	F	×				×		×			×	×		×			
Câncer	C				×												
Síndrome carcinoide	F				×												
Arritmia cardíaca	C						×										
Doença cerebrovascular	C				×	×	×				×	×	×	×			
Doença pulmonar obstrutiva crônica	C	×				×	×				×						

Diagnóstico descomplicado 113

Insuficiência cardíaca congestiva	C			x									
Criptococose	F	x			x								
Síndrome de Cushing	F	x		x	x	x			x				
Surdez	C												
Diabetes melito	C			x									
Epilepsia	C						x					x	
Fibromialgia	C	x	x		x	x							
Traumatismo craniencefálico	C	x		x	x	x		x	x	x	x		
Encefalite pós-herpética	I	x											
Homocistinúria	I				x		x						
Doença de Huntington	I	x			x				x	x		x	
Hiperparatireoidismo	F	x		x		x			x	x			
Encefalopatia hipertensiva	F	x		x		x							
Hipertireoidismo	C			x				x					

114 James Morrison

Doença		1	2	3	4	5	6	7	8	9	10	11	12	13	14	15	16	17	18
Hipoparatireoidismo	I	x					x							x					
Hipotireoidismo	C	x		x	x	x	x												
Insuficiência renal	F	x		x	x	x													
Síndrome de Klinefelter	F							x						x					
Insuficiência hepática	C			x	x	x													
Doença de Lyme	F	x																	
Doença de Ménière	F																		
Menopausa	N					x					x								
Enxaqueca	C						x	x											
Prolapso da valva atrioventricular esquerda	C																		
Esclerose múltipla	F	x		x															
Miastenia grave	F	x																	
Doenças neurocutâneas	F			x				x											
Hidrocefalia de pressão normal	F	x		x										x					
Doença de Parkinson	F			x															
Pelagra	R		x	x					x						x				
Anemia perniciosa	C	x		x	x														
Feocromocitoma	I																		

Pneumonia	C			×					
Porfiria	I	×							
Estados pós-operatórios	F	×		×					
Síndrome pré-menstrual	C						×		
Doenças priônicas	R	×		×	×				
Paralisia supranuclear progressiva	U			×					
Desnutrição proteico-calórica	C		×					×	
Tromboembolismo pulmonar	F		×						
Artrite reumatoide	C								
Anemia falciforme	F					×			
Apneia do sono	C	×		×			×		
Sífilis	I	×		×			×		
Infecção sistêmica	C		×	×					
Lúpus eritematoso sistêmico	F	×	×	×					
Deficiência de tiamina	F	×		×				×	
Doença de Wilson	I			×					×

Nota. Adaptada de *When Psychological Problems Mask Medical Disorders* (2. ed.), de James Morrison (The Guilford Press, 2015). Copyright © 2015 The Guilford Press. Adaptada com permissão.

[a]Para frequência relativa: C, comum; F, frequente; I, incomum; R, rara; N, normal. Consulte o texto para esclarecimentos sobre os quatro primeiros termos.

Sintomas físicos comumente associados a transtornos mentais

Alguns sintomas físicos são utilizados como critérios para transtornos mentais e outros servem como sinalizadores de que um transtorno pode existir. Confira, a seguir, alguns sintomas físicos que podem afetar pacientes com transtornos mentais.

Sono

Por estarem associados a tantos diagnósticos, os distúrbios do sono talvez sejam o problema físico que você mais encontrará. Como no caso de Carson, problemas para dormir, em geral, indicam transtorno do humor. A insônia ou a hipersonia (sono excessivo) é encontrada com frequência no transtorno depressivo maior e na distimia e é um critério diagnóstico para ambas. Pacientes com mania — que costumam experimentar a insônia como redução na necessidade de sono — podem negar que isso seja um problema ("Por que perder tempo dormindo quando há tanta coisa a se fazer?").

A dificuldade para dormir também é um critério para o TAG, no qual os pacientes podem se queixar de insônia ou sono não reparador. O sono insatisfatório é um dos critérios de hiperexcitação para o TEPT e para o transtorno de estresse agudo. A incapacidade de dormir ou a sonolência excessiva também são sintomas encontrados na intoxicação ou na abstinência por drogas ou álcool. Ficar acordado até a madrugada andando pelo quarto pode ser indício precoce de esquizofrenia. Os distúrbios do sono serão abordados em detalhes no Capítulo 16.

Apetite

A mudança no apetite pode ser a segunda queixa física mais frequente em pacientes com problemas de saúde mental. A diminuição e o aumento da ingestão alimentar, muitas vezes acompanhados de perda ou ganho de peso, são critérios para o diagnóstico de depressão. O Capítulo 16 também contém um exame muito mais detalhado dos transtornos alimentares.

Sintomas de pânico

Os sintomas físicos do pânico incluem dor torácica, calafrios, sensação de asfixia, tontura, palpitações cardíacas, náuseas, dormência ou formigamento (chamada de parestesia), sudorese, dispneia e tremores. Eles podem ser vivenciados por uma pessoa com algum dos diversos transtornos de ansiedade, incluindo agorafobia, fobia específica e transtorno de ansiedade social. Alguém com TAG pode se queixar de fadiga excessiva, tensão muscular ou dificuldade para dormir. Alguns dos mesmos sintomas de ansiedade são muito encontrados em indivíduos usuários de drogas recreativas e durante a abstinência do uso.

Outros

A fadiga e a redução ou o aumento da atividade psicomotora também são típicos de pessoas deprimidas, já aquelas com mania tornam-se muito ativas. Pacientes maníacos podem se interessar por sexo de forma excessiva, enquanto um paciente deprimido pode perder esse interesse por completo. Capítulos inteiros de manuais de diagnóstico são dedicados a problemas quanto ao interesse por sexo, dor durante a relação sexual e disfunção erétil.

geral, costuma ser ignorado pelos clínicos no processo diagnóstico. Os Capítulos 11 e 12 contêm estudos de casos; por enquanto, abordaremos apenas os aspectos relacionados com os sintomas físicos.

O DSM-5 e o DSM-5-TR tomaram o que considero um caminho errado no caso desse transtorno. Ele foi renomeado para *transtorno de sintomas somáticos*; agora inclui o transtorno de dor (conforme definido pelo DSM-IV), elementos de hipocondria e o transtorno somatoforme indiferenciado, além de ter sido redefinido de modo que um único sintoma (histórico de pelo menos seis meses de preocupação excessiva com a saúde) já qualifica o paciente para o diagnóstico. Meu conselho: continue usando os critérios menos permissivos do DSM-IV (revisados a seguir) para transtorno de somatização, conforme defendo ao longo deste livro.

No transtorno de somatização, o problema não é tanto os sintomas exatos que o paciente apresenta em determinado momento, mas o fato associado de que pode haver muitos sintomas e dos mais variados — e, ainda, variantes. Eles fazem o paciente buscar tratamento ou interferem no aspecto social, profissional ou pessoal e podem incluir:

- múltiplos sintomas de dor em locais como cabeça, costas, abdome, articulações, membros, tórax ou reto; ou dor relacionada com funções corporais, como dor durante relação sexual, menstruação e micção;
- sintomas gastrintestinais, como náuseas, distensão abdominal, vômitos, diarreia e intolerâncias alimentares;
- sintomas sexuais que incluem indiferença ao sexo, dificuldades de ereção ou ejaculação, menstruação irregular ou excessiva e vômitos durante a gravidez;
- sintomas pseudoneurológicos (sintomas sem base anatômica ou fisiológica) que incluem falta de equilíbrio ou coordenação, músculos fracos ou paralisados, nó na garganta, perda da voz, retenção de urina, alucinações, entorpecimento, visão dupla, cegueira, surdez, convulsões, amnésia (ou outros sintomas de dissociação) e perda de consciência.

Cabe destacar que os pacientes não estão fingindo seus sintomas; eles acreditam, ou temem, que estão realmente doentes. No padrão típico, primeiro um sintoma e depois outro tornam-se proeminentes à medida que o paciente visita médico após médico. O padrão sugere que o que é importante para o paciente é o processo de estar doente, e não o tipo de doença em si. O transtorno de somatização é tão significativo para muitos diagnósticos diferenciais e é tantas vezes esquecido que dediquei a ele um princípio diagnóstico. Há mais informações sobre esse transtorno a partir da página 163.

> *Princípio diagnóstico*: considere transtorno de sintomas somáticos (somatização) sempre que os sintomas não fizerem sentido ou que os tratamentos não funcionarem.

Para a avaliação diagnóstica inicial, esteja ciente do seguinte: (1) esses pacientes podem se queixar de uma variedade de sintomas somáticos; (2) com frequência, também apresentam sintomas de humor e ansiedade; (3) seus sintomas respondem mal a um tratamento que geralmente funciona para a maioria dos pacientes; e (4) se um sintoma melhorar, um novo poderá aparecer para substituí-lo. Todos esses fatores explicam por que os profissionais de saúde muitas vezes perdem a paciência com esses pacientes e os encaminham para outro lugar. Quando chegam até um profissional de saúde mental, tais indivíduos podem já ter consultado diversos outros médicos e terapeutas e recebido muitos cuidados de saúde — que, em geral, resultaram em frustração aos médicos e prejuízo ao paciente.

USANDO SINTOMAS FÍSICOS PARA FAZER UM DIAGNÓSTICO

Doenças físicas nem sempre são a causa dos sintomas mentais do paciente, mas quando influenciam, é vital descobri-las o quanto antes. Sintomas de ansiedade, por exemplo, podem resultar de uma grande variedade de doenças físicas.

> Após inúmeros meses de terapia de casal, o terapeuta de Milt e Marjorie observa que ela está cada vez mais irritada. Suas mãos tremem, e ela se levanta da cadeira com frequência e anda de um lado para outro. Marjorie queixa-se de que está muito quente no consultório, mesmo sendo inverno, enquanto outras pessoas estão agasalhadas. Durante uma discussão sobre sua perda de peso, a terapeuta sugere que ela seja avaliada pelo médico generalista. Um exame revela aumento moderado na atividade da tireoide.

Na verdade, a razão original que levou o casal a iniciar a terapia provavelmente não foi distúrbio endócrino, mas a tireoide de Marjorie pode ter contribuído para o aumento da irritabilidade. Problemas físicos como os dessa paciente têm tratamentos eficazes; se ignorados, podem causar estragos. Observe como raciocino sobre eles:

1. Certifique-se de que as informações sobre a saúde física geral façam parte de toda avaliação de saúde mental. Isso deve incluir informações obtidas do paciente, bem como resumos de hospitalizações e exames médicos.
2. Garanta que todo paciente tenha sido submetido a uma avaliação médica geral recente; se não tiver, recomende uma e garanta que seja realizada uma avaliação completa. Essa decisão é ainda mais importante se você observar algum dos indicadores de doença física sugeridos na seção "Pistas de que uma causa física é responsável por sintomas mentais" (p. 106).
3. Familiarize-se com o transtorno de somatização. Talvez eu tenha mencionado antes que, se você não suspeitar de uma condição, nunca a diagnosticará. O transtorno de somatização é muito prevalente e tem implicações importantes demais para correr o risco de ignorá-lo.

4. Liste as etiologias de problemas físicos no topo do diagnóstico diferencial de todo paciente. Mesmo que você considere essa possibilidade apenas por um instante antes de prosseguir, ao avaliar os próximos pacientes, lembre-se sempre de que ela existe. Um dia, essa lembrança será recompensada.

USO DE SUBSTÂNCIAS E TRANSTORNOS MENTAIS

O uso de substâncias químicas — álcool, drogas recreativas, fármacos prescritos ou medicamentos de venda livre — pode produzir sintomas mentais. A relação de causa e efeito será muito forte se os sintomas se desenvolverem após o paciente ter começado a utilizar uma substância e diminuírem quando o uso for interrompido. A associação será ainda mais forte se o paciente desenvolver sintomas a cada uso, se toda vez forem os *mesmos* sintomas, e se o paciente nunca teve esses sintomas antes de usar a substância em questão. Já atribuí o *status* de princípio diagnóstico à importante relação entre o uso de substâncias e os transtornos mentais.

Esse princípio não se limita às drogas recreativas. Por exemplo, o uso de esteroides anabolizantes por atletas, desde o nível profissional até amadores, tem recebido muita publicidade ao longo dos anos.

> Efrain Marrero, de 19 anos, injetou esteroides sintéticos desde o ensino médio, a fim de ganhar massa muscular para favorecê-lo no futebol americano. Quando seus pais descobriram, imploraram a ele que parasse. Ele o fez, mas rapidamente afundou em uma depressão tão profunda que, como relatou o jornal *The New York Times* em 2005, ele se matou com um tiro em um quarto de sua casa.

Você precisará fazer uma lista de todas as substâncias (legais ou não) utilizadas pelo paciente, anotando quando os sintomas começaram e quando cada substância foi utilizada pela primeira vez. Compare a lista com o Quadro 9.2, que cita alguns tipos de medicamentos que podem produzir sintomas mentais, e com o Quadro 9.3, em que listei os efeitos mentais e comportamentais do transtorno por uso de álcool e de outras substâncias.

Mais uma vez, vamos considerar o caso de Carson (Capítulo 1), para de avaliar como usamos até agora os elementos para chegar a um diagnóstico. Utilizamos a história de sua doença atual, sua história familiar (sua avó supostamente sofria de depressão crônica) e, a partir de seu histórico pessoal e social, o fato de sua iminente mudança para um lugar distante. Cada uma dessas áreas de informação é necessária para compreender por completo o contexto de Carson. As fontes de informação que utilizamos incluem o paciente e sua esposa, e consultaríamos seus prontuários de saúde anteriores para reforçar nossa memória de que seus episódios anteriores de depressão ocorreram no inverno e na primavera. Fizemos tudo isso, mas ainda há um aspecto importante a discutir: seu *status* mental atual. Abordaremos isso no próximo capítulo.

QUADRO 9.2 Classes (ou nomes) de medicamentos que podem causar sintomas mentais

	Ansiedade	Humor	Psicose	*Delirium*
Analgésicos	×	×	×	×
Anestésicos	×	×	×	×
Dissulfiram (Antabuse)		×	×	
Ansiolíticos			×	
Anticolinérgicos	×	×	×	
Anticonvulsivantes	×	×	×	×
Antidepressivos	×	×	×	×
Anti-histamínicos	×		×	×
Anti-hipertensivos/medicações cardiovasculares	×	×	×	×
Antimicrobianos		×	×	×
Antiparkinsonianos	×	×	×	×
Antipsicóticos	×	×		×
Antiulcerativos			×	
Broncodilatadores	×			×
Quimioterápicos			×	
Corticosteroides	×	×	×	×
Agentes gastrintestinais			×	×
Antagonistas da histamina				×
Imunossupressores				×
Insulina	×			
Interferon	×	×	×	
Lítio		×		
Relaxantes musculares		×	×	×
AINE[a]			×	
Contraceptivos orais	×	×		
Repositores da tireoide	×			

[a]AINE, anti-inflamatórios não esteroides.

QUADRO 9.3 Sintomas do uso de substâncias

		Intoxicação por substância								Abstinência de substância					
		Álcool/sedativos	Maconha	Estimulantes[a]	Cafeína	Alucinógenos	Inalantes	Opioides	PCP	Álcool/sedativos	Maconha	Estimulantes[a]	Cafeína	Tabaco	Opioides
Social	Funcionamento social prejudicado		x												
	Sexualidade inadequada	x													
	Isolamento social		x												
	Sensibilidade interpessoal		x												
Humor	Humor lábil	x													
	Ansiedade		x	x		x				x	x			x	
	Euforia		x	x			x	x							
	Afeto embotado, apatia			x			x	x							
	Raiva			x								x		x	
	Disforia, depressão				x		x			x	x	x	x		x
	Irritabilidade										x		x	x	
Julgamento	Julgamento prejudicado	x	x	x		x	x	x	x						
	Agressividade, beligerância					x			x						
	Impulsividade								x						
Sono	Insônia				x					x	x	x		x	x
	Pesadelos									x	x				
	Hipersonia, sonolência											x			

		1	2	3	4	5	6	7	8	9	10	11	12	13
Nível de atividade	Agressividade	×									×			
	Agitação, aumento da atividade			×	×			×	×	×		×		
	Incansabilidade				×									
	Inquietação				×						×			×
	Diminuição da atividade, lentidão			×				×	×			×		
Estado de alerta	Atenção, concentração reduzida	×						×					×	×
	Estupor ou coma	×		×				×	×	×				
	Sensação de "câmera lenta"		×											
	Confusão mental			×										
	Hipervigilância			×										
Percepção	Ideias de referência, perseguição					×								
	Alteração na percepção					×								
	Alucinações/ilusões breves					×				×				
	Depers./desreal.					×								
	Medo da insanidade					×								
Autonômico	Boca seca		×											
	Pupilas contraídas							×						
	Pupilas dilatadas			×	×									×
	Sudorese			×	×					×	×			×
	Piloereção													×
Músculo	Fraqueza			×		×								
	Contração muscular				×									
	Dores												×	×
	Rigidez								×					

		Intoxicação por substância								Abstinência de substância					
		Álcool/sedativos	Maconha	Estimulantes[a]	Cafeína	Alucinógenos	Inalantes	Opioides	PCP	Álcool/sedativos	Maconha	Estimulantes[a]	Cafeína	Tabaco	Opioides
Neurológico	Distonia, discinesia			×											
	Nistagmo	×					×		×						
	Tremores					×	×			×	×				
	Visão turva					×	×								
	Visão dupla						×								
	Reflexos prejudicados						×								
	Convulsões			×					×	×					
	Entorpecimento							×							
	Cefaleia											×	×		
Gastrintestinal	Distúrbios gastrintestinais, diarreia				×										×
	Náuseas, vômito			×						×			×		×
	Dor abdominal										×				
	Aumento do apetite/ganho de peso		×									×		×	
	Diminuição do apetite/perda de peso			×							×				
Motor	Falta de coordenação	×	×			×	×								
	Marcha instável, dificuldade para deambular	×					×		×						
	Estereotipias			×											
	Letargia							×							
	Fala arrastada, disartria	×					×	×	×						

Cardiovascular	Batimentos cardíacos irregulares			×	×	×						
	Bradicardia			×								
	Taquicardia		×	×	×	×			×	×		
	Hipotensão ou hipertensão arterial			×					×			
Geral	Hipoventilação			×								
	Dor torácica			×								
	Tontura						×					
	Olhos vermelhos		×									
	Calafrios			×					×			
	Febre								×			×
	Memória reduzida	×					×					
	Nervosismo, excitabilidade				×				×			
	Discurso incoerente				×							
	Audição hiperaguda							×				
	Rubor			×								
	Aumento da micção			×								
	Fadiga									×	×	
	Lacrimejamento, coriza											×
	Bocejos											×

[a]Como cocaína e anfetaminas.

10

DIAGNÓSTICO E EXAME DO ESTADO MENTAL

Aqui está a última peça do quebra-cabeça do diagnóstico. Em geral, o exame do estado mental (EEM) é uma declaração da apresentação de uma pessoa, de como ela se sente e se comporta no momento do exame. Quase tão importantes são as características que uma pessoa *não* mostra. Por exemplo, embora o EEM de Carson (Capítulo 1) evidenciasse depressão, sentimentos de pânico, choro, dificuldade de concentração, preocupações e sentimentos de abandono, ele *não* tinha alucinações nem delírios. Achados como estes dois últimos, que ajudam a descartar um diagnóstico que de outra maneira parece uma possibilidade real, são chamados de *achados negativos pertinentes*. Eles não devem apenas ser questionados mas também constar fielmente no relatório do clínico.

Devemos ter em mente que, por mais importante que seja o EEM, ele é apenas um retrato instantâneo do paciente em determinado momento único. É fácil enfatizar demais os sintomas do EEM em detrimento de outros elementos básicos do diagnóstico, e os clínicos às vezes cedem a essa tentação (ver quadro "O EEM é superestimado?").

APARÊNCIA

Grande parte do EEM não exige qualquer questionamento, apenas a observação do paciente durante uma conversa comum. Quase todo o conteúdo desta seção e das próximas duas ("Humor/afeto" e "Fluxo da fala") se enquadra nessa categoria, e será evidente até para um olhar inexperiente. No entanto, embora possa sinalizar possibilidades, desde o início precisamos nos lembrar de não deixar que a aparência por si só tenha importância demasiada em nossa avaliação.

Aparência geral

Segundo uma citação de Mark Twain, "as roupas fazem o indivíduo". Por exemplo, para um adulto vestindo roupas esfarrapadas, estranhas ou sujas, ou um

> ## O EEM é superestimado?
>
> O EEM é uma parte importante do diagnóstico e da base de informações, mas, ainda assim, pode ser supervalorizado? Receio que, às vezes, esse seja o caso. Esse exame costuma ser feito no final de uma avaliação completa, e é por ele que muitos clínicos começam. Estudos científicos sobre diagnóstico demonstraram que podemos tirar conclusões precipitadas com demasiada rapidez com base em um sintoma único e marcante. Isso ocorre porque presumimos de forma precipitada que sintomas verdadeiramente graves só podem levar a um diagnóstico — no caso de alucinações e delírios, por exemplo, seria esquizofrenia.
>
> Esquecemos que é improvável um sintoma mental ter apenas uma interpretação. Mesmo um sintoma aparentemente evidente, como a crença de que se está grávida (quando não se está), pode ser encontrado em condições tão diversas como mania, depressão, demência e uso de substâncias. Consideremos o caso da célebre escritora Virginia Woolf: em pelo menos cinco ocasiões ao longo de sua vida, Woolf ficou muito enferma, com ideias delirantes sobre a sua suposta culpa e a inutilidade do seu trabalho. Ela alucinava com vozes tão aterrorizantes que nunca conseguia descrevê-las. No entanto, dentro de semanas ou meses, a escritora se recuperava por completo — todas as vezes, exceto a última, quando colocou pedras pesadas nos bolsos do casaco de pele e se entregou às águas geladas de março do rio Ouse. A lição: os sintomas do *status* mental nunca devem nos fechar em uma caixa, mas em uma árvore de decisão.
>
> Longe de ser o único fator importante no diagnóstico, o EEM com frequência nem é o mais importante. Suas informações, em geral, não estabelecem ou anulam um diagnóstico; na maioria das vezes, a avaliação longitudinal tem maior valor diagnóstico do que a apresentação atual do paciente. O que o EEM deve fazer é definir sinalizadores que alertam sobre as possibilidades, as quais devemos avaliar no contexto de tudo o que descobrimos com a história do próprio paciente e com as informações fornecidas de familiares, prontuários antigos e clínicos anteriores.

adulto que quase sempre está desarrumado, a esquizofrenia e outras psicoses, a demência e os efeitos mais extremos do uso de substâncias virão à mente. Se o paciente for adolescente ou criança, as opções serão ainda mais amplas. Já a magreza excessiva pode sinalizar anorexia nervosa, em especial se a pessoa for uma mulher jovem.

Um paciente que certa vez avaliei em meu consultório revelou-se um dos indivíduos mais ansiosos que já conheci. Minha primeira pista veio logo ao apertar a mão de Douglas, quando senti uma protuberância muscular na base da palma da sua mão direita. Ele era desenhista e costumava segurar a caneta como se ela estivesse tentando escapar. Com o passar dos anos, esse músculo se hipertrofiou pelo esforço da compressão.

Você pode encontrar pistas adicionais na postura do paciente, suas cicatrizes, seu modo de andar, uso de adornos ou penteado. As tatuagens, antes sugestivas do estilo de vida, tornaram-se tão comuns que perderam qualquer valor diagnóstico.

Nível de atenção

Quão alerta está seu paciente? Uma pessoa sonolenta ou desatenta poderia estar experimentando *delirium*, talvez associado a uma condição médica ou ao uso de substâncias? É claro que a incapacidade de se manter a atenção está associada ao TDAH, que costuma ocorrer em crianças e adolescentes, mas que cada vez mais afeta também adultos. Mais de uma vez, o TDAH foi diagnosticado em um pai cujo filho acabou de ser avaliado quanto à desatenção e à inquietação motora.

A desatenção talvez seja encontrada com mais frequência em alguém como Lester, que acompanha a esposa ao aconselhamento, embora não esteja presente "em espírito". Seu olhar errante, a recusa em fazer contato visual com qualquer pessoa na sala e o uso frequente de respostas como "Ahn? Ah, desculpe!" evidenciam que ele não está envolvido no momento. Lester me faz lembrar de meu curso de educação cívica do ensino médio, ministrado — eu não diria "ensinado" — toda primavera pelo treinador de beisebol. Mesmo enquanto falava, ele ficava o tempo todo olhando através da janela que dava para as quadras. Estava claro que ele desejava estar em outro lugar, um sentimento endossado por seus alunos.

No outro extremo do espectro da atenção está a hipervigilância, na qual o paciente olha com frequência ao redor da sala, como se tentasse localizar a origem de vozes ou de uma ameaça. A hipervigilância sugere TEPT, mas também é muito associada aos delírios paranoicos encontrados nas psicoses.

Nível de atividade

O nível de atividade do paciente pode ser um importante indicativo do diagnóstico. A observação mais comum é a atividade motora aumentada, como balançar as pernas ou torcer as mãos com frequência, o que indica simples tensão ou ansiedade, talvez até um desejo de fugir. Movimentos corporais anormais podem indicar que a pessoa está usando um medicamento (talvez um dos fármacos antipsicóticos mais antigos e agora menos populares), como Prolixin ou Haldol; então você pode suspeitar de um transtorno psicótico. O clássico tremor de "rolar pílulas" — sinal bem conhecido da doença de Parkinson que ocorre de forma natural — também pode resultar desses medicamentos. O movimento involuntário dos lábios, da boca e dos membros superiores, denominado *discinesia tardia*, e a incapacidade de ficar parado, chamada de *acatisia* (o paciente sente necessidade de se manter literalmente em movimento), são dois transtornos do movimento adicionais relacionados com esses fármacos. O Quadro 9.3 lista alguns comportamentos motores relacionados com o uso de substâncias.

Embora o movimento excessivo possa ser o achado mais comum em pacientes com problemas de saúde mental, a expressão facial que mostra pouca mobilidade — às vezes parecendo estar quase congelada — pode ser encontrada em pacientes com demência ou depressão grave. A imobilidade quase completa da catatonia é rara na atualidade.

HUMOR/AFETO

Humor é a maneira como nos sentimos, e *afeto* é como parecemos estar nos sentindo. Vamos discutir, em breve, três qualidades do humor/afeto: *tipo*, *labilidade* (variações em determinado período) e *adequação*.

Quanto ao *tipo*, tendemos a pensar no humor quase como um diagnóstico: equiparamos a euforia à mania, a tristeza à depressão grave ou à distimia. Mas quem entre nós não experimentou esses sentimentos, geralmente sem outros indícios de doença? Na verdade, em geral, o estado emocional transitório de uma pessoa não informa muito um diagnóstico. Raiva (e hostilidade, uma emoção semelhante), ansiedade, vergonha, alegria, medo, culpa, surpresa, nojo e irritação são emoções que podem ocorrer em transtornos mentais, embora sejam reações normais. Pacientes que se preocupam com o humor normal com frequência só precisam ser reconfortados para se sentirem melhor.

Quanto à labilidade, pode-se dizer que a variação excessiva do humor pode produzir inferências diagnósticas mais precisas. Por exemplo, uma pessoa cujo humor parece mudar rapidamente entre extremos (do riso ao choro e vice-versa, ou que passa a fúria repentina sem uma causa aparente) deve ser avaliada quanto a mania, demência e transtornos de somatização. Explosões de temperamento não anunciadas podem indicar outras condições médicas, como infecções ou tumores encefálicos. O afeto que quase não muda (labilidade diminuída) pode sugerir doença de Parkinson, depressão grave, esquizofrenia ou demência.

A terceira qualidade do humor é a sua adequação ao conteúdo do pensamento da pessoa. Quando entrevistei Joan, ela riu ao falar sobre a morte recente de sua mãe. Essa incongruência entre o afeto e o conteúdo alimenta duas possibilidades: a mania e a forma de esquizofrenia que costumava ser chamada de *desorganizada* (antes de os DSMs eliminarem os subtipos). Joan teve episódios de psicose seguidos de depressão; depois, viveu longos períodos de completa normalidade — sugerindo claramente o transtorno bipolar I. Você também encontrará humor inadequado quando alguém com transtorno de somatização discute um problema físico atual, como paralisia ou cegueira, sem a apreensão que você esperaria no caso de uma condição tão grave.

A depressão é o sintoma do humor mais observado durante o EEM. Em razão da sua onipresença, seu potencial de dano e sua resposta ao tratamento, procuro depressão em todo novo paciente — e em muitos pacientes, procuro de forma contínua. Tal condição é importante o suficiente para que constitua um princípio diagnóstico. Devemos considerar que *sempre* é um

> *Princípio diagnóstico*: em razão da sua onipresença, potencial de dano e pronta resposta ao tratamento, *sempre* considere transtornos do humor.

termo muito forte, mas a depressão é tão comum, tão importante e tantas vezes esquecida que incluí o intensificador.

FLUXO DA FALA

Embora o fluxo da fala possa revelar diversas pistas possíveis para o diagnóstico, vamos primeiro reconhecer que a maioria de nós tem peculiaridades na fala que, em geral, não são patológicas. Podemos citar como exemplos os tiques verbais (uso de expressões como "sabe", "tanto faz", "incrível" e "tipo, de jeito nenhum"), o *discurso circunstancial* (em que uma pessoa relata muitos detalhes irrelevantes antes de chegar ao ponto) e a fala tão desviada que a tentativa de comunicação deixa o interlocutor confuso.

Provavelmente, o tipo mais conhecido de patologia da fala real são as chamadas *associações vagas*, ou o *descarrilamento*. Associações vagas ocorrem quando a coerência do pensamento é interrompida, de modo que uma ideia se transforma em outra que não está relacionada com clareza. Embora você possa entender a sequência das palavras, a direção que elas tomam não é a esperada. O resultado é uma fala ou escrita ilógica que deve significar algo para o paciente, mas que não comunica nada aos outros. Dos meus arquivos pessoais, aqui está um exemplo extremo:

> "Descobri o chá inglês que os ingleses bebem. E aquela sopa de mariscos não é diferente, assim como o milho indiano é comida americana. Mas a Inglaterra tem um rei, uma rainha e um príncipe. A princesa Anne é casada com um inglês. Agora a medicação serve para ajudar em acidentes, doenças, pessoas queimadas, desmaios e tonturas como eu. A verdade da Europa, na verdade o Japão também tem chá. E a América. Obrigado."

Associações vagas e outros padrões de fala menos comuns, como *incoerência*, *neologismos* (palavras inventadas), *perseveração* e *ecolalia* (repetir as palavras da outra pessoa) são, em geral, considerados característicos da esquizofrenia, embora também possam ocorrer na mania e na demência.

O intervalo até que alguém responda a uma pergunta é chamado *latência de resposta*; desvios acentuados nesse período podem apontar para um transtorno do humor. A latência muito longa é característica da depressão grave, já a latência reduzida, na qual o paciente responde quase antes de o interlocutor terminar sua pergunta, pode ser encontrada na mania. Na *pobreza de fala*, a fala espontânea de um paciente será pequena ou nula, podendo sugerir depressão, esquizofrenia ou demência.

CONTEÚDO DO PENSAMENTO

No histórico da doença atual, você já terá encontrado a maior parte do material em geral descrito como conteúdo do pensamento. As implicações dessas informações são bastante diretas.

Qualquer que seja a forma como você os enquadre, delírios e alucinações quase sempre se traduzem em psicose. No entanto, o tipo de delírio que você encontra pode ajudar a definir o tipo de psicose. Delírios de influência, perseguição, passividade (paciente influenciado por sugestões externas), referência (comentários acerca do paciente), controle de pensamento ou transmissão de pensamento (pacientes sentem que seus pensamentos estão sendo transmitidos, talvez por ondas de rádio) sugerem, muitas vezes, esquizofrenia, em especial o que costumávamos chamar de esquizofrenia paranoide. Delírios de problemas de saúde (ter uma doença terrível) ou de estar morto podem indicar esquizofrenia ou depressão grave. Delírios de grandeza, nos quais os pacientes acreditam ter grandes poderes ou serem famosos como Deus ou algum grande líder, são clássicos da mania mas também podem ser encontrados na esquizofrenia. Delírios de culpa sugerem depressão ou transtorno delirante, já o delírio de que alguém perdeu tudo o que tinha pode indicar depressão profunda.

Observe também a *congruência* com o humor, que se refere a quão bem o humor corresponde ao conteúdo do delírio da pessoa. Certa vez, tratei uma mulher de uma psicose maníaca pós-parto e perguntei a ela por que parecia tão feliz e contente, e ela disse que era porque sabia que tinha "o pequeno menino Jesus em casa, no berço". Em geral, esses delírios congruentes com o humor indicam um transtorno do humor. Em contrapartida, os delírios da esquizofrenia costumam ser incongruentes com o humor, como acontece com o jovem que acreditava ser filho do comediante estadunidense Jay Leno e que poderia mudar o clima. Apesar desses delírios de grandeza, ele sabia que sua condição mental o impedia de manter um emprego e de ter uma vida social normal e, como resultado, sentia-se muito deprimido.

Você pode se deparar com alucinações de qualquer um dos sentidos em uma psicose causada por uma outra condição médica ou por uso de substâncias, como *delirium tremens*, demência, tumor cerebral, toxicidade ou convulsões. Na esquizofrenia, embora a maioria das alucinações sejam auditivas, algumas são visuais e, em casos raros, você encontrará alucinações de outros sentidos. Os estados vívidos e oníricos que temos quando acordamos ou adormecemos são respectivamente chamados alucinações *hipnopômpicas* e *hipnagógicas*, mas são normais. Também são normais as ilusões, o *déjà-vu*, as ideias sobrevalorizadas (como a crença na superioridade de uma religião ou origem étnica) e a despersonalização que não é prolongada nem extrema.

Embora fobias ou obsessões e compulsões possam sinalizar um transtorno de ansiedade específico ou TOC, tenha em mente duas questões gerais. Uma delas é que, como acontece com a ansiedade em geral, um grau leve desses sintomas é comum e nada anormal. A segunda, que discutiremos com mais detalhes no Capítulo 12, é a tendência dos clínicos de focar em fobias e compulsões graves, ignorando a pequena depressão silenciosa que às vezes se esconde por trás dessas situações.

Por fim, devemos mencionar pensamentos sobre suicídio, homicídio e outros tipos de violência. Em geral, ideias suicidas apontam para depressão, embora também possam indicar transtorno da personalidade, uso de substâncias ou esquizofrenia. Se as ideias relativas à violência indicarem algum transtorno mental, é provável que seja uma dessas três condições. Contudo, a violência e o homicídio são típicos de uma condição mais clara: a atividade criminosa. Na arte, temos como exemplo o filme *O poderoso chefão*.

COGNIÇÃO E RECURSOS INTELECTUAIS

O raciocínio, a capacidade matemática e o pensamento abstrato (como o reconhecimento de semelhanças e diferenças) dependem, em grande parte, da educação e da inteligência inata; essas habilidades serão, portanto, precárias na deficiência intelectual e em outros transtornos do desenvolvimento, como o transtorno do espectro do autismo. Tais habilidades também podem ser prejudicadas por doenças mentais graves, como demência, esquizofrenia e transtornos do humor. Problemas de compreensão, fluência, nomeação, repetição, leitura e escrita, bem como aqueles que você esperaria em falantes não nativos, sugerem a necessidade de avaliação neurológica.

A orientação é deficiente apenas em alguns casos e quase sempre indica um transtorno cognitivo — *delirium* ou demência. É possível, por exemplo, um paciente psicótico alegar ser Zog de Marte, que vive na Quinta Dimensão, mas diríamos que tal pessoa está delirando, não desorientada. O comprometimento da memória de curto prazo pode indicar demência, *delirium*, psicose, transtorno do humor ou apenas ansiedade.

INSIGHT E JULGAMENTO

A quantidade de informações diagnósticas específicas que se pode obter a partir da percepção do paciente pode não ser tão contundente quanto se espera. Em geral, a falta de *insight* do indivíduo de que tem um transtorno mental indica psicose mas também é comum em pacientes com demência ou *delirium*; pode até ocorrer em pessoas que abusam do álcool ou usam outras substâncias. Você também encontrará prejuízo no *insight* em transtornos que não associamos automaticamente à psicose, como transtornos do humor graves, transtorno dissociativo de identidade, anorexia nervosa, transtorno dismórfico corporal e casos de TOC tão graves que o indivíduo pode não identificar os comportamentos compulsivos como sendo irracionais.

Tanto o *insight* quanto o julgamento têm alta dependência com fatores que não consideramos anormais. Um deles é a idade da pessoa: crianças não têm crítica sobre o seu próprio comportamento e suas emoções até o início da adolescência — mesmo nos anos seguintes, ainda pode lhes faltar plena capacidade para compreender as consequências de suas próprias ações. Daí a decisão da Suprema Corte dos Estados Unidos de 2005 contra a pena capital para menores. Até certo ponto, a percepção e o julgamento dos adultos também são afetados pela inteligência, pela educação e por questões culturais nativas (como superstição e preconceito).

Assim como o *insight*, o julgamento pode ser afetado pela psicose e pelo *delirium*. Todo transtorno da personalidade também pode afetar o *insight* (quem entre nós admite de imediato que tem falhas de caráter?), mas o julgamento é especialmente vulnerável aos tipos mais graves de transtorno da personalidade, como o *borderline* e o antissocial.

Com a conclusão da Parte II, *você* agora tem uma percepção de toda a gama de informações necessárias para fazer diagnósticos precisos em seus pacientes. Esta é a matéria-prima que utilizamos durante os níveis diagnósticos já descritos na Parte I. Mantenha-se sempre mentalmente preparado, porém, para novas informações que possam exigir uma reavaliação dos fatos — como você achava que os conhecia.

PARTE III
APLICANDO AS TÉCNICAS DE DIAGNÓSTICO

11

DIAGNOSTICANDO DEPRESSÃO E MANIA

Por diversas razões, optei por começar a Parte III com o que continuo chamando de *transtornos do humor*, mesmo que o *DSM-5-TR* os separe em *transtornos depressivos* e *transtornos bipolares*. Talvez o mais importante seja que os transtornos do humor estão entre os principais males que afetam pacientes com problemas de saúde mental. Eles também estão próximos do topo da hierarquia de segurança (Quadro 3.1) e representam os desafios mais complicados a todos os diagnosticadores, qualquer que seja a especialidade ou o nível de experiência. Gosto de começar as palestras sobre diagnóstico explicando que, uma vez que você entende os transtornos do humor, os demais diagnósticos costumam ser fáceis.

Os transtornos do humor apresentam uma variedade de desafios:

1. Os clínicos devem considerar inúmeras síndromes depressivas, incluindo o transtorno depressivo maior (com seus diversos subtipos e especificadores, como características atípicas, melancólicas e sazonais), a distimia e os episódios depressivos de transtornos bipolares.
2. O oposto do humor deprimido é um espectro que inclui a mania e suas variantes — hipomania, estados mistos e as fases altas do transtorno ciclotímico.
3. Tendo feito o diagnóstico de um transtorno do humor, devemos considerar a possibilidade de haver condições comórbidas.
4. A depressão compartilha características com o transtorno de luto prolongado e outras perdas, problemas de vida e transtornos de adaptação. Há, também, a controversa questão do suicídio como comportamento racional *versus* doença tratável (ver quadro "O suicídio pode ser racional?", mais adiante, neste capítulo).

SÍNDROMES DA DEPRESSÃO

Os transtornos mentais são como cebolas: você pode descascar camada após camada até chegar ao miolo. As síndromes da depressão clínica são como cebolas, mas em sentido diferente: existem muitos tipos distintos de cebola — vermelha, amarela, branca, roxa, chalota, doce, pérola, Walla Walla (populares no noroeste dos Estados Unidos), cebolinha e muitas outras. Cada tipo pode ser utilizado de maneira um pouco diferente, dependendo de suas características únicas, as quais você deve identificar antes de mais nada. O mesmo acontece com os tipos de depressão. O Quadro 11.1 lista os tipos considerados neste capítulo com breves definições. Além dos exemplos fornecidos aqui, você encontrará outros envolvendo a depressão em capítulos posteriores. Quando terminar de ler, você conhecerá verdadeiramente suas cebolas.

Kent

Comecemos com este exemplo simples de um paciente com depressão de aparência clássica.

> Kent foi encaminhado para avaliação por seu médico generalista que observou "fragilidade na parte mental", embora fisicamente o paciente estivesse saudável. Engenheiro eletrônico, Kent teve sucesso trabalhando no Vale do Silício, na Califórnia, por sete anos. A fim de se preparar para os avanços na hierarquia corporativa, ele se matriculou em um programa de MBA em uma universidade local e lhe faltava apenas uma disciplina para se formar quando perdeu o emprego em razão do estouro da bolha das empresas do tipo "pontocom". Com milhares de colegas também procurando emprego, Kent passou oito desanimadores meses procurando por um emprego até, por fim, encontrar um trabalho como vendedor de carros na empresa de um cunhado que "nem havia terminado a faculdade", como ele disse ao entrevistador.
>
> Kent queixa-se de meses de depressão atribuída por ele à perda de *status* e à luta para pagar a hipoteca de sua luxuosa casa em San Jose. No entanto, durante a primeira entrevista, sua esposa ressalta que ele vinha tendo problemas de insônia e diminuição do apetite semanas antes de ser demitido. Ela comenta: "Kent nem demonstrou muito entusiasmo pela roupa de pesca que eu lhe dei de aniversário". Agora ele expressa culpa por não poder sustentar de forma adequada sua família e angústia pela falta de energia e concentração que dificultam seus esforços no trabalho. Ele nega ter ideias suicidas, mas sua esposa contou que, na semana anterior, ele disse a ela que não se importava muito se viveria ou morreria.
>
> Kent não apresenta sintomas psicóticos nem episódios anteriores de transtorno mental, e sua história familiar é também negativa para trans-

torno mental. Embora tenha bebido em excesso algumas vezes durante a faculdade, uma década antes, Kent nunca mais consumiu bebidas alcoólicas. Nega sentir-se preocupado ou ansioso; segundo o paciente, está "apenas deprimido".

QUADRO 11.1 Diagnóstico diferencial com definições breves para depressão

- *Transtorno depressivo devido a outra condição médica.* Uma doença física pode causar depressão, que não precisa preencher os critérios para um episódio depressivo maior.
- *Transtorno depressivo relacionado a substâncias.* Álcool, drogas recreativas ou medicamentos causam sintomas depressivos, que também não precisam estar em conformidade com a definição de transtorno depressivo maior.
- *Transtorno depressivo maior, (seja) um episódio único ou recorrente.* Durante semanas ou mais, o paciente se sente deprimido ou não consegue aproveitar a vida e pode ter problemas para comer e dormir, sentimentos de culpa, perda de energia, dificuldade de concentração e pensamentos sobre morte. Não pode haver episódios de mania ou hipomania.
- *Transtorno bipolar (I ou II), episódio depressivo mais recente.* Atualmente deprimido, o paciente tem história de mania ou hipomania.
- *Transtorno depressivo maior com características melancólicas.* Este tipo especial de depressão maior é caracterizado por despertar matinal precoce, perda de apetite e peso, sentimentos de culpa e incapacidade de se sentir melhor quando acontece algo que seria agradável.
- *Transtorno depressivo maior com características atípicas.* Certos sintomas são o oposto daqueles normalmente experimentados no transtorno depressivo maior — aumento do apetite, ganho de peso e sono excessivo.
- *Transtorno depressivo maior com padrão sazonal.* Nesta condição, também conhecida como *transtorno afetivo sazonal*, os pacientes ficam regularmente deprimidos em determinada época do ano, sobretudo no outono ou no inverno.
- *Transtorno depressivo maior com início no periparto.* Uma mulher desenvolve depressão maior durante a gestação ou em até um mês após o nascimento do bebê.
- *Distimia (transtorno depressivo persistente).* Em geral, os pacientes permanecem doentes durante anos, com sintomas menos graves que os do transtorno depressivo maior; não há psicose nem ideias suicidas.
- *Luto.* Durante semanas ou meses, uma pessoa cujo parente ou amigo faleceu experimenta sentimentos de perda e vazio que costumam piorar quando ela pensa no falecido, mas diminuem dentro de dias a semanas. Se os sintomas atenderem aos critérios do *DSM-5-TR* para depressão, esta também deverá ser diagnosticada.
- *Transtorno de luto prolongado.* Alguém cujo ente querido faleceu sofre durante um ano ou mais, apresentando múltiplos sintomas de depressão e estresse.
- *Transtorno de adaptação com humor deprimido.* Algumas pessoas respondem ao estresse da vida desenvolvendo sintomas depressivos.
- *Transtorno de sintomas somáticos com transtorno do humor.* Pacientes com extensa história de muitas queixas corporais para as quais nenhuma explicação física pode ser encontrada muitas vezes também apresentam depressão e até sintomas de mania. Observe meus comentários nas páginas 107 e 164.

Análise

Utilizando as etapas numeradas em nossa árvore de decisão para depressão (Figura 11.1), aqui está a forma como raciocino em relação a Kent. Ele não tem histórico de mania ou hipomania que possa sugerir transtorno bipolar (passo 1). Embora seu humor esteja péssimo, seu médico generalista deu-lhe um atestado de boa saúde física (passo 2). Ele não bebe álccol nem usa drogas (passo 3), não tem histórico de múltiplos sintomas somáticos (passo 4) e não é mulher, portanto, não poderia ter transtorno disfórico pré-menstrual (passo 5). No passo 6, notamos que Kent não teve luto prolongado, o que nos leva ao passo 7: apresentou alguns dos sintomas típicos de transtorno depressivo maior. A ausência de sintomas psicóticos (passo 11) deveria levar-nos primeiro a considerar transtorno depressivo maior. O asterisco nos direciona para o passo 13, que nos lembra da variedade de especificadores que podemos diagnosticar. Kent não apresentava sintomas das formas melancólica ou atípica (ver Quadro 11.1) e não estava catatônico nem em pós-parto, então diríamos que ele teve um único episódio de transtorno depressivo maior — o termo mais usado agora para designar *depressão clínica*.

Cabe mencionar também alguns dos princípios diagnósticos que, por sua presença ou sua ausência, nos ajudaram a chegar a esta conclusão. Confiamos nas informações colaterais da esposa de Kent, que se revelaram mais precisas do que a estimativa do próprio paciente sobre quando a depressão começou. Sua história antiga de etilismo é superada pelos últimos 10 anos de vida sóbria. O ambiente social de um casamento intacto assegura-nos que é improvável que o transtorno da personalidade desempenhe papel importante em seu diagnóstico e, de qualquer maneira, gostaríamos de evitar qualquer diagnóstico de transtorno da personalidade diante de um transtorno mental grave. Não houve sintomas incomuns que nos afastassem do diagnóstico de transtorno depressivo maior, que é um diagnóstico comum (lembre-se: cavalo, não zebra).

Comentário

Parece-me que o diagnóstico de depressão maior tem uma grande falha: embora ofereça a ilusão de precisão, obscurece o fato de que, na realidade, a depressão pode resultar de uma variedade de causas. Por serem abrangidos por um único nome, somos tentados a ver pacientes muito diferentes apresentando a mesma doença, e é *isso* que pode nos levar a prescrever tratamentos semelhantes (normalmente, fármacos antidepressivos) para todos. É claro que muitos pacientes respondem bem aos tratamentos convencionais, mas, ao longo deste livro — na verdade, ao longo de sua carreira —, você encontrará pacientes com depressão maior ocorrendo em contextos que sugerem abordagens terapêuticas além das farmacológicas.

Diagnóstico descomplicado

1. Já apresentou mania ou hipomania? — **Sim** → Ver Figura 11.2

   ↓ Não

2. Condição clínica importante? — **Sim** → Considere transtorno depressivo devido a outra condição médica

   ↓ Não

3. História recente significativa de uso de substâncias? — **Sim** → Considere depressão induzida por substâncias

   ↓ Não

4. História de muitos sintomas somáticos? — **Sim** → Considere transtorno de sintomas somáticos (somatização) com depressão secundária

   ↓ Não

5. Depressão/irritabilidade/alterações de humor/tensão essencialmente pré-menstrual, com vários outros sintomas depressivos? — **Sim** → Considere transtorno disfórico pré-menstrual

   ↓ Não

6. Sintomas de depressão que perduram por um ano ou mais após o falecimento de alguém próximo ao paciente? — **Sim** → Considere transtorno de luto prolongado

   ↓ Não

7. Sintomas de transtorno depressivo maior: pensamentos de morte, agitação ou lentidão excessiva, alteração do apetite, alteração do sono, redução do interesse, baixa energia, perda de prazer, mau humor, sensação de inutilidade, falta de concentração? — **Sim** →
   - 11. Atualmente, tem alucinações ou delírios?
     - **Não** → Considere transtorno depressivo maior, episódio único ou recorrente*
     - **Sim** → 12. Psicose apenas quando deprimido?
       - **Não** → Considere transtorno esquizoafetivo
       - **Sim** → Considere transtorno depressivo maior com características psicóticas*

   ↓ Não

8. Características de distimia: duração prolongada, alteração do apetite, alteração do sono, fadiga, baixa autoestima, falta de concentração, sensação de desesperança, não suicida? — **Sim** → Considere transtorno distímico

   ↓ Não

9. A depressão se desenvolveu em resposta a um estresse? — **Sim** → Considere transtorno de adaptação com humor deprimido

   ↓ Não

10. O humor causa problemas clínicos ou prejudica o funcionamento social, pessoal ou profissional? — **Sim** → Considere transtorno depressivo não especificado

    ↓ Não

Considere a ausência de transtorno mental

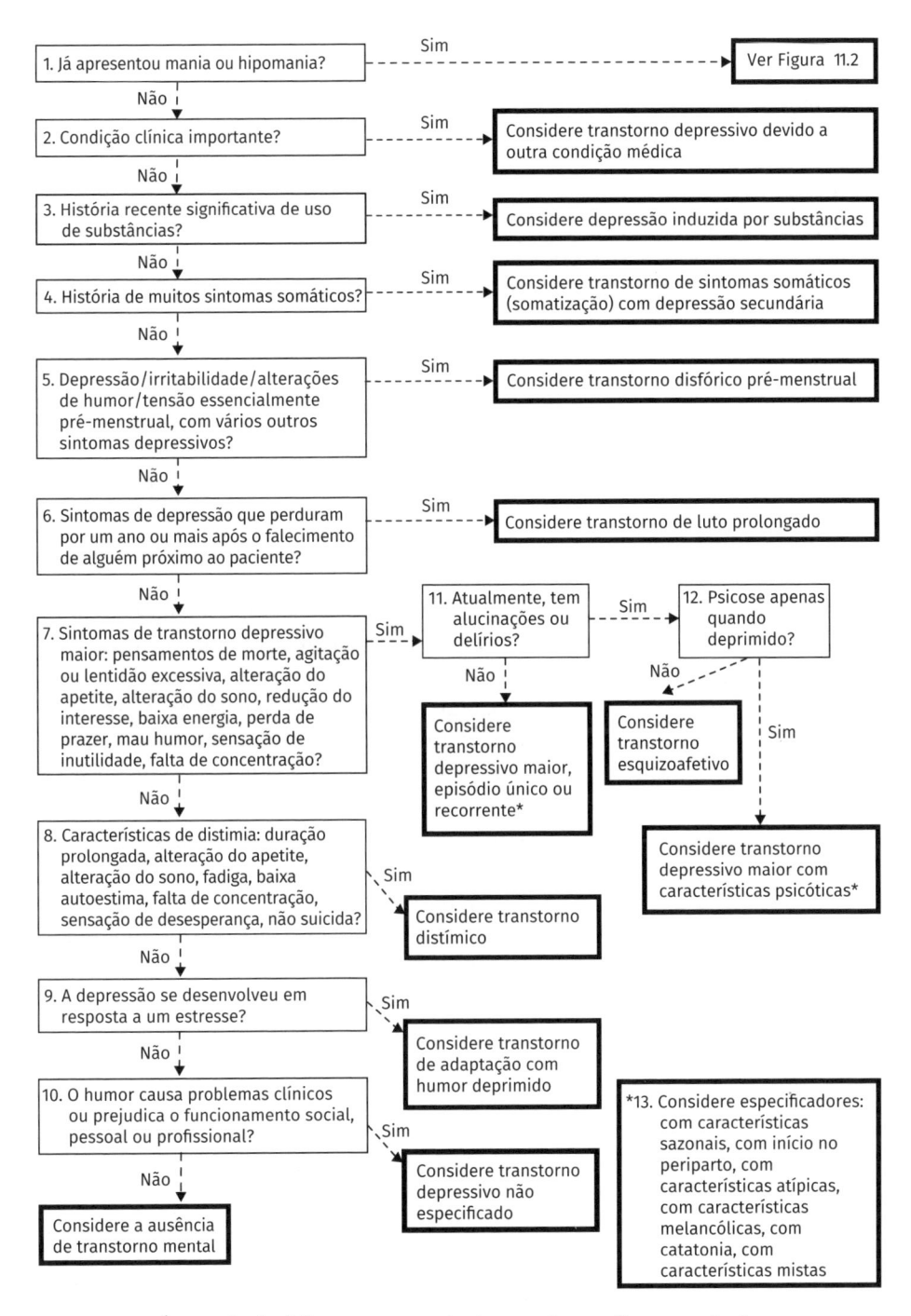

*13. Considere especificadores: com características sazonais, com início no periparto, com características atípicas, com características melancólicas, com catatonia, com características mistas

FIGURA 11.1 Árvore de decisão para um paciente com depressão ou perda de prazer.

Marilyn

Após ter em mente o diagnóstico diferencial apropriado e a árvore de decisão, o processo diagnóstico fica mais simples.

Estudante de pós-graduação em antropologia cultural, Marilyn, 23 anos, se inscreveu para passar quatro meses na Guiné observando e registrando a pronúncia da língua nativa dos habitantes da floresta, que está desaparecendo rapidamente. Três semanas antes de seu grupo (ela, dois outros estudantes e seu instrutor) partir para a África Ocidental, Marilyn solicitou uma reunião com o reitor de sua instituição de pós-graduação. "Achei que a emoção e as atividades desta viagem me ajudariam a livrar-me da depressão que tenho há vários anos", confessa. Ela ainda tem problemas de perda de sono e apetite, e seu humor está deprimido "na maior parte do tempo". Posteriormente, consultando um amigo médico, o reitor repete as informações e pede sua opinião. A resposta é inesperada. "No momento, não tem como saber", responde o médico. "Não temos informações suficientes." Aqui está o que uma entrevista revelou mais tarde.

A depressão de Marilyn veio à tona quando ela tinha apenas 15 anos. Bonita e inteligente, ela participava de campeonatos de vôlei e tirava nota máxima em quase todas as matérias, mas ainda não tinha se adaptado bem ao ensino médio. No segundo ano, Marilyn sentiu que não tinha o que era necessário para se tornar uma acadêmica ou uma atleta. Embora tivesse alguns amigos próximos, ela se preocupava com a possibilidade de não ter sucesso social.

Filha de uma coreana que não era casada com seu pai biológico, Marilyn foi adotada quando tinha apenas 1 semana de vida. Seus pais adotivos são graduados; a mãe escreve para um jornal quinzenal e, por muitos anos, o pai trabalhou como âncora de um canal de televisão local em uma grande cidade da Costa Leste. Dois irmãos mais velhos, que não são adotados, se destacaram na escola e estão ingressando na carreira profissional.

Marilyn admite que se sente triste e solitária, em suas palavras, "na maior parte do tempo, mesmo quando estou com outras pessoas". Embora concorde que tem "um sério problema de autoestima", manifesta interesse e concentração nos estudos e nunca teve ideias suicidas. Ela nega usar qualquer substância (incluindo medicamentos prescritos ou de venda livre); sua mãe, durante uma ligação no Zoom com Marilyn e o médico, concorda. Ela afirma que Marilyn nunca teve um problema de saúde grave, "nem mesmo gripe".

Análise

Segundo a história de Marilyn, podemos passar rapidamente pelos passos 1 a 6 da árvore de decisão da Figura 11.1. Marilyn apresenta apenas alguns sintomas de depressão maior (passo 7), os quais não são suficientes para justificar esse diagnóstico. A longa duração de seus (em geral) leves sintomas lembra muito mais uma distimia (também conhecida como transtorno depressivo persistente, passo 8), o principal diagnóstico que devemos considerar.

É importante reconhecer, assim como fez o médico consultado pelo reitor de Marilyn, a necessidade de uma avaliação abrangente; sem informações longitudinais, as revelações de Marilyn não são muito específicas para algum diagnóstico. Informações sobre seus pais biológicos poderiam ter ajudado, conforme sugerido pelo princípio diagnóstico da história familiar, mas são mais úteis para abrir uma linha de pensamento diagnóstico do que para identificar seu destino final. A afirmação da mãe de Marilyn sobre o não uso de substâncias é tranquilizadora, mas não é uma prova; quando há suspeita de transtornos relacionado a substâncias, deve-se considerar a realização de exames objetivos (urina ou sangue). Você pode pensar que a depressão da paciente piorou em resposta à antecipação de uma missão prolongada no exterior, o que sugeriria transtorno de adaptação com humor deprimido. No entanto, essa conclusão contradiria o princípio diagnóstico da segurança: deveríamos, primeiro, considerar doenças mais tratáveis e mais específicas.

Embora eu tenha dito que poderíamos eliminar o uso de substâncias e doenças clínicas ao discutir o transtorno de Marilyn, não quero dizer — e *nunca* o farei — que podemos ser arrogantes em relação a esses perigosos diagnósticos. O problema é que, muitas vezes, eles não estão na raiz do problema de determinado paciente, então você poderia ignorá-los 50 vezes sem incidentes e, no entanto, enfrentaram consequências desastrosas na 51ª vez. Ao longo deste livro, se eu disser: "Podemos eliminar com segurança...", quero dizer apenas que aceitaremos isso como comprovado para fins de discussão. Sempre que avalio um novo paciente, considero com todo cuidado as causas físicas e químicas.

Comentário

A distimia, também conhecida como *transtorno depressivo persistente, tem suas raízes* em Emil Kraepelin, no início dos anos 1900. No entanto, apesar de tudo o que aprendemos durante sua longa história, ainda debatemos os velhos argumentos sobre o lugar desta forma leve, mas prevalente, de depressão na família dos transtornos do humor. Os sintomas de distimia e transtorno depressivo maior são diferentes, e, ao longo dos anos, outros termos foram utilizados para descrever tipos de depressão semelhantes à distimia. Os clínicos há muito notaram que o mau humor crônico e a baixa autoestima dos pacientes com distimia podem parecer quase parte de sua estrutura de caráter. No entanto, o *DSM-5-TR* nem sequer inclui mais *transtorno da personalidade depressiva* em seu apêndice "para estudo adicional". Hoje, é raro encontrarmos o termo *depressão neurótica*, antes usado para depressões supostamente reativas a uma decepção intensa ou a algum outro estímulo externo. Em contraponto a esse pensamento mais antigo, alguns estudos revelaram história familiar de transtorno bipolar em pacientes com distimia.

Seja chamada distimia ou transtorno depressivo persistente, essa condição é bastante comum, afetando talvez 6% da população adulta em geral e encontrada também em crianças e adolescentes. Embora as pessoas com distimia sejam, em geral, menos prejudicadas do que as com depressão maior, elas e seus familiares suportam um fardo pesado; alguns pesquisadores observam que esses pacientes tendem a canalizar toda a sua energia para o trabalho, sobrando pouco para relacionamentos pessoais. A boa notícia é que, tal como muitos outros tipos de depressão, a distimia pode ser enfrentada com tratamentos antidepressivos convencionais — desde que façamos o diagnóstico correto.

Timothy

Os transtornos que encontramos até agora acarretam sintomas depressivos mais ou menos típicos, de gravidade variável. No entanto, seria perigoso tanto para o processo diagnóstico como para o paciente confiar inteiramente nos sintomas. O exemplo a seguir mostra como é importante buscar o diagnóstico baseando-se tanto na história do paciente quanto nos sintomas transversais.

> Timothy, um jornalista com quase 30 anos, cobriu a guerra no Sudão para uma importante organização de notícias. Pouco depois de receber uma transfusão de sangue de emergência quando foi ferido no país estrangeiro, contraiu hepatite C e começou a tomar interferon. "Em alguns dias, passei a me sentir como se estivesse com gripe — músculos doloridos, cansaço o tempo todo, dor de estômago — e não conseguia dormir mais do que algumas horas antes de acordar exausto". No entanto, ele não teve problemas de apetite e nunca teve tendências suicidas; até seu interesse sexual permaneceu bom.
>
> Transferido de volta para os Estados Unidos, Timothy irritou-se com as matérias monótonas de sua nova área. Queixou-se de dificuldade para se concentrar em suas reportagens e começou a preocupar-se com sua saúde. Observando sua insônia e sua perda de concentração, seu clínico concluiu que Timothy estava deprimido e iniciou tratamento com Prozac. "Apesar de ter feito bem, minha sensação era a de estar tomando balinhas do tipo Tic Tac", disse Timothy mais tarde. "Doze semanas depois, eu não estava pior, mas também não estava melhor". Quando questionado, Timothy ressalta que segue com fidelidade sua religião, que proíbe beber ou fumar, sob qualquer forma.
>
> Timothy e sua esposa já haviam feito terapia para lidar com problemas conjugais que cercavam a infertilidade do casal; então, seu clínico o encaminhou para aconselhamento. Em um dia durante "aquelas oito infrutíferas semanas", Timothy estava navegando na Internet quando deveria estar trabalhando e baixou um *podcast* que descrevia os efeitos mentais do tratamento com interferon. Ele descobriu que cerca de um terço dos pacientes submetidos a esse tratamento desenvolvem depressão maior. "Fiquei indignado e ali-

viado ao mesmo tempo", disse mais tarde, "bastante irritado por não ter sido avisado sobre os efeitos colaterais do medicamento, mas feliz por encontrar uma causa tratável".

Com a hepatite em remissão, Timothy interrompeu o tratamento com interferon. Em poucos dias, seus sintomas depressivos regrediram por completo.

Análise

A ausência de história de mania ou hipomania leva-nos a deixar para trás o passo 1 da Figura 11.1, mas precisamos considerar se a própria hepatite poderia ter causado a depressão de Timothy (passo 2). É normal pacientes com hepatite C queixarem-se de falta de apetite, perda de peso e fadiga, mas não de depressão. O fato de sua depressão ter começado mais ou menos na época em que ele começou a tomar interferon nos ajuda a avançar até o passo 3 e ali parar. O importante princípio diagnóstico — de que devemos sempre considerar como etiologia o uso de substâncias — é praticamente tudo de que precisamos: Timothy estava tomando um medicamento conhecido por causar depressão. Aqui vemos um benefício da abordagem da árvore de decisão, que nos leva ao diagnóstico mais seguro — e correto. Um clínico menos cauteloso poderia ter se contentado com um transtorno de adaptação ou com um diagnóstico "por eliminação", como transtorno depressivo não especificado.

Comentário

É fácil presumir que "história recente significativa de uso de substâncias" se refere exclusivamente a *uso* de álcool ou drogas recreativas. A experiência de Timothy demonstra o oposto: medicamentos, tanto prescritos como vendidos sem receita, também podem causar sintomas mentais. O fato de sua depressão ter respondido poucos dias após a interrupção do interferon é uma evidência poderosa, embora não conclusiva; apenas a retomada da medicação confirmaria o diagnóstico, e Timothy estava reticente com a ideia de enfrentar esse desafio (o que é compreensível). No entanto, podemos nos sentir bastante confiantes de que encontramos a causa de sua depressão. O interferon é um medicamento usado para doenças tão variadas e graves como esclerose múltipla, leucemia, linfoma e melanoma; como efeito colateral, pode produzir sintomas de ansiedade, *delirium* e psicose. É um dos muitos tipos de medicamentos mencionados no Quadro 9.2 que pode produzir transtornos do humor.

Por que o interferon e outros medicamentos demoram tanto para produzir sintomas emocionais? Para chegar ao caminho final comum da depressão, é necessário que o medicamento alcance um nível sérico eficaz, que deve, então, causar alterações enzimáticas ou fisiológicas no encéfalo. Da mesma forma, o uso de um corticosteroide pode levar dias ou semanas para produzir sintomas psicóticos. O ponto principal é o seguinte: não ignore como possível causa de transtorno mental o fato de o paciente que toma medicação há semanas ter desenvolvido sintomas apenas recentemente.

Annette

O caso clínico a seguir ressalta o valor de examinar um diagnóstico diferencial abrangente antes de aceitar uma explicação fácil para um conjunto de sintomas.

> Há 19 anos trabalhando como comissária de voo, Annette sempre manteve seu peso em 53 kg, esbelto para sua altura de 1,70 m. Agora, no entanto, ela manifesta angústia ao falar com seu médico generalista.
>
> "Ganhei quase 7 quilos em apenas seis meses — 7! Estou enorme! Estou tão deprimida que tenho vontade de chorar o tempo todo". Annette enxuga os olhos. "E meu rosto está todo inchado".
>
> Seu médico generalista descobre que ela tem dificuldade para dormir e que seu interesse pelos *hobbies* habituais (Annette toca piano e coleciona bonecas) diminuiu para "quase zero". Até o momento, ela não teve desejos de morte.
>
> Embora nunca tenha tido "o tipo de humor oposto, como uma mania", Annette já esteve deprimida uma vez, alguns anos depois de começar a voar como ocupação. Ela acha que os sintomas daquela época eram ainda um pouco piores do que seu sofrimento atual. Annette estava trabalhando por poucas horas devido a uma das cíclicas crises das companhias aéreas e acabara de ser abandonada pelo companheiro com quem morou por quase quatro anos. Seu clínico então diagnosticou "depressão situacional" e lhe deu um antidepressivo (ela não consegue lembrar qual); em alguns meses, Annette se recuperou.
>
> Annette não tem parentes com transtorno mental e nunca bebeu em excesso nem usou drogas. Seu médico percebe que ela tem pelos acima do lábio superior que parecem excessivos para uma mulher e alguns pelos finos no queixo. "Isso também começou há pouco tempo", Annette acrescenta voluntariamente. "Como se eu precisasse de mais alguma coisa errada comigo. Tentei arrancá-los, mas nem me importo muito com isso."
>
> Após um exame de urina de 24 horas revelar teor elevado de corticosteroides, o médico disse a Annette que ela tem síndrome de Cushing, provavelmente causada por um tumor benigno na glândula adrenal.

Análise

O caminho para o diagnóstico de Annette é curto e direto. Avançando pelo passo 1 da Figura 11.1, negando a existência prévia de estados de humor elevados, chegamos à questão de uma condição clínica relevante (passo 2) e somos imediatamente recompensados. Por meio do exame físico, seu médico suspeitou de síndrome de Cushing, que inclui ganho de peso (sobretudo na região do tronco, mas não dos membros), rosto arredondado em forma de "lua", fraqueza física e aumento de pelos no corpo. Os testes revelaram que as glândulas adrenais de Annette estavam produzindo esteroides em excesso. Medicamentos esteroides prescritos para doenças como asma ou artrite reumatoide também podem causar síndrome de Cushing, mas é mais associada a tumores das glândulas adrenais ou da hipófise — a chamada "glândula mestra" localizada no encéfalo. Muitas vezes, pode resultar em depressão, assim como ansiedade, *delirium* e até psicose. Ao chegarmos neste ponto na nossa árvore de decisão, devemos suspender a busca por outras causas de depressão e tratar a condição clínica subjacente.

Utilizar os princípios diagnósticos pode ser complicado porque alguns são conflitantes. A história de depressão de Annette, resolvida com tratamento, pode ter nos levado ao caminho certo para um diagnóstico atual de transtorno depressivo maior; felizmente, a história recente supera a história pregressa para nos corrigir. Em contrapartida, os cavalos domesticados (e não as zebras) podem ter nos arrastado até o usual transtorno do humor recorrente, mas o princípio de procurar primeiro por um problema clínico nos mantém no rumo enquanto percorremos a árvore de decisão.

Comentário

O Quadro 9.1 apresenta uma longa lista de doenças físicas e outras condições que podem causar depressão. Algumas são bastante raras, mas, no geral, seria razoável esperar encontrar uma série dessas condições no decorrer de uma carreira profissional. Aprender isso será recompensador, nem que seja apenas para ter certeza de que você está procurando algo que pode ter passado despercebido por outro clínico.

Robert

É claro que preferimos nos contentar com um diagnóstico único, mas isso nem sempre é possível. Alguns pacientes deprimidos requerem pelo menos dois diagnósticos.

> Quando adolescente, Robert se interessava muito por matemática. No primeiro ano do ensino médio, ele usou o dinheiro que ganhou cuidando de crianças para comprar uma das primeiras calculadoras eletrônicas que surgiram no mercado. O aparelho só conseguia fazer aritmética básica, mas Robert o usou para elaborar seu próprio método para calcular raízes quadradas. A partir de então, os colegas da escola passaram a chamá-lo de "Raiz Quadrada".
>
> Robert Raiz Quadrada era quieto, mas não solitário. Ele tinha amigos no clube de ciências e no jornal, para o qual escrevia uma coluna científica. Por causa do seu desempenho na feira de ciências, Robert ganhou uma bolsa de estudos para o que chamou de faculdade de "segunda classe". Após concluir

o curso com notas altas e se formar em matemática em apenas três anos, ele trabalhou como avaliador de riscos em uma seguradora. Robert costumava sorrir com tristeza e dizer: "Eu sonhava em ser contador, mas não tinha a personalidade necessária".

Desde que Robert se lembra, sempre se sentiu "um pouco triste e sempre um pouco magoado". Seu sono e seu apetite estão adequados e ele consegue se concentrar bem no trabalho; no entanto, se queixa com frequência de falta de energia e afirma que nunca espera muito do futuro. Robert leva *donuts* para o trabalho todas as sextas-feiras, mas mesmo esse gesto parece nunca lhe proporcionar amizades verdadeiras. Ele acredita que sua baixa autoestima crônica e sua falta de motivação são o motivo de permanecer solteiro. Robert teve apenas relacionamentos passageiros com mulheres, e sempre que namora alguém, seu interesse e sua habilidade sexual são "adequados para a ocasião".

Aos 56 anos, Robert tem uma carreira de sucesso, mas sua vida pessoal tornou-se tão miserável que o fez buscar atendimento médico. Como ele disse ao psiquiatra que o entrevista: "Consigo juntar forças para passar o dia no trabalho, mas quando chego em casa, 'desmaio'. Nem preparo o jantar; realmente não me importo em comer. Viver ou morrer não faz mais diferença. Eu só quero dormir. E nem isso eu consigo mais fazer direito, porque fico acordado metade da noite. Já faz umas semanas que a única coisa que eu queria era que tudo isso acabasse — ou desaparecer".

Seu médico observa que Robert nunca fez uso indevido de álcool ou drogas recreativas; há pouco tempo, o médico generalista atestou sua boa saúde. Robert nega a sugestão de que alguma vez tenha tido mudança de humor na direção oposta. "Bem que eu queria!", ele zomba.

Análise

Para diagnosticar a condição de Robert, será necessário percorrer duas vezes a árvore de decisão da Figura 11.1. Depois de percorrer os passos 1 a 6, notamos que sua longa história de mau humor e autocrítica não inclui sintomas graves ou numerosos o suficiente (tarefa extra: identifique o princípio diagnóstico aqui) para responder "sim" ao passo 7. Entretanto, ao longo de sua vida adulta, Robert parece se qualificar para o diagnóstico de transtorno depressivo persistente (também conhecido como distimia, passo 8).

Agora, vejamos o que "sobrou". O episódio recente e mais agudo de Robert acrescenta sintomas ainda inexplicáveis que nos obrigam a percorrer a árvore de decisão mais uma vez. Agora, a introdução de insônia, desejos de morte e interesse reduzido fazem jus a uma resposta "sim" no passo 7. Sem sintomas psicóticos (passo 11) para contabilizar, chegamos ao nosso segundo diagnóstico: transtorno depressivo maior.

Como os listamos? Antes do *DSM-5*, um princípio diagnóstico nos encorajava a listar primeiro o transtorno que mais requer tratamento — no caso de Robert, seria o transtorno depressivo maior. No entanto, o *DSM-5-TR* simplificou um pouco o processo: os critérios para transtorno depressivo persistente (distimia) listam um especificador curioso: "com episódios depressivos maiores intermitentes, com episódio atual". Isso nos possibilita ter um diagnóstico com um especificador que diz: trata-se de um paciente com humor cronicamente deprimido e uma exacerbação mais intensa que requer tratamento.

Comentário

Os clínicos podem denominar a combinação desses dois transtornos depressivos como *depressão dupla*. Apesar de, às vezes, passar despercebida, tal combinação ocorre com mais frequência do que se imagina — nenhum princípio diz que ter um transtorno mental protege contra outros. Uma vez tratado o transtorno depressivo maior, o paciente pode voltar a apresentar sintomas de distimia não complicada, embora alguns pacientes experimentem melhora duradoura em ambos os transtornos.

Pacientes com diagnósticos múltiplos costumam apresentar dois ou mais transtornos de diferentes capítulos do manual de diagnóstico — esquizofrenia e transtorno por uso de álcool, por exemplo. Os sintomas da depressão dupla, no entanto, podem parecer uma grande doença única, e é assim que devemos encarar a questão. Em um estudo de 2003, McCullough e colaboradores encontraram poucas diferenças entre pacientes com diversos tipos de depressão de longa data: transtorno depressivo maior crônico, transtorno depressivo duplo, transtorno depressivo maior recorrente sem recuperação completa entre episódios e transtorno depressivo maior crônico enxertado em uma distimia existente. Talvez cada um desses termos seja apenas um indicador de gravidade, e a depressão crônica seja, na verdade, apenas uma doença única — um espectro de doenças que por vezes piora, por vezes melhora, mas nunca se resolve por completo. De qualquer maneira, segundo o *DSM-5-TR*, podemos pensar em nossos pacientes com depressão de longa duração com exacerbações agudas em termos de um único diagnóstico.

Qualquer que seja seu nome, o que realmente queremos saber é o seguinte: como devemos tratar a depressão dupla e qual é o prognóstico? Inúmeros estudos sugerem que pacientes com depressão dupla (por conveniência, vamos continuar usando o termo) podem ter menor probabilidade de recuperação, bem como maior probabilidade de ter sintomas de forma contínua, vida social prejudicada, maior comorbidade com ainda outros transtornos e episódios hipomaníacos. A depressão dupla também pode ter maior probabilidade de exigir terapia cognitivo-comportamental, além de fármacos antidepressivos.

Carson (de novo)

Vamos analisar (de novo e pela última vez) Carson, nosso estudante de pós-graduação cujas depressões ocorrem de modo regular em todo outono ou inverno e regridem a cada primavera. Eu o entrevistei no momento em que Carson estava outra vez muito angustiado — aparentemente pela perspectiva de se mudar com a família para uma cidade estranha, longe de familiares e amigos. Nós o conhecemos no início do Capítulo 1 e discutimos seu diagnóstico diferencial no Capítulo 3.

Análise

Primeiro, vamos considerar a angústia muito recente de Carson em torno da questão da mudança. Ele não tinha mania ou hipomania, uso atual de substâncias e problemas físicos, passando assim pelos passos 1 a 6; o fato de atualmente apresentar poucos sintomas nos leva a deixar para trás o passo 7, e a brevidade de seu humor deprimido vale um "não" para a distimia (passo 8). A natureza óbvia de sua condição relacionada com o estresse (passo 9) nos leva ao transtorno de adaptação com humor deprimido. Precisaríamos passar, mais uma vez, pela árvore de decisão, definindo um especificador do passo 13, até chegar ao seu outro diagnóstico de uma variante sazonal do transtorno depressivo maior. Como era verão, apenas o transtorno de adaptação exigia atenção imediata; por isso, vamos listá-lo primeiro.

Comentário

Eu diria que as pessoas culpam os acontecimentos pelo seu humor desde que aprendemos a observar causa e efeito. Dito isto, na esteira dos *DSMs*, o tipo de depressão previamente conhecido como *reativa* quase desapareceu de vista — vítima da nossa incapacidade de chegar a um acordo sobre o que constitui um fator de estresse legítimo. O que um clínico considera um estresse precipitante pode ser irrelevante para outro. Quando eu estava em treinamento, ficamos maravilhados com o relato publicado de um paciente que ficou deprimido ao saber que seu cachorro tinha pulgas. O conceito de depressão reativa sobrevive oficialmente apenas no especificador de humor *com início no periparto*, com provável base biológica, e no tipo de transtorno de adaptação que afligiu Carson.

Por duas razões, coloquei o transtorno de adaptação em uma posição muito inferior no diagnóstico diferencial da depressão (ver Quadro 11.1): é muito menos bem-definido do que a maioria dos outros diagnósticos e é apoiado por muito menos estudos científicos de seguimento. No entanto, 10% dos adultos em algumas populações de pacientes com problemas de saúde mental são diagnosticados com transtorno de adaptação. Isso é um erro? Os dados relevantes são muito escassos, mas acredito que o transtorno de adaptação deveria ser uma categoria de exclusão, a ser utilizada apenas se nenhum outro diagnóstico possível for apropriado. Portanto, se os sintomas de alguém o qualificam para transtorno depressivo maior, você não deve diagnosticá-lo com transtorno de adaptação. Observe também que a depressão maior pode ser diagnosticada em alguém enlutado.

Um diagnóstico de transtorno de adaptação pode ser apropriado para o desenvolvimento agudo de respostas a um estressor grave, como uma doença física comprometedora, a separação dos pais ou uma turbulência no local de trabalho. Mesmo o diagnóstico justificado apresenta alguns riscos: embora o rótulo carregue relativamente menos estigma para o paciente, pode estar associado a comportamentos suicidas e até ao suicídio consumado. E, talvez o maior risco de todos, implica que é a situação em si que deve mudar, afinal, não há uma ação prática possível para abordar as causas profundas de, digamos, um infarto agudo do miocárdio ou um incêndio que acabou de queimar a casa do paciente.

Naquela época, Carson não se qualificava para transtorno depressivo maior; portanto, seu médico assistente e eu concordamos com a probabilidade de que esse episódio mais recente tenha se dado em resposta a múltiplos estresses: um novo programa de estudos, a paternidade iminente e um lar novo e não familiar em um lugar distante e desconhecido do mundo. Comunicamos isso a Carson e, no dia seguinte, ele recuperou o ânimo enquanto partia com a esposa para conhecer sua nova aventura de vida. O episódio sublinha o princípio diagnóstico de que devemos ser cautelosos com os sintomas que se desenvolvem em resposta a uma crise, pois podem ser transitórios e não indicativos da condição geral do paciente.

Andrea

Talvez você se lembre do caso verídico de Andrea Yates, do estado do Texas. Em uma manhã de junho de 2001, assim que o marido saiu para o trabalho, Andrea deu café da manhã aos cinco filhos e depois os afogou na banheira da casa, um por um. A própria Andrea forneceu informações para o livro de Suzanne O'Malley, chamado *Are You There Alone?* (*Você está aí sozinha?*), que documenta de forma minuciosa os detalhes de sua doença e suas consequências. Todas as informações que relato aqui são, portanto, de conhecimento público.

> Quando estava grávida do quinto filho (e única menina), vários médicos já tinham identificado Andrea como uma das pacientes mais doentes que já tiveram. Seus sintomas pareciam um resumo de livro didático de psicopatologia grave: fala acentuadamente reduzida (às vezes chamada de *pobreza de pensamento*), déficit de atenção, mau humor e culpa delirante por ser uma mãe ruim. Em alguns momentos, Andrea chorou e teve uma gama restrita de afetos, sentimentos de inutilidade e desesperança. Durante sua segunda internação psiquiátrica, quatro meses após o nascimento do quarto filho, ela ficou praticamente muda; um mês depois da alta, tentou cortar a própria garganta.

Durante a quinta e última gestação, Andrea melhorou, mas após o parto — lidando com um bebê pequeno e tentando continuar a educação domiciliar dos outros filhos —, voltou a ficar gravemente enferma. Andrea parou de comer e de falar, e sua insônia piorou; por longos períodos, ela apenas olhava para o nada. Andrea desenvolveu a crença de que a "marca da besta" (o número 666) havia sido escrita no topo de sua cabeça, e ela esfregava o couro cabeludo tentando removê-la.

A educação de Andrea foi convencional; ela nunca havia bebido ou usado drogas e sua saúde física era boa. Um irmão mais velho tinha o diagnóstico de transtorno bipolar.

Depois de presa, ela disse a um psiquiatra da prisão: "Eu sou Satanás", e explicou que uma câmera fora instalada em sua casa para monitorar seu desempenho como mãe. Ela acreditava que seus filhos "não eram justos, porque eu sou má". Andrea alucinava ouvindo uma variedade de sons: a voz de Satanás vindo até ela pelo interfone da prisão; a voz de um personagem do filme *O brother, where art thou? (Irmão, onde estás?)* e sons de patos, ursinhos de pelúcia e um homem a cavalo, todos saindo dos blocos de concreto de sua cela.

Segundo a lei do Texas, e com testemunhos psiquiátricos conflitantes, Andrea foi considerada capaz de distinguir o certo do errado (não importando que ela não soubesse qual era qual) e foi considerada culpada de assassinato. Essa condenação foi anulada, e um julgamento subsequente considerou-a inocente por motivo de insanidade. Andrea permanece em um hospital psiquiátrico estadual, a cada ano renunciando ao direito de revisar sua competência para receber alta.

Análise

Não sabemos ao certo qual das duas árvores de decisão sobre transtornos do humor devemos utilizar para Andrea, se Figura 11.1 ou Figura 11.2 (a seguir, na p. 157), pois não está claro agora (e é provável que não estivesse naquela época) se ela já teve um transtorno bipolar. Pelo menos um clínico que a viu na prisão acreditava que sim, e esta opinião foi parcialmente apoiada pelo diagnóstico de transtorno bipolar de seu irmão (o princípio diagnóstico da história familiar). No entanto, no momento do seu julgamento, não havia nenhuma evidência clara de mania ou hipomania anteriores, por isso ficaremos com o Quadro 11.1. Nossas informações nos levam ao passo 7, em que concordaremos que ela apresentava muitos, muitos sintomas de depressão maior. No passo 11, podemos responder "sim" à presença de alucinações e delírios atuais. Em nenhum lugar encontramos informações de que Andrea teve sintomas de psicose a não ser quando estava deprimida (passo 12), então temos um diagnóstico: transtorno depressivo maior com características psicóticas. Agora, o passo 13 pergunta sobre quaisquer especificadores adicionais, um dos quais é *com início no periparto*, e o diagnóstico final é depressão psicótica pós-parto. (Chegaríamos a essa conclusão também se estivéssemos usando o Quadro 11.2.)

Concentrando-se em sua psicose, diversos psiquiatras diagnosticaram Andrea como tendo algum tipo de esquizofrenia ou transtorno esquizoafetivo. Eles teriam se saído melhor se utilizassem a árvore de decisão sobre psicose fornecida no Capítulo 13: o Quadro 13.1 nos leva à depressão maior com psicose. Em outras palavras, se esses médicos tivessem utilizado uma abordagem sistemática, Andrea poderia pelo menos ter tido o benefício de um diagnóstico competente em seu julgamento.

A depressão de Andrea foi prenunciada por sua história de depressão pós-parto e por uma superabundância de sintomas típicos da depressão maior — três princípios diagnósticos em uma só frase. A qualidade dos delírios de Andrea também ajuda a nos guiar: (1) eles não eram bizarros (todos envolviam algo possível — câmeras escondidas poderiam ter sido instaladas em sua casa, ela poderia ter uma marca em algum lugar do corpo); e (2) eram congruentes com o humor (em concordância com um transtorno depressivo maior). Todas as características são típicas do transtorno do humor psicótico e menos consistentes com a esquizofrenia do que com um transtorno do humor. Em uma lista diferencial, eu colocaria a esquizofrenia em último lugar como o diagnóstico menos seguro, o que nos forçaria a ignorá-la até que as possibilidades de um diagnóstico de transtorno do humor fossem bem exploradas.

Na história de Andrea Yates, podemos discernir outro dilema diagnóstico comum. Antes da tragédia, ela havia sido tratada com sucesso com um fármaco antipsicótico (Haldol). O fato de parecer responder bem a esse tratamento pode ter convencido alguns de seus médicos de que o diagnóstico principal de Andrea era esquizofrenia, e não um transtorno do humor. No entanto, essa conclusão entra em conflito com sua história e com os sintomas que apresentava. Mais uma vez, esse caso ilustra a importância da árvore de decisão e de um diagnóstico diferencial com foco na segurança.

Comentário

O período periparto é uma daquelas circunstâncias especiais que podem modificar o diagnóstico de transtorno depressivo maior. Uma série de estudos sugere que muitas mulheres no pós-parto, talvez até 15%, terão sintomas suficientes para justificar um diagnóstico de transtorno depressivo maior. Isso é bem diferente da chamada "tristeza puerperal", uma síndrome muito mais branda (e menos bem-definida) que muitas mulheres experimentam e então deixam de sentir em torno do décimo dia após o parto. Ainda não está claro se as mulheres têm um risco aumentado de depressão no período periparto do que durante outros períodos de suas vidas.

Ninguém sabe exatamente por que esses estados emocionais ocorrem, ou por que às vezes evoluem para um transtorno mental real. As muitas alterações hormonais que ocorrem no corpo da mulher no período próximo ao parto devem desempenhar um papel importante, mas ainda não foi identificado nenhum mecanismo específico. Sabemos que os problemas mentais no período periparto não se limitam de maneira alguma à depressão. Os eventos pós-parto podem desencadear transtornos bipolares que, em cerca de 1 em cada mil pacientes, alcançam proporções psicóticas, como foi a trágica experiência de Andrea. A taxa de recorrência para aquelas que tiveram tal psicose é de cerca de 25% das gestações subsequentes — uma taxa que é (ou deveria ser) assustadora. A tragédia poderia ter sido evitada se os médicos de Andrea tivessem reconhecido e salientado que mulheres que já tiveram depressão pós-parto têm grande probabilidade de a ter mais uma vez. A boa notícia é que essa triste experiência pode ser evitada, mas apenas se for reconhecida e corretamente diagnosticada.

Cada vez mais, constata-se que o parto precede outros transtornos mentais, incluindo TOC (no qual o conteúdo das obsessões é prejudicial ao bebê) e TEPT (às vezes a ponto de uma mulher se recusar a ter mais filhos). Algumas mulheres desenvolvem transtorno de pânico, embora outras experimentem redução da ansiedade após o parto.

MANIA E SUAS VARIANTES

Certa vez, um paciente me disse: "A mania é pior do que a depressão. Pelo menos para a depressão existe o fundo do poço, e você sabe que de lá não passa. Mas no caso da mania, o céu *não* tem limite; você simplesmente continua subindo e subindo — até perder a propulsão e cair". A parte do fundo do poço pode ser discutível, mas não há como negar a ausência de teto no caso da mania.

Uma reversão patológica do humor sinaliza todo um novo espectro de diagnósticos, exigindo uma nova árvore de decisão e diversas mudanças no diagnóstico diferencial. As implicações desses diagnósticos para o tratamento e o prognóstico são enormes. Ao considerar algum deles, devemos procurar pistas não apenas na história recente do paciente, mas também no passado e na história familiar. Embora um tipo de psicose chamado *transtorno esquizoafetivo* possa fazer parte do diagnóstico diferencial para os transtornos do humor, adiaremos essa discussão até o Capítulo 13. O Quadro 11.2 apresenta o diagnóstico diferencial para a mania e suas variantes.

Herbert

Os sintomas típicos da mania são clássicos e bem conhecidos, e o típico padrão bipolar de doença seguido de recuperação completa beira um diagnóstico óbvio. Mesmo assim, os clínicos às vezes erram o diagnóstico, tratando alguns pacientes para transtorno depressivo maior unipolar, outros para esquizofrenia ou outros, ainda, para transtorno psicótico.

QUADRO 11.2 Diagnóstico diferencial com definições breves para a mania e suas variantes

- *Transtorno bipolar devido a outra condição médica.* Uma doença física pode causar mania ou hipomania.
- *Transtorno bipolar induzido por substância/medicamento.* Álcool, drogas recreativas ou medicamentos podem causar sintomas de mania ou hipomania.
- *Mania.* Durante uma semana ou mais, o paciente sente euforia ou irritabilidade; tem ideias de grandeza e é muito falante, hiperativo e distraído. O juízo crítico prejudicado causa problemas na vida social e no trabalho, resultando, muitas vezes, em hospitalização. Diz-se que pacientes com episódio de mania apresentam transtorno bipolar I; a maioria deles também terá episódios de depressão maior.
- *Hipomania.* O paciente apresenta sintomas muito semelhantes aos da mania, mas menos graves (sem psicose, sem necessidade de hospitalização). O paciente que também apresenta um episódio de transtorno depressivo maior sem mania completa apresenta transtorno bipolar II.
- *Estados mistos.* Alguns pacientes apresentam episódios com características mistas, nos quais manifestam sintomas de mania e transtorno depressivo maior.
- *Transtorno ciclotímico.* Os pacientes experimentam alterações repetidas de humor que não são graves o suficiente para serem qualificadas como mania ou transtorno depressivo maior.

Herbert trabalhava há seis anos como farmacêutico quando teve um caso com uma mulher que conheceu ao vender um frasco de loção corporal. Sua esposa nunca soube da infidelidade, mas a culpa associada à lembrança ficou com ele. Isso tudo o lembrava de seu próprio pai, que sofria do que hoje chamaríamos de transtorno bipolar I. Quando na fase maníaca, ele bebia muito e depois maltratava fisicamente a esposa e o pequeno Herbert.

No dia de seu aniversário de 30 anos, a culpa de Herbert transbordou. Na festa organizada por sua esposa, ele desabou a chorar quando ela lhe entregou seu presente: um *kit* de pilão e socador antigo que ele admirava há meses, mas achava que não tinha dinheiro para comprar. Dias depois, ele ligou para o trabalho dizendo que estava doente. Durante dias, Herbert passou quase todo o tempo na cama, em grande parte dormindo; quando acordado, ruminava sobre ter enganado a esposa. Ele temia que a tivesse infectado com herpes. Embora seu médico tivesse explicado que as chances de isso acontecer eram ínfimas, ele não conseguia se livrar da preocupação. Herbert também se preocupava com o tamanho de seu pênis: várias vezes ao dia, ele o media com uma régua dobrável de carpinteiro e mais de uma vez clicou em *spams* que chegaram por *e-mail* com ofertas do tipo "Aumente seu p*nis". Sintomas adicionais se acumularam — anorexia, perda de peso (5 kg em apenas três semanas), choro frequente e, por fim, pensamentos de atirar em si mesmo com a pistola que contrabandeou para casa depois do serviço militar no Iraque. Por fim, Herbert concordou em começar a tomar remédios. Em uma semana já apresentou melhora e, em um mês, estava de volta ao trabalho.

De vez em quando, Herbert ainda se preocupava com a herpes, mas permaneceu bem pelos próximos dois anos. Então, mais uma vez em seu aniversário, ele começou a pensar em sexo. Herbert falava com rapidez; em poucos dias, desenvolveu pensamentos de grandeza e se convenceu de que era a reencarnação de William Faulkner, começando a escrever vários "primeiros capítulos" que tratavam dos futuros acontecimentos das pessoas no condado de Yoknapatawpha. Algumas noites, trabalhou até tarde escrevendo um discurso de aceitação do Prêmio Pulitzer. No entanto, os dois policiais que levaram-no à força para o hospital eram amigos de sua turma de formandos do ensino médio. Os amigos se divertiram muito relembrando e atualizando suas vidas recentes. Seus amigos partiram, ainda rindo e trocando piadas, deixando Herbert para trás. Quando sua esposa por fim o expulsou, ele se mudou para seu *trailer*.

Análise

Observe que *qualquer* história (não apenas os sintomas atuais) de mania ou hipomania nos coloca em território bipolar, mesmo que o humor atual do paciente seja deprimido. A ausência de qualquer histórico de problemas clínicos ou uso de substâncias nos leva a responder "não" aos passos 1, 2 e 3 da árvore de decisão (Figura 11.2) para um paciente com humor elevado, expansivo ou irritável. Em seguida, o passo 4 nos leva dos passos 9 ("sim") e 11 ("sim") até o passo 12 e o diagnóstico de transtorno bipolar I.

Se tivéssemos avaliado Herbert em seus 30 anos, e não anos depois, não haveria histórico de mania, e seu diagnóstico poderia muito bem ter sido transtorno depressivo maior, em vez de transtorno bipolar I — aplausos ao princípio diagnóstico de que a história recente supera a antiga! Contudo, os episódios depressivos de pacientes com transtornos bipolares diferem em alguns aspectos daqueles de pacientes que nunca terão mania ou hipomania. Indivíduos com depressão bipolar têm maior probabilidade de apresentar hipersonia, instabilidade do humor e lentidão psicomotora. A depressão bipolar também pode começar de repente e em idade relativamente precoce. É claro que esses elementos se destacam apenas em retrospectiva, embora um clínico anterior pudesse ter se atentado à possibilidade de transtorno bipolar pela história de mania no pai de Herbert. E, como um paciente com um primeiro episódio de depressão pode não apresentar nenhuma dessas características, devemos permanecer sempre alertas para evidências de sintomas subsequentes de mania ou hipomania.

Comentário

Nos anos que se seguiram à descoberta de que o lítio se mostrou eficaz no tratamento e na prevenção da mania, a tendência dos médicos norte-americanos de diagnosticar o que hoje é chamado de transtorno bipolar I disparou. No entanto, em 1980, um estudo realizado por Garvey e Tuason relatou que 56% dos pacientes com esse transtorno já haviam sido diagnosticados com esquizofrenia.

Hoje, muitas vezes *ainda* não acertamos ou, quando o fazemos, não o fazemos de maneira precoce — em média, são necessários vários anos desde o início dos primeiros sintomas para que se faça um diagnóstico correto de transtorno bipolar.

Outro erro comum é o diagnóstico de transtorno depressivo maior *unipolar* em paciente que tem, na verdade, transtorno bipolar I. Esse foi o destino de 40% dos pacientes em um estudo de 1999 realizado por Ghaemi e colaboradores. Embora esse erro possa ser evitado ao aplicar com rigor os critérios diagnósticos atuais, o primeiro episódio de muitos indivíduos com transtorno bipolar I é de depressão. Então, o diagnóstico correto final pode ser suspeitado inicialmente em pacientes com história familiar de transtorno bipolar ou que respondem com sintomas maníacos a medicamentos antidepressivos ou fototerapia com luz clara. Outras dicas para um eventual diagnóstico de transtorno bipolar I incluem início rápido de sintomas depressivos, que começa na adolescência ou aos 20 e poucos anos, e humor instável antes ou após a depressão. Como os pacientes costumam não reconhecer que seus próprios sintomas implicam em uma doença, é importante perguntar a parentes ou amigos sobre episódios maníacos ou hipomaníacos anteriores e relatar instabilidade do humor, caso ocorra no futuro.

Erma

Com frequência, o diagnóstico de saúde mental depende da intensidade — considere a importância de quanto uma pessoa bebe, joga ou come. Os sintomas de mania ou hipomania não são exceção. Quando intensos, como no caso de Herbert, podem levar à hospitalização, ao rompimento de relacionamentos ou até à ruína financeira. Quando mais leves, se forem notados, podem implicar em diagnósticos incorretos.

> Erma é locutora de notícias de uma estação de rádio local e conta que seus ouvintes sabem como está seu humor. "De vez em quando recebo *e-mails* de pessoas perguntando: 'O que há de errado? Sua voz não está com a vivacidade habitual'".
>
> Erma costumava achar que essas mudanças em sua voz eram uma resposta direta aos problemas em casa; agora, percebeu que o responsável é seu humor. "Depois que me divorciei, comecei a ter 'altos e baixos' de humor. Isso me faz até brigar com meus colegas de trabalho."
>
> Questionada em detalhes, ela descreve seu humor desta maneira: "Os 'altos e baixos' duram algumas semanas, nunca mais do que isso. Quando estou para baixo, sinto como se funcionasse com metade da energia. Eu ainda sou eu; mas não brilho". Durante essas fases de depressão, Erma fica mal-humorada e às vezes é grosseira, mas seu sono e seu apetite continuam normais. "Eu já sei o que você vai me perguntar: nunca tenho ideias suicidas. Trabalhei muito para chegar onde estou, não pretendo jogar tudo fora. Em contraparti-

da, quando estou de bom humor, sou uma lâmpada de 50 megawatts. Tenho vontade de conversar e dançar, as duas coisas ao mesmo tempo."

Erma fala de maneira clara e distinta, suas inflexões refletem anos de treinamento e experiência diante de um microfone. Para ela, suas mudanças de humor não acompanham as estações do ano e não reagem às suas experiências de vida. "Fiquei de bom humor por várias semanas depois que meu marido me trocou pela babá, e fiquei péssima um mês depois que recebi um aumento."

Em um exame recente, o médico generalista de Erma declarou-a fisicamente saudável. Sino-americana, ela cora facilmente sempre que consome bebidas alcóolicas, por isso as evita quase sempre. Ela nunca usou drogas recreativas nem toma medicamentos.

Análise

Os períodos de alta de Erma lhe renderam uma trilha pela Figura 11.2. A história deixa claro que Erma não tem queixas clínicas conhecidas no passo 1 (ou no 3) que possam explicar seus sintomas. O fato de Erma, assim como muitas pessoas de ascendência asiática, sentir-se muito desconfortável mesmo com pequenas quantidades de bebidas alcóolicas me faria excluir uma doença relacionada com isso (passo 2); aceitaremos a palavra da paciente de que ela não usa drogas recreativas. Quando se sente "para cima", Erma não apresenta a imagem extravagante de grandiosidade que caracteriza o passo 4 da "mania verdadeira". Isso nos leva do passo 5 ao 6, em que seus sintomas depressivos relativamente menores falam contra um transtorno bipolar II. Seus altos e baixos persistiram por vários anos (um "sim" no passo 7), levando ao transtorno ciclotímico como nosso diagnóstico final.

A cadência (ou melhor, sua ausência) na voz de Erma é um daqueles sinais que, como diz o princípio diagnóstico, muitas vezes supera os sintomas na identificação de um transtorno mental. Seus ouvintes não precisam conhecê-la pessoalmente — nem mesmo precisam *vê-la* — para saberem quando algo está errado. Ela própria identifica outro princípio que pode desviar pacientes e clínicos: durante anos, acreditou que seu mau humor se devia a problemas conjugais, mas, após o divórcio, descobriu que ainda ficava mal-humorada. O simples fato de um evento seguir outro não significa que haja conexão causal; é um excelente exemplo da falácia do *post hoc ergo propter hoc*, uma máxima do latim que se traduz como "depois disso, portanto, por causa disso". Lembre-se, é uma falácia.

Comentário

Se Erma tivesse tido pelo menos um episódio de transtorno depressivo maior, poderíamos dizer que ela tinha transtorno bipolar II. Contudo, quando há apenas graus menores de depressão, a ciclotimia é o diagnóstico justificado. Os diagnós-

Árvore de decisão

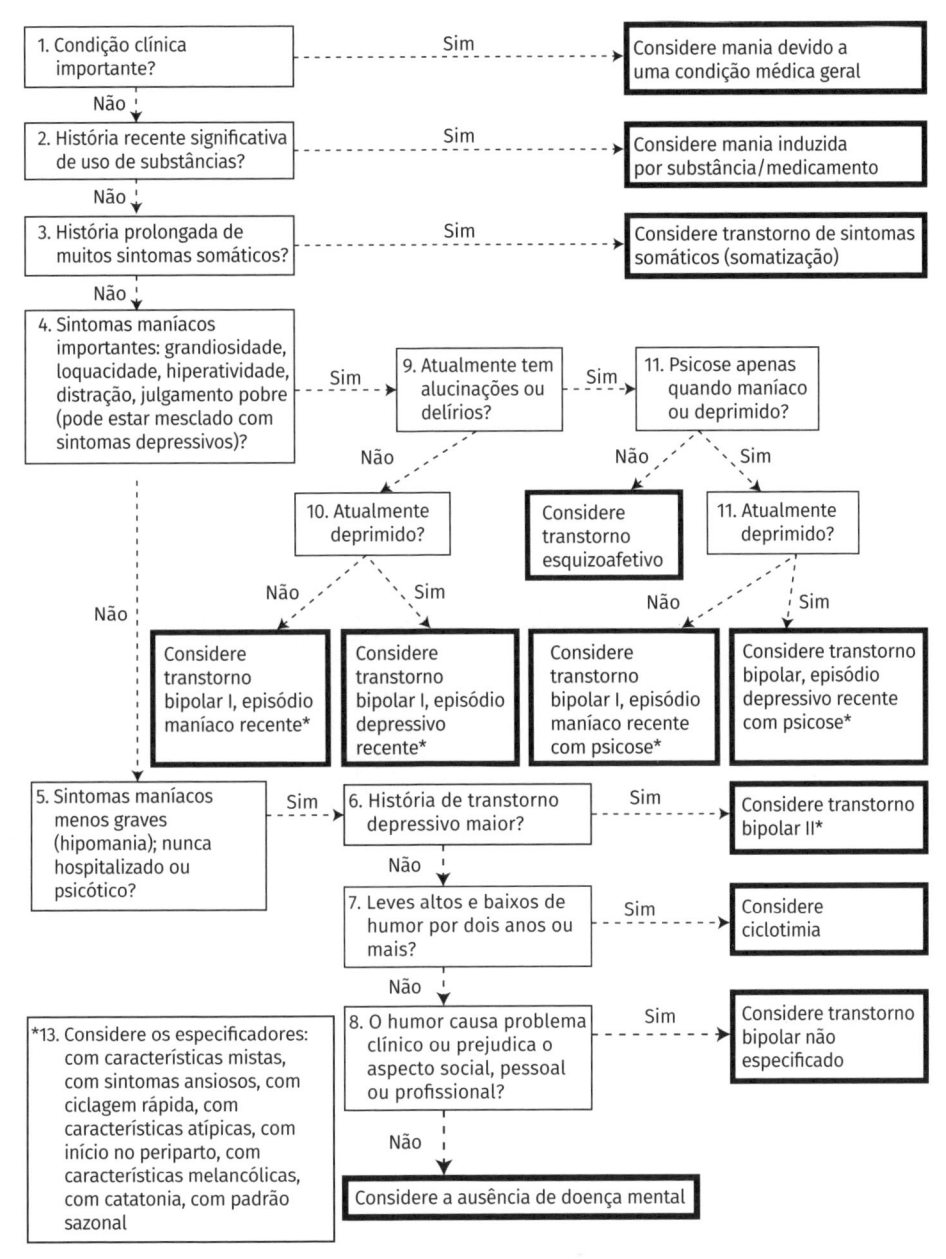

1. Condição clínica importante? — Sim → Considere mania devido a uma condição médica geral
   - Não ↓
2. História recente significativa de uso de substâncias? — Sim → Considere mania induzida por substância/medicamento
   - Não ↓
3. História prolongada de muitos sintomas somáticos? — Sim → Considere transtorno de sintomas somáticos (somatização)
   - Não ↓
4. Sintomas maníacos importantes: grandiosidade, loquacidade, hiperatividade, distração, julgamento pobre (pode estar mesclado com sintomas depressivos)?
   - Sim → 9. Atualmente tem alucinações ou delírios?
     - Sim → 11. Psicose apenas quando maníaco ou deprimido?
       - Não → Considere transtorno esquizoafetivo
       - Sim → 11. Atualmente deprimido?
         - Não → Considere transtorno bipolar I, episódio maníaco recente com psicose*
         - Sim → Considere transtorno bipolar, episódio depressivo recente com psicose*
     - Não → 10. Atualmente deprimido?
       - Não → Considere transtorno bipolar I, episódio maníaco recente*
       - Sim → Considere transtorno bipolar I, episódio depressivo recente*
   - Não ↓
5. Sintomas maníacos menos graves (hipomania); nunca hospitalizado ou psicótico?
   - Sim → 6. História de transtorno depressivo maior?
     - Sim → Considere transtorno bipolar II*
     - Não ↓
   - 7. Leves altos e baixos de humor por dois anos ou mais? — Sim → Considere ciclotimia
     - Não ↓
   - 8. O humor causa problema clínico ou prejudica o aspecto social, pessoal ou profissional? — Sim → Considere transtorno bipolar não especificado
     - Não → Considere a ausência de doença mental

*13. Considere os especificadores: com características mistas, com sintomas ansiosos, com ciclagem rápida, com características atípicas, com início no periparto, com características melancólicas, com catatonia, com padrão sazonal

FIGURA 11.2 Árvore de decisão para um paciente que apresentou humor elevado, expansivo ou irritável.

ticos de transtorno bipolar I, bipolar II e ciclotímico estão intimamente relacionados, pois apresentam sintomas e tratamento semelhantes.

Na verdade, pode haver ainda outros transtornos bipolares que não foram descritos da forma adequada. Alguns clínicos utilizam os rótulos *bipolar III* para situações em que o tratamento para transtorno depressivo maior faz com que o paciente mude brevemente para hipomania, e *bipolar IV* para o transtorno depressivo maior sem um episódio hipomaníaco discreto (apenas um temperamento alegre que, por vezes, é chamado de *hipertímico*). No entanto, nenhum desses rótulos recebeu aprovação oficial. Pode ser que apenas o costume tenha evitado o uso de algo como *bipolar V* para ciclotimia — que, na década de 1970, era considerada um transtorno da personalidade. E quem sabe onde isso vai parar? Números romanos é que não faltam!

Rosa

Já mencionei diversas vezes que você deve sempre levantar um histórico completo, não importa quão óbvio pareça ser o diagnóstico. Vou repetir isso aqui mais uma vez, e a história de Rosa demonstra o porquê.

Aos 46 anos, Rosa começou a perceber que tropeça ao deambular. Isso acontece de maneira inconsistente — talvez seja pior quando está cansada — e, a princípio, ela tentou ignorar. De qualquer modo, Rosa se preocupa demais com as coisas (seu marido sempre lhe disse isso), e, pela primeira vez, ela não quer parecer alarmista.

"Não é que eu cambaleie de um lado para o outro nem nada", disse, por fim, ao médico generalista. "É mais como um mancar, como se eu não conseguisse fazer com que minhas pernas se encaixem bem". O médico não é capaz de definir bem o que há de errado, então diagnostica transtorno conversivo e a encaminha a um psicólogo — para que ele lide com o humor.

Rosa se sente cansada e bastante deprimida. É dona de casa há 25 anos; com os dois filhos na faculdade, ela não tem muito o que fazer. Com o incentivo de sua psicóloga, Rosa começa a atuar na comunidade de mulheres de sua igreja. Sua claudicação, então, quase desaparece; "talvez a terapia esteja funcionando", ela pensa. Nos meses seguintes, seu humor melhora, mas depois passa de radiante para uma euforia exagerada.

Rosa, então, se torna agitada. Ela segura nas mangas dos casacos de estranhos na rua para lhes contar como sua fé a curou. Ela vende a mobília da sala e doa o dinheiro arrecadado a um evangélico que passa na televisão. Quando o marido se opõe, Rosa liga para o disque-denúncia dizendo que ele a agrediu, o que leva um policial a acompanhá-lo para fora de casa.

Enquanto isso, a claudicação volta, e uma gagueira peculiar e rápida torna sua fala cada vez mais difícil de entender. Reconhecendo que há algo de muito errado, sua psicóloga a convence a voltar ao médico generalista. Outro exame físico leva a uma consulta neurológica e, depois, ao provável diagnóstico de esclerose múltipla. O tratamento com acetato de glatirâmero, específico para sua doença, reduz os sintomas físicos, e seu humor volta ao normal aos poucos.

Análise

No caso de Rosa, alcançamos um resultado positivo já no passo 1 da árvore de decisão da Figura 11.2. O aparente sucesso não pode nos fazer relaxar com a sensação de que nosso trabalho está feito. Embora tentemos seguir o princípio da navalha de Occam e simplificar o diagnóstico sempre que possível, pode ser que os sintomas maníacos de Rosa não estejam relacionados com sua doença física; como aprendemos, cronologia nem sempre quer dizer causalidade. No entanto, a remissão do transtorno do humor após ao controle dos sintomas físicos limita nosso entusiasmo quanto a se ter dois diagnósticos independentes.

Comentário

Já no século XXI, pode-se dizer que os sintomas da mania (e da hipomania) tornaram-se de conhecimento comum, até para os leigos. Aquilo que conhecemos tende a estar em primeiro lugar em nossas mentes, por isso não deve ser surpresa que, de vez em quando, alguém com uma condição física associada à euforia e outros sintomas de mania/hipomania seja diagnosticado de maneira incorreta. É uma pena que o primeiro diagnóstico de Rosa não tenha sido baseado no modelo de diagnóstico diferencial/árvore de decisão; isso poderia ter economizado muito tempo e angústia.

A quantidade de transtornos físicos que podem estar subjacentes aos sintomas maníacos ou hipomaníacos é reduzida (ver Quadro 9.1). No entanto, de vez em quando leio relatos de que tais sintomas foram recentemente associados a outras condições clínicas. Essas condições incluem baixos níveis séricos de sódio, uremia (insuficiência renal), malformações de vasos sanguíneos na cabeça e cirurgia aberta de coração. Sem dúvida, algumas representam situações de causa e efeito verdadeiras, mas outras podem ser apenas coincidência. O truque é saber qual é qual (ver quadro "Reconhecendo causas físicas da mania ou da hipomania"). Como observei — bem, insisti — anteriormente, a única abordagem segura é fazer a avaliação inicial do paciente como um *todo* em busca de uma causa orgânica.

COMORBIDADE

Os pacientes que conhecemos até agora neste capítulo apresentavam apenas transtornos do humor. Contudo, com frequência, transtornos depressivos ou bipolares ocorrem em associação a outros transtornos mentais; na verdade, muitas pesquisas sugerem que esta é a regra. Às vezes, essa coocorrência é chamada de *diagnóstico duplo*, mas alguns clínicos reservam o termo para um problema de uso de substâncias combinado com um transtorno não relacionado a substâncias. Para maior clareza, tentarei evitar o uso.

Você encontrará transtornos do humor combinados com quase todos os outros diagnósticos de saúde mental nas mais diversas relações possíveis, que não são de maneira alguma mutuamente exclusivos:

- dois transtornos podem começar juntos ou um (chamado primário) precede o outro (secundário);
- dois transtornos estão presentes ao mesmo tempo ou se alternam;
- um transtorno induz ao outro ou são independentes (o primeiro não é tecnicamente uma comorbidade, mas acontece com frequência suficiente para ser mencionado);
- os sintomas de um transtorno escondem outro, como quando o consumo excessivo de álcool de uma pessoa mascara sua depressão.

Os relatos de caso a seguir chamam nossa atenção para outra questão: em um par de diagnósticos, qual você deve listar primeiro? Esta questão envolve mais do que interesse acadêmico. Um vasto conjunto de pesquisas mostrou que, por exemplo, as depressões secundárias respondem de maneira diferente aos tratamentos somáticos, como eletroconvulsoterapia e medicação antidepressiva.

Reconhecendo causas físicas da mania ou da hipomania

Alguns indicadores úteis podem ajudar a diferenciar mania ou hipomania de causa física e transtornos bipolares. (O quadro na página 166 nos informa que não temos tanta sorte com a depressão de causa física.) Deve-se suspeitar de causas físicas em pacientes que apresentam algumas das características a seguir:

- Início tardio (35 anos de idade ou mais) do primeiro episódio maníaco ou hipomaníaco
- História clara de potencial causa física, como aids ou traumatismo craniencefálico contuso recente
- Ausência de episódios depressivos
- Ausência de internações prévias por problemas mentais
- Ausência de história familiar de transtorno bipolar
- Humor irritável ou disfórico
- Comportamento ameaçador ou agressivo na fase maníaca
- Delírios grandiosos de valor, poder ou relacionamentos especiais (como com uma divindade)
- Disfunções cognitivas, como déficits de orientação e concentração
- Resposta ruim ao tratamento convencional para mania ou hipomania
- Resolução rápida dos sintomas assim que a causa física é abordada

Arnold

Quando tinha apenas 15 anos, Arnold teve depressão. Ele estava reprovando em diversas disciplinas do segundo ano do ensino médio, não via "nenhum futuro na vida" e começou a perder peso. Também não conseguia dormir sem tomar alguns goles do vinho do Porto que sua mãe havia usado sem moderação durante anos como antidepressivo e analgésico. Arnold perdeu o pai recentemente por intoxicação aguda por álcool. Quando suas notas caíram ainda mais, o adolescente deixou a escola e, em suas palavras, "saía por aí, fazendo o que dava na telha (em geral, nada)". Após alguns meses, sem qualquer intervenção, sua depressão desapareceu. Ele mentiu sobre sua idade e se alistou no Exército.

Arnold foi enviado para o Vietnã, onde serviu quase dois anos de seu alistamento de três anos. Nesse período, por ser brilhante e competente, foi promovido três vezes, mas, por atritos com seu superior, foi preso em duas ocasiões. Voltou à vida civil como ex-soldado de primeira classe viciado em heroína. "Havia muito disso disponível lá", disse Arnold ao médico do hospital de veteranos que o entrevistou depois que ele recebeu alta.

Mantido com metadona pelos próximos 15 anos, Arnold se saiu razoavelmente bem, usando heroína apenas em algumas ocasiões e trabalhando como tipógrafo. À medida que ganhou experiência, ele passou para a editoração eletrônica e, por fim, recebeu uma oferta para se tornar sócio na pequena empresa em que trabalha. Depois de alguns anos, Arnold se casou com Beth, uma mulher cujo primeiro marido bebia com frequência, de modo que ela já tinha uma sólida opinião formada. "Use uma única vez", Beth disse a Arnold, "e eu caio fora — não, *você* cai fora!" A metadona e a ameaça de Beth o mantiveram limpo e sóbrio pela década seguinte.

Contudo, no final da década de 1990, o programa de manutenção com metadona de Arnold foi vítima do corte de custos do hospital de veteranos. Conforme ele diminuiu o medicamento, seu humor piorou, sentindo-se irritado como não se sentia há muitos anos. Embora continue trabalhando, seu interesse diminuiu. No seu grupo de apoio Narcóticos Anônimos, que ainda frequenta com regularidade, Arnold ouve histórias semelhantes de outras pessoas. Em uma sexta-feira à noite, um palestrante descreveu os sintomas emocionais da abstinência de metadona — depressão, irritabilidade e, às vezes, uma sensação de expansividade — que pode perdurar por meses.

Embora essa descrição prepare Arnold para o desconforto, parece que seus amigos estão enfrentando a abstinência melhor do que ele. À medida que as semanas passam e ele permanece livre de metadona, as dores musculares e a inquietação diminuem, mas seu humor piora. Arnold briga com Beth, se desentende com seu chefe, e sua produção no trabalho diminui de forma gradual. Pela primeira vez em anos, ele começa a pensar em comprar heroína — e tomar uma *overdose* letal.

Análise

Com o uso de substâncias e a depressão, temos os ingredientes para um exemplo clássico de comorbidade. Pode-se esperar certo grau de depressão quando uma pessoa está abandonando o uso intensivo de qualquer opioide; a metadona não é exceção (ver Quadro 9.3). Contudo, se para diagnosticar Arnold você seguisse a Figura 11.1 até o passo 3, o esperado seria que a depressão melhoraria com o tempo sem o fármaco. Na verdade, ocorreu o oposto: com o passar do tempo, tanto a quantidade como a intensidade de seus sintomas aumentaram (há aqui um princípio diagnóstico relativo à probabilidade de depressão maior), e terminamos com um "não" no passo 11 e o diagnóstico de transtorno depressivo maior. A história de Arnold mostra como é importante considerar não apenas os sintomas em si mas também sua evolução ao longo do tempo.

Quanto à organização desses dois diagnósticos, gosto de listá-los em ordem cronológica, mas, como acreditamos que o transtorno do humor de Arnold é de grandes proporções e independente do uso de substâncias, requer nossa atenção imediata; vamos colocá-lo em primeiro lugar: o princípio da segurança. Além disso, o uso de substâncias está sob controle.

Comentário

No Capítulo 4 conhecemos Jakob, cujo hábito de beber produzia psicose e depressão. Como já observei, não nos referiríamos a essa relação, em que uma doença causa diretamente outra, como *comorbidade*. Pacientes como Arnold, entretanto, têm dois (ou mais) transtornos mentais que não apresentam relação causal óbvia. Pode ser necessário um trabalho de detetive para resolver os sintomas de cada transtorno independente, a fim de se chegar a um diagnóstico de comorbidade verdadeira.

Esse trabalho de detecção pode ser árduo. É muito fácil encontrar evidências de um diagnóstico e interpretá-las da maneira incorreta como apoiando outro diagnóstico. Pense apenas nos sintomas de depressão maior com os quais você pode se deparar durante uma intoxicação ou abstinência por substâncias diversas — incluindo insônia, retraimento social, apatia, mau humor e perda de peso (ver Quadro 9.3). Você também pode se deparar com sintomas que lembram mania — como fala incoerente, períodos de energia excessiva, atividade psicomotora intensa, julgamento pobre, euforia, beligerância e impulsividade. Álcool e outras substâncias também podem liberar inibições e induzir a estados de ansiedade ou psicose, levando ao pensamento mórbido que resulta em comportamento suicida. A Tabela 6.1 lista os transtornos mentais que você pode encontrar em um paciente usuário de substâncias.

Outro impedimento à fácil identificação é a vergonha, que pode fazer os pacientes relutarem em apresentar de forma voluntária os sintomas de uso de substâncias. Felizmente, a maioria das pessoas dirá a verdade se você as questionar sobre quanto bebem ou se usam drogas. Em suma, é de se admirar que um estudo realizado por Lin e colaboradores sobre pacientes internados tenha descoberto que quase 20% dos pacientes com transtornos do humor também tinham transtornos relacionados a substâncias? E que menos de 1 em cada 4 foi diagnosticado pelo médico responsável?

Connie

As depressões sobre as quais lemos até agora foram todas do tipo que responde ao tratamento convencional com medicamentos antidepressivos ou psicoterapia estruturada. Contudo, o tratamento eficaz de múltiplos pacientes deprimidos depende muito de um diagnóstico exato, que pode ser bem diferente do sempre popular transtorno depressivo maior.

Ao longo de dois anos de depressão maior, Connie foi tratada com psicoterapia e 12 medicamentos diferentes para mau humor e ansiedade, além de uma longa série de eletroconvulsoterapia — nenhuma abordagem apresentou benefício duradouro. Seu médico mencionou a possibilidade de psicocirurgia, mas sugere que Connie, primeiro, consulte outro médico, para verificar alguma outra possibilidade antes de se tomar medida tão drástica.

Não há como questionar a gravidade dos sintomas depressivos de Connie. Nos piores momentos, o que quer dizer quase o tempo todo, ela se queixa de perda de apetite e peso, dificuldade para dormir, falta de concentração, fadiga e desejos de morte. Já fez três tentativas de suicídio de gravidade crescente e pensa nisso todos os dias. Por não conseguir lidar com os três filhos, Connie perdeu a custódia para o ex-marido. (Ela também *o* perdeu por causa da dor crônica durante as relações sexuais e da falta de interesse por sexo.) Seu trabalho ruiu ao longo de seis longas hospitalizações. "Estou desesperada", diz ela. "Queria que fossem em frente logo e cortassem minha cabeça."

Algo na maneira como Connie se anima após conversar um pouco incita o clínico a buscar mais informações em sua história. Com a permissão da paciente, sua mãe é entrevistada por telefone. Ela cita algumas dificuldades que Connie não mencionou. A paciente tem doenças crônicas desde os 13 anos. Além de forte cefaleia, ela teve uma série de queixas estranhas, incluindo desmaios, crise de paralisia e até um breve episódio de cegueira para o qual nenhuma causa pôde ser determinada. Na verdade, todos os médicos consultados durante a adolescência de Connie e o início da idade adulta declararam que ela estava em excelente forma, apesar de Connie também ter consultado médicos ou tomado medicamentos por dificuldade para respirar, palpitações cardíacas, dor torácica, tontura, náuseas, distensão abdominal, irregularidade menstrual e dores nas costas e nos membros.

Connie se descreve como uma criança doente e uma adulta "sempre debilitada", até o momento em que sua depressão começou. Recentemente, porém, os problemas físicos passaram a incomodá-la menos. Embora tenha experimentado maconha quando estava no ensino médio, isso só a fez sentir-se mal. Ela tem evitado drogas e álcool desde então. "Eu já tinha problemas suficientes", comenta com um sorriso irônico.

Análise

O diagnóstico diferencial que elaboraríamos para Connie é muito semelhante ao do Quadro 11.1, embora precisássemos de mais informações para determinar se deveríamos diagnosticar algum tipo de transtorno de ansiedade. Vamos analisar os sintomas depressivos de Connie com a Figura 11.1. Para simplificar, presumiremos que ela não apresentou sintomas de mania ou hipomania no passado (passo 1). No passo 2, sabemos que ela teve inúmeras queixas de saúde que poderiam sugerir um problema clínico subjacente aos sintomas mentais. No entanto, ao longo dos anos, foi atendida por diversos médicos especialistas, bem como por seu médico generalista, e todos declararam Connie fisicamente saudável. A ausência de uso recente de substâncias no passo 3 nos leva ao passo 4, em que concordamos que ela teve muitos sintomas somáticos no passado. Observe que o fato de o transtorno de sintomas somáticos ter sido colocado no início de nossa árvore de decisão chama nossa atenção para ele, qualquer que seja a gravidade dos sintomas depressivos, maníacos ou outros.

Aqui está um problema: em que ordem listamos os dois transtornos? Se seguirmos à risca as mesmas regras usadas para Arnold, mencionaríamos a depressão primeiro. Mas, por tudo o que está escrito sobre os transtornos somáticos, sabemos que abordar diretamente um transtorno do humor concomitante (que ocorre em cerca de 80% dos casos) é repleto de perigos: um paciente deprimido com transtornos somáticos pode não responder aos tratamentos convencionais que ajudam a maioria dos outros pacientes deprimidos. Listar o transtorno somático primeiro coloca os transtornos em ordem cronológica, o que sugere, por sua vez, que a depressão pode exigir tratamento especial. Uma análise semelhante se aplicaria a outras condições que ocorrem em associação a transtornos somáticos, incluindo transtornos de ansiedade, anorexia nervosa e bulimia nervosa.

Aliás, a pista para o diagnóstico de Connie é a observação de que, diante de uma depressão muito grave, ela se anima após conversar um pouco — outro exemplo do princípio diagnóstico de que os sinais superam os sintomas. Pode não ser invocado com muita frequência, mas tem poder. Tenha isso em mente.

Comentário

Sou da opinião de que diferenciar a depressão clínica primária da secundária que ocorre com um transtorno somático é um dos problemas mais difíceis que os médicos especializados em saúde mental enfrentam. (É claro que diagnosticar a depressão secundária que acompanha qualquer transtorno primário é um desafio; ver quadro "Reconhecendo a depressão secundária".) Para entender a causa desse problema, precisaremos fazer uma breve análise da história.

O transtorno de somatização é reconhecido há mais de 150 anos. Conhecido pelo antigo termo *histeria*, foi bem descrito em 1859 pelo médico francês Paul Briquet. Na década de 1960, Robins, Guze e outros médicos formalizaram as descobertas de Briquet e colocaram seu nome na síndrome que identificaram. Eles incluíram mais sintomas do que os usados nos critérios diagnósticos do *DSM-IV* para transtorno de somatização, e *muito* mais do que nos critérios reduzidos do *DSM-5-TR* para transtorno de sintomas somáticos. É claro que havia queixas físicas como dores diversas pelo corpo, disfunções sexuais, queixas torácicas e abdominais, e queixas como uma crise de paralisia (ver a discussão do Capítulo 9, p. 107). Também se descobriu que esses pacientes costumavam apresentar sintomas de depressão, ansiedade ou até psicose. Nos anos seguintes, estudos de seguimento demonstraram repetidamente o valor preditivo do seu trabalho. No entanto, quando o *DSM-III* foi adotado em 1980, todos os sintomas emocionais da síndrome de Briquet foram removidos da descrição, deixando apenas os sintomas físicos. Isso deixou os clínicos livres para fazerem um diagnóstico comórbido de qualquer transtorno do humor, ansiedade ou condição psicótica adicional cujos critérios fossem atendidos pelo paciente.

Acredito que um dos desfechos disso é que muitos clínicos de hoje não aprenderam um princípio básico para compreender esses pacientes: a sua capacidade quase fantástica de sentir e se moldar aos interesses dos seus cuidadores. Os primeiros exemplos já descritos continuam sendo os melhores. Na enfermaria de neurologia conduzida por Jean-Martin Charcot no hospital Salpêtrière, na Paris do final do século XIX, os pacientes com histeria (como era então conhecida) aprenderam a imitar os sintomas experimentados pelos indivíduos com epilepsia. O interesse demonstrado por médicos de toda a Europa encorajou pacientes mulheres a elaborarem uma forma ritualizada de pseudoconvulsão que ficou conhecida como *grande histeria*. Assim começou uma pandemia mundial, que entrou em colapso depois da morte de Charcot, em 1893.

Não pretendo sugerir que os pacientes pretendam enganar seus clínicos, seja na época de Charcot ou hoje. Em vez disso, seus sintomas parecem evoluir quase como uma colaboração inconsciente entre clínico e paciente. Podemos entender por que um gastrenterologista que detecta dor abdominal e vômitos, ou um psiquiatra que encontra depressão e ansiedade, pode muito bem diagnosticar condições comuns em suas respectivas áreas. Quando um paciente responde "sim" a uma pergunta, o clínico questiona sobre outros sintomas típicos do diagnóstico em mente. O indivíduo percebe o interesse do clínico e confirma uma série de outros sintomas, e a síndrome parece ser corroborada.

Pacientes da atualidade com transtornos somáticos discernem e refletem os interesses de seus clínicos em relação a transtornos do humor, de ansiedade e até transtornos psicóticos. É por isso que me refiro a esses transtornos como *iatroplásticos* (neologismo meu): os clínicos não o causam, mas o moldam pelos seus interesses. Embora exames físicos e laboratoriais revelem a ausência de patologia demonstrável no caso de queixas físicas, ainda não dispomos de testes semelhantes para sintomas emocionais. Ainda que alguém possa ter dois transtornos independentes — digamos, um transtorno somático e um transtorno depressivo maior —, nosso princípio diagnóstico da navalha de Occam sugere que é muito mais provável haver apenas um. Resumindo: um ataque direto a esse tipo de transtorno do humor raramente proporciona o alívio que essas pessoas buscam.

Reconhecendo a depressão secundária

Gostaria que fosse simples. O único aspecto fácil da depressão secundária é a sua definição: uma depressão em alguém que já teve doença clínica grave (isto é, que ameaça a vida ou a capacidade de autocuidado) ou transtorno mental não relacionado com o humor. Segundo algumas estimativas, cerca de 40% das depressões são secundárias.

O problema com esse diagnóstico é o seguinte: após anos de investigações cuidadosas, os pesquisadores são capazes de nos dizer apenas que a maior parte das depressões secundárias costumam ser leves (apesar de pacientes como Connie). Os sintomas tendem a ser bastante variados e não há sintomas que diferenciem de forma clara a depressão secundária da primária. Isso faz com que haja poucas generalizações que possam ser feitas; no entanto:

- Como grupo, é mais provável que esses pacientes sejam homens mais jovens, com história familiar de transtorno por uso de álcool.
- Dos homens deprimidos com transtorno por uso de álcool, cerca de 95% terão depressão secundária; a estimativa para as mulheres é de cerca de 75%. (Isso significa que entre as pessoas com transtorno por uso de álcool, a depressão primária é cerca de cinco vezes mais comum em mulheres do que em homens.)
- É improvável que um paciente com depressão psicótica ou que apresente sintomas de melancolia (acorda de madrugada, sente-se pior pela manhã, tem acentuada perda de apetite, tem sentimentos de culpa injustificados, perde o prazer que sentia por quase tudo, não se sente melhor quando algo bom acontece) tenha depressão secundária.
- É quase certo que a depressão em pacientes com transtorno somático seja do tipo secundária. Em meus anos de experiência, conheci apenas um paciente com transtorno de somatização que (tenho certeza) tinha também depressão primária independente.
- É provável que a depressão secundária a uma doença clínica se desenvolva mais tarde na vida e é improvável que inclua sintomas como ideias suicidas, culpa ou delírios.
- Você pode não ser capaz de decidir se a depressão é "real" ou se é uma reação esperada a uma doença clínica, mas não a considere automaticamente como a última. Em vez disso, procure indícios reveladores como episódios anteriores, história de mania ou hipomania, história familiar de transtorno do humor e duração (a duração mais longa tem maior probabilidade de ser encontrada no transtorno depressivo maior).

LIMITES

Os limites dos transtornos do humor foram definidos, mas uma série de linhas confusas ainda perpassam os inúmeros tipos de patologia, ou entre o normal e o patológico. Nesta seção, exploraremos alguns deles.

Luto e perda

Em tempos antigos, as depressões eram divididas em dois tipos: as que ocorriam em reação a algum evento externo (como perda do emprego ou morte na família) e as que não tinham causa externa aparente. O primeiro tipo de depressão foi denominado *exógeno* ou *reativo*; o segundo, *endógeno* (vindo de dentro do indivíduo). Quando os *DSMs* começaram a definir critérios diagnósticos, o termo *depressão reativa* caiu em desuso; talvez fosse muito difícil definir o que constituía um precipitante adequado para a depressão. O principal remanescente de se dividir a depressão em duas partes dessa maneira simples e lógica, mas, em última análise, falha, é o luto — um diagnóstico que, até o *DSM-5*, serviu para excluir da consideração de transtorno depressivo maior os indivíduos que passaram pela perda de um ente querido em momento muito recente (nos últimos dois meses).

É natural você se sentir angustiado ao perder alguém de quem você gosta muito. O que nós, como clínicos (e, provavelmente, como pessoas enlutadas) desejamos é estabelecer a fronteira entre uma depressão clínica que requer tratamento e o processo natural de luto que deve ser mitigado e suportado. Os manuais de diagnóstico costumavam definir a diferença apenas em relação ao tempo: os sintomas de humor que duravam mais de dois meses não podiam ser qualificados apenas como reação natural à perda. Contudo, uma distinção tão simplista contradiz a experiência de muitos pacientes e clínicos e, por fim, os redatores do manual desistiram: já não faz sentido científico renunciar a um diagnóstico de depressão maior apenas porque um ente querido morreu algumas semanas antes.

Ainda assim, pesquisas sólidas sugerem que o luto é diferente da depressão. Além de sua brevidade, em geral é menos grave do que a melancolia e não responde à medicação antidepressiva. O mau humor de uma pessoa enlutada é desencadeado por memórias do indivíduo que partiu, já aqueles com depressão não relacionada com o luto se sentem mal de qualquer maneira. Além disso, é incomum que as pessoas enlutadas tenham graves sentimentos de culpa, inutilidade, ideias suicidas ou lentidão de fala e ação (*lentidão psicomotora*). O luto, então, tende a parecer bastante normal, não acompanhado de um sério prejuízo às atividades da vida.

Nos últimos anos, vimos surgir o conceito de *luto complicado* ou *luto traumático*, que está associado a prejuízo na função e a desfechos relativamente ruins. Um tanto semelhante ao TEPT, pretende incluir alguns dos seguintes sintomas: preocupação com a pessoa falecida, saudade ou anseio, descrença e incapacidade de aceitar a morte, raiva ou ressentimento pela morte e evitação de situações que fazem lembrar a perda. Agora, essa visão se tornou o diagnóstico de transtorno do luto prolongado, que o *DSM-5-TR* lista não com os outros transtornos do humor, mas no capítulo dedicado às condições induzidas pelo estresse ou trauma. Contudo, pelos sintomas depressivos que acarreta, ganha o seu legítimo lugar na árvore de decisão da Figura 11.1.

Como um desqualificador para o transtorno depressivo maior, o luto era único — outras perdas, como a de uma carreira ou de um casamento, não contavam. No entanto, os investigadores descobriram que uma pessoa que se sente desvalorizada por um acontecimento humilhante (como humilhação pública por parte de um chefe, divórcio provocado pela infidelidade de um cônjuge, ou estupro) pode desenvolver depressão semelhante ao luto. E isso, claro, nos leva de volta ao conceito de depressão reativa. Confuso, não?

Para mim, eis a conclusão. Esperamos encontrar sentimentos de pesar e tristeza após uma grande perda e devemos ter cuidado para não seguir a manada e diagnosticar um transtorno mental. No entanto, uma pessoa em luto que desenvolve sintomas suficientes para se qualificar para um episódio depressivo maior deve ser cuidadosamente considerada para possível tratamento, quaisquer que sejam os intervalos de tempo ou da "lógica" do desespero. Isso se comprova na presença de desânimo não mitigado por lembranças felizes do falecido ou não aliviado por visitas de amigos ou outros entes queridos. E, sempre, sintomas graves — ideias suicidas, psicose ou lentidão psicomotora — devem provocar ação imediata e eficaz.

Graus menores de depressão

Se existe depressão maior, deve haver depressão menor, certo? Esse pensamento parece ter impressionado muitos pesquisadores, pois diversos estudos recentes descreveram formas de depressão menor que podem ter nomes diferentes, critérios únicos ou ambos. O que resultou disso até o momento é um microcosmo do caos diagnóstico que existia antes de o *DSM* começar a organizar suas ações em 1980 (e as nossas ações também, por consequência). A maior parte das definições se resume a um episódio considerado breve (duas semanas ou mais) de relativamente poucos sintomas depressivos.

Na verdade, a depressão menor, como quer que seja definida, reúne alguns achados bastante interessantes. Há estudos relatando alterações anatômicas no encéfalo dessas pessoas, e o diagnóstico pode predizer a morte precoce em homens idosos (mas não em mulheres idosas). Assim como as pessoas com depressão maior, quem tem depressão menor apresenta dificuldades em suas atividades de vida diária e responde aos tratamentos convencionais, como o uso de inibidores seletivos da recaptação de serotonina (ISRS) e maprotilina. A depressão menor também pode ser encontrada como diagnóstico secundário em condições tão variadas como a doença de Alzheimer e o transtorno por uso de álcool, e foi identificada em pacientes com transtornos bipolares.

Além disso, assim como indivíduos com depressão maior, pessoas com depressão menor podem apresentar sintomas emocionais e cognitivos, embora sintomas vegetativos (como alterações do sono e do apetite) não sejam relatados com frequência. A depressão menor pode ser leve, mas não quer dizer que seja breve; assim como na depressão maior, os sintomas tendem a persistir por semanas ou meses. As histórias familiares são muito parecidas com as da depressão maior, sugerindo que as duas formas podem surgir de um terreno em comum. Um problema com o conceito é o seguinte: como os dados de prevalência estimam que até 20% da população em geral tenha depressão menor, este diagnóstico propicia uma perigosa confusão na linha entre o normal e o anormal. E essa — a delimitação do normal — é uma área em que qualquer diagnóstico útil deveria se sobressair.

Pelo menos um *expert* sugeriu que o principal valor da depressão menor pode estar em ajudar a predizer a depressão maior no futuro. No entanto, outros *experts* que analisaram as várias linhas de evidência sugerem que os diferentes graus de depressão se sobrepõem: uma pessoa que desenvolve depressão leve pode progredir nas fases, passando a apresentar sintomas moderados a graves mais tarde. Na verdade, a depressão em seus graus variados pode ser mais bem-vista como ocorrendo ao longo de um espectro.

Suicídio como comportamento racional *versus* doença tratável

A questão de saber se o suicídio poderia algum dia ser considerado um comportamento razoável é complexa. Veja o quadro "O suicídio pode ser racional?", que contém um breve resumo desse antigo debate.

O suicídio pode ser racional?

A existência do suicídio racional tem sido debatida há muitos anos. A favor do conceito estão os filósofos que consideram os humanos como agentes livres, cujas escolhas deveriam incluir como e quando morrerão. Argumentando contra isso estão aqueles que citam múltiplos estudos científicos relatando que quase a totalidade das pessoas que cometem suicídio têm algum tipo de transtorno mental ("quase totalidade", não "totalidade" — quase todos os estudos do tipo incluem indivíduos nos quais não foi possível demonstrar qualquer transtorno mental).

A medicina ocidental costuma considerar o suicídio uma resposta irracional a um estresse insuperável. Uma consequência dessa visão é este lapso lógico: como o suicídio é um sintoma de doença mental, raciocinamos que apenas pessoas com doenças mentais cometem suicídio. Rejeitamos, portanto, a possibilidade de que um indivíduo mentalmente saudável, talvez ameaçado pela dor física ou pela incapacidade de uma doença terminal, possa desejar parar de viver. Um aparente exemplo é o da professora e autora de ficção de mistério Carolyn Heilbrun, que se matou em 2003 após afirmar durante anos que um dia faria isso.

No estado norte-americano de Oregon, pacientes terminais podem obter de seus médicos medicamentos letais que ajudam a evitar dores lancinantes e incapacidade no final da vida. Em determinado ano, embora mais de 300 pacientes tenham recebido prescrições para tais medicamentos, apenas cerca de dois terços os utilizaram. Vários estudos cuidadosos não encontraram nenhuma evidência de coerção ou segundas intenções, como por parte de parentes.

Em 1995, os psicólogos Werth e Cobia entrevistaram 400 psicólogos na tentativa de definir o suicídio racional. A definição do grupo resumia-se ao seguinte:

1. A condição do indivíduo deve mostrar pouca esperança de remissão.
2. Não deve haver coerção.
3. O processo deve ser sólido, como mostram estas relevantes características no tomador de decisão: competência mental, rejeição de outras opções somente depois da devida consideração, valores consistentes com a decisão, consideração do impacto do suicídio sobre outras pessoas e consulta com outros profissionais (psicólogos, equipe de cuidados paliativos, conselheiros espirituais).

Tanto quanto qualquer outro médico responsável, me preocupo em maximizar o valor da vida de todas as pessoas; contudo, acredito que isso deve ser feito com a devida consideração do valor que a vida tem para o indivíduo que a vive. Não há uma resposta fácil aqui.

12

DIAGNOSTICANDO ANSIEDADE, MEDO, OBSESSÕES E PREOCUPAÇÃO

Primeiro, vamos definir alguns termos. *Medo* é o desconforto emocional causado por uma sensação de perigo próximo. *Fobia* é um medo irracional e intenso associado a alguma situação ou a um objeto. O que distingue o medo comum de aranhas do delirante medo de perseguição? Acontece que as aranhas em geral não representam ameaça racional, e a pessoa fóbica sabe disso, mas a delirante não tem o benefício do *insight*. A *ansiedade* também é um medo, mas não é causada por algo específico que a pessoa consiga identificar; costumamos dizer que ela flutua livremente. A *preocupação* é um sofrimento mental relacionado à inquietação com algo que pode acontecer. Em geral, pessoas ansiosas ou preocupadas apresentam sensações físicas desagradáveis, como músculos tensos, fadiga, insônia e inquietação. Uma *crise de pânico* é um episódio específico de ansiedade intensa acompanhado de sintomas físicos agudos, como dor torácica, sensação de sufocamento, tontura, taquicardia, formigamento, sudorese, falta de ar e tremores.

Até certo ponto, medo, ansiedade, preocupação e até pânico na forma de um susto agudo são sensações que pessoas mentalmente saudáveis experimentam e, portanto, devemos diferenciá-los do desconforto comum. Nós, clínicos, nem sempre somos consultados por causa de um desconforto comum, mas precisamos ter certeza (perguntando) de que a ansiedade que um paciente apresenta causou sofrimento *intenso* ou que interferiu de alguma forma no aspecto social, no profissional ou no interpessoal. O Quadro 12.1 apresenta o diagnóstico diferencial para estados de ansiedade. (Observe que no *DSM-5-TR*, o TOC e o TEPT agora ocupam seus próprios capítulos separados; por conveniência, vou considerá-los aqui.)

QUADRO 12.1 Diagnóstico diferencial com definições breves para os estados de ansiedade

- *Transtorno de ansiedade devido a outra condição médica.* Uma condição física pode causar pânico ou outros sintomas de ansiedade.
- *Transtorno de ansiedade induzido por substância/medicamento.* Álcool, drogas recreativas de uso ilícito e medicamentos prescritos podem causar sintomas de ansiedade.
- *Síndrome do pânico.* Crises de pânico repetidas (episódios breves e repentinos de pavor intenso, acompanhados por uma variedade de sintomas físicos e outros) criam preocupação em ter episódios adicionais. Elas tendem a ocorrer em associação à agorafobia.
- *Agorafobia.* Os pacientes temem lugares ou situações (fazer compras em uma loja, estar longe de casa) difíceis de se obter ajuda caso fiquem ansiosos.
- *Fobia específica.* Objetos ou situações específicas — como animais, tempestades, altura, voo, ficar em lugar fechado, sangue ou agulhas — causam ansiedade e evitação.
- *Transtorno de ansiedade social.* A perspectiva de constrangimento ao falar, escrever, atuar ou comer em público causa ansiedade e evitação.
- *TOC.* Embora seus pensamentos ou seus comportamentos pareçam sem sentido, os pacientes se sentem compelidos a repeti-los.
- *TEPT.* Os pacientes revivem um evento traumático de forma repetitiva, experimentando hiperexcitação e evitação ou entorpecimento emocional.
- *TAG.* Sem experimentar crises de pânico reais, os pacientes ficam ansiosos ou tensos por causa de uma variedade de problemas diferentes.

TRANSTORNO DE PÂNICO E FOBIAS

Muitas pessoas mentalmente saudáveis experimentam a sensação muito desagradável das crises de pânico. Na verdade, talvez um terço dos adultos da população em geral tenha tido pelo menos um desses episódios. Essas crises exigem tratamento quando recorrem com frequência suficiente para interferir na vida normal.

Ruth

Sentada sozinha na sala de espera, Ruth respira ruidosamente dentro de um saco de papel. Com pavor crescente, ela sentiu os sintomas antigos e familiares: seu coração está batendo forte e sua respiração parece estrangulada, como se sua garganta fosse fechar para sempre. Ela esperava poder passar pelo menos uma semana sem nenhum episódio, mas agora, no quinto dia, prestes a falar com um terapeuta sobre as crises, elas estão ocorrendo de novo. Ao sentar-se, ela teme estar a ponto de enlouquecer: será que gritará? Rasgará suas roupas? No momento, Ruth percebe que está suando e tremendo.

Aos 29 anos, Ruth trabalha com vendas em uma loja de eletrodomésticos. Ela ficou casada por um breve período e agora mora com sua filha de 7 anos e seu namorado, Sammy, o gerente assistente da loja.

Algumas semanas antes, os episódios de ansiedade levaram Ruth a uma rara consulta com seu médico generalista. Ela contou-lhe que tentava sempre ficar perto de uma porta quando estava dentro de casa. Como mora em um país com terremotos, ela sempre se preocupa em como escapar no caso do "grande terremoto". Tal preocupação aumentou nos últimos tempos; agora, se Ruth precisar entrar no almoxarifado, pedirá a Sammy que a acompanhe. Isso *o* deixa nervoso, já que a política antinepotismo da loja é aplicada com rigor.

Ruth tenta fazer compras apenas quando Sammy pode acompanhá-la. Se algum dia precisa ir sozinha, ela corre e pega uma caixa de leite, paga no caixa rápido e sai praticamente correndo antes que o pânico se instale. As crises parecem ocorrer em momentos estranhos. Em certa ocasião, quando voltava para casa, Ruth precisou parar o carro porque não conseguia se concentrar na estrada. Outra vez, ela e Sammy foram pegos desprevenidos quando estavam começando as preliminares enquanto assistiam a um filme adulto.

O eletrocardiograma que Ruth exigiu que o médico generalista solicitasse estava, segundo foi informada, "completamente normal, assim como o restante do seu exame". Como Ruth parecia nervosa, o médico prescreveu Valium, mas ela havia experimentado maconha na faculdade e não gostava da sensação de desconexão e desorientação que as substâncias lhe proporcionavam. A prescrição foi descartada quando ela chegou em casa.

Agora, porém, quase tão repentinamente como começou, a crise na sala de espera começa a desaparecer. No momento em que seu novo médico chama seu nome, Ruth está passando um batom novo.

Análise

Ruth não tem outros problemas de saúde nem histórico de uso de substâncias; portanto, podemos avançar pelos três primeiros passos da árvore de decisão para um paciente com sintomas de medo, ansiedade, pânico ou preocupação contínua (Figura 12.1). Seguindo a árvore, acabamos obtendo bons resultados: Ruth tem medo de estar em um lugar em que não poderia obter ajuda ou escapar seria difícil, como o supermercado local ou o depósito do trabalho (passo 14). Ela também (passo 15) tem crises inesperadas durante as quais sente pânico acompanhado por diversos sintomas físicos. Em suma, devemos considerar dois diagnósticos: transtorno de pânico e agorafobia. Se tivéssemos focado nas crises de pânico e, a princípio, ignorado os sintomas de agorafobia, teríamos chegado à mesma conclusão. Ao longo do caminho, consideramos tanto o transtorno de somatização quanto o TEPT, ambos associados com frequência a sintomas de ansiedade. E como a depressão tende a acompanhar as crises de pânico, o passo 17 marcado com asterisco nos lembra de verificá-la como um diagnóstico comórbido.

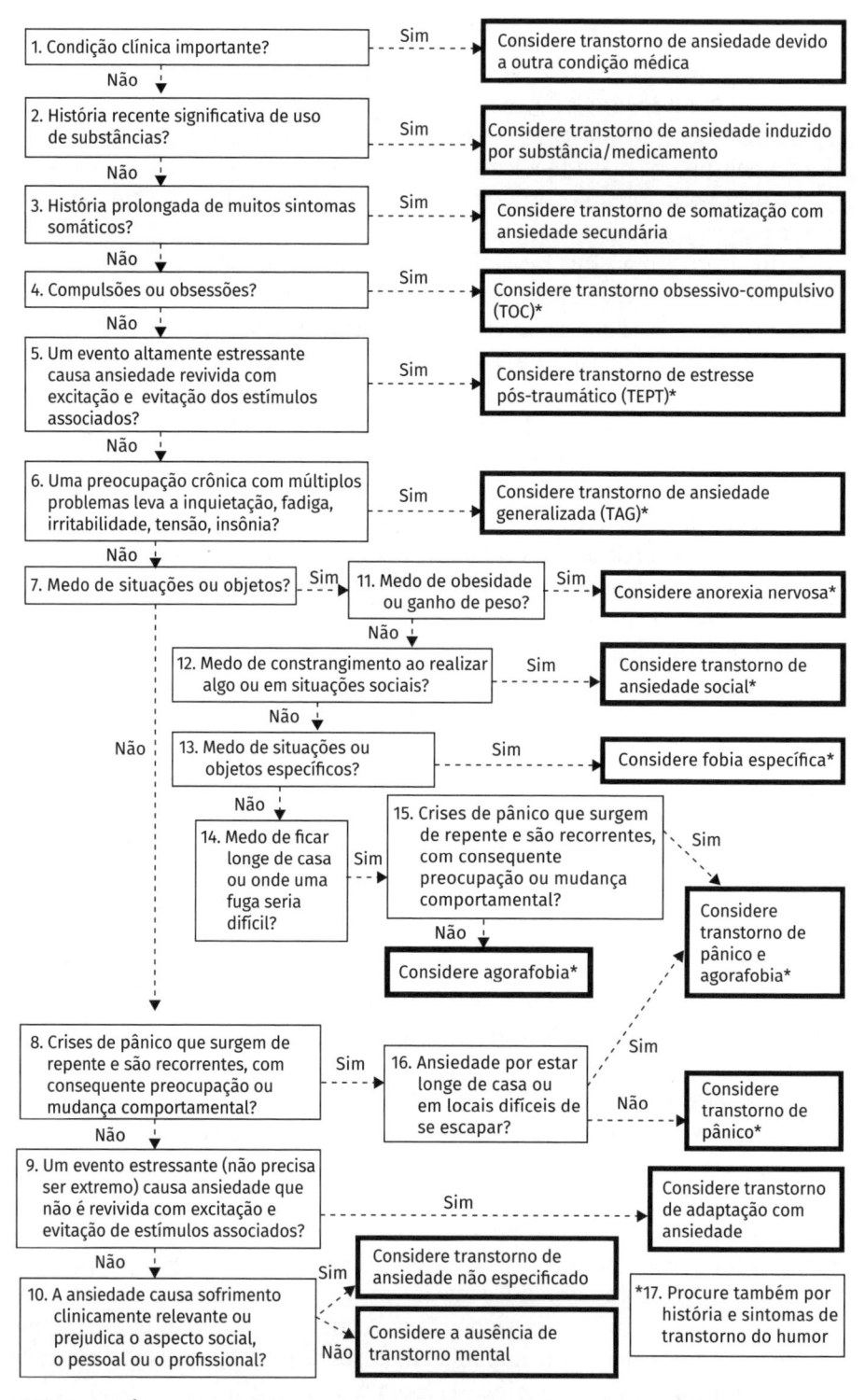

```
┌─────────────────────────────────┐   Sim    ┌──────────────────────────────────┐
│ 1. Condição clínica importante? │ -------> │ Considere transtorno de ansiedade│
└─────────────────────────────────┘          │ devido a outra condição médica   │
          Não ↓                              └──────────────────────────────────┘
┌─────────────────────────────────┐   Sim    ┌──────────────────────────────────┐
│ 2. História recente significativa│ ------> │ Considere transtorno de ansiedade│
│    de uso de substâncias?       │          │ induzido por substância/medicamento│
└─────────────────────────────────┘          └──────────────────────────────────┘
          Não ↓
┌─────────────────────────────────┐   Sim    ┌──────────────────────────────────┐
│ 3. História prolongada de muitos│ ------>  │ Considere transtorno de somatização│
│    sintomas somáticos?          │          │ com ansiedade secundária         │
└─────────────────────────────────┘          └──────────────────────────────────┘
          Não ↓
┌─────────────────────────────────┐   Sim    ┌──────────────────────────────────┐
│ 4. Compulsões ou obsessões?     │ ------>  │ Considere transtorno obsessivo-  │
└─────────────────────────────────┘          │ compulsivo (TOC)*                │
          Não ↓                              └──────────────────────────────────┘
┌─────────────────────────────────┐   Sim    ┌──────────────────────────────────┐
│ 5. Um evento altamente estressante│ ----->│ Considere transtorno de estresse │
│    causa ansiedade revivida com  │         │ pós-traumático (TEPT)*           │
│    excitação e evitação dos      │         └──────────────────────────────────┘
│    estímulos associados?         │
└─────────────────────────────────┘
          Não ↓
┌─────────────────────────────────┐   Sim    ┌──────────────────────────────────┐
│ 6. Uma preocupação crônica com  │ ------>  │ Considere transtorno de ansiedade│
│    múltiplos problemas leva a   │          │ generalizada (TAG)*              │
│    inquietação, fadiga,         │          └──────────────────────────────────┘
│    irritabilidade, tensão, insônia?│
└─────────────────────────────────┘
          Não ↓
┌───────────────────────────────┐ Sim  ┌──────────────────────┐ Sim  ┌──────────────────────┐
│ 7. Medo de situações ou objetos?│---->│ 11. Medo de obesidade│----->│ Considere anorexia   │
└───────────────────────────────┘      │     ou ganho de peso?│      │ nervosa*             │
                                       └──────────────────────┘      └──────────────────────┘
                                                Não ↓
                                       ┌──────────────────────┐ Sim  ┌──────────────────────┐
                                       │ 12. Medo de constrangi│---->│ Considere transtorno │
                                       │ mento ao realizar algo│     │ de ansiedade social* │
                                       │ ou em situações sociais?│   └──────────────────────┘
                                       └──────────────────────┘
                                                Não ↓
         Não                           ┌──────────────────────┐ Sim  ┌──────────────────────┐
          ┊                            │ 13. Medo de situações│---->│ Considere fobia       │
          ┊                            │     ou objetos específicos?│  específica*         │
          ┊                            └──────────────────────┘      └──────────────────────┘
          ┊                                     Não ↓
          ┊           ┌──────────────┐   ┌───────────────────────────┐
          ┊           │ 14. Medo de  │   │ 15. Crises de pânico que  │ Sim
          ┊           │ ficar longe  │ Sim│ surgem de repente e são  │---┐
          ┊           │ de casa ou   │--->│ recorrentes, com consequente│ │
          ┊           │ onde uma fuga│   │ preocupação ou mudança     │ │
          ┊           │ seria difícil?│   │ comportamental?           │ │
          ┊           └──────────────┘   └───────────────────────────┘ │
          ┊                                       Não ↓               ↓
          ┊                              ┌──────────────────┐  ┌──────────────────┐
          ┊                              │ Considere        │  │ Considere        │
          ┊                              │ agorafobia*      │  │ transtorno de    │
          ┊                              └──────────────────┘  │ pânico e         │
          ↓                                                    │ agorafobia*      │
┌─────────────────────────────┐ Sim  ┌──────────────────────┐  └──────────────────┘
│ 8. Crises de pânico que surgem│--->│ 16. Ansiedade por     │ Sim ↑
│ de repente e são recorrentes,│     │ estar longe de casa ou│
│ com consequente preocupação  │     │ em locais difíceis de │ Não  ┌──────────────────┐
│ ou mudança comportamental?   │     │ se escapar?          │----->│ Considere        │
└─────────────────────────────┘     └──────────────────────┘      │ transtorno de    │
          Não ↓                                                    │ pânico*          │
┌─────────────────────────────┐                                   └──────────────────┘
│ 9. Um evento estressante (não│  Sim    ┌──────────────────────┐
│ precisa ser extremo) causa   │-------> │ Considere transtorno │
│ ansiedade que não é revivida │         │ de adaptação com     │
│ com excitação e evitação de  │         │ ansiedade            │
│ estímulos associados?        │         └──────────────────────┘
└─────────────────────────────┘
          Não ↓                   ┌──────────────────────────┐
┌─────────────────────────────┐   │ Considere transtorno de  │
│ 10. A ansiedade causa       │Sim│ ansiedade não especificado│
│ sofrimento clinicamente     │-->└──────────────────────────┘
│ relevante ou prejudica o    │   ┌──────────────────────────┐ ┌──────────────────────┐
│ aspecto social, o pessoal ou│   │ Considere a ausência de  │ │ *17. Procure também  │
│ o profissional?             │Não│ transtorno mental        │ │ por história e       │
└─────────────────────────────┘-->└──────────────────────────┘ │ sintomas de          │
                                                                │ transtorno do humor  │
                                                                └──────────────────────┘
```

FIGURA 12.1 Árvore de decisão para um paciente com medo, ansiedade, pânico, obsessões ou preocupação contínua.

Comentário

Charles Darwin teve repetidas crises de dispneia, tontura, palpitações, tremores e desmaios, que hoje provavelmente o qualificariam para um diagnóstico de transtorno de pânico. Inúmeros autores sugeriram que, por ser recluso, Darwin também tinha agorafobia; outros acreditam que seus sintomas podiam estar relacionados com condições físicas como a síndrome de Ménière ou a doença de Chagas (uma infestação parasitária encontrada em áreas rurais das Américas do Sul e Central). No final das contas, a adaptação prevaleceu, e Darwin sobreviveu. Em um estudo recente, Lee e colaboradores relataram que uma adolescente tinha transtorno de pânico com agorafobia como resultado de um transtorno convulsivo. Causas físicas adicionais de pânico e outros sintomas de ansiedade estão incluídas no Quadro 9.1, e os sintomas de ansiedade relacionados com substâncias são abordados nos Quadros 9.2 e 9.3.

É raro a agorafobia manifestar-se de modo isolado, tanto que, até pouco tempo, sequer era considerada um transtorno separado. No entanto, o *DSM-5-TR* sustenta que, quando o transtorno de pânico e a agorafobia ocorrem juntos, devem ser considerados dois transtornos comórbidos. Exceto para fins de codificação, isso não faz muita diferença na prática: nos preocupamos menos com como chamamos isso do que com o que há de errado e como vamos combater o problema. Para isso, basta reconhecer se o paciente apresenta crises de pânico, agorafobia ou ambos. Embora um estudo realizado por Fava e colaboradores tenha demonstrado 64% de remissão sustentada cumulativa em 10 anos após o tratamento de exposição, há evidências de que os sintomas da agorafobia podem reduzir a probabilidade de melhora no seguimento de pacientes com transtorno de pânico.

Zena

Medo é uma palavra que utilizamos muito para descrever sentimentos negativos sobre o mundo e nossa relação com ele. Quando nos deparamos com algo que tememos — seja um objeto, uma circunstância ou uma situação social específica — logo imaginamos que seremos prejudicados, envergonhados ou sofreremos outras consequências desagradáveis.

> Embora seja uma professora experiente, Zena, com cerca de 30 anos, tem dificuldade para escrever no quadro-negro na frente de sua turma do sétimo ano. Já sentiu pânico algumas vezes, mas costuma apenas sentir tremores, tonturas e uma sensação de pavor. Quando pensa ter ouvido seus alunos rindo pelas suas costas, sente muito calor e nervosismo e treme ainda mais. Quando ninguém está olhando, Zena consegue escrever muito bem, por isso chega cedo à escola todos os dias para preencher a lousa antes do sinal. No ano passado, ela solicitou dois quadros extras para escrever tudo com antecedência, mas é difícil deixar tudo escrito, pois são muitos assuntos diferentes. Além disso, ela precisa indicar leituras e outros materiais no decorrer da aula.

"Além dos tremores", diz Zena ao médico, "tenho sempre a sensação de que preciso ir ao banheiro, mesmo que tenha acabado de ir. Não posso ficar indo ao banheiro várias vezes ao dia".

Análise

O clínico de Zena precisa descartar primeiro causas clínicas e de uso de substâncias para seus sintomas (passos 1 e 2 da Figura 12.1). Feito isso, a resposta aos passos 4 e 5 será um "não" — Zena não mencionou obsessões ou compulsões; não achamos que ela tenha sofrido um trauma grave. Ela também não parece preocupar-se com múltiplos problemas (passo 6); apenas um era suficiente. Em vez disso, a angústia de Zena ocorre em uma situação de desempenho ("sim" nos passos 7 e 12) — de maneira específica, ao escrever em público — e o seu diagnóstico será, portanto, transtorno de ansiedade social. Espero que o clínico e Zena repassem os sintomas para ter certeza de que não foram negligenciados diagnósticos adicionais, sobretudo transtornos do humor e outros transtornos de ansiedade.

Comentário

Ao diagnosticar fobias, os clínicos enfrentam dois problemas. O primeiro é não reconhecer que existe um medo; embora os pacientes em geral sejam muito claros sobre *o que* eles temem, muitas vezes não se queixam disso. O assunto pode surgir apenas quando buscam ajuda para outro problema de saúde mental, como depressão ou um transtorno de ansiedade diferente. O segundo problema é separar os medos anormais dos normais, afinal, a maioria de nós se encolhe diante de alguma situação — seja altura, tempestades ou ir ao dentista —, mas não estamos prestes a diagnosticar um transtorno de ansiedade na maioria da população em geral. Só fazemos um diagnóstico quando os sintomas causam dificuldade suficiente para interferir de alguma forma significativa na vida da pessoa. (Zena chegava cedo ao trabalho para preencher o quadro e ficava angustiada sempre que tinha de escrever diante da turma.) Às vezes, nos esquecemos de observar a fronteira entre mal-estar (doença) e bem-estar.

Outros tipos de transtorno de ansiedade social que envolvem enfrentar estranhos incluem medo de falar, comer ou beber em público e de tocar um instrumento musical. Os tipos de fobia específica são medo de animais, medos relacionados com o ambiente (tempestades, altura, água), medo de sangue/injeção/lesões, medos de situações específicas (voar, ficar em lugares fechados) e medos de circunstâncias que possam causar doenças, asfixia ou vômito. Em todos os tipos, a pessoa pode evitar a situação fóbica ou suportá-la sob forte estresse ou sintomas de ansiedade. Assim como acontece com outros transtornos de ansiedade, a ansiedade vivenciada pode assumir diversas formas. Muitas pessoas apresentam sintomas parecidos com os de uma crise de pânico clássica, incluindo sensação de perigo iminente, desconforto intenso ou tensão acentuada.

Rawson

Devemos reconhecer que as condições físicas que causam sintomas de ansiedade não são abundantes. Na verdade, é por sua própria raridade que não se mantém em primeiro lugar na mente de um clínico que busca um diagnóstico. Rawson foi vítima desse lapso de vigilância.

> Britânico que se mudou para os Estados Unidos, Rawson tinha 25 anos e trabalhava como revisor de um jornal diário. Por duas vezes ele sentiu tontura enquanto almoçava. Na segunda vez, seu editor o acompanhou pessoalmente à sala da enfermeira da empresa; ela percebeu que a pressão arterial de Rawson estava elevada, mas voltava ao normal enquanto ele descansava em seu consultório. Ela recomendou a Rawson que consultasse um médico, mas ele não tinha um — nunca tinha ficado doente e não fumava, não bebia nem usava drogas — e não se sentia motivado em buscar um médico agora.
>
> Alguns meses depois, Rawson começou a se queixar de crises de ansiedade. No início, elas ocorriam a cada duas semanas; depois, vinham com mais frequência. Duravam no máximo 10 ou 15 minutos, mas eram pavorosas: Rawson sentia tonturas, tinha dificuldade para recuperar o fôlego e seu coração parecia bater de maneira descontrolada. Talvez o pior de tudo é que elas o deixavam encharcado de suor e temendo a próxima crise, que parecia estar sempre próxima.
>
> No dia em que Rawson procurou aconselhamento médico, sentia-se bem e com sinais vitais normais. "É como levar o celular para consertar", ele brinca, "ele sempre funciona bem na loja". Rawson reconhece a presença ocasional de cefaleia, sensação de fraqueza e mãos trêmulas. Sente que lhe falta energia e, às vezes, se sente deprimido. Seu apetite diminuiu, de modo que perdeu bastante peso. "São mais de 6 kg", acrescenta ele de maneira prestativa.
>
> "Sua saúde física está ótima", informa o médico, "mas, sem dúvida, você está ansioso. Acho que pode estar com uma depressão clínica subjacente". Foi assim que Rawson começou a tomar medicamentos antidepressivos e ansiolíticos. Quando as crises persistiram, ele mudou de um antidepressivo para outro — um total de quatro no decorrer de 10 meses. No entanto, seus sintomas continuaram; a sensação de pavor melhorou um pouco, mas a cefaleia e o suor excessivo ainda são problemas. Por fim, durante outra consulta ao seu médico generalista, Rawson teve uma crise ali mesmo, no consultório. Sua pressão arterial, normal quando a enfermeira a verificou pela primeira vez alguns momentos antes, subiu para surpreendentes 180/125. Uma série de testes revelou que Rawson tem feocromocitoma em uma glândula adrenal. A remoção cirúrgica eliminou suas crises de pânico, sua depressão e "a pressão arterial anômala".

Análise

Gostaria de acreditar que eu não teria cometido o mesmo erro que o médico generalista de Rawson, mas não posso prometer. É fácil ignorar uma possibilidade incomum, como o feocromocitoma, responsável por apenas 1 em cada mil casos de hipertensão, em média. A abordagem envolvendo diagnóstico diferencial/árvore de decisão para o diagnóstico nos obriga a pensar sempre em relação a substâncias e distúrbios físicos que possam causar sintomas mentais. No entanto, o princípio diagnóstico sobre sintomas atípicos também fornece uma pista: a cefaleia não é um sintoma que tende a ser associado ao transtorno de pânico e, embora a transpiração seja, é muito menos proeminente do que no caso de Rawson. E precisamos apenas do primeiro passo da Figura 12.1.

Comentário

Claro, você vai querer saber como identificar quando os sintomas de ansiedade são clínicos, não mentais. A resposta é que isso não é possível — pelo menos não com base apenas nas crises de ansiedade em si. Você precisa confiar e desconfiar sempre, procurando sintomas que, como a cefaleia e a hipertensão arterial de Rawson, se distanciam um pouco dos sintomas comuns da ansiedade. A parte mais difícil é manter sempre em mente algo raro de se encontrar: sintomas mentais de origem física. Algumas condições clínicas podem causar crises de pânico e estão listadas no Quadro 9.1.

Wilson e Harold

Falando em causas físicas, há outra classe de causas às quais devemos ficar atentos, ainda mais quando se está tentando descobrir as causas de sintomas de ansiedade. Os dois casos clínicos a seguir apresentam algumas causas legítimas.

> Wilson amava café quando era mais jovem. Enquanto estava na faculdade, beber muito café não era um problema; mais tarde, porém, ele mergulhou no arcano mundo do conserto de instrumentos musicais, que exigia paciência e mão firme. Assim, seus hábitos colidiram com seu trabalho, até que ele recorreu ao café descafeinado, do qual bebia agora seis xícaras ou mais por dia.
>
> Tudo estava bem até poucos dias atrás, quando, por acidente, um funcionário estagiário da torrefação de café favorita de Wilson lhe vendeu grãos normais, sem o processo de retirada da cafeína. O resultado foram vários dias de dor de estômago, palpitações cardíacas, insônia "quase total" e sensação de excitação inquieta. Incapaz de remontar a flauta de prata em que estava trabalhando, Wilson foi ao médico generalista para tentar determinar a causa de seu problema.

Na manhã em que seu pai foi diagnosticado com câncer de pulmão, Harold abandonou o tabagismo de 20 anos. Ao ir dormir, ficou andando de um lado para o outro, sentindo raiva, embora não faça a menor ideia do que. Certamente não é de seu pai, é? Após uma noite sem dormir, sentindo-se "muito tenso", Harold frita e devora uma porção dupla de bacon e ovos, que costuma evitar por motivos de saúde. Às 10 h, ele não consegue se concentrar no trabalho; seu pensamento está em dar uma tragada — apenas uma tragada profunda — em um cigarro. Ou isso, ou tomar café da manhã de novo. Ao meio-dia, ele liga para a esposa e se pergunta em voz alta se conseguirá parar de fumar. "Estar morto seria melhor do que isso", ele quase soluça.

"Já agendei para você uma consulta mais tarde com nosso médico", ela responde. "Eu sabia que isso seria difícil".

Análise

Com as claras evidências fornecidas pela história, não parece difícil diagnosticar Wilson ou Harold, que, na verdade, precisam apenas ser encaminhados para seus respectivos médicos generalistas. O uso da Figura 12.1 parece trivial, mas eu o recomendaria como um exercício para formular um diagnóstico diferencial completo. Os sintomas típicos de intoxicação e abstinência para todas as principais classes de substâncias, incluindo cafeína e nicotina, são apresentados no Quadro 9.3.

Comentário

O problema com esses exemplos é que o óbvio pode esconder outras síndromes que são independentes do uso de qualquer substância. Estou me referindo aqui, em especial, ao transtorno do humor, embora outros sejam possíveis. Pacientes que usam ou param de usar substâncias podem desenvolver uma variedade de sintomas de ansiedade, incluindo crises de pânico, fobias, ansiedade generalizada ou mesmo obsessões e compulsões. Como os transtornos de ansiedade costumam ser comórbidos com outros desses transtornos ou com TOC e TEPT (intimamente relacionados), muitas vezes é necessário percorrer duas vezes (ou mais) à árvore de decisão. Isso significa que a pessoa de fato tem mais de um transtorno? Talvez não — a ciência do diagnóstico ainda não avançou o suficiente para compreendermos as nuances, como acontece com o TEPT e a depressão.

TAG, TEPT, TOC E COMORBIDADE

Em seu primeiro ano no time Boston Red Sox, o jogador de beisebol Jim Piersall foi hospitalizado por um grave problema mental e tratado com eletroconvulsoterapia. Em 1955, ele contou sua história em um livro muito popular nos Estados Unidos, *Fear Strikes Out* (*O medo ataca*), que incluía material de sua infância. O texto a seguir é baseado no relato de Jim contido nesse livro.

Jim

Desde os 9 anos, Jim Piersall se sentia sempre preocupado, o que talvez tenha sido desencadeado quando sua mãe deu entrada em um hospital psiquiátrico por uma doença grave, mas nunca especificada. Tratada em uma época anterior ao advento da medicação eficaz, ela melhorava o suficiente para receber alta. No entanto, o jovem Jim nunca sabia quando a mãe seria levada e internada novamente; como resultado, sentia medo de ir para a escola e de voltar para casa à tarde.

Ele começou a "se preocupar com tudo" — com a escola, se seus colegas iam gostar dele, com o humor de seu pai a cada noite. Na primavera, Jim se preocupou se seria aprovado; no outono, preocupou-se com quem seria seu novo professor. À medida que crescia, a situação só piorava. No sexto ano, ele temia que o clima pudesse afetar sua habilidade de jogar bola; será que Jim seria bom quando crescesse? Tenso e incapaz de relaxar, tinha dificuldade para dormir e sentia necessidade de estar sempre em movimento. Mesmo quando já adulto, fisicamente saudável e casado, tendo um filho saudável e um emprego estável, Jim se preocupava com o futuro.

Análise

Como o jovem Jim gozava de boa saúde física e, aos 9 anos, não seria um candidato ao uso de substâncias, podemos passar pelos passos 1, 2 e 3 da Figura 12.1. Em sua narrativa, Jim não descreveu obsessões ou compulsões (passo 4). A hospitalização de sua mãe atuou como estressor (passo 5)? Não há evidências de que tenha revivido o evento ou de que tenha apresentado sintomas fisiológicos, como uma resposta de sobressalto acentuada. Esses *achados negativos pertinentes*, como os clínicos os chamam, nos levam ao passo 6, em que podemos concordar que, mesmo quando jovem, Jim se preocupava com muitas coisas de forma crônica. Nossa árvore de decisão nos incentiva a considerar o diagnóstico de TAG.

No entanto, o TAG não é capaz de explicar o grave colapso de Jim quando se tornou um jovem adulto, resultando em hospitalização por problema mental e subsequente eletroconvulsoterapia. As evidências relativas a essa doença são escassas, e Jim sempre foi um pouco cauteloso em divulgar detalhes. Embora ele forneça algumas informações em seu segundo livro, *The Truth Hurts* (A verdade dói), não é toda a verdade.

Em seu primeiro ano no time Red Sox, Jim estava sempre inquieto e, às vezes, perdia o sono. Ele suspeitava que o time estava tentando se livrar dele ao torná-lo um interbases. Seu discurso variava entre ser lógico e "completamente maluco", e Jim era expulso dos jogos por se envolver em brigas no campo. Quando deu entrada no hospital apresentando comportamento violento, notou-se que ele falava rápido.

Após ser submetido à eletroconvulsoterapia, Jim voltou ao time, jogou 17 temporadas nas ligas principais e ganhou duas vezes o prêmio Luva de Ouro. Após 20 anos de boa saúde, quando não jogava mais beisebol, Jim teve um episódio de depressão, durante o qual tinha crises de choro. Exausto e sofrendo com a perda de autoconfiança, foi novamente hospitalizado. Com a medicação, Jim pareceu ter se recuperado tão bem do segundo episódio quanto do primeiro.

Nossas informações são muito escassas para apoiar um diagnóstico definitivo, mas fornecem um bom exemplo de como as usaríamos para fazer nossa melhor estimativa — a maneira como poderíamos avaliar, digamos, um histórico oral fornecido por um parente de alguém. Eu raciocinaria da seguinte forma: um histórico de psicose (suspeitas paranoicas durante o primeiro episódio) e de transtorno do humor (sintomas típicos de depressão durante o segundo) sugere que Jim pode ter tido depressão psicótica, talvez no curso de um transtorno bipolar. Um curso episódico seria muito raro na esquizofrenia (citaremos o princípio diagnóstico sobre características atípicas). A mãe de Jim também tinha uma doença mental grave episódica, fornecendo mais uma possível pista sobre a natureza do problema. Aqui, eu afirmaria meu princípio diagnóstico escolhido e diria que Jim permanece sem diagnóstico, embora, no fundo, eu suspeite que um exame pelos padrões contemporâneos confirmaria o transtorno bipolar. Embora o TAG de Jim seja muito anterior ao seu transtorno do humor, eu listaria o último primeiro, pois esse era o diagnóstico que precisava de atenção imediata.

Comentário

As preocupações do TAG são superiores ao *status* comum de "superpreocupado" e isso, como no caso de qualquer transtorno mental, levanta o problema: como você o diferencia das preocupações comuns que todos nós temos? Nesse zero ponto, a questão do prejuízo ou do sofrimento clinicamente relevante nos afasta da tentação de atribuir um diagnóstico a quase todas as pessoas que conhecemos. Sabemos que o critério de relevância clínica não é perfeito; ainda precisamos julgar que nível de sofrimento ou de prejuízo deve ser usado como referência. No entanto, assim como em tantos outros diagnósticos mentais, podemos utilizá-lo para garantir que serão consideradas pacientes apenas as pessoas cujas vidas são afetadas sobremaneira.

Há mais uma consideração importante para o TAG: as preocupações da pessoa não devem ser relativas apenas a questões específicas isoladas que possam ser típicas de um transtorno mental diferente. Aqui estão alguns exemplos: ganhar peso seria uma fonte de preocupação para alguém com anorexia nervosa; uma possível contaminação preocuparia o paciente com TOC; a perspectiva de ter uma crise de pânico incomodaria muito alguém com transtorno de pânico.

Embora afete até 5% de todos os adultos, o TAG é considerado novo, tendo surgido apenas algumas décadas atrás. Antes disso, a pessoa seria diagnosticada com o antigo termo *neurose de ansiedade*, que a partir de então foi dividido em uma variedade de transtornos de ansiedade. O TAG afeta mais mulheres do que homens e é mais prevalente na meia-idade do que na infância ou na adolescência. Embora possa variar em intensidade, é uma condição crônica que, assim como o transtorno depressivo maior, pode ser incapacitante. Uma característica importante do TAG é que muitos pacientes (talvez a maioria) desenvolvem, depois, um transtorno do humor. Na verdade, no seguimento, quase todos os pacientes com TAG apresentam diagnóstico de comorbidade. Ninguém tem certeza do que isso significa em termos de relações causais, mas é importante ter em mente essa relação ao avaliar alguém com sintomas de TAG. O caso de Jim Piersall mostra isso.

Wilbur

O medo pode se concentrar em uma única entidade, como no caso da fobia específica, ou em um tipo de situação, como no transtorno de ansiedade social ou na agorafobia. No entanto, por vezes, os clínicos precisam associar o medo a outros sintomas e características históricas, a fim de chegar ao diagnóstico correto.

> Wilbur tinha apenas 19 anos quando foi convocado pelo Exército. Sem nenhuma habilidade especial, ele foi treinado como cozinheiro e serviu com honras militares em duas missões na Coreia. Por causa de sua função específica, Wilbur achava que nunca se depararia com uma "guerra de verdade", então permaneceu no Exército e lá seguiu carreira. "Sempre pensei na possibilidade de abrir um restaurante após completar meus 20 anos de serviço."
>
> Com a grande expansão militar promovida pelo presidente Lyndon Johnson em meados da década de 1960, Wilbur foi parar no Vietnã. Ele se viu sediado no Delta do Rio Mekong, que, mais tarde, descreveu como "o único lugar na Terra em que você poderia estar com água até a altura do peito e ainda assim ter poeira no rosto". Em 1966, seu batalhão da 9ª Divisão de Infantaria participou de uma varredura na zona rural no norte do país, saindo de Saigon e passando pela província de Tay Ninh. O veículo blindado que estava alguns metros à frente do veículo de Wilbur passou sobre uma mina terrestre de 900 kg, e os homens que o ocupavam foram atirados a dezenas de metros. Os estilhaços atingiram o pescoço e o braço direito de Wilbur, mas o que o fez vomitar e desmaiar foi ver a cabeça e a medula espinal de seu melhor amigo caindo sobre seu veículo. Ele se lembra pouco das 24 horas seguintes, embora tenham dito a Wilbur que ele ajudou a coletar partes de corpos e que merecia muito suas medalhas Coração Púrpura e Estrela de Bronze.

"Desde que voltei, nunca mais fui o mesmo", disse ele ao médico, anos depois, no ambulatório do hospital de veteranos. "Não consigo compreender que não estou mais na zona de guerra — estou sempre alerta, sempre examinando o horizonte em busca de ameaças". Ao acordar de um cochilo, por exemplo, Wilbur às vezes sente por um instante que está de volta "ao país"; por uma fração de segundo, vê soldados vietcongues escondidos atrás de seu sofá. Por muitas noites, sua esposa acordou com o marido gritando de medo e chutando-a com força. Por fim, ela se cansou e voltou a morar com os pais.

"Eu não a culpo nem um pouco", diz Wilbur. "Estou uma pilha de nervos, e ruídos mínimos me fazem dar pulos na cadeira. Não assisto a nenhum filme que tenha soldados e estou sempre cansado e rabugento. *Eu* não gostaria de morar comigo!"

O médico descobre ainda outros problemas. Desde que voltou da guerra, o apetite de Wilbur diminuiu e ele perdeu quase 9 kg. "Tudo tem gosto de frango desossado com ração C", ele se queixa. Embora tenha conseguido um emprego como escriturário no escritório agrícola do estado, Wilbur fica irritado com os clientes e, com frequência, esquece de preencher os documentos do trabalho. Por fim, Wilbur ouve: "Procure ajuda ou teremos que demiti-lo".

A revisão de saúde revela que o período de serviço militar de Wilbur terminou antes da fase em que muitos soldados começaram a usar heroína. "Bebemos um pouco — a gente conseguia uma dose de *whiskey* por US$ 3 no armazém —, mas nunca me viciei em drogas. Posso ter fumado um ou dois baseados enquanto estava lá, mas nunca mais desde que voltei para casa. No fim das contas, não sou autodestrutivo." Embora admita que se sente "ligado" ou "tenso" na maior parte do tempo, Wilbur nega ter sintomas físicos de pânico, como taquicardia ou dispneia.

Análise

Com frequência, o trauma mental acompanha lesão cerebral, o que é, portanto, ainda mais importante considerar ao avaliar um paciente com TEPT. Wilbur regressou do Vietnã com cicatrizes físicas, mas sem lesões; contudo, um exame cuidadoso pode revelar déficits neurológicos que podem ajudar a explicar seus sintomas (passo 1). O fato de Wilbur não ter usado substâncias não é raro, mas é notável porque muitos veteranos o fazem (passo 2). A quantidade de homens com transtorno de somatização tende a ser cada vez menor (passo 3), e Wilbur não tinha fobias nem obsessões evidentes (passo 4). Na verdade, conforme apresentado, o diagnóstico parece muito óbvio. O indício evidente é o grave trauma emocional do passo 5, que precedeu o início dos sintomas de ansiedade e evitação de Wilbur. Os sintomas de pânico podem acompanhar a experiência do TEPT, mas não são necessários para o diagnóstico.

Comentário

Wilbur está longe de ser o paciente com TEPT mais perturbado que já avaliei. Quando trabalhei no hospital de veteranos, avaliei sobreviventes de combate que retornavam tão temerosos e desconfiados que, durante anos, viviam sozinhos nas remotas colinas da Califórnia. Deixando de lado os elaborados critérios, o TEPT se resume a cinco conceitos básicos: (1) a pessoa vivencia ou testemunha um evento que causa extremo trauma (morte, lesão grave, estupro) e (2) sofre sintomas intrusivos (sonhos, memórias) (3) que tenta evitar, mas que (4) evocam problemas de humor ou de pensamento e (5) induzem a sintomas de excitação, como irritabilidade, agressividade, imprudência, insônia, hipervigilância e resposta de sobressalto. Os sintomas devem ocorrer durante mais de um mês. Além de combatentes, o TEPT pode desenvolver-se em civis que sofrem traumas resultantes de desastres naturais (como furacões, terramotos e tsunamis), acidentes automobilísticos, estupros e outras formas de violência causadas pelo homem.

Esteja alerta para diversos fatores de confusão no diagnóstico diferencial do TEPT. Pacientes com TOC percebem seus pensamentos automáticos como inadequados e não terão vivenciado um evento traumático específico. Pacientes com TEPT podem se comportar de maneira automática e, mais tarde, não se lembrar do que fizeram, configurando uma possível confusão com o transtorno dissociativo. Se o único fator de estresse de Wilbur fosse o fato de a esposa tê-lo abandonado, poderíamos, em vez disso, considerar o remanescente transtorno de adaptação com ansiedade (passo 9). Infelizmente, tanto no hospital de veteranos como em instituições civis, o ganho financeiro pode constituir um motivo para a simulação — que, por ser pejorativa e difícil de tratar, deve ser considerada último recurso em qualquer diagnóstico diferencial.

Você precisará fazer uma revisão cuidadosa para garantir que não está faltando outro transtorno que precise ser abordado no tratamento desses pacientes, para os quais a ansiedade pode ser apenas a ponta do *iceberg* do sofrimento mental. Como muitos pacientes com TEPT apresentam depressão associada, considere com cuidado o passo 17 com asterisco na parte inferior da Figura 12.1. Quase sempre em veteranos de guerra (e muitas vezes também em civis), o TEPT e os sintomas depressivos estão interligados. A meu ver, um dos desafios ao avaliar um paciente com TEPT é demonstrar que *não há* história de transtorno depressivo maior concomitante. É também frequente a comorbidade do TEPT com dependência de álcool, drogas recreativas ou medicamentos prescritos e, às vezes, dos três.

Peter

Ansiedade e questões semelhantes têm o poder de ocultar os indicadores de outros problemas. Histórias como a de Peter demonstram a importância de se fazer uma avaliação completa, mesmo quando pedem sua ajuda para um problema específico.

Por ter muito medo de contaminação, Peter apresenta resistência em sair de casa. Ele mora com a irmã mais nova e a mãe, que é supervisora do turno da noite no restaurante Wendy's. Peter recém abandonou a faculdade de biologia, curso em que planejava se formar. "Eu me saí bem no primeiro semestre, mas depois não aguentei mais tocar naquelas amostras", conta ele ao médico residente que está coletando seu histórico inicial.

Nos últimos três meses, Peter recusou-se a comer vegetais crus, argumentando que "ninguém sabe onde foram cultivados"; aos poucos, começou a desenvolver comportamentos estranhos — segurar em maçanetas com o punho da manga da camisa, por exemplo. Ele reconhece que lava as mãos com muita força e frequência. Uma "voz interior" o lembra de lavá-las, mesmo que ele já tenha feito isso alguns minutos antes. Peter informa que se resistir e não lavar, se sentirá "muito ansioso, como se algo catastrófico estivesse para acontecer". Peter chora ao dizer: "Sinto-me literalmente esgotado. Quem quer passar os dias esfregando as mãos?

O médico residente concorda com a avaliação do próprio Peter sobre TOC, para o qual a terapia comportamental parece uma opção apropriada. Contudo, durante uma entrevista subsequente, o médico supervisor vê outra coisa. Peter olha de forma quase contínua para baixo, e seus olhos ficam vermelhos quando ele menciona sua ex-namorada, que rompeu o relacionamento "porque eu não queria mais ficar de mãos dadas com ela, muito menos fazer amor. Eu simplesmente não sinto vontade".

Ao ser questionado em detalhes, Peter admite sentir-se triste na maior parte do tempo, o que começou antes mesmo das obsessões. Ele não teve ideias suicidas, mas menciona que abandonou a escola após descobrir que seu interesse, mesmo na área escolhida (fisiologia vegetal), havia diminuído a tal ponto que ele não conseguia se concentrar o suficiente para estudar para as provas. Embora negue ter usado drogas recreativas, admite que o único alívio que sente é quando bebe cerveja; nos últimos dois meses, o consumo aumentou para um fardo de seis unidades quase todas as noites. "Pelo menos me faz dormir à noite", comenta Peter.

A família imediata de Peter está bem, mas seu primo paterno, que o acompanhou à primeira consulta, está em tratamento com estabilizador do humor em razão de um colapso mental, durante o qual ele "perdeu o controle" e gastou muito dinheiro.

Análise

Ao discutir o diagnóstico diferencial de Peter, precisamos considerar os Quadros 11.1 e 12.1 como um todo. Embora sua história não contenha nenhuma evidência de problema físico que explique sua depressão ou suas obsessões e compulsões, por uma questão de segurança, recomendaremos um exame médico cuidadoso. O transtorno por uso de álcool não explica a ansiedade ou a depressão, que começaram semanas ou meses antes de Peter começar a beber cerveja. Isso nos faz deixar para trás os primeiros passos das duas árvores de decisão.

Você pode percorrer o restante da Figura 11.1 com facilidade até chegar ao transtorno depressivo maior. Depois, seguindo a Figura 12.1, você poderá chegar ao esperado diagnóstico de TOC. Eu listaria primeiro a depressão, enfatizando sua importância como problema principal e considerando as compulsões como fenômenos secundários. Munidos de todas essas informações, mudaríamos nossas recomendações para o tratamento de Peter para medicamentos antidepressivos ou terapia cognitivo-comportamental, o que poderia muito bem resolver ambos os conjuntos de problemas. O caso clínico também apresenta um bom exemplo do último item em nosso roteiro (Figura 1.1) — reavaliar à medida que surgem novas informações — e do princípio diagnóstico da história familiar (o primo que provavelmente tem transtorno bipolar).

Comentário

O benefício de diagnósticos múltiplos é claro: quando os clínicos descobrem que os pacientes em tratamento para uma condição têm, na verdade, diversas condições, muitas vezes ampliam o programa de tratamento. Em contraste com a depressão dupla (ver o caso de Robert, no Capítulo 11, p. 145-147), em que pode ser difícil separar os sintomas dos dois tipos de depressão, você poderia achar que a presença de sintomas e dados históricos de grupos diagnósticos tão diversos como estados de ansiedade e transtornos do humor tornariam difícil *não* perceber a comorbidade. A experiência e os estudos científicos sugerem o oposto: nós, clínicos, às vezes ignoramos diagnósticos de comorbidades.

Uma solução seria obter mais informações; você pode solicitar prontuários médicos anteriores e conversar com parentes e outros informantes. Outra solução seria utilizar com maior frequência a avaliação de saúde mental, que considera questões emocionais e comportamentais que não sejam a queixa principal do paciente — alucinações, delírios, fobias, obsessões, compulsões, crises de pânico, depressão, mania, problemas para dormir ou comer, uso de drogas ou consumo de bebidas alcóolicas e esquecimento. Esse plano foi formalizado em entrevistas estruturadas — por exemplo, a *Entrevista clínica estruturada para os transtornos do DSM-5 (SCID)*, que induz a uma investigação sistemática sobre todos os aspectos do histórico de saúde mental de um paciente. Embora o valor da SCID e de entrevistas semelhantes já tenha sido demonstrado, os clínicos podem relutar em utilizá-las. Afinal, um questionário extenso requer mais tempo do que se pode dedicar a uma única entrevista, e seu formato um tanto rígido pode interferir em outros objetivos, como o estabelecimento de uma relação com o paciente. No entanto, incluí uma entrevista clínica semiestruturada como apêndice do meu livro *A entrevista inicial*.

Linda

Não importa quão amarga seja a queixa de ansiedade — precisamos olhar além do óbvio em busca de evidências de outras condições, o que requer uma amplitude de perspectiva que, a meu ver, falta em nossa abordagem contemporânea aos pacientes.

Aos 61 anos, Linda é uma das pacientes de mais idade que já tratei de ansiedade. Sua principal queixa era "medo e palpitações cardíacas" que a atormentaram durante muitos meses e confundiram os médicos que prescreveram a ela uma variedade de fármacos antidepressivos e ansiolíticos. Em sua primeira consulta, Linda me disse que nenhuma abordagem de tratamento fez muita diferença, "exceto que todas elas fizeram com que eu me sentisse mais ansiosa — até as medicações contra ansiedade!"

Ninguém jamais havia cogitado o diagnóstico de transtorno de somatização, que sempre incluo em meus diagnósticos diferenciais para estados de ansiedade e transtornos do humor. Logo descobri que Linda havia se sentido mal durante toda a vida, queixando-se com seu grupo de médicos sobre dificuldade para deglutir e deambular, visão turva, fraqueza, tonturas, náuseas, distensão abdominal, alergias alimentares, diarreia, constipação, irregularidade menstrual e uma variedade de dores no corpo todo. Com depressão crônica desde os 15 anos, ela se sentia desesperada de vez em quando, apresentava dificuldade de concentração e tinha perdido o interesse em suas atividades habituais. Ela pensava em se matar, mas nunca tinha feito uma tentativa de suicídio.

Com essas informações, concordamos em avançar com um plano um pouco diferente, que enfatizasse a modificação do comportamento. Em poucos meses, Linda não tinha mais crises de pânico, e sua busca incansável por curas físicas para suas diversas doenças havia diminuído.

Análise e comentário

Na verdade, não há muito a dizer sobre o transtorno de sintomas somáticos (ou somatização, se você preferir) que eu já não tenha dito nos Capítulos 9 e 11. A busca na árvore de decisão termina no passo 3. Tecnicamente, você poderia fazer múltiplos diagnósticos, incluindo transtornos somáticos, estados de ansiedade e transtornos do humor. Isso não me parece necessário, pois os sintomas de ansiedade são muito comuns em pacientes com transtornos somáticos. Além disso, com poucas exceções, tratar a somatização resolve todos os problemas, e por que confundir as coisas com palavreado desnecessário? A importância do transtorno de somatização é demonstrada pelo seu lugar na Figura 12.1.

TRANSTORNO DE ESTRESSE AGUDO

Se você examinar o Quadro 12.1 e a Figura 12.1, descobrirá que omiti o transtorno de estresse agudo— o diagnóstico que o *DSM-IV* criou para preencher a lacuna gerada pelo requisito de tempo mínimo de um mês para o TEPT. O problema com o transtorno de estresse agudo é que ele confere significado patológico a reações, muitas vezes, vistas como normais. Alguns pesquisadores relataram forte grau de sobreposição entre o TEPT e o transtorno de estresse agudo; outros notaram que o diagnóstico de transtorno de estresse agudo não é bom para predizer quem terá breve recuperação e quem necessitará de cuidados de saúde no futuro. Resumindo, você, talvez, não gastará muito tempo pensando no transtorno de estresse agudo, mas tenha isto em mente: um dia desses, ele pode ser fundamental no diagnóstico diferencial de alguém.

13

DIAGNOSTICANDO PSICOSES

As psicoses não são tão comuns; ao longo da História, porém, foram de grande importância para ajudar a estabelecer as profissões de cura em saúde mental. Muitos dos grandes nomes da saúde mental do século XIX — Kraepelin, Bleuler, Alzheimer — começaram diagnosticando esquizofrenias, psicoses bipolares e psicoses cognitivas. Na atualidade, o impacto econômico da esquizofrenia, sem contar outros transtornos, é enorme: em 2020, o total de custos diretos e indiretos foi superior a US$ 280 *bilhões* nos Estados Unidos. Em termos não monetários, a esquizofrenia e os transtornos relacionados são responsáveis por altos níveis de esforço humano, recriminação e miséria, preocupando os pacientes, seus familiares e seus cuidadores. Por todas essas razões, diagnosticar a esquizofrenia é uma das competências mais importantes de qualquer psiquiatra. A capacidade de *excluir* a presença de esquizofrenia em um paciente psicótico também é muito importante.

Ter *psicose* significa ter, de alguma forma, perdido o contato com a realidade. Na prática, essa perda de contato pode se manifestar com sintomas em um ou mais dos cinco grupos mencionados a seguir. A propósito, embora eu não seja a favor da memorização mecânica de critérios (temos livros para isso), abro uma exceção no caso desses critérios básicos para a esquizofrenia, que os clínicos muitas vezes precisam na busca pela clareza diagnóstica.

A psicose requer pelo menos um, e a esquizofrenia, dois (incluindo um dos três primeiros) destes cinco grupos:

1. *Alucinações*. Na ausência de estímulos externos, a pessoa percebe estímulos sensoriais. O resultado é a crença de que ouve vozes quando ninguém está falando, ou vê pessoas, objetos e até cenários inteiros que não existem. Alucinações de olfato, tato e paladar podem ocorrer, mas são muito menos comuns do que as auditivas ou as visuais.

O filme *Uma mente brilhante* mostra-nos alucinações semelhantes às experimentadas pelo matemático John Nash na vida real, mostrando ao espectador como podem parecer reais para uma pessoa psicótica.

2. *Delírios*. Acreditando que algo é verdade (quando não é), o indivíduo não pode ser persuadido do oposto. Essas ideias falsas costumam envolver perseguição, como por parte de agências governamentais, mas outros delírios podem ser de culpa, pobreza, problemas de saúde, infidelidade por parte do cônjuge e influência ou controle do pensamento pelas diferentes mídias (jornais, televisão, rádio). Delírios grandiosos envolvem estar associados a (ou ser) uma divindade ou uma pessoa famosa.

Consideremos, por exemplo, Daniel Paul Schreber, cujas memórias foram analisadas por Sigmund Freud. Schreber, juiz em Dresden, desenvolveu a noção de que estava sendo transformado em mulher para que, como esposa de Deus, pudesse engravidar e assim salvar a humanidade.

3. *Discurso desorganizado*. As associações mentais da pessoa não são governadas pela lógica, mas por trocadilhos, rimas ou outras influências que podem não ser claras para um observador. Isso é tão prejudicial que a comunicação se torna difícil ou impossível. Uma passagem da primeira página do romance de James Joyce *Por um fio* fornece um exemplo não intencional:

A grande queda do ovalto do muro acarretou em tão pouco lapso o pftjschute de Finnegan, outrora sólido ovarão, que humptyhaltesta dêle prumptamente manda uma testemunha para oeste à cata de suas tumptytumtunhas: e o retrospico-pontoeponto delas repausa em pés no parque onde oranjos mofam sôbre o verde desde o que primoamor ao diablin levou Lívia.

Vale ressaltar que, embora seu diagnóstico permaneça duvidoso, a filha de Joyce, Lucia, começou a apresentar sintomas de doença mental aos 20 e poucos anos, e viveu internada em uma clínica psiquiátrica por 47 anos até falecer.

4. *Comportamento desorganizado*. Ações que não parecem direcionadas a um objetivo podem sugerir psicose. Os exemplos incluem fazer gestos (p. ex., fazer o sinal da cruz repetidas vezes), assumir posturas, manter posições incomuns ou desconfortáveis por longos períodos e tirar a roupa em público.

Certa vez, avaliei um paciente que havia sido internado anos antes em um hospital psiquiátrico. Ele passou quase uma década deitado de forma tão rígida na cama que seus punhos e seus tornozelos se enrijeceram, ele não conseguia andar nem se alimentar sozinho.

5. *Sintomas negativos.* Os sintomas são chamados *negativos* quando indicam a ausência de algo que as pessoas mentalmente saudáveis têm. Exemplos de sintomas negativos incluem baixo envolvimento emocional (frequentemente chamado *afeto embotado* ou *embotamento afetivo*), pobreza de fala e perda da vontade de realizar atividades (denominada *avolição*). Já sintomas positivos, como delírios e alucinações, são condições ausentes na maioria de nós. Parentes próximos, frustrados com a situação, podem interpretar os sintomas negativos de forma incorreta, como uma indicação de preguiça ou apatia.

A medicação já havia diminuído as alucinações e os delírios do meu paciente Eric. Aos 34 anos, ele passava os dias relaxando em seu apartamento, subsidiado pela mãe. Embora Eric não trabalhasse há seis anos, ele parecia despreocupado em relação a isso quando conversamos. "Ah, acho que vou conseguir um emprego mais para a frente", dizia ele, muitas vezes bocejando. Sua voz era um pouco monótona e ele sempre exibia o mesmo meio sorriso forçado que nunca alcançava seus olhos. Quando ele ia ao meu consultório, acomodava-se na cadeira e olhava para qualquer lugar, menos para mim. Desde que o conheci, ele nunca mudou muito, nunca encontrou trabalho e nunca sorriu de verdade.

O Quadro 13.1 lista o diagnóstico diferencial para psicose, e a Figura 13.1 apresenta a árvore de decisão para um paciente com sintomas psicóticos. Observe na árvore de decisão que, contra minha prática habitual, não incluí nenhuma possibilidade de normalidade: mesmo a mais breve das psicoses justifica algum tipo de diagnóstico. Observe que o último quadro da Figura 13.1 nos aconselha a considerar uma alucinação não psicótica. Bem, o que isso significa?

As alucinações não psicóticas são experiências alucinatórias em que o paciente mantém a percepção de que a sensação não é real. Elas não são tão comuns mas também não são raras. Uma fonte é uma condição conhecida como síndrome de Charles Bonnet, na qual um paciente cego (ou com visão parcial) tem alucinações visuais que podem ser especialmente vívidas ou complicadas. Outra fonte são as alucinações visuais que acompanham as crises convulsivas. Outras ainda foram relatadas: alucinações auditivas no caso de surdez; alucinações visuais na presença de enxaqueca; o peculiar fenômeno do membro fantasma que ocorre naqueles submetidos a uma amputação. Todas essas experiências, e muito mais, estão descritas no livro de Oliver Sacks de 2012, *Alucinações musicais*. Nenhuma delas pode ser classificada como transtorno psicótico devido a outra condição médica, pois o paciente simplesmente não é psicótico.

QUADRO 13.1 Diagnóstico diferencial com definições breves para a psicose

- *Transtorno psicótico devido a outra condição médica.* Uma doença física pode causar psicose, que pode não atender aos critérios para esquizofrenia.
- *Transtorno psicótico induzido por substância/medicamento.* Álcool, drogas recreativas ilícitas e medicamentos prescritos podem causar sintomas psicóticos.
- *Transtorno neurocognitivo com psicose.* Pacientes com doença de Alzheimer ou algum outro transtorno neurocognitivo (TNC) podem desenvolver sintomas psicóticos — muitas vezes, delírios persecutórios. (É curioso saber que o diagnóstico atual do *DSM-5-TR* seria "transtorno neurocognitivo com perturbação de comportamento". No contexto do TNC, todos os sintomas mentais associados são considerados comportamento.)
- *Transtorno de somatização com pseudopsicose.* Alguns pacientes com transtorno de somatização relatam alucinações ou delírios que podem apresentar semelhanças com os da esquizofrenia.
- *Transtorno do humor com psicose.* Um paciente com episódio de mania ou depressão grave, ou estado misto, apresenta sintomas psicóticos que perduram apenas durante a fase ativa do episódio de humor.
- *Esquizofrenia.* Os pacientes estão doentes há muitos meses e apresentam pelo menos dois dos cinco tipos de sintomas psicóticos listados no texto (p. 189). Transtornos do humor, uso de substâncias e condições clínicas foram descartados como causas.
- *Transtorno esquizofreniforme.* Os pacientes apresentam todas as outras condições necessárias para a esquizofrenia, mas estão doentes há menos de seis meses.
- *Transtorno esquizoafetivo.* Durante o mesmo episódio de doença de um mês de duração, um paciente teve um episódio de transtorno do humor (depressão grave ou mania) com psicose (dois ou mais tipos de sintomas psicóticos). Embora durante pelo menos duas semanas tenha havido psicose sem sintomas de humor, estes últimos estão presentes na maior parte da doença.
- *Transtorno delirante.* Durante pelo menos um mês, o paciente apresenta delírios, mas nenhum dos outros sintomas característicos da psicose.
- *Transtorno psicótico induzido* (folie à deux). Em casos raros, um paciente desenvolve delírios semelhantes aos de um parente ou outro familiar próximo. O *DSM-5-TR* caracterizaria agora a maioria desses pacientes como tendo transtorno delirante.

ESQUIZOFRENIA: SUBTIPOS E VARIANTES

Pacientes com psicose crônica em geral desenvolvem sintomas quando jovens — adolescentes ou adultos jovens. A evidência inicial da doença pode ser difícil de diferenciar do comportamento normal do adolescente. Incluí o caso clínico a seguir não porque represente um desafio diagnóstico, mas para ilustrar o desenvolvimento e a natureza de uma síndrome clássica como base para exemplos posteriores de psicose crônica.

Ronnie

Quando criança, Ronnie sempre pareceu diferente. Preferia construir castelos e intricadas pistas com seus blocos de montar e nunca brincou muito com outras crianças. Teve vários amigos imaginários cuja companhia manteve até o 8º ano escolar. Com frequência, Ronnie era ridicularizado por causa de suas expressões estranhas, como referir-se a si mesmo na terceira pessoa e gostar de usar roupas velhas e fora de moda. Não tendo companheiros com quem brincar, era capaz de passar seu tempo estudando; todos os anos, suas extraordinárias notas elevavam às alturas a média da turma, mas isso apenas o afastava ainda mais de seus colegas de classe.

Logo após Ronnie completar 17 anos, sua proficiência escolar começou a diminuir. Seu orientador do ensino médio mandou um bilhete para os pais dizendo que ele parecia solitário; por exemplo, Ronnie passava a maior parte da hora do almoço lendo na biblioteca. Ele alegou que só se interessava por ciências e física e que queria "fazer contas" quando adulto. Ronnie negou estar tendo qualquer problema, e o conselheiro concluiu que ele era um jovem sensível que poderia ter depressão leve. Nem Ronnie nem seus pais estavam muito interessados em medicamentos, e ele logo abandonou o aconselhamento.

Seu primeiro ano na faculdade começou bem. Ronnie morava em seu antigo quarto, cujas paredes estavam cobertas de pôsteres de *quarterbacks* da NFL — seu pai os havia colado anos antes, e Ronnie nunca se importou o suficiente para removê-los. Ignorando o curso obrigatório da área de humanas e focando nos cursos de ciências, ele se dedicou aos estudos. Quase todos os dias, voltava para casa logo depois da aula e ficava em seu quarto. Ronnie não fazia refeições com os pais — havia adotado uma dieta vegana —, e seu quarto logo começou exalar cheiro em razão das cascas de frutas e dos potes abertos de pasta de tofu estragada. No início, sua mãe tentou limpar o quarto, mas Ronnie colocou uma fechadura na porta e mantinha a chave pendurada no pescoço em um pedaço de barbante desgastado. Ele sequer permitia que a mãe trocasse os lençóis, que aos poucos foram ficando cinza e oleosos.

O professor de física de Ronnie mostrou um de seus exames ao reitor. Consistia quase inteiramente em desenhos muito bem executados, pentagramas e cruzes invertidas, com um texto que parecia combinar mecânica clássica com frases bíblicas. Antes que pudessem questioná-lo, Ronnie parou de frequentar as aulas. Ele passou a ficar fechado em seu quarto e passava o tempo criando e revisando um *site* dedicado ao estudo do infinito. Sua mãe, que havia cursado matemática avançada na faculdade, um dia encontrou seu *site* enquanto navegava na internet. Ela descobriu que o que Ronnie divulgava era uma mistura de símbolos geométricos e versos religiosos que pareciam não ter qualquer sentido.

Sempre que ela conseguia conversar com o filho — geralmente no caminho para o banheiro —, Ronnie apenas murmurava algo muito baixo e difícil de entender. O jovem deixou o cabelo crescer e começou a cultivar uma barba rala. Ele sempre foi um menino gentil e quieto, mas passou a gritar com a mãe quando ela lhe pedia para fazer a barba e cortar o cabelo. Às vezes, ela acordava com o som de Ronnie andando de um lado para o outro ou falando — seria consigo mesmo? Um colega de classe apresentou-lhe cigarros sem filtro, e Ronnie passou a consumir alguns maços por dia. Isso incomodou seus pais, nenhum dos quais fumava. Apesar do tempo que passava estudando, suas notas em ciências e matemática estavam caindo muito. Pouco antes das férias de primavera, seu conselheiro telefonou para Ronnie e disse: "Procure ajuda ou teremos que suspendê-lo".

Em sua segunda consulta médica, Ronnie conta a seguinte história: no início do outono, percebeu que a professora dirigia a maioria de suas observações a ele. A princípio, ficou satisfeito por ser destacado em uma sala de aula tão grande. Ele olhava ao redor para ver se os outros alunos notavam, mas todos estavam fazendo anotações em seus *laptops*. Mais tarde, Ronnie percebeu que a professora estava, na verdade, falando sobre ele para os outros — mandando-lhes mensagens sobre a vida privada de Ronnie, até sobre seus pensamentos sexuais. Um dia, enquanto caminhava pela quadra, ele ouviu uma voz logo atrás de si que dizia: "Ele é um punheteiro". Embora tenha se virado rapidamente, não viu ninguém por perto. Mais tarde naquela noite, em seu quarto, Ronnie ouviu a mesma voz, mais uma vez criticando sua sexualidade.

Apesar de Ronnie ter dito ao médico que tem muitos amigos, sua mãe mais tarde observou que ele sempre foi "uma espécie de lobo solitário". Ela também menciona um tio-avô que, pela tradição familiar, era chamado de "senil", mas sua história era de uma doença progressiva que exigiu hospitalização crônica a partir dos 38 anos.

Embora negue que faça isso, Ronnie ri inúmeras vezes durante sua consulta inicial, mesmo sem nada obviamente engraçado como estímulo. O entrevistador acha que ele parece estar respondendo a pensamentos internos. Quando não está rindo, sua expressão facial é nula. Ronnie interrompe a entrevista duas vezes para sair e fumar, dizendo que se sente nervoso demais para continuar sem dar uma pausa.

Análise

A ausência de questões relacionadas com a saúde, uso de substâncias e um auxílio à memória ajuda-nos a avançar ao longo dos primeiros passos da Figura 13.1. (Qualquer possibilidade de um transtorno cognitivo deve ser avaliada posteriormente com uma avaliação breve, como o miniexame do estado mental [MEEM]. Essa questão é discutida com detalhes no Capítulo 14.) Observamos que Ronnie

Diagnóstico descomplicado **195**

```
1. Condição clínica significativa? ──Sim──▶ Considere transtorno psicótico (ou catatônico) devido a outra condição médica
   │ Não
   ▼
2. História recente significativa de uso de substâncias? ──Sim──▶ Considere psicose induzida por substâncias
   │ Não
   ▼
3. *Delirium* ou demência significativa? ──Sim──▶ Considere psicose decorrente de transtorno cognitivo
   │ Não
   ▼
4. História de muitos sintomas somáticos? ──Sim──▶ Considere transtorno de sintomas somáticos com depressão secundária
   │ Não
   ▼
5. Predomina catatonia (negativismo, mutismo, imobilidade ou agitação, adoção de posturas, estereotipias)? ──Sim──▶ Considere transtorno catatônico associado a outra condição clínica
   │ Não
   ▼
6. Dois ou mais sintomas psicóticos: delírios, alucinações, fala desorganizada, comportamento desorganizado, sintomas negativos? ──Sim──▶ 9. Episódio bipolar ou depressivo maior durante sintomas psicóticos? ──Sim──▶ 12. Sintomas de humor que perduram metade do tempo da duração dos sintomas psicóticos? ──Sim──▶ 13. Psicose apenas com sintomas de humor?
                                                                                                                                                                                                                                │ Não                                                                                           │ Não
                                                                                                                                                                                                                                ▼                                                                                              ▼ Sim
                                                                                   10. A psicose perdura há 6 meses ou mais? ──Sim──▶ Considere esquizofrenia               Considere transtorno esquizoafetivo
                                                                                   │ Não
                                                                                   ▼
                                                                                   Considere psicose esquizofreniforme                                                      Considere transtorno do humor com psicose (Figuras 11.1 e 11.2)
   │ Não
   ▼
7. Os sintomas duram um mês ou mais? ──Sim──▶ 11. Bom funcionamento, exceto pelos delírios? ──Sim──▶ Considere transtorno delirante
   │ Não                                       │ Não
   ▼                                           ▼
8. Duração de 1 a 30 dias? ──Sim──▶ Considere um transtorno psicótico breve
   │
   ▼
   Considere transtorno psicótico (ou catatônico) não especificado ou alucinações não psicóticas
```

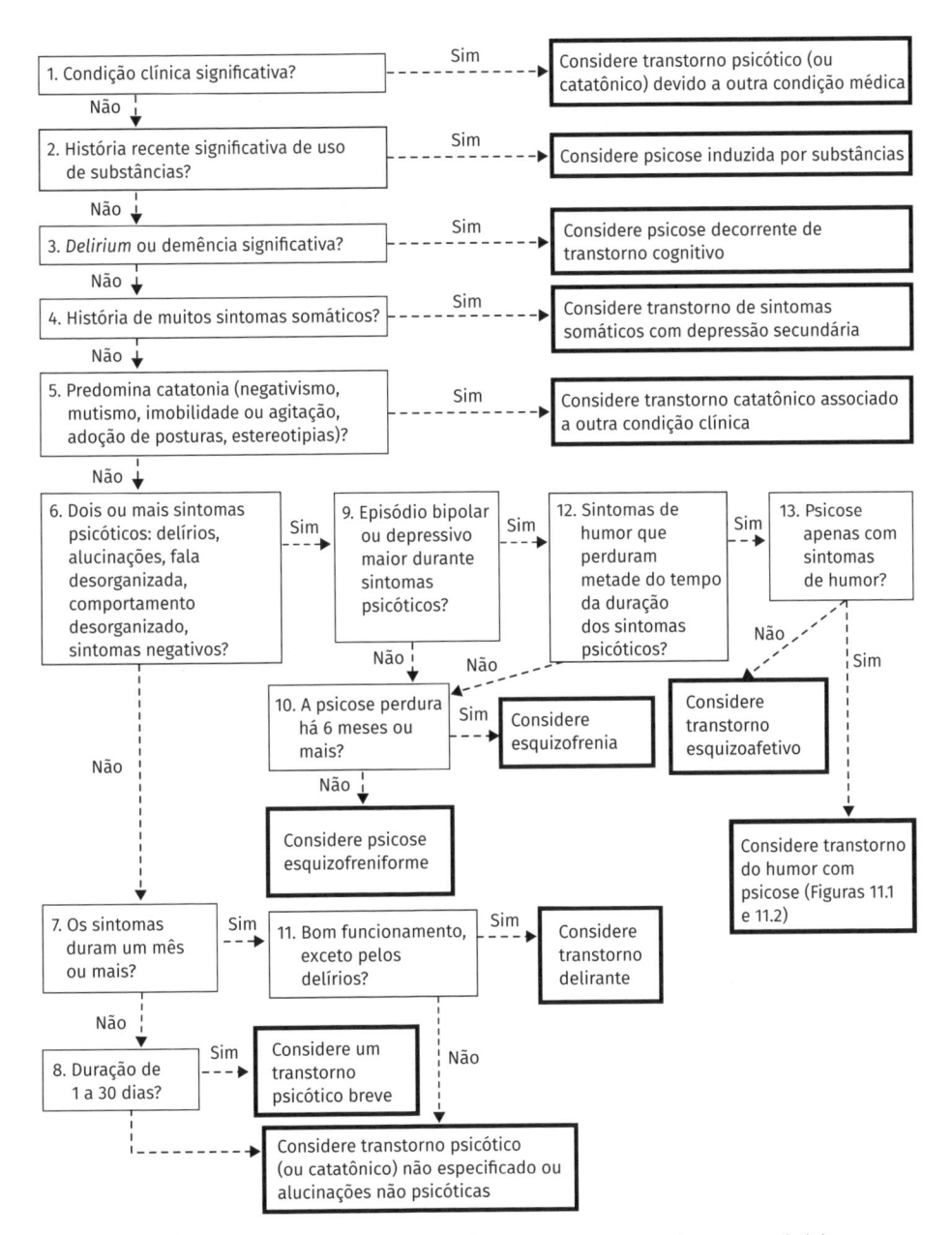

FIGURA 13.1 Árvore de decisão para um paciente que apresenta sintomas psicóticos, como delírios, alucinações, fala desorganizada ou comportamento desorganizado.

tem diversos sintomas do passo 6, mas há não há evidências de depressão ou mania, o que nos leva à pergunta do passo 10 sobre a duração dos sintomas. Suas alucinações e seus delírios têm curta duração, mas a deterioração da higiene e o sintoma negativo de perda de vontade de prosseguir seus estudos de maneira organizada remontam ao ensino médio, persuadindo-nos de que sua doença perdura há muito mais tempo do que seis meses. Desse modo, embora a esquizofrenia possa ser o meu (quase) último diagnóstico, para Ronnie torna-se o mais provável a se considerar.

Ao longo do caminho, usamos vários princípios diagnósticos importantes. A história colateral da mãe informando que Ronnie era uma pessoa solitária tem maior credibilidade do que as autoafirmações do rapaz sobre amizades, e seu riso durante a entrevista é um sinal que supera sua negação de pensamentos intrusivos. A tradição familiar sobre o diagnóstico do tio está em desacordo com a conclusão mais provável de que tinha psicose crônica, possivelmente esquizofrenia, o que reforçaria nosso diagnóstico para Ronnie. (Isso mostra o valor de se obter todos os detalhes possíveis sobre a história familiar e, em seguida, formular suas próprias impressões, em vez de aceitar os diagnósticos prontos dados pelo informante.)

Dois possíveis diagnósticos adicionais merecem comentários. O isolamento infantil de Ronnie e o desconforto com as relações sociais sugerem um transtorno da personalidade esquizoide ou esquizotípica pré-mórbida. Esses dois transtornos da personalidade podem prenunciar uma esquizofrenia mais tarde, mas eu seguiria meu próprio princípio diagnóstico e me recusaria a diagnosticar qualquer um destes sem mais informações e sem a oportunidade de conversar com Ronnie após ele ter sido tratado. Outro diagnóstico secundário pode ser transtorno por uso de tabaco. Embora o caso clínico não forneça informações suficientes para um diagnóstico formal, alguém tem dúvidas de que ele é viciado em tabaco? Esse é o caso de surpreendentes 80% ou mais dos pacientes com esquizofrenia, cuja probabilidade é cerca de três vezes maior de fumar do que a população geral de adultos. As razões ainda não são claras, embora estudos tenham demonstrado que a nicotina pode melhorar o desempenho cognitivo.

Comentário

Ao diagnosticar uma esquizofrenia, tanto clínicos novatos como especialistas têm lá suas dificuldades — os novatos para acertar e os especialistas para evitar errar. Este último caso pode ocorrer quando os experientes que chegam a "sentir" o diagnóstico de esquizofrenia (qual é o princípio diagnóstico oculto aqui?) se esquecem de considerar outras possibilidades. Há algumas gerações, médicos especialistas de diversas regiões do mundo teriam chegado a conclusões muito diferentes ao diagnosticar psicoses: por uma ampla margem de diferença em relação aos seus colegas europeus, os médicos dos Estados Unidos tendiam a utilizar o termo *esquizofrenia* em casos questionáveis. O abismo entre os dois lados começou a diminuir no início da década de 1970, à medida que médicos de todo o mundo passaram a concordar com critérios conservadores e cientificamente validados para a esquizofrenia. Mesmo assim, erros ainda ocorrem. Como auxílio diagnóstico, elaborei uma lista de características que podem ser usadas para distinguir a esquizofrenia de outras formas de psicose descritas neste capítulo (ver, a seguir, o quadro "Diferenciando a esquizofrenia de outras psicoses").

Após determinar que uma pessoa tem esquizofrenia, terminamos ou devemos atribuir um *subtipo*? Os subtipos tradicionais são os termos baseados nas cinco classes de sintomas psicóticos listados no início deste capítulo. Essa etapa do processo diagnóstico não é a mais importante; os subtipos não predizem muito, e alguns pacientes passam de um subtipo a outro ao longo do tempo. Além disso, à parte de *catatônico*, o *DSM-5-TR* não utiliza nenhum desses termos. No entanto, mencionei-os aqui, até porque é certo que continuaremos a encontrá-los nos próximos anos.

- *Paranoico*. Embora esses pacientes tenham delírios e alucinações auditivas proeminentes, sua fala e seu comportamento permanecem bem organizados e seus afetos são apropriados. A doença tende a começar mais tarde na vida (30 anos ou mais) do que em outros pacientes com esquizofrenia.

  Durante muitos anos, Kevin acreditou que estava sendo perseguido por uma agência secreta do governo dos Estados Unidos — ele não diz qual. "Eles descobririam e eu seria um homem ainda mais marcado." Embora continue mantendo um trabalho responsável e sustentando sua família, Kevin passa grande parte de seu tempo livre verificando se há escutas em seu telefone e em sua internet Wi-Fi.

- *Catatônico*. Pacientes com este subtipo da doença, raro de se encontrar atualmente, costumam ficar muito lentos — às vezes, até o ponto da imobilidade. Eles podem mostrar *negativismo*, afastando-se das pessoas ou recusando-se a seguir um comando; *adotar posturas anormais*, posando de forma espontânea ou assumindo posturas bizarras; apresentar *estereotipias* (comportamentos que não são direcionados a um objetivo, como piscar de maneira repetitiva em um sinal de "OK"); *mudez*; e *ecolalia* ou *ecopraxia*, que se caracterizam pela repetição sem sentido das palavras ou das ações de outra pessoa.

  Quando conheci Bruno, psicótico há muitos anos, ele estava deitado de costas na cama, rígido e mudo. Um médico me mostrou que, quando seu travesseiro era retirado com cuidado, a cabeça de Bruno não se mexia, pairando no ar, alguns centímetros acima do colchão. Ele parecia disposto a manter essa posição por horas.

- *Desorganizado*. Esses pacientes podem apresentar transtornos de comportamento (embora menos óbvios do que na catatonia), além de fala desorganizada e afeto embotado ou inadequado. Os sintomas dos pacientes com esse subtipo, que costumava ser chamado *hebefrênico*, começam bem cedo na vida. Assim como em todas as formas de esquizofrenia, os homens desenvolvem sintomas em uma idade um pouco mais jovem do que as mulheres.

    Com uma história de vários anos de esquizofrenia diagnosticada da maneira correta, Hilda sabe os nomes de todos os funcionários do hospital. No entanto, na atual admissão, ela não é capaz de comunicar nem seu *próprio* nome. Seu irmão a levou ao pronto-socorro porque Hilda estava escondida no quarto há semanas, recusando-se até a sair para comer. Quando ele a convenceu a receber atendimento, seu cabelo estava emaranhado e suas unhas lascadas. Ela não tomava banho há muitos dias, suas roupas não combinavam e um de seus sapatos estava sem cadarço. Quando o médico entrou, Hilda deu uma risadinha e escondeu o rosto com as mãos. Quando perguntada "Por que você está aqui?", Hilda respondeu: "Eu tenho seis centavos". Ela então começou a tirar a roupa.

- *Indiferenciado*. Este agrupamento final compreende todos os pacientes que não se enquadram em nenhuma das três categorias anteriores. Como sua psicose contém elementos paranoicos e desorganizados, é assim que eu classificaria a doença de Ronnie — se alguém perguntasse.

Embora a esquizofrenia não seja rara, ocorre com pouca frequência e, no início da doença de um jovem, podemos deixar de reconhecer que algo grave está acontecendo. Também é necessário sempre rever um diagnóstico de esquizofrenia — os pacientes podem mudar, e até os melhores diagnosticadores cometem erros. O diagnóstico de psicose é uma área da saúde mental de alto risco, em que a vida de pessoas e a felicidade de famílias estão em jogo.

Winona

Pode-se dizer que os sintomas típicos da esquizofrenia são fáceis de se detectar. Um desafio clínico maior é identificar problemas que não são típicos e reconhecer o que significam.

Durante seus primeiros dois anos em uma faculdade só para mulheres, Winona obteve boas notas em uma disciplina muito difícil (física-química) e atuou como representante da classe baixa no Senado Estudantil. Pelo menos um de seus diversos namorados propôs casamento a ela. Durante o verão, Winona manteve dois empregos, um deles como assistente de laboratório de seu orientador docente.

Em meados de outubro do novo ano letivo, Lia, a colega de quarto de Winona, abandonou a faculdade. O motivo oficial foi "cansaço", mas todos sabem da gravidez de Lia; não querendo fazer um aborto, ela voltou para casa, dando espaço à nova colega de quarto de Winona, Sherrie.

Quase imediatamente, Winona percebeu que Sherrie a estava observando em detalhes, acompanhando seus movimentos pelo pequeno dormitório. Em poucos dias, Winona observou que outras pessoas no *campus* se juntaram ao esforço para mantê-la sob controle. Por meio de um sistema de acenos manuais e acenos de cabeça, um aluno "pode me passar para outro, para que o registro fique completo", ela disse mais tarde a um médico. No início, esses sinais eram quase imperceptíveis, mas, nas semanas seguintes, tornaram-se cada vez mais evidentes. Logo, Winona detectou zombaria no tom de seus professores; estava evidente que o corpo docente havia aderido à trama.

Winona passa em uma consulta no serviço de saúde estudantil. Os sons fracos de zumbido em sua orelha esquerda, que a incomodaram nas últimas semanas, ficaram mais altos, demandando um teste de audição realizado pela fonoaudióloga, a qual atesta que a audição de Winona está completamente normal. O médico pergunta se Winona bebe ou usa drogas; um pouco ofendida, ela responde que não. "Também não estou deprimida, se é isso que você está pensando". No geral, a consulta é um fracasso total — sua saúde parece estar perfeita.

Alguns dias depois, de repente, Winona entende o zumbido. É uma forma de alertá-la a ter cuidado com Sherrie, que quer roubar seu namorado (não importa que Winona não tenha um). Na verdade, ela começou a ouvir risadas tilintantes com o zumbido, que, como explica mais tarde, "gradualmente se transformaram em vozes. É constrangedor como tudo parece simples agora".

O mais importante na mente de Winona é sua raiva pela perseguição de Sherrie: "não vejo por que sou eu quem tem que sofrer só porque ela não consegue um cara".

Análise

A saúde geral de Winona tem sido excelente, como atestam as consultas de saúde estudantis de rotina. Esse fato nos leva a pular os passos 1, 2 e 4. Alguns minutos adicionais de entrevista confirmariam que ela não apresenta sintomas cognitivos significativos (passo 3). No passo 6, confirmamos que Winona tem delírios e alucinações. Embora possamos aceitar a sua versão em relação à depressão, seu médico precisaria de mais questionamentos para descartar qualquer depressão oculta (passo 9). Como ela está doente há apenas cerca de seis semanas, muito menos do que o total de seis meses necessários para o diagnóstico de esquizofrenia, o passo 10 recomenda que consideremos o diagnóstico de transtorno esquizofreniforme.

Comentário

Em geral, a esquizofrenia começa aos poucos — "insidioso" é a palavra que utilizamos para descrever o ritmo em que essa doença se anuncia. Contudo, em 1939, um médico norueguês chamado Gabriel Langfeldt descreveu uma doença psicótica que começa de maneira mais rápida e muitas vezes se resolve por completo. Foi a partir desse conceito (e após muitas voltas e reviravoltas nos critérios diagnósticos) que evoluiu o nosso uso atual de *psicose esquizofreniforme*, que significa um transtorno psicótico semelhante à esquizofrenia que dura pelo menos um mês, mas menos de seis meses.

Em poucas décadas, os médicos norte-americanos deixaram de ser permissivos no modo como diagnosticam a psicose e passaram a ter o conjunto de critérios mais rigoroso do mundo. Alguns (como Schwartz et al., 2000) dizem que os critérios atuais podem, na verdade, ser muito conservadores — promovendo falsos negativos. Pacientes que deveriam receber o diagnóstico de esquizofrenia não o recebem, ou pelo menos não em tempo hábil. O fator tempo pode ser vital; embora um estudo definitivo ainda não tenha sido feito, pesquisas sugerem que quanto mais esperamos antes de iniciar o tratamento, pior será o desfecho. Meros sete dias podem fazer diferença, mas os efeitos do atraso podem chegar a um ano ou mais. Essa é uma das virtudes do transtorno esquizofreniforme: encoraja-nos a prosseguir com o tratamento, mantendo em aberto nossas opções no que diz respeito ao diagnóstico final.

Assim como a esquizofrenia, o transtorno esquizofreniforme tende a ser um grupo de transtornos aos quais deveríamos nos referir no plural, como *psicoses esquizofreniformes*. Como grupo, tais psicoses são uma espécie de "espaço" em que podemos deixar alguns pacientes até descobrirmos um termo melhor a se utilizar. Após cerca de meio ano, alguns indivíduos serão rediagnosticados como tendo psicose relacionada a substâncias ou uma doença física; outros acabarão por ter um transtorno do humor. Uma minoria substancial, por fim — aqueles que continuam doentes com os sintomas originais —, será rediagnosticada como tendo esquizofrenia.

Alguns pacientes, talvez 20%, apresentarão remissão completa no período de seis meses; eles são os únicos que podem reter o diagnóstico de transtorno esquizofreniforme (ver quadro "Prognóstico e psicose esquizofreniforme"). Seja criterioso ao ler sobre essa condição; encontrei clínicos que desconsideram os requisitos de tempo e continuam usando o diagnóstico para pacientes que estão doentes há anos.

> ### Prognóstico e psicose esquizofreniforme
>
> O transtorno esquizofreniforme incorpora critérios para predizer quais pacientes têm probabilidade de se recuperar por completo do episódio atual de doença. É mais provável que a perspectiva seja favorável se pudermos identificar algumas características que, em estudos de seguimento, predisseram um bom prognóstico. É provável que um paciente com dois ou mais dos seguintes itens se recuperará:
>
> - confusão mental;
> - sintomas psicóticos que começam cedo (no primeiro mês da doença);
> - bom funcionamento social e profissional pré-mórbido;
> - boa preservação do afeto.
>
> Winona (pp. 198-200) tinha três desses fatores — delírios desde os primeiros dias em que esteve doente, excelente funcionamento social e no trabalho (escola) antes de adoecer e a capacidade de demonstrar raiva enquanto estava doente (portanto, seu afeto não estava embotado). No entanto, mesmo quando estava muito enferma, ela não parecia confusa. Seu médico disse a Winona e a seus pais que sua recuperação completa era muito provável, o que de fato aconteceu.

PSICOSES ORGÂNICAS

Múltiplas doenças físicas podem causar sintomas psicóticos, que às vezes se parecem muito com os da esquizofrenia. O Quadro 9.1 lista alguns deles, quatro dos quais são ilustrados nos casos clínicos a seguir.

Edwina

Embora diga que odeia a palavra, Edwina ainda é ágil. Ela foi escritora durante toda a sua vida adulta e, na casa de repouso onde mora há cinco anos, continua escrevendo uma coluna semanal sobre aposentadoria. Edwina não fuma nem bebe e não usa outros medicamentos além de vitamina C. Como não tem histórico de transtorno mental, os funcionários da instituição ficaram surpresos quando, em um domingo de manhã, ela se recusou a comparecer ao culto ecumênico de que sempre gostou. "Os espectros estão amaldiçoando o Senhor", disse ela sobre fantasmas pairando perto do teto, o que ninguém mais conseguia ver. Edwina afirma que a "sombra" de um morador falecido vem espreitando na capela, às vezes apontando o dedo para ela. No almoço de domingo, ela se recusa a comer salmão escalfado, insistindo que a cozinheira, uma mulher nativo-americana, envenenou o peixe em retaliação aos séculos de maus-tratos ao seu povo por parte do governo.

O médico de Edwina recomendou um fármaco antipsicótico que ela se recusa a tomar. Ela consente em fazer uma ressonância magnética, que mostra um pequeno acidente vascular encefálico na superfície do lado esquerdo do encéfalo. Exceto pela pressão arterial elevada (190/115), o exame é normal.

Na semana seguinte, Edwina já apresenta melhora e, um mês depois, se encontra comendo com bom apetite. Em uma coluna sobre essa experiência, ela escreve que suas ideias anteriores eram "'peculiares', na melhor das hipóteses".

Sal

Logo depois de terminar o ensino médio, Sal ingressou no exército e serviu durante um período na Guerra do Golfo. Soldado corajoso e leal, ele tentou realistar-se após seu período de quatro anos, mas foi impedido por seu histórico de explosões ocasionais de raiva, às vezes dirigidas contra seus superiores. Estas nunca chegaram ao ponto de uma ação disciplinar, mas, em adição a uma depressão persistente, fizeram o Exército rejeitar sua continuidade no serviço. Sal, então, trabalhou para diversas empresas de extermínio de pragas.

Quando tinha 27 anos, seu comportamento cada vez mais errático levou Sal a ser internado em um hospital de veteranos. Em um final de semana, ele foi encontrado na beira do rio, correndo ao longo do dique e gritando sobre "Star Trekkers" que ameaçavam atrapalhar sua visita à filha de 4 anos. Sal não estava tendo alucinações propriamente ditas. Ele relatou que poderia estar ouvindo sons ameaçadores, que estariam dentro de sua cabeça — talvez colocados lá pelos Trekkies. Desde sua admissão, os sons não o incomodaram mais, mas Sal continua tentando alertar o FBI sobre uma possível invasão. Seus médicos perguntaram se ele inalou produtos químicos tóxicos no trabalho, mas Sal explicou, com toda paciência, que sua especialidade é livrar as residências de morcegos, o que envolve calafetagem, não produtos químicos.

A história familiar afirma que quando Sal era bebê, sua mãe "fugiu com os ciganos" e não se ouviu mais falar dela. Sal foi criado pelo pai e, mais tarde, pela madrasta. A outra história familiar que ele conhece é de um primo que faleceu em uma instituição e pode ter tido doença de Huntington. Uma cópia da avaliação de saúde mental militar de Sal revela que ele apresentava contrações persistentes na boca, interpretadas como um sinal de nervosismo que comprovava ainda mais sua inaptidão para o serviço.

Sal melhorou com fármacos antipsicóticos, sendo diagnosticado com transtorno psicótico sem outra especificação (no *DSM-5-TR* seria chamado de transtorno psicótico não especificado). Acompanhado no ambulatório, continuou medicado e passou bem por dois anos. Sal, então, começou a apresentar movimentos distintos de contorção dos braços, além de problemas de memória. Na reavaliação, seu diagnóstico é alterado para psicose por doença de Huntington.

Arley

Abandonado pela família quando tinha 5 anos, Arley foi criado em uma sucessão de famílias adotivas. Após uma carreira acadêmica desastrosa (incluindo repetidas brigas com colegas, notas baixas e até brigas com professores), ele abandonou a escola aos 15 anos. Arley começou a usar uma variedade de drogas recreativas — sobretudo anfetaminas, acrescentando, depois, heroína à mistura. Aos 20 anos, ele já usava agulhas para se injetar e não se preocupava com a esterilização dos materiais utilizados.

Quando tinha 25 anos, Arley foi internado em um hospital com pneumonia por *Pneumocystis jirovecii*; nessa ocasião, seu teste foi positivo para HIV, iniciando tratamento com um coquetel de medicamentos que, a princípio, manteve seus sintomas sob controle. Vivendo nas ruas, Arley temia ser assaltado ou molestado ("Apesar de tudo, não sou um garoto de programa", disse ele ao médico). Como seus remédios o deixavam sonolento, Arley diminuiu a dose para ficar vigilante, mesmo durante o sono. De maneira gradual, ele parou de tomá-los. Em seis meses, Arley voltou ao hospital se queixando de dor de garganta persistente, que se descobriu ser causada por candidíase. Ele foi diagnosticado com aids e internado.

Arley não consegue dizer a data atual com exatidão, mas sabe quem é e onde está. Sua fala se desvia em descrições de cenas que afirma ter visto — um vale cheio de corpos banhados em sangue; uma multidão de jovens agitando tocos onde deveriam estar os braços. Durante o exame físico de admissão, ele teme que seu pênis tenha sido cortado; fica olhando para dentro das calças, o que parece tranquilizá-lo por alguns momentos. Em poucos dias, Arley se torna não verbal, olhando para a parede ao lado de sua cama e ameaçando atacar qualquer um que se aproxime. Seu diagnóstico é de transtorno psicótico devido a aids.

Trudy

Durante anos, Trudy foi tratada de psicose. Sempre se chateando com facilidade, ela não precisava de muita provocação para ficar furiosa. Então, aos 23 anos, teve seu primeiro incidente de fortes dores abdominais; seu comportamento foi tão dramático no pronto-atendimento do hospital que chegou a ser diagnosticada como histérica, apesar de ter vomitado nos sapatos de duas enfermeiras. Trudy recebeu alta no dia seguinte, mas, no final da tarde, uma ambulância a levou de volta ao pronto-socorro.

Curvada em uma maca, Trudy permaneceu muda até receber uma injeção de Valium. Quando começou a falar, explicou com veemência que já está morta, que sua dor sinaliza o início de sua tortura no "mundo espiritual". Dias depois, seus delírios cederam novamente aos fármacos antipsicóticos. A fraqueza muscular persistente foi atribuída pelo médico a um efeito colateral da medicação.

Entre os episódios de sua doença, Trudy vinha tomando a medicação antipsicótica com regularidade — até a próxima crise, que ocorria a cada quatro ou cinco anos, sempre resultando em dor renovada, fraqueza e hospitalização, mas nunca em alucinações. Quando Trudy estava com 38 anos, um técnico percebeu que sua amostra de urina escureceu após ficar exposta ao sol em uma bancada de laboratório, o que provocou investigação aprofundada e provável diagnóstico de porfiria aguda intermitente.

Análise

Uma vez que sabemos da existência de uma condição clínica, a análise de todos os pacientes é trivial. É o saber (ou melhor, o não saber) que nos leva ao engano. A maioria desses casos terá características que devem desviar nossa atenção da esquizofrenia para uma causa física: início súbito (Sal), início em idade avançada (Edwina) ou existência de uma condição clínica prévia (Arley). Trudy foi diagnosticada da maneira errada e tratada de esquizofrenia durante anos, mas não deveria ter sido, pois não tinha um espectro suficiente de sintomas psicóticos — apenas delírios, com ausência total de alucinações e nenhum dos outros cinco critérios-chave listados no início deste capítulo. Mais um ponto para os princípios diagnósticos que nos incitam a procurar mais sintomas, e sintomas típicos de um transtorno. Depois há a questão das características *atípicas*: sintomas somáticos, como cefaleia ou urina escura, apontam para uma causa física para o transtorno. Pelo menos dois desses pacientes apresentaram confusão mental, o que também é atípico na esquizofrenia.

Comentário

A história familiar apenas sugere risco de doença mental. Como no caso de Sal, apenas o próprio gene de Huntington pode provocar a doença. Além disso, um ocasional paciente com essa doença terá uma psicose que parece típica da esquizofrenia, com poucas ou nenhuma característica indicativa de etiologia física. A única solução é nunca ficar confortável com um diagnóstico tão perigoso como o da esquizofrenia. Thomas Jefferson que me desculpe, mas o preço do diagnóstico preciso é a eterna vigilância.

PSICOSES RELACIONADAS COM SUBSTÂNCIAS

Você sabe que o uso de substâncias pode se manifestar como uma psicose que se assemelha muito à esquizofrenia, mas quantos de nós nos deparamos com um caso assim? Embora os dados não sejam muito claros, é provável que isso aconteça com mais frequência do que imaginamos.

Aileen

Aileen vende eletrodomésticos para uma rede de varejo de preços baixos. Já faz certo tempo que ela tem notado algo "seriamente estranho" — as pessoas mostradas nos aparelhos de televisão espalhados pela loja começaram a *observá-la*. Mais tarde, ela explica ao médico que a internou que "eles parecem me seguir enquanto passo de um corredor para o outro".

No início, ela achou engraçado e mencionou isso a um cliente, que logo saiu para fazer compras em outro lugar. Mais tarde, Aileen ficou chocada ao descobrir que os personagens da TV também discutiam sua vida sexual. Ela conversou sobre o assunto com outro representante de vendas, e ambos ficaram por um bom tempo observando um monitor de alta definição. "Ele disse que não havia nada acontecendo", zombou Aileen, "mas é claro que ele não tinha a menor ideia". Mais tarde naquele dia, seu gerente encontrou-a em uma sala dos fundos em que não havia televisores — Aileen tentava se esconder dentro de uma geladeira *side-by-side*, da qual ela havia removido todas as prateleiras. Aileen foi levada ao pronto-atendimento e gritou durante todo o caminho.

Internada sob vigilância em uma enfermaria, Aileen parou de falar. Diversos médicos tentaram questioná-la, mas ela apenas olhava para eles com atenção e depois se virava até que tudo o que conseguiam ver era sua nuca. O namorado de Aileen, Geoff, com quem mora há dois anos, está viajando a negócios, mas uma colega de trabalho fornece ao hospital o número de telefone da mãe de Aileen, que mora em um estado vizinho e vai ao encontro da filha. Ela afirma de forma veemente que Aileen nunca teve um episódio semelhante e nunca usou drogas recreativas: "Em seus 28 anos, ela tem sido muito certinha — ela nem bebe". A mãe de Aileen notou que, no almoço de alguns dias atrás, a filha falava com rapidez e estava cheia de planos para comprar uma casa e reformá-la. "Eu me perguntei se ela tinha conseguido economizar dinheiro", reflete a mãe de Aileen. "Aquela grande loja em que trabalha não é nenhuma instituição de caridade."

Não há história familiar de doença mental ou uso de drogas, embora o irmão gêmeo de Aileen tenha fumado maconha quando adolescente. Uma ligação para seu médico generalista confirma sua excelente saúde física, e Aileen não toma medicamentos prescritos, nem mesmo pílulas anticoncepcionais. Lutou contra problemas de peso durante toda a vida e, atualmente, segue dieta de restrição de carboidratos.

No dia seguinte, quando Geoff volta para casa, a princípio informa que ela é "supersaudável", mas em seguida se lembra que nas últimas duas semanas, Aileen parecia cheia demais de energia. Depois, menciona que há algumas semanas, quando sua dieta mais recente a decepcionou, Aileen experimentou comprimidos de um frasco que um amigo lhe deu. Por pelo menos uma semana, ela tomou vários por dia. Mais tarde, Geoff entrega um frasco rotulado "*ma huang*".

Análise

Tentaremos determinar a causa dos delírios e outros comportamentos estranhos de Aileen em dois momentos distintos: quando foi internada pela primeira vez e após o histórico adicional fornecido pelo namorado. Primeiro, com base apenas nas informações colaterais (da mãe de Aileen e de sua colega de trabalho) sobre início súbito e fala rápida, poderíamos cogitar o diagnóstico de transtorno do humor, embora não cheguemos ao ponto de dizer que Aileen tinha transtorno bipolar. Por quê? Logo depois da admissão, ela apresentou algumas características atípicas, como mudez e negativismo — improvável ser mania —, sem mencionar o fato de que havia poucos sintomas para justificar *qualquer* diagnóstico. Neste momento, eu empregaria o princípio diagnóstico relativo a *não diagnosticado*, em parte porque, aos 28 anos, ela não teve episódios de humor anteriores, mas sobretudo porque há pouca história recente.

O regresso de Geoff com história colateral adicional coloca o diagnóstico em foco. Embora ele não saiba de nenhum problema físico, Aileen tem tomado um medicamento que — conforme revela uma busca rápida no Google — contém efedrina, um estimulante muito conhecido, capaz de produzir sintomas semelhantes aos da mania e aos da psicose. A jornada pela Figura 13.1 até o diagnóstico é curta, passando por apenas dois passos.

Comentário

O que vem à mente quando você considera substâncias que causam sintomas mentais? Álcool e drogas recreativas, sem dúvida. No entanto, uma grande variedade de medicamentos também pode precipitar uma psicose. A Food and Drug Administration, nos Estados Unidos, proibiu o uso de efedrina em 2004, pondo fim a uma série de mortes associadas à substância. No entanto, a efedrina ainda pode ser encontrada em remédios artesanais e medicamentos importados. Os sintomas de toxicidade são muito semelhantes aos de outras substâncias estimulantes, como a cocaína e a anfetamina — que, infelizmente, ainda estão disponíveis em abundância.

Vern

O problema de um diagnóstico importante como a esquizofrenia é que seus sintomas são tão flagrantes que, uma vez identificados, podemos ser tentados a não mais continuar investigando.

> Os sintomas emocionais de Vern vinham se acumulando há vários anos; por fim, aos 27 anos, ele foi diagnosticado com esquizofrenia. Desde então, tem sido tratado com sucesso com Haldol intramuscular de duração prolongada, que é bem tolerado. Ele gosta de seu terapeuta na clínica de saúde mental. "Você é meu único amigo", disse mais de uma vez.

Então, seis anos depois, o terapeuta nota, com alguma surpresa, que Vern novamente começou a se queixar de perseguição. Caçadores furtivos roubaram os bifes que ele comprou para a festa de aniversário da mãe; embora tenha nascido em Baltimore, monges de uma comunidade local arrecadaram dinheiro para deportá-lo para o Sudão. Dentro de algumas semanas, Vern foi ficando cada vez mais agitado e beligerante. Por fim, alucinações auditivas de uivos precipitaram sua hospitalização.

Não há dúvidas de que Vern está tomando seu medicamento antipsicótico: a cada quatro semanas, o assistente pessoal injeta o medicamento em seu quadril. Um questionamento minucioso não o faz mudar seu depoimento de que não bebeu nem usou drogas recreativas. Uma ligação para sua mãe, no entanto, revela que Vern fez uma amizade — um paciente usuário de substâncias com história longa e conturbada. Como não poderia deixar de ser, quando questionado diretamente, Vern admite que ele e George fumam *crack* juntos com frequência, e, desde então, ele está sofrendo recorrência de sua psicose.

Análise

O uso da Figura 13.1 é quase supérfluo; você pode querer verificar o Quadro 9.3 para conferir quais outros sintomas do uso de cocaína Vern pode estar sujeito. A Tabela 15.1 (p. 248) lista os tipos de substâncias que podem causar psicose e outras síndromes mentais em casos de intoxicação ou abstinência. Eu organizaria os dois diagnósticos de Vern — esquizofrenia e psicose induzida por cocaína — na ordem inversa, a fim de indicar qual precisa de tratamento (adicional) mais imediato.

Comentário

A dica aqui é que a psicose de Vern voltou, apesar de ele continuar usando seus medicamentos — de cujos efeitos ele não é capaz de se livrar, por se tratar de um fármaco injetado. É claro que, mesmo sem as drogas recreativas como estímulo, um paciente com esquizofrenia pode voltar a desenvolver sintomas, mas o caminho seguro é suspeitar de que algo a mais ocorreu como interferência. O diagnóstico duplo é um achado muito comum para ser ignorado.

Estudos demonstraram que, mesmo excluindo o tabaco, 40% ou mais dos pacientes com esquizofrenia farão uso de substâncias em algum momento; as mais populares são álcool, maconha e cocaína. O uso de substâncias está associado à agressividade, à violência e à recidiva de psicose e pode persistir, apesar do tratamento adequado para a doença grave subjacente. O uso de substâncias pode acarretar falta de moradia e encarceramento, além de aumentar as internações hospitalares e os custos com tratamento. Até a maconha aumenta as pontuações de psicopatologia desses pacientes em testes-padrão.. Embora tenha sido muito sugerido que indivíduos com esquizofrenia utilizam drogas e álcool para lidar com seus sintomas psicóticos, um estudo de 2001 realizado por Lammertink e colaboradores não conseguiu apoiar essa hipótese de "automedicação".

OUTROS TRANSTORNOS PSICÓTICOS E COMORBIDADES

Resumi esta descrição de uma paciente conhecida apenas como S. R., mencionada em um clássico artigo de 1933 publicado no *American Journal of Psychiatry*.

S. R.

S. R., uma jovem ativa e ambiciosa que adorava dançar, conheceu o marido policial quando tinha 18 anos e se casou com ele em apenas seis meses. Em um ano, já tinham um filho. Quando a criança tinha 5 anos, a família se mudou para uma casa muito antiga e cheia de problemas. Algumas de suas características incomodavam S. R.: a fornalha não estava funcionando muito bem, e ela acreditava ter sentido cheiro de gás. S. R. tinha problemas para dormir e perdia o apetite com frequência; diversas vezes, vomitou por causa do cheiro. Irritada e aborrecida, ela achava que seu marido parecia grosseiro e que a diferença de 11 anos entre eles frustrava seu desejo de socializar com outras pessoas e sair para dançar.

Quando outro policial de sua vizinhança cometeu suicídio no início de fevereiro, seu marido comentou que esse tipo de trabalho poderia fazer com que qualquer pessoa sentisse vontade de tirar a própria vida. S. R. acabou ficando deprimida, dizendo que seu humor era decorrente do desinteresse de seus pais por ela. Sentindo-se oprimida pelas exigências sexuais do marido, ela desejou que ele a deixasse em paz. Disse que tinha problemas cardíacos e que morreria em breve.

Em certa noite, em meados de fevereiro, S. R. impulsivamente pediu para ir à casa dos pais; lá, ela os acusou de tentar virar seu marido contra ela. Ainda sem dormir na noite seguinte, ela acusou o irmão de planejar envenenar seu marido. Depois, chamou a polícia e pediu para ser resgatada; por fim, foi hospitalizada. Após cinco dias de internação, sua temperatura retal estava elevada (38,9 ºC) e seu hemograma era de 15.200.

S. R. queixava-se de ouvir ruídos peculiares e de que outros pacientes falavam dela. Também suspeitava de que o marido havia sido infiel, que havia começado a usar drogas e que tentaria roubar-lhe o filho. Outros pacientes, usando vozes que de alguma forma foram "transmitidas" para ela de outro quarto, disseram que seu marido era "mestiço". Quando ele a visitou no hospital, S. R. acreditou que os olhos dele estavam fixos e com expressão vítrea. Ela se queixava de sensações físicas que atribuía ao veneno. Perdeu o apetite, não conseguia dormir e chorava muito. Sentia muitos odores diferentes enquanto estava no hospital e ouviu seu nome ser transmitido pelo sistema de *pager*.

Embora S. R. estivesse deprimida no início do processo, depois de várias semanas parecia feliz e era capaz de sorrir novamente. Ela passou a atribuir todos os seus problemas ao "radio-hipnotismo". Após seis semanas de internação, recebeu alta com diagnóstico de demência precoce. No seguimento, 20 meses depois, manteve sua recuperação e parecia estar bem por completo.

Análise

Sem nenhuma evidência de condição clínica significativa, problema de uso de substâncias, catatonia ou delírio, passamos pelos passos 1 a 5 da Figura 13.1 até o passo 6, ao qual podemos responder "sim" — S. R. tem, pelo menos, dois sintomas de psicose. Quando hospitalizada pela primeira vez, seus sintomas psicóticos estavam associados a sintomas depressivos graves (embora esse relato careça de informações suficientes para identificar um episódio depressivo maior, como exige o *DSM-5-TR*). Isso nos leva do passo 9 ao passo 12, que pergunta sobre a duração dos sintomas depressivos. O *DSM-5-TR* afirma que a parte do transtorno do humor deve ocupar metade (ou mais) da duração total dos sintomas. S. R. estava deprimida há várias semanas, o que preenche esse critério e nos leva ao passo 13. Para determinar se há transtorno esquizoafetivo, seriam necessárias pelo menos duas semanas com psicose, mas sem sintomas de humor. E, de fato, seus sintomas psicóticos pareceram persistir depois que seu humor voltou ao normal, levando-nos a considerar o diagnóstico de transtorno esquizoafetivo.

Comentário

Foi necessário fazer uma extensa análise ao longo da árvore de decisão em nossa busca pelo diagnóstico. Todo esse trabalho valeu a pena? Sendo um diagnóstico com critérios em constante mudança, o transtorno esquizoafetivo foi controverso quase desde o início. Dos cinco pacientes completamente descritos no artigo original de Jacob Kasanin, publicado em 1933, a maioria não se qualificaria para tal diagnóstico segundo os critérios em uso na atualidade. S. R. é a paciente de Kasanin que preenche com maior clareza os critérios do *DSM-5-TR*.

Alguns autores apontam que a confiabilidade entre avaliadores no transtorno esquizoafetivo é insatisfatória. Outros estudos utilizam manipulações estatísticas para sugerir que o transtorno esquizoafetivo, tal como agora descrito, é apenas uma variante da esquizofrenia, com a qual se assemelha em seu prognóstico — o oposto direto da conclusão de Kasanin. Na verdade, o transtorno esquizoafetivo é aquele cujos critérios mudaram em cada uma das três principais revisões do *DSM*. (Em 1980, o *DSM-III* evitou propor qualquer critério.)

Qual é o objetivo do diagnóstico de transtorno esquizoafetivo? Os pesquisadores há muito buscam um meio-termo em algum ponto entre a esquizofrenia e os transtornos do humor — uma espécie de "terra de ninguém" da saúde mental. Se existisse, seria muito parecido com esse transtorno. É por isso que os sintomas precisam ser definidos com tanto cuidado: deve haver um período substancial de problemas de humor acompanhados de psicose, mas, em contrapartida, deve haver um momento em que haja psicose sem mania ou depressão. Caso contrário, não haveria nada que diferenciasse a condição de uma depressão com psicose, por exemplo.

Sejamos realistas: o transtorno esquizoafetivo continua sendo uma grande confusão. Seu apoio científico é fraco, e esse diagnóstico costuma ser utilizado como solução abrangente para pacientes difíceis de se diagnosticar. Em 2003, um médico escreveu que, como muitos de seus pacientes apresentavam sintomas psicóticos e de humor e histórias muito ruins, o transtorno esquizoafetivo era um de seus diagnósticos mais frequentes. Embora muitos estudos com pacientes psicóticos agrupem a esquizofrenia e o transtorno esquizoafetivo, poucos publicam detalhes suficientes para determinar qual diagnóstico as características clínicas apoiam totalmente, qualquer que seja o conjunto de critérios. Alguns autores observam que a depressão é bastante comum em indivíduos com esquizofrenia, sobretudo naqueles com mais idade, e que está correlacionada com os sintomas positivos de alucinações e delírios. Pelo menos um escritor (Marneros) sugere que devemos distinguir dois tipos de transtorno esquizoafetivo: *simultâneo* e *sequencial*. Isso exigiria mais uma revisão dos critérios — um reposicionamento adicional do alvo, enquanto médicos e investigadores ainda tentam ajustar sua visão à localização atual desse alvo. Considerando tudo isso, não é surpreendente que William Carpenter, presidente do grupo de trabalho do *DSM-5* sobre psicoses, tenha feito a seguinte declaração durante uma apresentação de 2013 sobre o trabalho do seu comitê: "Nem sabemos se existe na natureza".

Camille

Camille Claudel, escultora francesa do início do século XX, desenvolveu uma psicose ao longo da vida que é diagnosticável mesmo através das lentes de longa distância da biografia.

> Com pouca educação formal, Camille Claudel foi longe. Embora reconhecida como uma artista talentosa por mérito próprio, sua fama depende, em grande parte, de sua posição como amante de longa data, musa e, às vezes, colaboradora do grande escultor Auguste Rodin, para o qual Camille contribuiu com personagens inteiros para algumas obras. Porém, por volta dos 30 anos, algo aconteceu que, aos poucos, a fez afastar-se de Rodin, de sua arte e, em última análise, do mundo.

Camille começou a suspeitar de que outras pessoas, inclusive mulheres, tinham se aliado contra ela. Em acessos de raiva, ela despejou sua desconfiança em Rodin — a quem acabou acusando de enganá-la "com um caráter astuto e falso", como escreveu em uma carta quando tinha 38 anos. Ela se convenceu de que sabia quem era o responsável pelas "depredações cometidas no Louvre" e enviou cartas contendo fezes de gato a um inspetor de arte. Camille afastou-se cada vez mais dos amigos e produzia cada vez menos obras de arte — ela até destruiu algumas de suas próprias obras. Atingida pela pobreza, vivia na sujeira, catando comida em latas de lixo. Apesar da ampla evidência de delírios, seus biógrafos jamais notaram evidências de alucinações ou depressão prolongada.

Com o passar dos anos, Camille chegou à convicção de que judeus, protestantes e maçons estavam em aliança ecumênica, conspirando para envenená-la. No final das contas, aos 49 anos, ela foi internada em um hospital psiquiátrico no qual imaginou que até as enfermeiras haviam aderido à conspiração. Para o equilíbrio de sua vida, Camille morou em asilos. Embora lhe tivessem sido fornecidos materiais de arte e o rendimento do seu trabalho pudesse tê-la ajudado a viver com muito mais conforto, Camille se recusou a esculpir por medo de que, mesmo em instituições, seu trabalho lhe fosse roubado. Para evitar o envenenamento que acreditava ser iminente, ela comia apenas ovos crus e batatas com casca, ou qualquer alimento cozido que ela mesma pudesse preparar. Aos 62 anos, ainda era capaz de escrever cartas coerentes, desde que evitasse os objetos de seus delírios. Aos 66 anos, escreveu que, por ter se recusado a assinar uma petição na época do notório caso Dreyfus, há mais de três décadas, "a gangue judaica a estava mantendo ali".

Embora de vez em quando, ao longo de sua vida, Camille se queixasse de doenças físicas, não há registro de uma condição clínica que pudesse explicar sua psicose. Ela permaneceu lúcida até perto do fim da vida, quando passou a apresentar senilidade, ainda convencida de que Rodin era o "odioso personagem" que arruinou sua vida.

Análise

Nossa rota pela história de Camille Claudel é bastante clara: após percorrer os passos 1 a 5, notamos que ela teve delírios durante décadas, mas nenhuma alucinação. Portanto, devemos responder "não" ao passo 6 da Figura 13.1. Suas ideias, embora falsas, perduraram bem mais de seis meses (passo 7). Em exceção aos delírios, ela conseguia funcionar bem (passo 11), levando-nos à consideração do transtorno delirante como seu diagnóstico. Como os diagnósticos históricos dependem quase exclusivamente de informações colaterais, nunca podem ser mais do que tentativas. (Também repetirei o aviso de que devemos tomar cuidado extra ao tentar diagnosticar uma pessoa que não tivemos a oportunidade de entrevistar.)

Comentário

Quem tem delírios, mas não tem alucinações ou outras características de psicose (veja a lista no início deste capítulo) não atende aos critérios para esquizofrenia — nesse caso, dizemos que há transtorno delirante. Em geral, essas pessoas adoecem mais tarde na vida do que no caso da esquizofrenia, e o seu funcionamento é menos prejudicado. Os delírios podem ser de diversos tipos, mas o tipo *persecutório*, em que o paciente é de alguma forma enganado, seguido, caluniado ou drogado, é o mais comum. Outros tipos incluem o *erotomaníaco* (alguém, muitas vezes de alta posição, está apaixonado pelo paciente), o *grandioso* (o paciente tem talento, poder ou relação especial com alguém famoso), o de *ciúmes* (um cônjuge ou amante foi infiel) e o somático (crenças de insetos rastejando na pele ou um odor corporal desagradável, implicam condição clínica ou defeito físico). Alguns pacientes apresentam características de dois ou mais desses tipos.

Encontrado em cerca de 1 em cada 30 casos de esquizofrenia, o transtorno delirante tem uma "fama" que excede em muito seus números — e há alguns motivos para isso. Há a notoriedade que acompanha os casos de perseguição, que às vezes se devem à forma erotomaníaca do transtorno delirante (o personagem de Glenn Close no filme *Atração fatal* sugere um caso assim). Há, também, certo fascínio por casos como o de John Hinckley Jr., que ficou famoso por perseguir e atirar em Ronald Reagan em 1981. Hinckley foi descrito como tendo transtorno delirante, embora persistam dúvidas reais quanto ao seu diagnóstico correto. Assim como acontece com indivíduos com esquizofrenia, a grande maioria dos pacientes com transtorno delirante não mata nem prejudica outras pessoas. Os poucos que o fazem atraem grande atenção, medo e raiva.

Ted

Os sintomas da psicose são tão marcantes que podem obscurecer outros aspectos importantes da história e do EEM. É um erro deixar que isso aconteça, pois uma segunda doença pode complicar — e um segundo diagnóstico pode facilitar — o tratamento.

> Baixo e de constituição sólida, Ted, um homem baixo e de constituição sólida, trabalha como entregador de eletrodomésticos em uma cidade da Costa Oeste dos Estados Unidos. Ele serviu com honras no Exército, incluindo um deslocamento ao Iraque durante a Guerra do Golfo; contudo, após um alistamento de oito anos, demitiu-se em vez de frequentar o programa de reabilitação por alcoolismo exigido em razão de algumas detenções civis por intoxicação pública. Depois disso, Ted passou de emprego em emprego até que o divórcio o convenceu a ingressar no grupo de Alcoólicos Anônimos (AA). Ele, então, iniciou no emprego atual, que ocupa há mais de cinco anos. Ted restabeleceu-se, casou-se pela segunda vez e tem filhas gêmeas de 1 ano.

Certa tarde, enquanto carrega um fogão de indução usando um carrinho, Ted para ao ouvir algo estranho — uma voz que parece vir de dentro da caixa. "Ted, largue isso", a voz comanda. Ele fica tão surpreso que obedece, e a caixa se abre. Olhando dentro dela, vê apenas um fogão de vidro. Após alguns momentos, desce pelo elevador na traseira de sua caminhonete e entra na residência. Em seguida, naquela mesma tarde, Ted ouve duas vozes vindas de uma caixa de micro-ondas que pegou no armazém. Elas estão falando sobre ele, chamando-o de fracassado, bêbado e idiota. Ele rasga a caixa toda antes de sair do trabalho para beber sua primeira cerveja em quase uma década.

Durante a semana seguinte, um coro crescente de engradados e caixas quase fez Ted chorar. Na quinta-feira seguinte, ele entra na sala do chefe para tentar saber o que está acontecendo. O escritório está vazio, mas ele observa alguns papéis sobre a mesa. "Eles estavam alinhados com cuidado na borda da mesa", conta Ted ao médico ao dar entrada no atendimento de urgência dias depois, "e de repente eu *sabia* que isso significava que tudo estava alinhado contra mim". Até sua esposa "parecia engraçada" para ele, o que prova que ela estava em conluio com seu chefe.

Ted faz o possível para evitar voltar a beber, mas não consegue. Mesmo quando bebe, ouve vozes que ficam cada vez mais altas e insistentes. Após duas semanas bebendo muito, ouve um locutor de rádio dizer: "Ted precisa aprender". Nesse momento, ele toma a decisão de procurar ajuda.

Análise

Classificar a psicose de Ted requer alguma atenção à Figura 13.1 e à cronologia. Faz muita diferença que Ted esteja psicótico há apenas algumas semanas; esse fato, suas alucinações e seus delírios nos levam ao passo 10, em que a resposta "não" nos leva a considerar o diagnóstico de transtorno esquizofreniforme. Embora devamos sempre considerar o prognóstico dos pacientes, a psicose esquizofreniforme é o único diagnóstico psicótico que nos encoraja a avaliar a probabilidade de recuperação do indivíduo (ver quadro "Prognóstico e psicose esquizofreniforme"). No caso de Ted, a recuperação da psicose felizmente é predita por vários sintomas apresentados: afeto excelente, sintomas de psicose quase desde o início do transtorno e ajustamento social e profissional muito bom antes do início da doença.

Ainda, devemos discutir seu uso de substâncias. O transtorno por uso de álcool de Ted, inativo por anos, saiu de controle com a psicose. Como devemos encarar isso? Usando critérios diagnósticos rigorosos (nem sempre a melhor prática, é importante observar), talvez tenhamos dificuldade em fazer um diagnóstico de transtorno por uso de álcool. Mas como é vital reconhecer seu recente problema com o álcool, eu iria em frente e faria o diagnóstico de qualquer maneira, não importando a quantidade e a gravidade dos sintomas atuais. Podemos moderar nossa decisão acrescentando o comentário de que o uso de substâncias é recorrente e de curta duração. O objetivo dos diagnósticos é transmitir o máximo possível de informações, e os médicos de Ted precisam saber que devem enfrentar mais do que apenas a psicose. Claro, listaremos o diagnóstico de transtorno por uso de álcool em segundo lugar, pois a presença de psicose exigirá nossa atenção primeiro.

Comentário

Metade ou mais dos pacientes psicóticos terão diagnósticos adicionais. O problema é que a psicose apresenta um quadro tão grave que podemos nos esquecer de abordar quaisquer sintomas remanescentes. Além do uso de substâncias, precisamos ficar atentos a indícios de depressão, transtorno de pânico e diversos transtornos da personalidade.

Jeannie

É difícil resolver a depressão na presença de psicose, pois há pelo menos três construções diferentes a se considerar: depressão psicótica, esquizofrenia com depressão e transtorno esquizoafetivo. Coloquei as informações no Quadro 13.2.

Quando era estudante de medicina, avaliei uma mulher muito inteligente chamada Jeannie, que tinha MBA e trabalhava no distrito financeiro de sua cidade. Sempre teve saúde perfeita, mas, no momento, ela estava em sua pri-

QUADRO 13.2 Sintomas de humor na psicose

	Sintomas psicóticos	Duração da doença	Sintomas de humor
Esquizofrenia	São necessários dois tipos	Seis meses ou mais	Não significativo
Transtorno esquizofreniforme	São necessários dois tipos	Menos de seis meses	Não significativo
Transtorno esquizoafetivo	São necessários dois tipos	Um mês ou mais	Duração superior a metade do total, mas ausente por duas semanas
Transtorno do humor com psicose	É necessário um tipo	Sem limite inferior	Sempre presente
Transtorno delirante	É necessário um tipo	Um mês ou mais	Não significativo
Dois transtornos: do humor e psicose	São necessários dois tipos	Depende do diagnóstico	Sempre presente

meira internação psiquiátrica devido a uma tentativa de suicídio. Depois de várias semanas internada, ela ainda estava infeliz.

Pouco mais de um ano antes, logo após completar 26 anos, Jeannie começou a suspeitar de que alguém no trabalho a estava espionando. Ela não tinha ideia do motivo, mas notou sinais reveladores: o fone do telefone de sua mesa estava virado para o lado errado, e as pastas de arquivos que ela mantinha sobre seus clientes pareciam desarrumadas. Com medo, Jeannie se isolou; para ficar de olho na mesa, ela parou de sair para almoçar com os colegas de trabalho.

Mesmo assim, os sinais continuaram surgindo. Logo, Jeannie percebeu que estava sendo seguida: ela avistou o mesmo carro pelo espelho retrovisor várias vezes, e, quando estava andando, os transeuntes piscavam ou agitavam um jornal dobrado para que seus perseguidores soubessem para onde ela tinha ido. Além disso, ela ouvia sons há muitos meses. No início, eram apenas rangidos — "como a corda de um carrasco balançando um corpo", explicou —, mas, nos últimos tempos, ela percebeu que havia palavras e frases completas. "Louca, louca, louca", eles zombavam, "Jeannie ficou louca para sempre".

Depois do diagnóstico inicial de esquizofrenia, Jeannie leu bastante sobre sua doença, e o que descobriu a deixou desanimada. Ela sabia que tinha uma doença crônica que poderia ser tratada, mas que poderia interferir em seu trabalho, podendo até impedi-la de se casar e ter filhos. Esses pensamentos a perseguiram durante semanas, deixando-a em uma depressão total.

"Sou uma esquizofrênica crônica", ela me disse. Lágrimas escorriam por seu rosto, que estava ficando enrugado de preocupação, insônia e perda de peso. "Vou passar a vida trancada em um hospital, usando fraldas e conversando com fantasmas. Estou sem esperança. Ficarei feliz quando morrer."

Descobri recentemente que, dois anos depois, ela de fato faleceu.

Análise

Confirmar o diagnóstico principal de Jeannie é nossa primeira tarefa. Após passarmos pelos passos 1 a 5 da Figura 13.1, concordamos que havia delírios *e* alucinações. Embora ela tivesse desenvolvido sintomas depressivos significativos, estes não estavam presentes quando a psicose começou. (Com algum esforço, poderíamos nos convencer de que Jeannie tinha um transtorno esquizoafetivo, mas isso apenas demonstraria a tendência de alguns clínicos de fazer o paciente caber em um diagnóstico favorito. Para mim, seus sintomas de humor pareciam relativamente breves em comparação com a duração da psicose.) Essa análise nos leva pelos passos 6, 9 e 10, em que a resposta "sim" nos faz considerar uma esquizofrenia.

A análise de sua depressão nos leva à árvore de decisão da Figura 11.1, em que nos deparamos com um problema: pelos passos 7, 11 e 12, somos orientados a considerar o transtorno esquizoafetivo, já descartado na análise anterior. Onde isso nos leva? Talvez tenhamos aprendido uma lição valiosa: existem limitações no método da árvore de decisão. Podemos concordar que, sem dúvida, Jeannie teve psicose de longa duração e sintomas de humor, mas determinar como esses dois conceitos estão relacionados é problemático; faz muita diferença se você considera que o melhor ponto de partida são os sintomas de humor ou a psicose. No caso de Jeannie, o dilema seria mais bem resolvido com o diagnóstico de dois transtornos comórbidos, esquizofrenia e depressão. Isso possibilitaria uma visão simplificada dos seus dois conjuntos de sintomas, cada um com seu próprio tratamento e seu prognóstico. A esquizofrenia de Jeannie seria listada em primeiro lugar, pois seu tratamento era central: eu acreditava — esperava — que, uma vez abordada de maneira adequada, sua perspectiva sobre o restante da vida poderia melhorar e a depressão poderia desaparecer. Na verdade, essa atitude contraria o princípio da parcimônia, remetendo-nos mais uma vez ao princípio da navalha de Occam.

Comentário

A depressão na esquizofrenia é pouco compreendida e estudada de forma inadequada. A depressão pós-psicótica tem sido diagnosticada quando um episódio depressivo bipolar poderia ser mais apropriado, mas, mesmo assim, ficamos com muitas depressões para explicar. Alguns pacientes com esquizofrenia apresentam anedonia, já outros apresentam efeitos de medicamentos (em especial dos antipsicóticos mais antigos) que são experimentados como depressão. No entanto, outros indivíduos desenvolvem depressões profundas que persistem mesmo depois da resolução dos sintomas psicóticos. O fato de cerca de 10% dos pacientes com esquizofrenia acabarem se suicidando — uma taxa que só perde para a encontrada nos transtornos do humor — deveria levar todos os clínicos a observar com cuidado o desenvolvimento de depressão em cada uma dessas pessoas.

TRANSTORNO PSICÓTICO BREVE

Em alguns pacientes, a psicose é passageira — uma espécie de "minitranstorno esquizofreniforme". Ao longo das décadas, as formas de psicose receberam diversos nomes diferentes, incluindo *psicose reativa breve* (descartado porque os clínicos não conseguiram chegar a um acordo sobre o que constitui um precipitante apropriado). A categoria de *transtorno psicótico breve* agora incorpora a psicose pós-parto (mas não o transtorno do humor pós-parto com psicose — mantenha isso bem claro, se puder). Um único sintoma psicótico pode qualificar a pessoa para um transtorno psicótico breve, mas a recuperação deve ocorrer dentro de um mês. Em razão da necessidade de recuperação total, esse não é um diagnóstico que você possa fazer de forma prospectiva — se o paciente está doente há um mês, já é tarde para esse diagnóstico. Você pode ler um histórico de caso na minha obra *DSM-5-TR made easy*. Tanto no transtorno esquizofreniforme quanto no psicótico breve, o importante é que o prognóstico do paciente é melhor do que o da esquizofrenia.

TRANSTORNO PSICÓTICO INDUZIDO

Às vezes chamado de *folie à deux*, o transtorno psicótico induzido é uma condição tão rara que ainda suscita relatos de casos em periódicos. As pessoas afetadas não são psicóticas por si só, mas desenvolvem delírios no contexto de associação próxima com outra pessoa (como um dos pais ou um cônjuge) que é psicótica de maneira independente, com, digamos, esquizofrenia ou transtorno delirante. A segunda pessoa, então, também se torna psicótica, acreditando nos delírios da primeira pessoa. Até certo ponto, devotos de cultos religiosos ocupam esse espaço, crendo em histórias muitas vezes impossíveis que lhes são transmitidas pelos líderes.

Desses líderes, alguns podem ser psicóticos, como provavelmente foi o caso de Marshall Applewhite, que fundou o culto Heaven's Gate. Em 1997, procurando livrar-se de suas "cascas terrestres" e seguir o rastro do cometa Hale-Bopp, 38 seguidores de Applewhite mataram-se com pudim envenenado no minúsculo e luxuoso Rancho Santa Fe, na Califórnia. Outros líderes podem ter transtornos da personalidade ou outros problemas mentais. Alguns escritores creem que o transtorno psicótico induzido não é uma doença específica, mas um fenômeno de alguma forma ligado às doenças psicóticas. Esse foi um dos fatores (além da raridade) que fez com que o *DSM-5* reclassificasse o *folie à deux* como um transtorno delirante.

Seja um fenômeno ou uma doença mental, a crença só pode ser mantida quando as duas pessoas envolvidas estão relativamente isoladas dos outros. Uma vez segregadas uma da outra, a pessoa doente de forma independente continua mantendo os sintomas psicóticos, já o segundo paciente desenvolve a percepção de que as crenças eram falsas o tempo todo.

Não espere encontrar essa condição com frequência. Se encontrar um caso, procure por deficiência intelectual, demência ou depressão como comorbidades na segunda pessoa. E comece a escrever: em algum lugar, é provável que um editor de revista esteja interessado em publicar o relato. Se não, envie-o para mim; ficarei fascinado!

DIFERENCIANDO A ESQUIZOFRENIA DE OUTRAS CAUSAS DE PSICOSE

A esquizofrenia é um diagnóstico tão importante, com consequências tão graves para os pacientes e suas famílias, que quero me assegurar de que impressionei os leitores com as características que a diferenciam de outras causas de psicose. Esse é o objetivo do quadro "Diferenciando a esquizofrenia de outras psicoses".

Diferenciando a esquizofrenia de outras psicoses

Achei que seria útil reunir em um só lugar as características que usamos para decidir quando um paciente pode ter esquizofrenia, em oposição a outras causas de psicose. Isto é certo: nenhuma característica mencionada é absoluta. Por exemplo, um paciente pode ser jovem, ter transtorno de início gradual, ter história familiar positiva e, ainda assim, ter psicose causada por uso de cocaína. Porém, no geral, os fatores a seguir são os que devemos considerar em nossa avaliação da psicose.

- *Idade*. A esquizofrenia tende a se desenvolver em adolescentes e adultos jovens.
- *Estado civil*. Em geral, pacientes com esquizofrenia são solteiros.
- *Início*. A condição se desenvolve de forma lenta, já outras psicoses evoluem com mais rapidez.
- *História familiar*. Como seria de se esperar, pacientes com esquizofrenia têm maior probabilidade do que a média de ter parentes com a mesma condição.
- *História de uso de drogas/etilismo*. Tal história é menos provável na esquizofrenia (embora os pacientes possam usar drogas e álcool mais tarde).
- *Confusão mental*. Perplexidade e confusão mental estão associadas à provável recuperação em indivíduos com transtorno esquizofreniforme.
- *Personalidade pré-mórbida*. Algumas pessoas com esquizofrenia apresentam personalidades esquizoides ou esquizotípicas antes de desenvolverem delírios ou alucinações.
- *Afeto*. Aqueles que se recuperam de suas psicoses podem, enquanto doentes, ter afeto não embotado.
- *Alucinações*. Pacientes com esquizofrenia tendem a ter alucinações auditivas; alucinações de outros sentidos sugerem que pode haver um diagnóstico diferente.
- *Delírios*. Delírios bizarros (coisas impossíveis de acontecer, como ser capaz de direcionar o tráfego aéreo mundial por meio de ondas de pensamento) sugerem esquizofrenia; delírios congruentes com o humor (culpa durante a depressão, grandiosidade durante a mania) sugerem um transtorno do humor.

14

DIAGNOSTICANDO PROBLEMAS DE MEMÓRIA E PENSAMENTO

Quando você pensa de forma lógica sobre isso, há muitas coisas ilógicas no pensamento. Podemos bloquear pensamentos inconvenientes para manter nossa linha de argumentação, sair pela tangente, permitir a intrusão de irrelevâncias e imagens agressivas e aderir a preconceitos e regras malformadas em vez de aderir à razão. Por exemplo, leia a transcrição literal de um discurso político feito no improviso e tente contar os "becos sem saída" verbais, desembaraçar a sintaxe distorcida e definir os pronomes relativos indefinidos. No entanto, as inúmeras infelicidades da fala cotidiana não são fortes indicativos em termos de psicopatologia — além de falar demais sem pensar.

A *cognição* refere-se aos processos que utilizamos para envolver todas as nossas percepções e sensações no planejamento. Uma pessoa com transtorno cognitivo pode ter problemas em diversas áreas, incluindo julgamento, memória, orientação, resolução de problemas, linguagem, relacionamentos interpessoais e *prática* (realizar tarefas). Já conferimos como as anomalias no conteúdo do pensamento — alucinações, delírios e fobias, por exemplo — podem apontar para uma grande variedade de doenças mentais. Embora possa ocorrer um distúrbio no processo de pensamento na esquizofrenia ou na mania, isso indica muito mais um transtorno cognitivo: *delirium*, demência e suas variantes. (Os iniciantes em saúde mental e na nomenclatura da área terão de aprender definições específicas de termos usados em um sentido muito mais genérico. Durante quase 400 anos, *delirium* significou um estado de frenesi ou excitação selvagem; *demente* é entendido como alguém que está enlouquecido, louco.) O Quadro 14.1 apresenta o diagnóstico diferencial para os transtornos de memória e pensamento, incorporando mudanças no pensamento e na nomenclatura introduzidas pelo *DSM-5* em 2013. Uma das mais notáveis é a introdução do termo *transtornos neurocognitivos*

QUADRO 14.1 Diagnóstico diferencial com definições breves para transtornos cognitivos

- *Delirium*. O uso de substâncias ou a presença de doenças físicas causa um estado flutuante e de rápido desenvolvimento de consciência reduzida.
- *Transtorno neurocognitivo*. O uso de substâncias ou a presença de doenças clínicas afeta funções como pensamento e memória, interação social, uso da linguagem, organização e execução de comportamentos, percepção e navegação no ambiente e foco em tarefas (atenção). O transtorno neurocognitivo (TNC) pode ser *maior* (interfere na vida de maneira importante) — neste caso, é sinônimo de *demência*. Quando o paciente consegue compensar, talvez empregando listas ou utilizando outros truques de memória, dizemos que o TNC é *leve*.
- *Transtorno amnéstico*. Substâncias e doenças que causam profunda perda de memória, sobretudo a capacidade de formar novas memórias. Permanecem intactas a inteligência geral, a capacidade de focar a atenção e a capacidade de aprender novas tarefas (embora não novos eventos, ideias ou palavras). Não sendo mais um diagnóstico independente, o *DSM-5-TR* o chama de TNC maior.
- *Transtorno depressivo maior com pseudodemência*. Uma pessoa desenvolve depressão tão grave que apresenta problemas aparentes (e reversíveis) de memória e pensamento.
- *Transtornos dissociativos*. A perda de memória profunda, embora temporária, pode ocorrer em pessoas com amnésia dissociativa (com ou sem fuga) ou transtorno dissociativo de identidade.
- *Transtorno de estresse pós-traumático (TEPT)*. A amnésia para características importantes de um evento traumático horrível pode afetar os indivíduos, que revivem o evento de forma repetida e experimentam evitação e hiperexcitação.
- *Transtorno pós-concussão*. Durante dias ou semanas após um traumatismo craniencefálico que produz perda ou alteração de consciência, uma pessoa apresenta déficits de memória ou atenção, além de sintomas como cefaleia, tontura, fadiga, alterações de humor, alterações de personalidade, distúrbios do sono e perda de espontaneidade. No *DSM-5-TR*, seria denominado TNC leve devido a traumatismo craniencefálico.
- *Blecaute alcoólico*. Beber em excesso produz subsequente perda de memória durante o tempo em que a pessoa esteve intoxicada, mas acordada.
- *Declínio cognitivo relacionado à idade (DCRI)*. Um paciente idoso se preocupa com sua dificuldade de lembrar-se de coisas quando a capacidade de memória, depois de um teste, é considerada não patológica, mas perfeitamente normal para a idade atual. Embora não seja mencionado no *DSM-5-TR*, é um termo útil para falar com os pacientes. Às vezes, é chamado de declínio cognitivo subjetivo.

para abranger tudo em relação a demência e delírio. Mais adiante, falaremos sobre os novos termos e atualizaremos as definições dos antigos.

Com frequência, o termo *cognitivo* implica a necessidade de algum tipo de teste, mas precisamos ser capazes de reconhecer um transtorno em termos clínicos. Os primeiros sintomas que aparecem podem ser mudanças abruptas na personalidade, nos interesses ou no comportamento. As circunstâncias podem facilitar nosso reconhecimento: suspeitamos de demência em pacientes hospitalizados ou institucionalizados ou em idosos; procuramos *delirium* em pacientes pós-operatórios e naqueles que bebem ou usam drogas. A *maioria* dos pacientes terminais vai, em algum momento, experimentar *delirium*. No entanto, este é mais raro em um paciente comum do consultório — ou em nosso vizinho de porta.

Quaisquer que sejam as circunstâncias e os sintomas que precisem ser avaliados, o ideal é observar o paciente em diversas ocasiões para saber se a condição flutua, como no *delirium*, ou é constante, como na demência. A sua persistência será recompensada se conseguir melhorar, mesmo que pouco, o potencial caos causado pelos transtornos cognitivos, que substituem a clareza pela confusão e a razão pelo caos, e destroem a essência da personalidade.

DELIRIUM E DEMÊNCIA

Pode ser difícil até mesmo identificar uma síndrome cognitiva, quanto mais determinar sua causa. Nós, clínicos, devemos ter em mente toda uma gama de diagnósticos possíveis, incluindo diagnósticos múltiplos a partir de uma lista de diagnósticos diferenciais.

Bobby

Quando Bobby foi internado na emergência pela primeira vez, ninguém sabia seu nome. Dois policiais o encontraram vagando pelas ruas, falando sozinho e respirando de forma pesada. Ele não parecia saber onde estava, parecia febril e seu rosto estava inchado, então, os policiais o persuadiram a sentar-se no banco de trás da viatura.

A princípio, a equipe do pronto-socorro não tinha histórico algum; aparentemente, Bobby perdeu a carteira, e o envelope encontrado no bolso da camisa parecia pertencer a outra pessoa. O médico não acreditava que Bobby poderia ter sido assaltado porque não havia hematomas nem sangramento, e o exame físico não mostrava sinais de contusão na cabeça. Sua temperatura era de 38,9 ºC e, de vez em quando, Bobby tossia sem produzir muita expectoração.

Bobby foi isolado e recebeu hidratação intravenosa. Embora seu olhar vagueasse enquanto falava, após algumas horas, Bobby foi capaz de falar com clareza suficiente para indicar onde trabalhava; uma ligação determinou sua identidade e um número de telefone residencial. Quando Clint, seu parceiro, chegou, Bobby estava conversando calmamente com duas mulheres vestidas de palhaço que ninguém mais conseguia ver.

Bobby não tem histórico de traumatismo craniencefálico. Na verdade, apenas alguns dias antes, ele parecia um homossexual saudável que sempre tomava precauções; ele e Clint sempre testaram negativo para HIV. No dia seguinte, entretanto, o exame microscópico de uma amostra de lavagem endotraqueal revelou *Pneumocystis carinii*. Bobby está com pneumonia provavelmente causada por aids.

Assim que a crise passou, Bobby começou a tomar um coquetel de medicamentos. Seus linfócitos T4 estavam baixos, mas com sinais vitais normais; ele conseguia deambular e se exercitar sem ofegar. No entanto, Bobby não foi mais o mesmo. Não voltou ao trabalho, apenas ficava em casa assistindo à TV. "Ele odiava isso antes", observou Clint. De amigo e parceiro atencioso e amoroso, Bobby passou a ignorar as tentativas de conversa de Clint. Antes ocupado em casa, Bobby passa a ficar ocioso e parecer não se importar. Ele até usava as mesmas meias vários dias seguidos. "Ele dizia não se lembrar onde guarda as meias limpas. Ele sempre foi tão meticuloso."

Clint ficou seriamente alarmado ao perceber que seu parceiro se queixava de fraqueza e dificuldade para amarrar os sapatos, o que levou à hospitalização final de Bobby.

Análise

Nas primeiras horas seguintes à admissão, antes de os resultados laboratoriais chegarem e um histórico adequado poder ser obtido, o diagnóstico de Bobby deveria ser "transtorno mental não diagnosticado". Com os dados disponíveis, porém, sua história sugere dois transtornos, demarcados aproximadamente no momento de sua alta hospitalar. Durante o primeiro episódio agudo, ele parecia muito enfermo e confuso. Seu olhar percorria a sala, e o homem se mostrava alerta o suficiente para fornecer informações vitais, mas tão enfermo a ponto de ver palhaços inexistentes. Esses sintomas são clássicos do *delirium* (passo 1 da Figura 14.1, a árvore de decisão para um paciente com problemas cognitivos). Nesse momento, o problema passa a ser determinar a causa do *delirium*. Como Bobby não bebia nem usava drogas, o uso de substâncias parece improvável, mas o médico estaria correto ao coletar amostras de sangue e urina para toxicologia. Com o tempo, os testes mostrariam a resposta.

Os testes e a internação hospitalar resolveram suas dificuldades imediatas, mas os problemas de Bobby estavam apenas começando. Sua história subsequente requer uma segunda passagem pela árvore de decisão. Bobby não tinha histórico de etilismo, o que nos leva ao passo 3, mas e quanto ao passo 2? Alguns dos sintomas, como diminuição do interesse e da atividade, não poderiam ser interpretados como uma depressão? Claro, e, em algum momento, o médico precisaria avaliá-lo a procura de um transtorno depressivo secundário a uma condição clínica. Porém, nesse ponto, a navalha de Occam perde o fio: um transtorno do humor não explicaria a amplitude dos sintomas cognitivos de Bobby, e qualquer uma das árvores de decisão sobre transtornos do humor (Figuras 11.1 e 11.2) levanta de imediato a questão de uma condição clínica significativa.

Sem histórico de traumatismo craniencefálico, podemos continuar até o passo 5 da Figura 14.1. O déficit de memória de Bobby não era apenas para informações pessoais, como endereço ou eventos estressantes em sua vida; ele tinha dificuldades até para encontrar suas meias, o que nos leva do passo 6 ao 7. Não há

Diagnóstico descomplicado

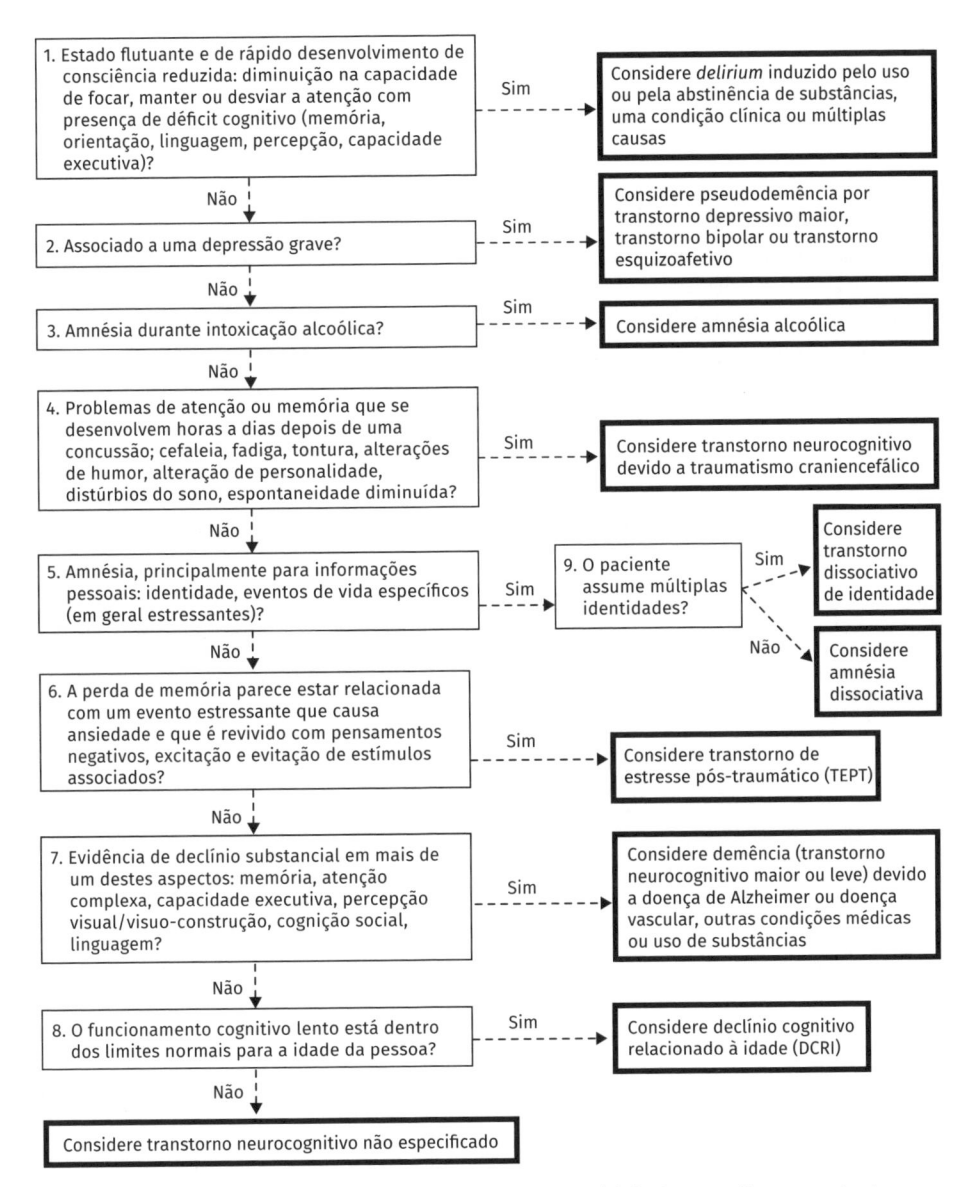

1. Estado flutuante e de rápido desenvolvimento de consciência reduzida: diminuição na capacidade de focar, manter ou desviar a atenção com presença de déficit cognitivo (memória, orientação, linguagem, percepção, capacidade executiva)? — **Sim** → Considere *delirium* induzido pelo uso ou pela abstinência de substâncias, uma condição clínica ou múltiplas causas

↓ Não

2. Associado a uma depressão grave? — **Sim** → Considere pseudodemência por transtorno depressivo maior, transtorno bipolar ou transtorno esquizoafetivo

↓ Não

3. Amnésia durante intoxicação alcoólica? — **Sim** → Considere amnésia alcoólica

↓ Não

4. Problemas de atenção ou memória que se desenvolvem horas a dias depois de uma concussão; cefaleia, fadiga, tontura, alterações de humor, alteração de personalidade, distúrbios do sono, espontaneidade diminuída? — **Sim** → Considere transtorno neurocognitivo devido a traumatismo craniencefálico

↓ Não

5. Amnésia, principalmente para informações pessoais: identidade, eventos de vida específicos (em geral estressantes)? — **Sim** → 9. O paciente assume múltiplas identidades? — **Sim** → Considere transtorno dissociativo de identidade; **Não** → Considere amnésia dissociativa

↓ Não

6. A perda de memória parece estar relacionada com um evento estressante que causa ansiedade e que é revivido com pensamentos negativos, excitação e evitação de estímulos associados? — **Sim** → Considere transtorno de estresse pós-traumático (TEPT)

↓ Não

7. Evidência de declínio substancial em mais de um destes aspectos: memória, atenção complexa, capacidade executiva, percepção visual/visuo-construção, cognição social, linguagem? — **Sim** → Considere demência (transtorno neurocognitivo maior ou leve) devido a doença de Alzheimer ou doença vascular, outras condições médicas ou uso de substâncias

↓ Não

8. O funcionamento cognitivo lento está dentro dos limites normais para a idade da pessoa? — **Sim** → Considere declínio cognitivo relacionado à idade (DCRI)

↓ Não

Considere transtorno neurocognitivo não especificado

FIGURA 14.1 Árvore de decisão para um paciente com déficit de atenção ou perda de memória.

nada disso: estava claro que ele tinha dificuldade substancial em aprender novas informações, bem como em recordar conteúdos já aprendidos. Além disso, sua consciência social havia diminuído (além de não trocar suas meias, ele estava desatento à conversa de Clint). Tudo isso nos leva a votar "sim" no passo 7, a fim de considerar a demência, também conhecida como TNC maior. A causa subjacente mais provável seria o HIV. No entanto, antes de fazer qualquer diagnóstico final, devemos realizar uma avaliação neurológica cuidadosa. Também poderíamos fazer um MEEM de base ou outro teste cognitivo, a fim de acompanhar a progressão da sua condição (ver quadro "Preciso de escalas?").

Comentários sobre o delirium

Início agudo (ocorrendo, em geral, em algumas horas), atenção dispersa e níveis flutuantes de consciência sugerem o *delirium*. Quando ocorrem, as alucinações costumam ser visuais e bastante assustadoras; no entanto, Bobby apenas parecia confuso. O humor de uma pessoa com *delirium* também pode mudar de forma drástica de depressão para ansiedade, irritação, medo ou mesmo euforia. Enquanto o nível de atividade de Bobby diminuiu e ele ficou mais quieto, outros pacientes com *delirium* tornam-se barulhentos e hiperativos. Nesse último caso, a condição do paciente pode ser reconhecida com facilidade, pois seu ruído e sua intrusividade exigem atenção e motivam os cuidadores a exercerem maior esforço diagnóstico. É claro que alguns indivíduos apresentarão ambos os estados em diferentes momentos da doença — outra demonstração da flutuação que define o *delirium*. Com isso, fica claro por que uma única avaliação pode não ser suficiente para fazer o diagnóstico e por que o *delirium* pode passar despercebido pelos clínicos. O *delirium* pode ser muito difícil de diagnosticar em um contexto

---

Preciso de escalas?

Violinistas e flautistas precisam de escalas; para aqueles que não são músicos, a necessidade é relativa.

Quando eu estava na formação médica, pode-se dizer que o Rorschach Inkblot e o Minnesota Multiphasic Personality Inventory eram os únicos testes disponíveis, e quase não usávamos escalas. Depois vieram os inventários de depressão de Beck e de Hamilton, e entramos na era da mensuração na saúde mental. Agora, há uma medida objetiva para praticamente qualquer extravagância imaginável de pensamento, comportamento ou emoção. Se você usasse todas elas, passaria a maior parte da sua vida profissional preenchendo e calculando pontuações de escalas.

É claro que, se você trabalha na área de pesquisas clínicas, as escalas fornecem os números com os quais você determina se há mudança nos sintomas do paciente, mas a maioria delas não faz muito mais do que formalizar o EEM. Para muitas tarefas clínicas, podemos conseguir mais ou menos a mesma coisa pedindo aos nossos pacientes que avaliem seu próprio desconforto ou progresso em uma escala de 0 a 10 pontos, que vai de "nenhum" (ou "muito leve") a "máximo".

No entanto, escalas podem ter grande valor. Por exemplo, muitos pacientes com deficiência cognitiva não conseguem avaliar com segurança como estão se sentindo ou quão prejudicados estão. O miniexame do estado mental (MEEM), desenvolvido por Folstein e colaboradores (e disponível após uma rápida pesquisa na internet), fornece evidências de como esses pacientes estão, para que possamos acompanhá-los ao longo do tempo.

de demência. Informações de familiares ou da equipe de enfermagem podem melhorar a taxa de diagnóstico precoce.

O *delirium* afeta 10% ou mais dos pacientes internados, e talvez seja três vezes mais prevalente em pacientes geriátricos com doenças agudas. É um transtorno com diversas causas: tumores e traumatismo craniencefálico, infecções intracranianas (além do HIV, há meningite e encefalite, que podem ser causadas por inúmeros agentes infecciosos), infecções em outras partes do corpo, acidente vascular encefálico, déficits nutricionais e vitamínicos e disfunções endócrinas. Além da intoxicação ou da abstinência por álcool e drogas recreativas (lembre-se do clássico *delirium tremens* da abstinência alcoólica), diversos tipos de medicamentos podem produzir *delirium*, ainda mais em pacientes idosos. Consulte o Quadro 9.2.

Comentário sobre a demência

Diagnosticar a demência é um processo repleto de "armadilhas", e há muitas maneiras de errar. Para começar, você pode tropeçar nessas irritações *normais* do dia a dia que afetam a todos nós — esquecimento de compromissos e dificuldade para se lembrar de um nome familiar, citando apenas dois aspectos dos mais comuns em minha própria experiência. Muitos desses episódios fazem parte do que alguns de nós chamam de *declínio cognitivo relacionado à idade* (DCRI, discutido mais adiante neste capítulo), em que uma pessoa idosa reclama do tempo que leva para processar as informações. Se outros processos cognitivos — como atenção, fluência verbal e outras funções da linguagem, memória e capacidade de tomar decisões — permanecerem inalterados, não se trata de demência, e sim de um aspecto típico da idade avançada.

Muitas vezes, pessoas com demência real não expressam de forma espontânea sentimentos de infelicidade acentuada, mas se alguém tivesse perguntado a Bobby se ele se sentia deprimido, ele poderia ter concordado — embora talvez estivesse apenas tentando cooperar. Se você descobrir por um cuidador que as principais queixas são apatia, redução de energia e falta de concentração, mas a pessoa não parece de fato triste, os sintomas podem ser decorrentes apenas da demência. Apatia ou depressão são bastante comuns entre pacientes com demência resultante das doenças de Parkinson, Huntington e Wilson e da aids. Esses distúrbios são chamados de *demências subcorticais*, já que o local da sua patologia está abaixo do córtex cerebral. (No Alzheimer, que é uma *demência cortical*, a depressão é menos comum.)

Embora a capacidade de linguagem possa estar intacta, a personalidade dos pacientes com demência subcortical pode mudar, sobretudo quando se instalam apatia, inércia e diminuição da espontaneidade. Com frequência, são essas mudanças no comportamento e na personalidade que levam os pacientes com demência a buscar atendimento médico. Fazer um diagnóstico separado de alteração de personalidade no contexto de demência é uma questão de julgamento;

talvez possa ser justificado se a mudança de personalidade for óbvia e clinicamente relevante, como quando um paciente se torna hostil em relação a pessoas de outras etnias ou perde inibições sexuais.

Na última década, lidamos com uma complexidade ainda maior, já que precisamos considerar pessoas cuja capacidade de pensamento diminuiu um pouco — um pouco mais do que no DCRI mencionado antes —, mas não tanto a ponto de se poder afirmar que elas têm um TNC maior. O *DSM-5-TR* classifica esses indivíduos como tendo TNC *leve*; o declínio é muito menor e, embora possa ser inconveniente para o paciente, ele é capaz de lidar com a situação empregando listas, configurando alarmes e usando outros dispositivos para apoiar seu funcionamento. Pode-se dizer que a linha que separa o TNC maior do TNC leve é nítida; a linha entre o leve e o DCRI é, na melhor das hipóteses, confusa. Precisamos entender que só porque uma pessoa pode ser diagnosticada hoje com TNC leve não significa que uma doença grave ocorrerá amanhã.

Aqui estão alguns pontos adicionais no diagnóstico diferencial da demência. Pacientes com esquizofrenia podem ter dificuldade de pensamento (lembre-se de que o antigo termo para esquizofrenia era *demência prematura* em razão do seu início precoce) — seja na fase aguda de um episódio ou após meses ou anos de doença —, e muitos pacientes com TNC desenvolvem delírios ou alucinações. A idade de início, a presença ou ausência de uma causa clínica e o fato de que esses pacientes não tendem a se tornar psicóticos até uma fase avançada no curso da doença devem esclarecer o diagnóstico diferencial. Embora a função cognitiva das pessoas com deficiência intelectual esteja abaixo do normal, dificilmente deveria haver confusão com a demência, que quase sempre começa muito mais tarde na vida e envolve *deterioração* da capacidade cognitiva prévia, em vez de uma incapacidade fixa e vitalícia.

Curley

No início da condição, alguns pacientes com déficits cognitivos graves parecem saudáveis. Se você conversar com eles por alguns minutos, talvez nem perceba que haja algo de errado.

> Os alunos já sabem que Curley foi marinheiro durante grande parte de sua vida adulta e que seu hábito de beber, por fim, cobrou a conta. Por quase cinco anos, ele não conseguiu trabalhar nem cuidar de si mesmo. "Vou lhes dar mais uma pista", conclui a professora, pouco antes de bater à porta de Curley. "Ele não bateu a cabeça."
>
> "Ah, oi, entre!" Com um amplo sorriso, o homem de meia-idade usando pijama hospitalar recebe o pequeno grupo em seu quarto. A professora e Curley conversam por alguns minutos. Eles parecem se dar muito bem, pois falam sobre uma série de coisas que afetam a vida de cada um. No ponto em que parecem engatar uma boa conversa, a professora pede licença e leva o

grupo de volta ao corredor. Depois de alguns minutos, ela bate na porta e todos entram de novo.

"Olá! Entre!" Curley sorri e começa a apertar as mãos de todos.

"Você se lembra dessas pessoas?" — pergunta a professora, apontando para o grupo.

"Não, acho que não. Espere! Foi ontem à noite, na sala do piano, não foi? Nós bebemos juntos, certo?" Curley esfrega as mãos e parece pensativo. "Estávamos bebendo cerveja Michelob". Ele continua conversando um pouco, descrevendo a banda, a garçonete mal-humorada, a cerveja pela metade. Nada em seu tom ou em sua expressão facial sugere que ele esteja de piada.

Curley mantém um bom contato visual e parece se concentrar bem na conversa. Quando a professora recita uma lista de três objetos, Curley os repete com perfeição. Minutos depois, não consegue se lembrar de nenhum deles.

Análise

Embora a capacidade de Curley de reter novas memórias fosse nula, ele era capaz de manter a atenção na conversa — e, enquanto recebia os visitantes, parecia muito consciente do ambiente e das convenções sociais. Isso nos leva além do passo 1 da Figura 14.1. Sem nenhum indício de depressão, nenhum ferimento na cabeça e nenhuma intoxicação alcoólica recente (pois estava hospitalizado há semanas), podemos descartar depressão, blecaute alcoólico e concussão (passos 2, 3 e 4). No passo 5, rejeitamos a noção de que sua dificuldade estava limitada a informações pessoais — na verdade, poderíamos dizer que sua capacidade de formar quaisquer novas memórias desaparecera. A ausência de sugestão de um trauma importante significa que deixamos para trás o passo 6. Embora as outras funções cognitivas de Curley parecessem intactas, temos informações suficientes para considerar (passo 7) TNC maior, também conhecido como demência — decorrente, com alto grau de probabilidade, de seu etilismo prévio.

Algumas décadas atrás, o diagnóstico de Curley teria sido transtorno amnéstico, mas o *DSM-5-TR* o incluiu na categoria geral de TNC. Ao longo do caminho, defendemos o princípio diagnóstico de que o uso de substâncias deve sempre ser considerado.

Comentário

Muito antes dos *DSMs*, a condição de Curley era conhecida como psicose de Korsakoff (também conhecida como demência de Korsakoff ou síndrome de Korsakoff), nomeada em homenagem ao psiquiatra russo que a descreveu pela primeira vez, em 1889. Também foi chamada de síndrome de Wernicke-Korsakoff. Existem outras razões além das históricas pelas quais tal condição (seja qual for seu nome) mereça ser destacada? Quando você pensa sobre isso, a relativa ausência de problemas cognitivos adicionais diferencia a condição de Curley de outros tipos de demência. Eu digo *relativa* porque os pacientes costumam ser apáticos, e sua conversa, superficial. Embora Curley não tivesse nenhum defeito óbvio no simbolismo da linguagem ou no comportamento motor, testes poderiam ter revelado dificuldades mais sutis no planejamento ou na execução dos comportamentos complexos para preparar sua própria comida, fazer compras e lidar com outras atividades da vida diária — atividades que todos precisamos desempenhar diariamente. De qualquer modo, nem sempre há uma linha nítida entre o transtorno amnéstico e outros tipos de demência.

Esse tipo é causado por danos ao *sistema límbico* do encéfalo — a estrutura responsável pelas novas aprendizagens, que fica enrolada sob o córtex cerebral e tem a forma de uma mão segurando uma bola de golfe. O dano é causado pela deficiência de tiamina ou privação de oxigênio (decorrente, por exemplo, de envenenamento por monóxido de carbono ou acidente cirúrgico), ou, ainda, por qualquer uma das outras condições suspeitas usuais: traumatismo craniencefálico, acidente vascular encefálico, tumores e álcool ou sedativos/hipnóticos, como benzodiazepínicos e barbitúricos. Na minha opinião, vale a pena manter a síndrome de Korsakoff distinta, nem que seja apenas para nos lembrar da importância da tiamina no tratamento de alguns pacientes com demência.

Quando Curley "lembrou" que todos estiveram no bar na noite anterior, ele estava tentando compensar algumas lacunas em sua memória — talvez elas o preocupassem. De qualquer modo, esse comportamento, denominado *confabulação*, não é mentir (Curley acreditou no que disse) e não é delirar (tende a ir e vir, evocado pelas necessidades do momento). A confabulação não é específica do transtorno amnéstico. Sua causa provável são danos ao lobo frontal, e é apenas uma "manobra" utilizada pelas pessoas que não conseguem se lembrar das coisas e encobrem suas dificuldades com uma película de desejo e hábito. Com o tempo, a película tende a se desfazer. Na verdade, para alguns pacientes cujos sistemas límbicos estão apenas temporariamente fora de controle (por assim dizer), a memória pode retornar aos poucos se adotarem uma boa nutrição e evitarem drogas ou álcool, os quais podem ser responsáveis pela amnésia.

OUTROS TRANSTORNOS COGNITIVOS E COMORBIDADES

Talvez seja fácil fazer um diagnóstico quando há sintomas de apenas um transtorno. Ao menos, pode-se dizer que é fácil fazer um diagnóstico errado quando um paciente apresenta sinais e sintomas de mais de uma doença. Então, o diagnóstico diferencial e a árvore de decisão desempenham uma função vital, embora seja necessária familiaridade com as características de ambos (ou de todos) os diagnósticos.

Tia Betty

Algumas semanas antes de seu aniversário de 80 anos, Betty é levada pela sobrinha, Gail, a um médico generalista para avaliação. Betty morou com o irmão mais velho até a morte dele, um mês antes. Desde então, ela vem "tendo falhas", perdendo o interesse pelo seu *hobby* (adorava decorar bolos) e se queixando de que "simplesmente não consegue mais fazer nada". O médico conversa com ela por alguns minutos; pergunta a data (ela diz que não sabe) e o nome de sua enfermeira de longa data (Betty não responde). Ele, então, prescreve 5 mg/dia de donepezila e resume a Gail que Betty está ficando senil. A medicação, específica para pessoas com demência precoce, pode ajudar a retardar seu progresso, embora nada possa alterar o desfecho final. Como Betty também se queixa muito de tristeza, começa a tomar amitriptilina (50 mg ao se deitar).

Nas três semanas seguintes, a situação de Betty piora de maneira considerável. Tia Betty se retrai ainda mais; sua sobrinha a encontra diversas vezes deitada na cama, chorando. Ela negligencia sua aparência e precisa de ajuda para amarrar os sapatos de cano alto com cadarços que usa desde a adolescência. Como ela ainda está tendo problemas para dormir, o médico dobra a dose do antidepressivo. Gail descobre que os problemas com botões e sapatos são *apraxias*, sintomas de piora na demência. Quinze dias depois, Betty ainda está sem dormir, mas agora também está agitada — mexendo nas roupas, resmungando algo sobre besouros e vespas e incapaz de dar respostas coerentes às perguntas.

Naquela tarde, Gail leva Betty à clínica de saúde mental para obter uma segunda opinião. Lá, depois de duas horas de avaliação e após consulta com seu médico generalista, todos os medicamentos em uso são suspensos. Três dias depois, tia Betty está mais calma e é examinada novamente. No início, tem dificuldade com o MEEM, afirmando várias vezes que não consegue realizar a tarefa, mas o médico a incentiva com paciência e ela alcança uma pontuação final de 26 em 30. Quando questionada se consegue amarrar o sapato, a princípio ela afirma que não consegue. "Bem, tente, de qualquer maneira", é a resposta. Com isso, ela consegue muito bem.

Análise

Assim como em muitos de nossos outros pacientes, precisamos considerar o diagnóstico de Betty nos diferentes momentos. "Mas", você pode argumentar, "em todo paciente, o que queremos saber é o diagnóstico *agora*." É verdade, mas isso muitas vezes significa examinar informações que derivam de diferentes períodos de tempo e podem apontar para uma variedade de condições. Em nenhum contexto esse processo é mais vital do que para alguém que apresenta sintomas de demência e depressão.

Quando chegou à clínica de saúde mental, a condição de Betty havia piorado. Sua perda de concentração e seus problemas de linguagem (murmúrios) e de percepção (retirar insetos de suas roupas) sugeriam fortemente um *delirium* (passo 1 da Figura 14.1), que pode ter sido precipitado pela amitriptilina — antidepressivo mais antigo, famoso por essa complicação em pacientes idosos. Mas e o diagnóstico dela pouco antes de ser tratada? Para isso, precisamos de mais uma ida rápida à árvore — em que o passo 2 nos alerta para dar prioridade à depressão (da qual ela apresentava muitos sintomas) e considerar que os sintomas podem indicar pseudodemência.

Após interromper a medicação, o *delirium* de Betty melhorou — mas sua depressão piorou. Durou mais do que o esperado no caso de um luto sem complicações, então ela começou a tomar um medicamento antidepressivo do tipo inibidor seletivo da recaptação de serotonina (ISRS). Em poucas semanas, estava mais uma vez alegre, decorando bolos para seus vizinhos. Seu diagnóstico final foi transtorno depressivo maior.

Comentário

A *pseudodemência* é um pequeno equívoco: a demência é real, mas reversível. É um diagnóstico muitas vezes feito apenas de forma retrospectiva — o que pode ser uma grande tragédia se alguma outra demência for diagnosticada de maneira incorreta primeiro. Como a demência real reside na base ou perto da base da hierarquia de segurança, é vital adiar esse diagnóstico até que todos os dados estejam disponíveis. A propósito, pesquise os *DSMs* e você não encontrará uma categoria para pseudodemência: a definição do *DSM-5-TR* de TNC exclui especificamente pacientes que apresentem um transtorno do humor que possa ser o causador. O melhor que você pode fazer é diagnosticar um transtorno do humor grave e, no resumo, adicionar em destaque comentários relevantes sobre os sintomas disfarçados de demência.

A pseudodemência depressiva é bastante comum; estima-se que ocorra em talvez 10% dos pacientes idosos com suspeita de demência. Eles podem queixar-se de perda de memória (o que não é o caso da maioria das pessoas com demência real) e podem até enfatizá-la, enquanto os testes objetivos mostram ausência de sinais. Essas pessoas podem se distrair, demorar para responder aos estímulos e ter períodos de atenção curtos. As respostas "Não sei" e "Não me lembro" são comuns, embora não esteja claro se tais respostas são encontradas com mais frequência na pseudodemência depressiva do que em pessoas com TNC maior. Os fatores de risco para pseudodemência incluem história prévia de transtorno do humor clínico, luto recente e história familiar de transtorno do humor. Portanto, obter informações de parentes pode ser de grande utilidade para se fazer um diagnóstico correto.

O início costuma ser rápido (semanas a alguns meses), e os pacientes queixam-se de culpa, ideias suicidas, sintomas vegetativos — e memória fraca.

Pacientes com pseudodemência são muito propensos a problemas de diminuição da libido, despertar precoce pela manhã e ansiedade, já pacientes com TNC verdadeiro apresentam, com maior frequência, desorientação em relação ao tempo, dificuldade para se orientar nas ruas e problemas para se vestir. O Quadro 14.2 lista algumas outras características que podem ajudar a discriminar a demência da depressão.

Um enigma ainda mais difícil é o paciente que tem tanto demência orgânica ("real") quanto depressão clínica. Isso é comum; talvez 10 a 20% dos pacientes com DCRI apresentem algum grau de depressão. Você pode reconhecer a depressão nessa pessoa com base em um rápido declínio com perda abrupta do interesse geral, sintomas vegetativos (como insônia, falta de apetite e perda de peso), ideias de inutilidade e lentidão psicomotora, que é ainda maior do que na demência isolada.

Há uma moral aqui: a depressão e a demência não são mutuamente exclusivas; devemos analisar cada uma de maneira independente. Em um paciente idoso que apresente sintomas de depressão ou demência, deve-se analisar a presença de ambas. É preciso procurar sintomas de depressão, mesmo diante de um transtorno cognitivo.

QUADRO 14.2 Características da demência *versus* depressão com pseudodemência

	Demência	**Pseudodemência**
Início	Meses/anos	Semanas/meses
Período do dia em que a doença tende a piorar	Noite	Manhã
EEG, exames cerebrais	Anormais	Normais
História familiar de transtorno do humor	Menos provável	Mais provável
História pregressa de depressão	Com menos frequência	Com mais frequência
Habilidades sociais intactas	Não	Sim
Autoculpa	Não	Sim
Mostra preocupação ou angústia	Não	Sim
Esforça-se suficientemente nas tarefas	Sim	Não
Deficiência cognitiva	Esconde	Enfatiza
Memória melhora com treinamento	Não	Sim
Orientação intacta	Não	Variável

Wilma

O caso clínico a seguir ilustra a importância de uma investigação cuidadosa sobre o histórico de problemas clínicos em todo paciente, incluindo doenças, cirurgias, alergias e lesões.

> Quando Wilma consulta um médico, já está sofrendo há várias semanas — e sua mãe sofre junto com ela. Wilma queixa-se de não conseguir dormir; quando se levanta pela manhã, está muito rabugenta. "Ela mudou totalmente", diz a mãe com um suspiro. "Durante 17 anos, foi a menina mais doce do mundo. Todos os meus amigos com filhas adolescentes sentiam inveja. Agora *sou eu* quem estou com inveja — parece que ela fez um transplante de personalidade".
>
> Para Wilma, a principal dificuldade é a cefaleia, que a incomoda quase o dia todo. Combinada com a tontura e o cansaço persistente, prejudica sua concentração nas atividades escolares. Wilma tem certeza de que não está deprimida, pois estudou isso na aula de saúde que cursou no semestre anterior. No entanto, sua memória tem estado "muito ruim — eu nem conseguia lembrar o nome do meu professor quando fui para a aula de piano".
>
> "Você teve algum outro problema de saúde?", o psiquiatra indaga.
>
> Ela teve. Vários meses antes, contra a vontade da mãe, Wilma saiu para andar de moto com o namorado, Frank. Ela já tinha feito isso antes e sabia que ele era um bom motociclista, mas eles não contavam com o gelo escorregadio naquela curva acentuada da estrada da montanha. Ela usava capacete, mas Frank não, e com o acidente, Frank entrou em coma.
>
> Após o acidente, Wilma ficou inconsciente por quase uma hora. As memórias relativas a esse passeio nunca mais voltaram, e sua lembrança de acordar na maca, sem saber onde estava, vem em meio a uma sensação de náusea.

Análise

Se as impressões iniciais de sua mãe tivessem sido consideradas, Wilma poderia ter sido submetida a uma bateria de testes de personalidade. Felizmente, seu médico reconheceu a necessidade de levantar uma história completa. Como não acreditamos que Wilma tenha tido depressão grave e ela não estava delirando no momento (embora possa ter delirado logo depois do acidente), podemos ignorar os passos 1 a 3. Isso nos leva ao importantíssimo passo 4, que nos encoraja a considerar o diagnóstico do *DSM-5-TR* de TNC (leve) devido a traumatismo craniencefálico. Antes, essa condição era chamada de *transtorno pós-concussional* e foi incluída no *DSM-IV* como um diagnóstico provisório que requeria estudos adicionais. Para simplificar, continuarei usando o termo antigo.

Comentário

Cerca de 5% dos adultos relatam uma história de concussão ao longo da vida — uma pancada na cabeça que resulta em inconsciência ou outra disfunção. Os danos ocorrem, em especial, nos lobos frontais, causados quando a parte frontal do cérebro bate contra o interior de seu estojo protetor rígido. Os acidentes automobilísticos são responsáveis por uma grande porcentagem dos casos, mas ocorrem também em jogadores de futebol, bebês sacudidos e pessoas que caem de escadas. A maioria das concussões é leve — um breve lapso de consciência ou um estado passageiro de alteração da consciência em que a realidade não parece certa.

A concussão quase sempre produz algum grau de amnésia, embora possa perdurar por apenas alguns momentos. Em geral, o retorno ao normal é rápido e completo. Muitas pessoas não precisam de hospitalização; quem precisa pode ficar afastado do trabalho por alguns dias, sendo que a maioria se recupera em três meses. Contudo, durante semanas ou meses, alguns continuarão apresentando sintomas que constituem o transtorno pós-concussional, que somente na última década foi plenamente reconhecido como um TNC.

Esses pacientes (são muitos!) têm problemas de memória ou atenção, muitas vezes acompanhados de cefaleia, náuseas, tontura e fadiga. Podem ocorrer apatia, insônia, irritabilidade, ansiedade e (mais raro) psicose. A mudança de personalidade pode ser leve, como no caso de Wilma, mas também pode ocorrer aumento da sexualidade ou outro comportamento socialmente inapropriado. Diferentemente de Wilma, 20% ou mais experimentam depressão, ainda mais se bebem ou usam drogas, se têm pouca escolaridade ou histórico ocupacional instável antes da lesão. Se a depressão for grave o suficiente para ser diagnosticada de maneira independente, considere-a como um transtorno do humor independente.

O TNC pós-concussão tende a se resolver de maneira espontânea. Após três meses de sintomas contínuos, precisaríamos nos preocupar com um possível hematoma subdural. É claro que o outro transtorno cognitivo na lista de diagnóstico diferencial é a demência (TNC grave) devida a traumatismo craniencefálico, resultante de lesões graves de acidentes automobilísticos ou da prática de boxe e, em geral, incluem anormalidades neurológicas, como hemiplegia ou afasia.

PROBLEMAS COGNITIVOS QUE NÃO SÃO TRANSTORNOS

Em geral, o diagnóstico diferencial é uma questão de decidir entre doenças concorrentes. Às vezes, esquecemos de considerar outro limite importante.

Reggie

Reggie consulta o médico generalista com a seguinte queixa: "percebi alguns problemas que me preocupam", anuncia. "Muito! Receio que possa estar com Alzheimer."

Apenas alguns meses antes, aos 63 anos, Reggie recebeu um aumento de salário no trabalho e foi promovido, embora planejasse se aposentar dentro de um ano, não tendo contado isso a ninguém. Reggie admite que começou a desacelerar um pouco. "Bem, muito", ele corrige.

Era normal Reggie esquecer onde havia deixado suas coisas; porém, isso parece acontecer com uma frequência angustiante. Quando está muito concentrado em seu trabalho, qualquer interrupção requer um tempo até que ele "mude o *chip*", e leva muito tempo para se lembrar dos nomes de pessoas que conhece há anos. "Minha esposa diz que estou mais esperto do que nunca", ele admite, "mas ela pode estar apenas tentando, hum..." — ele para, buscando a palavra que deseja.

"Tranquilizá-lo?" oferece o entrevistador. "Isso! Veja, é isso que venho experimentando há meses". Embora Reggie às vezes se sinta "muito ansioso" por causa de sua memória, não teve crises de pânico e nega depressão ou preocupação relacionada com outros problemas. Além das indignidades habituais que acompanham o avanço da idade, sua saúde sempre foi boa, e Reggie não tem histórico de lesões. Bebe uma taça de vinho quase todos os dias "para ajudar a manter o colesterol bom". O exame físico é normal e a nota no MEEM é máxima.

Análise

Psiquiatras experientes podem suspeitar de um transtorno depressivo ou de ansiedade, mas percorrer com Reggie as Figuras 11.1 e 12.1 não rende muito. À primeira vista, parecia ser igual a Figura 14.1: Reggie não mostrou qualquer evidência de níveis flutuantes de consciência que sugerissem *delirium*, nenhuma depressão nem evidência de traumatismo craniencefálico ou transtorno por uso de álcool. É claro que seu médico deveria tentar obter informações colaterais sobre cada um desses pontos, o que esclareceria tudo até o passo 4. Seus lapsos de memória não chegaram ao nível de amnésia e não se limitaram a informações pessoais. Na verdade, não se pode dizer que Reggie teve muita dificuldade para aprender novas informações. Sem histórico de estressores mentais (isente, sem receio, o processo de envelhecimento em si), estamos quase sem opções no passo 8. Os resultados do MEEM foram reconfortantes, se não esclarecedores, e com sua idade e sua história, o médico de Reggie teria as informações necessárias para oferecer a tranquilização apropriada: não há nada além de DCRI, mencionado antes neste capítulo e no Quadro 14.1. Isso não significa que não haja nada errado. Em outras palavras, aplicamos o princípio diagnóstico que nos encoraja a considerar que um paciente possa estar apenas normal (ver quadro "De quantas maneiras podemos dizer *normal?*").

Comentário

O DCRI parece pior do que é na realidade, pois não envolve múltiplas áreas do nosso mecanismo de pensamento em grau significativo. Todas as áreas vitais são

De quantas maneiras podemos dizer *normal*?

O DCRI é uma forma de dizer *normal*, no contexto da queixa de um paciente de que algo parece anormal. Como profissionais de saúde mental, enfrentamos esse tipo de situação todos os dias, mas com que frequência nos damos conta disso?

Quando avaliamos pacientes com queixas psicológicas, talvez com demasiada frequência sentimo-nos obrigados a "fazer valer seu dinheiro" — em suma, a fazer um diagnóstico. É melhor e muito mais satisfatório dizer a alguém: "Não há nada errado com você. Você tem um problema que podemos resolver juntos, mas sua saúde mental está boa". É claro que podemos sempre deixar passar por "ausência de diagnóstico mental", mas isso desperdiça informação e comete uma injustiça com a miríade de pessoas que nos buscam todos os dias com problemas de vida. Existem maneiras melhores.

Várias situações são qualificadas como problemáticas, mas normais. Tomemos como exemplo os problemas relacionais em que os membros de uma unidade têm dificuldade em conviver uns com os outros. A causa pode ser a doença mental de alguém, mas muitos problemas relacionais existem na completa ausência de qualquer patologia mental diagnosticável. Os relacionamentos afetados são tão variados quanto você pode imaginar: filho-pai, amigo, irmão, cônjuge, funcionário-supervisor, colegas de trabalho. Outro estado normal, embora conturbado, é o luto, reação à morte de alguém que amamos. Discutimos esse assunto no Capítulo 11.

Alguns outros termos que indicam normalidade são menos benignos. O *funcionamento intelectual* borderline indica QI abaixo da faixa dos 85, mas acima da faixa de pacientes com deficiência intelectual e sem os problemas de vida associados a isso. A *simulação* (termo pejorativo que emprego apenas com muito cuidado) identifica indivíduos que, de forma intencional, inventam ou exageram sintomas para evitar algo (trabalho, punição ou serviço militar) ou para obter algo — drogas ou dinheiro, como em ações judiciais. Esses motivos tangíveis são bastante diferentes daqueles dos pacientes com transtorno factício, cuja doença simulada pode se destinar a obter cuidados de saúde. Eu não dignificaria a simulação chamando-a de normal, mas também não se trata de um transtorno mental.

Para pessoas normais com problemas acadêmicos, ocupacionais, espirituais ou de moradia, ou com dificuldade em se adaptar a uma cultura diferente daquela em que foram criadas, você pode usar um desses termos (acrescentando o termo *problema*) para dar um rótulo que não carregue o estigma de um transtorno mental real. Por exemplo, alguém que está preocupado e com dúvidas sobre a escolha de uma carreira pode ser descrito como tendo um *problema ocupacional*. Por fim, existe até um diagnóstico para criminosos que não se qualificam para um transtorno da personalidade ou outro diagnóstico: *comportamento antissocial adulto*. Na ficção, temos, por exemplo, o personagem Tony Soprano.

preservadas, mantendo-se a capacidade de reconhecer pessoas e objetos, identificar conceitos, executar funções motoras, usar a linguagem. A principal dificuldade é que, à medida que envelhecemos, e não importando quão inteligentes somos ou quão educados fomos, a velocidade com que processamos as informações tende a diminuir. É um fato infeliz que o *DSM-5-TR* não tenha considerado adequado continuar listando o DCRI (era listado no *DSM-IV*). Contudo, ainda podemos usar a ideia do DCRI, embora isso possa ser problemático às pessoas que precisam aplicar códigos àquilo que registramos.

Pode-se dizer que o DCRI é como uma declaração de normalidade. Por não ser um transtorno, não pode haver critérios; é um não diagnóstico de exclusão. Você deve descartar todo o restante, considerando não apenas a idade cronológica da pessoa mas também suas capacidades ao longo da vida, seu desempenho educacional, seu estado geral de saúde e sua cultura. Aqui está a boa notícia: significa que nada está errado e que a pessoa não está caminhando para a senescência. Aqui estão as más notícias: é provável que a situação não melhore e tende a piorar.

Jen

Alguns sintomas apontam com muita clareza para um diagnóstico de saúde mental; outros, não. Ao decidir qual é qual, devemos avaliar todos os sintomas no contexto do paciente como um todo. A perda de memória é um desses sintomas. Devemos ter cuidado para não tirar conclusões precipitadas acerca de sua importância.

> O telefonema matinal é categórico: "Preciso de um encaixe para hoje de qualquer maneira — ela está fora de si". Essa é a mãe de Jen. Quando ela entrou no quarto da filha pela manhã, encontrou a moça chorando. "Ela acha que destruiu sua mente."
>
> Com apenas 19 anos, Jen está no segundo ano em uma universidade do Leste dos Estados Unidos que começou a admitir mulheres há pouco tempo. Ela mora com os pais, mas recentemente passou muitas noites com amigas no *campus* — amigas, espera sua mãe. Ontem à noite, porém, Jen foi a uma festa fora do *campus*, organizada por um estudante que ela mal conhece. A multidão de jovens consumiu muito álcool, tanto cerveja quanto destilados. Saindo de uma semana puxada de exames finais, Jen estava pronta para a festa; poucos minutos depois de chegar, aceitou e tomou vários drinques. Pode-se dizer que essa é sua última lembrança até esta manhã, quando acordou nua e com uma ressaca terrível, em uma cama estranha, com um homem e uma mulher igualmente estranhos. "Nunca fiz nada assim antes", Jen chora ao falar com o terapeuta. "Eu sei que a gente pode danificar o cérebro com bebidas alcoólicas. Li sobre isso na aula de psicologia que fiz no semestre passado."

Antes desta manhã, ela não se sentia deprimida nem ansiosa, "mas com certeza estou agora". Jen também não acha que tenha batido a cabeça; embora a cefaleia sem dúvida seja intensa, ela não encontrou nenhum caroço ou sensibilidade. Obteve pontuação máxima no MEEM e, além do choro, tudo o mais nela parece normal.

Jen admite que está "muito chateada" com o que pode ter feito enquanto estava embriagada: "Tive algumas experiências sexuais, mas sempre tomei cuidado, e sempre me achei muito criteriosa". Depois de chorar mais um pouco, ela acrescenta: "Estou com muito medo de ter feito algo horrível com meu cérebro".

Análise

O clínico de Jen precisaria se certificar de que não houve concussão — bastante comum durante uma intoxicação alcoólica, mas algo ainda mais relevante em qualquer pessoa que tenha tido um período de amnésia. O MEEM e a atenção focada de Jen durante a entrevista descartam *delirium*, e não há evidências de demência ou depressão tão profunda que sugira pseudodemência. Na verdade, a história aponta para um blecaute alcoólico (passo 3 da Figura 14.1). Embora não seja um transtorno mental real, o blecaute alcoólico é uma experiência bastante comum que às vezes requer avaliação clínica.

Antes de descer pela árvore, vá até o passo 5. A experiência de Jen poderia ter sido um fenômeno dissociativo impulsionado pela ansiedade? Isso até pode parecer se enquadrar na definição de amnésia dissociativa, mas devemos, primeiro, descartar causas físicas mais óbvias antes de recorrer ao que alguns clínicos consideram um diagnóstico subjetivo (ver seção a seguir, "Amnésia e dissociação").

Comentário

No blecaute alcoólico, a pessoa pode continuar se comportando com normalidade; é só no dia seguinte, quando está sóbria, que resta pouca ou nenhuma lembrança do comportamento. Durante o blecaute alcoólico, as pessoas podem envolver-se em uma vasta gama de atividades, incluindo banalidades como fofocas do escritório e perigos como dirigir, além de atividades memoráveis, como fazer sexo. Os desmaios resultam dos efeitos do álcool na região do sistema límbico chamada hipocampo. Embora as memórias estabelecidas permaneçam inalteradas, a formação de novas memórias é bloqueada. O blecaute alcoólico pode ser parcial ou total; quanto maior a quantidade de bebida consumida (e em pouco tempo), mais grave será o comprometimento da memória. No entanto, não há evidências de que um blecaute alcoólico isolado implique alguma condição de saúde permanente.

Quando eu estava na universidade, disseram-nos que o blecaute alcoólico era um sintoma do alcoolismo; contudo, nas últimas décadas, a ciência determinou o oposto. Na verdade, estudos revelam agora que o blecaute é comum entre aqueles que só bebem socialmente — mesmo entre os que bebem pela primeira vez. Talvez 40% dos estudantes universitários que bebem tenham tido pelo menos um blecaute alcoólico. As mulheres podem ser ainda mais vulneráveis; uma sólida minoria de jovens que bebem (em especial, mulheres) fica tão assustada com o blecaute alcoólico que modera seu comportamento de beber. Isso não é algo ruim: apesar da crença de que é benigno, o blecaute alcoólico pode prenunciar dificuldades futuras com o transtorno por uso de álcool. A experiência de Jen deve servir de alerta para que ela reavalie suas escolhas recreativas.

AMNÉSIA E DISSOCIAÇÃO

Dissociação é uma quebra na conexão entre processos mentais que costumam ocorrer juntos. O resultado é uma mudança abrupta e temporária na consciência, no comportamento ou na identidade da pessoa, muitas vezes com amnésia para o episódio após seu término. Meu dicionário cita a *amnésia* como sendo sinônimo de esquecimento ou perda de memória. É claro que também há perda de memória na demência, mas o defeito é global e, em geral, permanente. A amnésia da dissociação implica uma lacuna que um dia será preenchida. Na verdade, esse é o desfecho habitual da dissociação — perda temporária da memória que será recuperada dentro de um período de dias ou semanas.

Em verdade, lutei durante dias para decidir como apresentar este tópico. Aqui está o meu dilema com esse conjunto de diagnósticos complicados: a dissociação está em quase toda parte, mas, ao mesmo tempo, em lugar algum. Está em toda parte na medida em que abrange as experiências normais e cotidianas que todos nós tivemos, como sonhar acordado ou ficar tão imerso em um artigo de revista ou programa de televisão que perdemos a noção do tempo. A hipnose é um tipo de dissociação utilizada com frequência para auxiliar no tratamento de pacientes cirúrgicos, odontológicos, clínicos e de psicoterapia. A dissociação anormal, em contrapartida, foi identificada no embotamento afetivo da esquizofrenia e no entorpecimento que os pacientes com TEPT desenvolvem em relação às suas experiências traumáticas. Também é encontrada de maneira independente, como na *despersonalização* (a sensação de estar separado do corpo) e na *desrealização* (a sensação de que o mundo mudou ou não é real).

No entanto, a dissociação também não está em lugar algum — quase. Nas minhas décadas como psiquiatra, foi raro encontrar alguém com um transtorno dissociativo inequívoco. Alguns escritores questionam o valor desses transtornos, afirmando que eles não podem ser diagnosticados com segurança e que podem ser fabricados por entusiastas crédulos. Grandes séries de casos de pacientes dissociativos tendem a se reunir em centros especializados em seu tratamento ou em clínicas de médicos especializados que escrevem muito sobre eles. Como todas as outras pessoas, os médicos tendem a encontrar o que procuram.

Na verdade, pode ser difícil resistir a um diagnóstico fascinante. Um paciente que se encontra no pronto-atendimento subitamente incapaz de se lembrar de algo vital do passado está pronto para o "drama". O paciente pode ser muito sugestionável, e talvez haja uma história de patologia induzida por estresse. Precipitada por traumas físicos, sexuais ou outros traumas emocionais, a amnésia elimina a lembrança de eventos ou períodos de tempo específicos, ao passo que a aprendizagem futura não é afetada. Além disso, a amnésia muitas vezes desaparece tão rápido quanto começou.

Está claro para mim que, conforme descrito na Figura 14.1, é verdade que alguns pacientes perdem de maneira temporária as funções da memória em decorrência de transtornos dissociativos, mas muitos clínicos nunca atenderam um caso desse tipo. Em 2006, o periódico *The New Yorker* traçou o perfil de um paciente assim, Doug Bruce, que depois de dois anos ainda não havia recuperado a memória. Estudos recentes relataram que esses indivíduos podem ser subdiagnosticados entre pacientes psiquiátricos e da medicina geral, por isso mencionei as categorias aqui, mas analise seus dados e suas conclusões.

Como poucos pacientes relatam experiências dissociativas de forma espontânea, o clínico deve perguntar: "Você alguma vez se pegou em um lugar sem saber como havia chegado lá? Você alguma vez não foi capaz de reconhecer familiares ou amigos? Não conseguiu se lembrar de um período de sua infância ou vida adulta? Já encontrou itens desconhecidos entre seus pertences ou documentos que você aparentemente escreveu, mas dos quais não se lembra? Esse tipo de questionamento tem o risco de sugerir sintomas a pessoas suscetíveis. Levando o erro um passo adiante, os clínicos às vezes identificam a dissociação e depois interrogam os pacientes sobre qualquer possível abuso — uma possível causa — que possa ter ocorrido durante a infância.

Como um primeiro passo diagnóstico, pelo menos uma autoridade aconselha garantir que os sintomas do paciente são genuínos. (Lembre-se de nosso paciente Tony, no Capítulo 4, conhecido por estar em desacordo com a verdade, que alegou ter experimentado um estado de fuga.) Embora eu deteste diagnosticar simulação, é justo salientar que a amnésia é o sintoma de doença mental mais simulado. Talvez você queira revisar o que escrevi sobre isso no Capítulo 4. Além disso, considere que ninguém — bem, quase ninguém — pensa em examinar o paciente em busca de transtornos somáticos.

# 15

DIAGNOSTICANDO TRANSTORNOS RELACIONADOS A SUBSTÂNCIAS E TRANSTORNOS ADITIVOS

Preciso desabafar: às vezes somos alertados contra o termo *adição* porque ele não tem uma definição científica. Embora isso seja verdade, o mesmo pode ser dito acerca de grande parte da nomenclatura em saúde mental, de modo que se evitássemos todos os termos inexatos, ficaríamos sem palavras. Nas ruas e na imprensa popular, depressão, paranoia, fobia, ansiedade, mania, esquizofrenia — todas têm significados bastante diferentes do seu uso científico estrito.

A palavra *adição* vem da lei romana e significava "render-se a um mestre". Quão apropriado é utilizar tal termo para comportamentos que hoje associamos ao uso de substâncias e outras compulsões! O termo compacto transmite clara sensação de perda de controle com danos ao indivíduo e à sociedade. Além da falta de rigor científico, sua principal desvantagem é uma conotação de reprovação que nós, da área da saúde mental, preferiríamos evitar. (*Hábito*, termo aplicado há mais de 100 anos ao uso de drogas viciantes, também nunca foi defendido com afinco pelos profissionais.)

TRANSTORNOS RELACIONADOS A SUBSTÂNCIAS

Nas últimas décadas, a terminologia mudou. Considerando que a partir do *DSM-III* falávamos de *dependência de substâncias* e *uso de substâncias* como dois transtornos diferentes, o bom senso por fim prevaleceu, e seus critérios foram combinados em uma grande compilação denominada transtornos relacionados a substâncias. No entanto, esse termo me parece um pouco confuso; por isso, continuarei me referindo às pessoas com esse transtorno como tendo *dependên-*

cia de substâncias, em resumo. A dependência de substâncias tem três características principais:

1. Em geral, a pessoa será afetada no aspecto fisiológico. Isso significa que o consumo de álcool ou outra substância foi intenso e prolongado o suficiente para causar *tolerância* — necessidade de uma quantidade maior para satisfazer a fissura (ou uma quantidade constante para evitar a abstinência) — ou *abstinência*, em que os sintomas se desenvolvem quando a pessoa diminui o uso de forma abrupta. Algumas pessoas experimentarão tanto tolerância quanto abstinência.
2. A perda de controle é a segunda característica constante do transtorno relacionado a substâncias. É demonstrada pelo uso de mais do que a pessoa pretende, pela falha repetida em controlar o consumo, por preferir o uso em detrimento de atividades importantes (como a vida familiar) e pelo consumo persistente apesar do conhecimento de que é prejudicial à saúde ou perigoso ao indivíduo ou a outras pessoas. Suponho que incluiria aqui a fissura pela substância — o *DSM-5* e seu sucessor, o *DSM-5-TR*, são os primeiros manuais a, finalmente, incluí-lo como um sintoma.
3. Por fim, diversas questões sociais que são consequência do consumo afetam os pacientes que fazem uso de substâncias. Pode-se citar não cumprimento de responsabilidades importantes, discussões e outras disputas interpessoais, bem como tempo excessivo gasto na obtenção ou na utilização da substância.

Eu não ficaria muito preocupado com a quantidade exata de critérios que uma pessoa precisa para ter dependência. Dois ou três sintomas é o intervalo exigido no *DSM-5-TR* para uma classificação de transtorno relacionado a substâncias *leve*, mas parece improvável que muitas pessoas com esse transtorno parem no terceiro. Se não forem tratadas, aquelas com alguns sintomas têm grande probabilidade de desenvolver outros.

Samuel

O modo como avaliamos a dependência de substâncias baseia-se em dois tipos de critérios: a perda de controle e as consequências do uso (incluindo consequências sociais, jurídicas, financeiras, profissionais, familiares e físicas/clínicas). Embora as ferramentas de diagnóstico atuais tenham sido criadas em época recente, se empregadas com cuidado, podem nos ajudar a explorar o passado, a fim de desenterrar os perigos do presente. Como observei antes, a avaliação da dependência de substâncias é baseada em três tipos de sintomas: questões fisiológicas, perda de controle e inúmeras consequências sociais e pessoais do uso. Confira quantos destes você consegue identificar na história de Samuel.

Todo estudante de literatura inglesa sabe que, quando jovem, Samuel Taylor Coleridge escreveu o poema *The rime of the ancient mariner*. Um pouco menos conhecida é a maneira como a sua história pessoal descreve sua forte dependência em ópio.

Nos últimos anos do século XVIII, quando Samuel começou a usar substâncias, morfina, codeína e heroína ainda não haviam sido derivadas, e a forma de consumo do ópio era uma tintura alcoólica chamada *láudano*. Samuel utilizou láudano de maneira intermitente desde os 20 e poucos anos para facilitar o sono e aliviar preocupações e dores. Naquela época, o conceito de dependência era pouco reconhecido, e qualquer pessoa com alguns xelins poderia comprar narcóticos de um farmacêutico com muita facilidade — sem necessidade de receita médica. Como remédio universal para a saudade de casa, a exaustão e o estresse das apresentações públicas, Samuel consumia até meio litro de láudano por dia — uma quantidade enorme para os padrões de qualquer época. Além disso, ele ingeria uma quantidade absurda de bebidas alcóolicas.

Os primeiros problemas sérios de Samuel com a adição ao ópio surgiram quando tinha quase 20 anos. Embora tenha composto seu místico poema *Kubla Khan* sob influência do láudano, no geral, a substância o fez passar muito mais tempo sonhando acordado com a glória literária do que trabalhando para alcançá-la.

Os sintomas físicos resultantes do uso do ópio são numerosos e bem documentados. Para Samuel, um dos piores efeitos colaterais era a constipação intestinal — "dores de estômago violentas e flatulência humilhante" — que lhe causava tanta agonia que, para obter alívio, ele recorria a enemas e outros constrangimentos, considerados por ele uma punição por seu vício. Com seu humor oscilando da euforia ao desespero, Samuel acordava gritando, com sonhos aterrorizantes. Durante uma viagem marítima, teve alucinações de "rostos amarelos" na cortina ao redor de seu beliche e teve a ilusão de que as velas agitadas eram peixes sacudindo no convés.

Em seus cadernos, Samuel anotou sintomas que hoje reconhecemos como abstinência: dores nas articulações, sudorese nas sobrancelhas, "enjoo como se houvesse vento no estômago", diarreia, febre e desespero. Não importava quantas vezes prometia a si mesmo que iria desistir, no final sempre voltava à "horrível escravidão" do ópio — nas palavras de um amigo — que o deixava taciturno e o fazia mentir e negligenciar seu trabalho e sua família. A culpa o fez tentar esconder a quantia que usava. Mais tarde na vida, Samuel escreveu cartas de autopiedade a amigos, a quem acusou de entendê-lo mal, e sofreu de uma depressão que subitamente se avolumou e o dominou. Além disso, Samuel tinha pensamentos suicidas que surgiram de forma concomitante à depressão.

Nos anos posteriores, o consumo de substâncias de Samuel foi controlado quando um médico lhe prescreveu uma receita limitada; ainda assim, ele buscava suprimentos adicionais. Seu farmacêutico permitiu-lhe esse excesso, mas em quantidades tão pequenas que ele podia mais uma vez trabalhar com eficácia e prosperar.

Análise

Com um pouco de esforço, podemos comparar os sintomas que Samuel apresentou há mais de 200 anos com os critérios atuais para transtorno relacionado a substâncias. No Quadro 9.3, você observará os sintomas de intoxicação que Samuel registrou. A seguir, utilizaremos a definição de dependência fornecida no início deste capítulo para verificar se ele era dependente do ópio de fato.

Pela quantidade de láudano que Samuel consumia, sabemos da sua tolerância de quantidades muito maiores do que um indivíduo não habituado poderia suportar e, claro, sofria de fortes sintomas de abstinência. Seu uso começou quando ele era jovem e persistiu por toda a vida; ao longo do caminho, podemos encontrar amplas evidências de falta de controle. Pelas suas próprias anotações e cartas, podemos ver como ele ansiava pela droga e a utilizava apesar da evidência de seus efeitos físicos, permitindo que a substância ditasse o ritmo do trabalho de Samuel e de suas responsabilidades sociais, usando-a em detrimento dos repetidos esforços para restringir esse comportamento. Mesmo após mais de dois séculos, Samuel atende aos critérios modernos para transtorno mental grave induzido por opioides.

O uso de múltiplas substâncias é comum; atualmente, depois de uma entrevista adequada e aprofundada, é provável que Samuel seria diagnosticado com transtorno induzido por opioides e transtorno por uso de álcool. Mas podemos dizer também que ele tinha transtorno do humor? A profunda tristeza que experimentava de vez em quando era tão grave que Samuel tinha ideias suicidas; no entanto, como parecia consequente ao uso de ópio, eu não chamaria essa profunda tristeza de um transtorno mental independente (raspado pela navalha de Occam!). Em vez disso, a Figura 11.1 aponta-nos para um diagnóstico do passo 3 — depressão induzida por substâncias.

Comentário

Um problema na avaliação do uso de substâncias é a confiabilidade do informante. Este seria o caso de Samuel, que trabalhou duro para esconder a verdadeira extensão de sua adição. Sempre quero confiar em meus pacientes, mas toda vez que sei que alguém pode ter uma forte motivação para adiar, obscurecer ou alterar a verdade, procuro a ajuda de informantes confiáveis que se preocupam com o paciente. (No caso de Samuel, é preciso ler nas entrelinhas.) Também me apoiarei em medidas objetivas, como exames laboratoriais, que não estavam disponíveis há 200 anos.

O uso de substâncias costuma fazer parte de uma comorbidade. Diversos estudos descobriram que de um terço a metade das pessoas que fazem uso de substâncias têm um diagnóstico mental adicional, já quase 30% dos pacientes com outros transtornos mentais atendem, em um momento ou outro, aos critérios para um transtorno relacionado a substâncias. A depressão de Samuel estava relacionada com o uso de substâncias, o que é comum. Na verdade, quase todas as classes de transtorno mental que você possa imaginar são mais comuns em pessoas com dependência de substâncias. Porém, em alguns raros casos, o indivíduo teria tido o transtorno de qualquer maneira, qualquer que fosse sua experiência com álcool ou drogas. Esses transtornos secundários podem mimetizar de perto doenças mentais ou emocionais independentes — na maioria dos casos, com o tempo e a abstinência, os sintomas secundários vão diminuir.

Chuck

Ao avaliar o uso de substâncias, pode ser muito difícil decidir se os sintomas de uma pessoa estão todos relacionados com a substância ou se indicam outro transtorno independente. No primeiro caso, deverão desaparecer assim que o uso indevido for controlado.

> Aos 38 anos, Chuck procurou atendimento por causa de uma depressão. "A vida não é muito boa, doutor", era sua queixa principal. Quando resolvia trabalhar, Chuck era um comerciante que ganhava bem, mas quem sustentava a casa era June, sua esposa *bartender* que, muitas vezes, experimentava seus próprios produtos. June enviou ao médico um bilhete — quando Chuck o entregou, o envelope apresentava sinais de ter sido aberto e fechado novamente — no qual se queixava de quão raras eram as relações sexuais entre ela e o marido. Chuck admitiu ter lido muito sobre álcool e problemas sexuais; experimentou Viagra, mas percebeu que era a bebida que prejudicava seu desejo sexual. "Alguma coisa a ver com os níveis de testosterona, doutor", ele me informou. "Você pode ler sobre isso no *site*..." De memória, ele recitou um endereço eletrônico cheio de pontos e barras.
>
> Ao longo dos anos, tratei muitos pacientes inteligentes, mas Chuck foi o único que passou no teste e ingressou na Mensa (sociedade para pessoas de alto QI). No entanto, Chuck nunca concluiu o ensino médio; após algumas suspensões (duas por roubo e uma por agressão a um professor), ele foi expulso. Chuck afirmava que ter entrado para a Mensa o fazia sentir que "tinha substância".
>
> Após deixar a escola, ele relaxou por um tempo; em seguida, saiu do Exército por estabelecer o recorde de ausência do serviço sem licença. Após, Chuck tentou cometer crimes violentos, mas, embora fosse muito bom em planejamento, faltava-lhe o impulso para uma execução eficaz. Chuck e um comparsa foram presos após serem pegos consumindo cerveja roubada de uma loja de conveniência, da qual também roubaram US$ 84. Depois de sair da prisão, ele passou alguns cheques sem fundo e roubou vários empregado-

res em troca de algumas ferramentas valiosas, mas nenhum desses crimes resultou em prisão.

Quando Chuck completou 27 anos, seu hábito de beber, que começou durante sua breve carreira no Exército, foi impulsionado. Ele bebia quase um fardo de 12 cervejas todas as noites, uma prática que o levou à troca frequente de empregos, nenhum dos quais durou mais do que um ou dois meses. Chuck, então, se casou duas vezes, sem se preocupar com o divórcio necessário entre elas. As queixas de falta de apoio feitas pela primeira esposa levaram a informações sobre suas outras atividades, o que o colocou atrás das grades por mais alguns meses. Com o segundo casamento (com June) veio uma espécie de dote — o sogro de Chuck era dirigente sindical em um dos ramos da construção. Após um breve aprendizado, Chuck parecia preparado para a vida com um emprego que pagava bem e oferecia enormes benefícios. No entanto, Chuck mais bebia do que trabalhava — mais do que qualquer coisa, na verdade; até June estava reclamando.

Chuck me contou que os sentimentos de depressão surgiram aos poucos, piorando ao longo do último semestre. Alimentado pela bebida, ele brigava com June "sempre que estava sóbrio o suficiente". Seu apetite era quase nulo e ele estava perdendo peso; seu sono já havia piorado há muito tempo.

Depois de uma bebedeira intensa que durou muitas semanas, Chuck precisou ser hospitalizado. Durante o processo de internação, ficou instável e tinha dificuldade até para escrever seu nome. "Estou bem, estou ótimo", exclamava, mas arrastava as palavras de um modo que mostrava que o homem não estava bem. Na manhã seguinte, durante a ronda médica, tive certeza disso. Após uma noite sem dormir, o problema de coordenação de Chuck progrediu para um tremor forte que o fazia segurar o copo de suco com as duas mãos.

No dia seguinte, ele estava em uma crise total de abstinência — suando, andando de um lado para o outro (quando não estava caindo) e vomitando. Também se queixava de pequenos gatos "do tamanho de ratos" que usavam sinos que tocavam enquanto eles dançavam no parapeito de sua janela. Chuck pensou estar encarcerado na prisão estadual. Enquanto ainda se recuperava, falou sobre outra ocasião em que ficou assim, quando foi preso por agredir um policial federal antidrogas disfarçado que tentava rastrear uma mala cheia de cocaína. "Se eu tenho algum arrependimento? Claro, sinto ter sido preso, mas não me sinto culpado, se é isso que você quer dizer. A culpa é para otários."

Análise

Além da bebida e dos problemas com a lei, Chuck tinha três problemas mentais que precisamos discutir: depressão, psicose e desorientação. As Figuras 11.1, 13.1 e 14.1 são unânimes em nos guiar a considerar um transtorno relacionado a substâncias. Isso estaria de acordo com o que sabemos sobre o transtorno por uso de álcool. Pessoas que bebem muito costumam ter depressão, e indivíduos dependentes de álcool em crise de abstinência às vezes têm *delirium tremens*, durante o qual ficam desorientados e têm alucinações visuais. Na grande maioria dos pacientes sem tratamento adicional, a depressão desaparece assim que o consumo de bebida é interrompido. Foi por isso que, embora eu sempre dê alta prioridade ao diagnóstico de depressão, optei por adiar o tratamento da depressão de Chuck.

E quanto ao seu comportamento criminoso e o que isso diz sobre a estrutura de sua personalidade? Embora eu hesite em oferecer um diagnóstico precoce à maioria dos transtornos da personalidade, o transtorno da personalidade antissocial baseia-se em fatos objetivos que podem ser obtidos por aqueles que conhecem bem o paciente. A longa história de dificuldades de Chuck com a autoridade e a lei (que remonta ao início da adolescência, antes de começar a beber muito), além de sua insensível ausência de culpa, forneceram uma base sólida para esse diagnóstico.

Considerando tudo isso, eu listaria os inúmeros diagnósticos de Chuck na ordem em que precisariam ser tratados:

Delirium devido a abstinência de álcool (*delirium tremens*)
Transtorno por uso de álcool
Depressão secundária ao transtorno por uso de álcool
Transtorno da personalidade antissocial

Como Chuck estava em meio a sintomas de abstinência, manter o *delirium* em primeiro lugar na lista ressalta a importância de focar nessa condição potencialmente fatal. Eu acreditava que sua depressão resultava da bebida, de modo que deveria diminuir assim que ele se livrasse do consumo.

Comentário

Quase metade das pessoas que fazem uso indevido de álcool, drogas recreativas ou medicamentos prescritos terão pelo menos um transtorno mental adicional. Algumas condições são mais ou menos independentes, mas muitas vezes (talvez quase sempre), o transtorno relacionado a substâncias causa depressão, psicose ou transtorno de ansiedade; como tal, não são *verdadeiramente* uma comorbidade, apenas uma condição coocorrente. (Ver quadro "Transtorno mental independente ou relacionado a substâncias?") Precisamos saber qual é qual porque trataremos os transtornos mentais que surgem apenas durante o uso de substâncias de uma maneira diferente daqueles que são independentes. O desfecho dos transtornos dependentes pode ser melhor ou pior do que o dos transtornos independentes, dependendo da eficácia com que lidamos com o uso da substância em si.

> ## Transtorno mental independente ou relacionado a substâncias?
>
> Ao decidir se o transtorno mental de um paciente é relacionado a substâncias ou independente, considero diversas questões:
>
> 1. Se o outro transtorno mental começou primeiro, eu me inclinaria à independência — isto é, uma condição não causada pelo uso de substâncias. O transtorno da personalidade antissocial, os transtornos bipolares e a esquizofrenia são as condições com maior probabilidade de começar antes do uso de substâncias.
> 2. Se não estiver claro o que começou primeiro, eu aplicaria o princípio diagnóstico relativo a "não diagnosticado" e usaria esse rótulo ou [*nome da condição*] não especificado e, em seguida, acompanharia o caso com atenção para ver o que acontece depois que o uso da substância for interrompido.
> 3. Um transtorno mental relacionado a substâncias deve diminuir ou desaparecer em um mês. Se os sintomas persistirem (talvez até aumentarem) após a desintoxicação, meu provável diagnóstico seria um transtorno mental independente.
> 4. No caso de um transtorno mental independente, gosto de ver mais sintomas em vez de menos, de modo a atender plenamente (ou exceder) os critérios diagnósticos da doença em questão.
> 5. Procuro sintomas atípicos. Por exemplo, o início súbito de alucinações (incomum na esquizofrenia) sugere uma causa de psicose relacionada a outros distúrbios clínicos ou a substâncias. Alucinações visuais, táteis ou olfativas também sugerem psicose não esquizofrênica.

TRANSTORNOS ASSOCIADOS AO USO DE SUBSTÂNCIAS

Quer representem ou não diagnósticos independentes, alguns transtornos costumam ser associados ao uso de substâncias. A Tabela 15.1 resume parte dessa discussão.

- *Transtorno da personalidade antissocial.* Esta é uma das poucas condições concomitantes que *não* é causada pelo uso de substâncias. Mais de três quartos dos pacientes com transtorno da personalidade antissocial também fazem uso de substâncias, e 10 a 20% dos homens e cerca de 5% das mulheres com transtorno por uso de álcool apresentam esse transtorno da personalidade. Alguns estudos concluíram que uma história intensa de uso grave de substâncias acarreta maior probabilidade de comorbidade, sobretudo no caso de transtorno da personalidade antissocial.
- *Transtornos neurocognitivos.* O *delirium* é encontrado durante a intoxicação por todos os grupos de substâncias, exceto cafeína; álcool e sedativos também produzem *delirium* seguinte à abstinência. Um tipo de demência pode resultar do uso intenso e prolongado de inalantes, e a demência (antes

TABELA 15.1 Classes de transtornos mentais que podem ocorrer durante a intoxicação (I) ou a abstinência (A)

	Delirium	Demência[a]	Psicose	Humor	Ansiedade
Álcool	I/A	Sim	I/A	I/A	I/A
Anfetaminas	I		I	I/A	I
Cafeína					I
Maconha	I		I		I
Cocaína	I		I	I/A	I/A
Alucinógenos	I		I	I	I
Inalantes	I	Sim	I	I	I
Opioides	I		I	I	
Fenciclidina (PCP)	I		I	I	I
Sedativos	I/A	Sim	I/A	I/A	I/A

[a]Como a demência está associada ao uso abusivo e prolongado de substâncias, usa-se apenas "sim".

chamada de transtorno amnéstico) conhecida como *psicose de Korsakoff* é clássica do uso intenso e prolongado de álcool com insuficiência crônica de tiamina. Há mais informações sobre isso no Capítulo 14.

- *Transtornos psicóticos.* Você espera que os alucinógenos produzam psicose (às vezes transtorno delirante) e eles produzem, de fato; às vezes, produzem alterações visuais prolongadas que não chegam ao nível de uma psicose. São *flashbacks* durante os quais a pessoa perceberá movimentos na periferia da visão, que são falsos, ou outras distorções visuais, como rastros, formas geométricas, cores muito intensas ("super-photoshopadas", como um paciente uma vez expressou) ou objetos menores ou maiores que o normal. A psicose seguinte ao uso de fenciclidina (PCP) costuma desaparecer após algumas horas; às vezes, porém, os pacientes retêm sintomas de catatonia ou psicoses paranoicas durante semanas. Aqui estão dois problemas que podem complicar o quadro diagnóstico: (1) alguns indivíduos podem não estar cientes de que ingeriram PCP; e (2) mesmo aqueles que sabem podem não ter a noção de que seus sintomas são causados pela droga. Mais da metade das pessoas que usam anfetaminas (em especial, metanfetaminas) desenvolvem delírios e até alucinações, tornando tais pessoas violentas. Enquanto cerca de 3% dos indivíduos com transtorno por uso de álcool têm psicose durante o uso excessivo ou a abstinência, é raro a maconha produzir esse sintoma; o que pode acontecer é ela piorar os sintomas de uma provável esquizofrenia real.

- *Transtornos depressivos*. Mais de 75% dos indivíduos com transtorno por uso de álcool desenvolvem depressão, com sintomas quase iguais aos de outras causas de depressões clínicas. Contudo, na grande maioria dos casos (cerca de 95% dos homens, talvez 75% das mulheres), a depressão melhora logo depois que o consumo de álcool é interrompido. Os transtornos do humor, sobretudo a depressão, também estão associados à maioria das outras drogas ilícitas, incluindo a maconha (a distimia tende a predominar), os opioides e os alucinógenos. A depressão também se desenvolve durante a abstinência de anfetaminas ou cocaína.
- *Transtornos de ansiedade*. Cerca de três quartos das pessoas que bebem demais têm crises de pânico durante a abstinência, e uma forma de evitação social semelhante à agorafobia também é comum durante as primeiras semanas de sobriedade. As crises de pânico podem ocorrer durante a abstinência de sedativos/hipnóticos e intoxicação por anfetaminas. Os usuários de maconha, sobretudo os novatos, costumam ter crises de pânico. Transtornos de ansiedade também estão associados ao uso de alucinógenos.
- *Transtornos por uso de substâncias*. Embora alguns indivíduos usuários de álcool desprezem outras drogas e vice-versa, há pacientes que usam o que aparece. Além disso, devemos sempre ter muito cuidado ao considerar os "quatro grandes" tipos de drogas: álcool, drogas recreativas, medicamentos de venda sob prescrição e medicamentos de venda livre.

OUTRAS ADIÇÕES

Tendemos a falar de maneira vaga e, às vezes, com pitadas de humor sobre muitos "vícios" de comportamento, como comer chocolate, assistir à TV e comprar coisas na internet. No entanto, diversos transtornos que envolvem dificuldade em controlar o impulso de se envolver em comportamentos prejudiciais apresentam impressionantes semelhanças com o uso de substâncias. Como poucos deles representam um grande desafio diagnóstico, vou discuti-los aqui com menos detalhes.

Transtorno do jogo compulsivo

Pessoas que jogam a ponto de prejudicar a si mesmas e a outras pessoas terão sintomas semelhantes aos dos transtornos relacionados a substâncias — por exemplo, a necessidade de colocar em jogo quantias crescentes de dinheiro (tolerância) e desconforto ao tentar parar de jogar (abstinência). Outros sintomas incluem atos ilegais praticados para obter dinheiro para os jogos de azar e a ruptura de relações pessoais. O jogo é também um dos comportamentos não relacionados a substâncias (outro é comer demais) que, muitas vezes, é gerenciado de maneira eficaz por programas de 12 passos, como os dos grupos de AA. Essas semelhanças levaram à migração do transtorno do jogo compulsivo a um capítulo que o *DSM-5-TR* chama de "Transtornos relacionados a substâncias e transtornos aditivos".

Piromania, tricotilomania, cleptomania

Durante centenas de anos, a palavra grega *mania* ("loucura") foi usada com o significado de "ter uma paixão". Embora o termo seja agora amplamente cooptado para a fase "up" do transtorno bipolar I, o uso mais antigo sobrevive nos nomes de três transtornos contemporâneos com as qualidades gerais de adição: piromania (atear fogo), tricotilomania (arrancar cabelo) e cleptomania (roubar), cada um dos quais atua como um "mestre" ao qual o indivíduo se sente compelido a se submeter. Muitas vezes começando na infância ou na adolescência, esses transtornos provocam comportamentos que podem se tornar crônicos, perdurando até a idade adulta. Apesar do aspecto de rendição, eles são *egossintônicos*, ou seja, são realizados de acordo com os valores e desejos conscientes da pessoa — e não em resposta, por exemplo, a alucinações.

Diferentemente do jogo e do uso de substâncias, essas condições não são definidas por listas de comportamentos que levam a pessoa a entrar em conflito com a sociedade. Em vez disso, cada comportamento começa com uma tensão ou excitação crescente que só é aliviada quando o fósforo é riscado, o fio de cabelo é arrancado ou o item desnecessário (e não pago) é colocado no bolso. A tensão pode ser descrita como uma "coceira" no couro cabeludo ao arrancar o cabelo, inquietação ou uma combinação de prazer e medo (como na cleptomania).

Esses três transtornos implicam sigilo — dois porque são ilegais, o terceiro porque pode fazer a pessoa se sentir ridicularizada e com vergonha. Porém, uma vez identificada a conduta, o diagnóstico fica fácil, já que provocar incêndios e roubar não exige muito esforço do clínico em sua análise. O que eles exigem é que prestemos atenção a um punhado de exceções; esses dois comportamentos são, de longe, encontrados com mais frequência fora do contexto do transtorno mental. Na verdade, pessoas que roubam ou provocam incêndios com outros motivos em mente podem tentar alegar — falsamente — que sofrem de transtorno mental. É por isso que precisamos considerar as listas bastante longas de circunstâncias em que esses diagnósticos *não* devem ser feitos. No caso da piromania, o incêndio não deve ser decorrente de déficit no julgamento (como na deficiência intelectual, na intoxicação por substâncias ou na demência) ou feito com fins lucrativos, por vingança, para ocultação de crime, por raiva ou em resposta a uma psicose. Na cleptomania, os itens não devem ser roubados em resposta a raiva, delírios ou alucinações de comando ou pelo seu valor monetário. Nesses dois transtornos, a esquizofrenia, a mania ou um transtorno da personalidade não devem explicar melhor o comportamento. No caso da tricotilomania, as restrições são menores, embora o critério de sofrimento clínico/prejuízo na função exclua a remoção das sobrancelhas por uma questão estética. O *DSM-5-TR* inclui a tricotilomania no capítulo "Transtorno obsessivo-compulsivo e transtornos relacionados", que, por sua vez, inclui um transtorno relacionado, o de escoriação (*skin-pickin*).

Para manter a consistência com os capítulos anteriores da Parte III, na Figura 15.1, forneço uma árvore de decisão para um paciente com problemas de dependência. No entanto, é provável que você não tenha problemas específicos para fazer esses diagnósticos. Os maiores desafios diagnósticos, como descrevi ao longo deste capítulo, residem em determinar o *status* independente *versus* dependente dos transtornos concomitantes (no caso do uso de substâncias) e em esclarecer se comportamentos específicos podem estar relacionados a outros transtornos ou motivações em geral (no caso de algumas das outras adições).

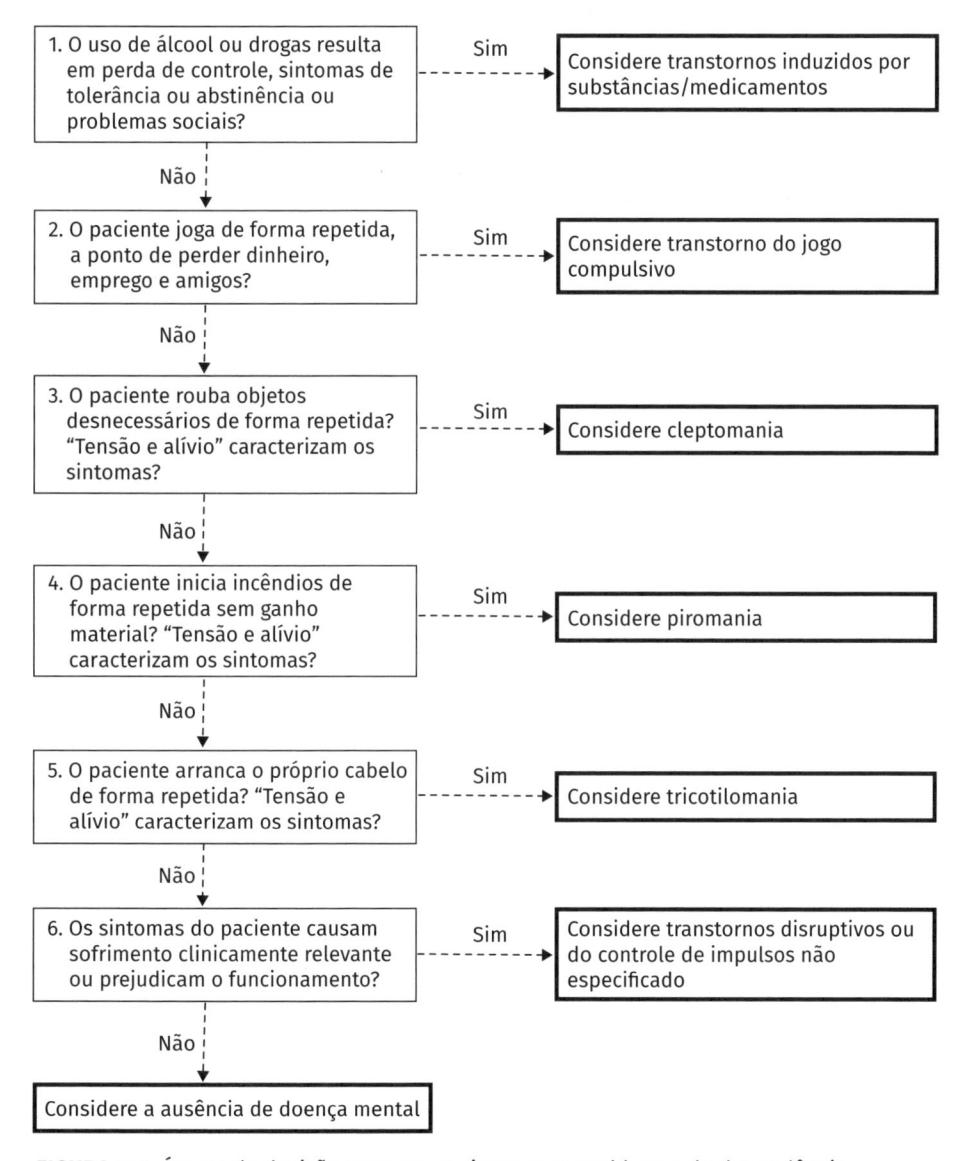

```
1. O uso de álcool ou drogas resulta    Sim   → Considere transtornos induzidos por
   em perda de controle, sintomas de           substâncias/medicamentos
   tolerância ou abstinência ou
   problemas sociais?
          │ Não
          ▼
2. O paciente joga de forma repetida,   Sim   → Considere transtorno do jogo
   a ponto de perder dinheiro,                  compulsivo
   emprego e amigos?
          │ Não
          ▼
3. O paciente rouba objetos             Sim
   desnecessários de forma repetida?         → Considere cleptomania
   "Tensão e alívio" caracterizam os
   sintomas?
          │ Não
          ▼
4. O paciente inicia incêndios de       Sim
   forma repetida sem ganho                  → Considere piromania
   material? "Tensão e alívio"
   caracterizam os sintomas?
          │ Não
          ▼
5. O paciente arranca o próprio cabelo  Sim
   de forma repetida? "Tensão e              → Considere tricotilomania
   alívio" caracterizam os sintomas?
          │ Não
          ▼
6. Os sintomas do paciente causam       Sim   → Considere transtornos disruptivos ou
   sofrimento clinicamente relevante            do controle de impulsos não
   ou prejudicam o funcionamento?               especificado
          │ Não
          ▼
Considere a ausência de doença mental
```

FIGURA 15.1 Árvore de decisão para um paciente com problemas de dependência.

16

DIAGNOSTICANDO TRANSTORNOS ALIMENTARES E DO SONO

Comer e dormir são tão fundamentais à nossa sobrevivência que é fácil ignorá-los. Presumimos que essas atividades simplesmente acontecerão até que, um dia, não acontecem — ou não acontecem dessa forma natural. Os comportamentos incluídos nessas duas classificações podem passar despercebidos pelo radar diagnóstico quando um paciente apresenta problemas mais graves e mais angustiantes. Contudo, questões relacionadas com o sono e a alimentação também podem ser os precursores de outros problemas demasiado graves para serem ignorados.

Problemas com a alimentação e o sono ocorrem com tanta frequência no curso de diversos transtornos mentais e físicos que é muito difícil para o clínico decidir quando tal condição é "apenas" parte de um quadro geral e quando alcança o *status* de transtorno independente. Neste capítulo, abordaremos problemas — embora não todos os transtornos possíveis nessas duas classes (pois são numerosos, sobretudo os que envolvem o sono) — que afetam muito mais a população adulta e que provavelmente serão discutidos no consultório de um profissional da área de saúde mental.

TRANSTORNOS ALIMENTARES

Todos os comportamentos que nós, profissionais da área de saúde mental, nos deparamos são importantes para a saúde e a felicidade do paciente. Contudo, apenas um comportamento está sujeito a uma tomada de decisão consciente e é essencial para a continuação da própria vida: — a alimentação. (O sono também é necessário para sustentar a vida, mas é muito difícil controlá-lo por mais de um ou dois dias.)

Precisamos comer para viver. Ingerir alimentos não saudáveis pode nos deixar doentes e até reduzir nosso tempo de vida. Contudo, em geral, *o que* se come não é a causa dos transtornos alimentares, e sim *como* o alimento é consumido. Múltiplos comportamentos e atitudes podem sinalizar a presença de um transtorno alimentar:

- Comer em episódios de compulsão alimentar. A pessoa consome, de uma só vez, uma quantidade maior de alimentos do que o necessário para uma refeição normal.
- Comer rapidamente. Algumas pessoas apenas engolem a comida.
- Jejuar e comer pouco para manter uma boa saúde. Reduzir a ingestão de forma acentuada é um modo empregado pelos pacientes com anorexia nervosa ou bulimia nervosa para compensar sua ingestão e que pode causar deficiência nutricional. Alguns pacientes apenas se recusam a comer.
- Medo excessivo de perder ou ganhar peso.
- Julgamento prejudicado. Refere-se a autopercepção distorcida (acreditar que está obeso quando se está magro) ou a falta de percepção da pessoa sobre o quão perigosos os comportamentos se tornaram.
- Refeições solitárias. Esse é um critério para o transtorno de compulsão alimentar (TCA), mas pessoas com outros transtornos alimentares também têm esse comportamento por vergonha ou constrangimento.
- Vômito autoinduzido ou uso de medicamentos para evitar o ganho de peso.
- Exercício extremo. Este é outro meio de mitigar os efeitos de comer demais.
- Sensação de falta de controle sobre o que e quando comer.
- Sentimento negativo de nojo, constrangimento ou culpa em relação ao comportamento alimentar.

Comer não é apenas uma questão de colocar alimentos na boca. Exceto momentos em que precisamos consumir alguns sanduíches na mesa do computador enquanto trabalhamos em uma caixa lotada de *e-mails*, o aspecto social do consumo pode ser quase tão importante quanto o consumo em si. Utilizamos a experiência gastronômica como um momento de troca de experiências e ideias, como base das relações familiares e como uma desculpa cômoda e recorrente para um momento de diversão. Nenhuma dessas importantes qualidades pode ser encontrada nos critérios do *DSM-5-TR* para transtornos alimentares, que listei com definições breves no Quadro 16.1.

A seguir estão algumas questões adicionais relacionadas com a alimentação que *não* constituem sintomas de transtornos alimentares.

- Ao avaliar outros transtornos mentais, às vezes invocamos o apetite como sintoma. Pode parecer paradoxal que o apetite não seja mencionado como

QUADRO 16.1 Transtornos alimentares conforme o *DSM-5-TR* (com definições breves)

- *Anorexia nervosa.* A autopercepção distorcida de se ser obeso faz as pessoas terem tanto medo da obesidade que comem muito menos do que precisam para manter o peso normal e uma boa saúde. A duração é de pelo menos três meses.
- *Bulimia nervosa.* Os indivíduos perderam o controle de sua alimentação, consumindo quantidades excessivas de comida pelo menos uma vez por semana. Mantém-se o peso baixo jejuando, vomitando, fazendo exercícios ou usando laxantes ou outros medicamentos. O transtorno dura pelo menos três meses.
- *Transtorno da compulsão alimentar.* Os pacientes comem de modo compulsivo, mas, diferentemente daqueles com bulimia nervosa, não tentam compensar com vômitos, exercícios ou uso de medicamentos. A duração deve ser de no mínimo três meses.
- *Transtorno alimentar restritivo/evitativo (TARE).* Deixar de comer o suficiente resulta em perda de peso ou incapacidade de ganhar peso, mas os pacientes não têm percepção distorcida de sua própria imagem corporal. Nenhum tempo mínimo é exigido.
- *Transtorno de ruminação.* Por pelo menos um mês, as pessoas regurgitam e mastigam os alimentos já ingeridos de forma persistente.
- *Pica.* A pessoa come material não nutritivo, isto é, material não alimentar. Um mês é a duração mínima.

critério para nenhum transtorno alimentar, mas o fato é que tem pouco a ver com transtornos alimentares, embora apareça em outros transtornos mentais e emocionais.
- A obesidade não é um critério para nenhum transtorno alimentar, ainda que o medo de ganhar peso ou de estar acima do peso possa ser.
- O sabor da comida e nosso prazer ao consumi-la ou com a experiência gastronômica também não servem para definir transtornos.

Shannon

Todo dia, na hora do almoço, Shannon evita o refeitório dos professores, optando por um banco na parte de trás do campo de futebol. Onde ela mora, o clima durante o ano letivo costuma ser ameno. Quando chove, Shannon se abriga na privacidade de sua sala de aula, trancando a porta para não haver intrusos.

Aos 45 anos, Shannon leciona para o 5º ano há quase 20 anos. Ela é muito querida por seus alunos e mantém um bom relacionamento com pais, administradores e colegas professores, mas apenas não faz questão de comer junto com eles. "Gosto de ter meu próprio espaço, tempo para pensar comigo mesma", responde quando alguém pergunta. Shannon faz questão de não expor seu hábito de almoço, que é consumir... nada. Absolutamente nada. Ela segue esse comportamento alimentar há anos.

Quando tinha 20 e poucos anos, Shannon se casou com Paolo, *chef* de um hotel de luxo local. Ele sempre experimentava em sua cozinha variações de pratos principais que criava para futuros cardápios de hotéis, e Shannon era a principal "cobaia" do marido.

"Eu era cobaia para tudo", explica com tristeza ao seu mais recente terapeuta. "Beliscava o que quer que fosse novo, recém-saído do forno. Mais tarde, devorava as sobras da geladeira. A quantidade que eu comia assustou Paolo e acabou afastando-o do casamento. No dia em que ele foi embora, comi um *cheesecake* americano caseiro inteiro."

"Descreva para mim uma compulsão alimentar típica." O clínico quer um resumo completo: o que Shannon come? Em quanto tempo? Sente-se fora de controle? O episódio de compulsão acontece quando come perto de outras pessoas? Se sim, qual a diferença quando está acompanhada? O que os outros estavam comendo? Suponha que alguém sugerisse moderação — ela pararia?

Em intervalos de poucos dias, Shannon se senta para jantar (sozinha), com a intenção de consumir as sobras do macarrão do dia anterior. Porém, depois de acabar com as sobras, ela abre uma lata de macarrão pronto, depois outra e mais outra. "É como se alguém ou algo assumisse o controle do meu corpo", diz ela. "Se estou satisfeita ou com fome, não faz diferença; simplesmente abro uma lata depois da outra."

Após o prato principal ("três pratos principais", ela se corrige), Shannon toma cerca de 1 litro de sorvete de amora (o sabor da vez). "Eu quase nem sinto o gosto." Depois, vai para o banheiro, vomitar tudo. "Não são necessários produtos químicos — basta colocar uma colher de chá no fundo da garganta". Às vezes, Shannon coloca uma toalha sobre o espelho para disfarçar a vergonha da pessoa que vê ali.

Shannon entrou na puberdade quando tinha apenas 9 anos, o que provocou a zombaria por parte das meninas de sua turma. A ginástica de trampolim estava na moda naquele ano e, tentando se encaixar, ela ingressou na equipe. Mas isso só gerou mais provocações: "Eu era 'troncuda' demais para a ginástica; eles diziam que eu parecia um urso fofinho e tentavam cutucar minha barriga. Não tinha graça nenhuma." Determinada a provar que todos estavam errados, Shannon iniciou uma série de dietas que resultaram em uma vida inteira de alimentação rápida e extravagante. A ginástica não era nenhuma preocupação no momento atual, mas embora seu IMC seja saudável (21), ela pensa no corpo o tempo todo, alternando entre imagens de horror e obsessão. "Nem *eu mesma* vejo sentido nisso!"

Durante seu segundo ano de faculdade, uma amiga sugeriu que Shannon poderia se beneficiar de comprimidos para perder peso, mas, depois de muita leitura, ela decidiu que os comprimidos eram um beco sem saída — "e sem chegada", acrescenta com prazer. "Muitas pessoas se submeteram a tomar medicamentos de origem ou comprovação duvidosa; posso estar obcecada, mas não sou louca!"

O clínico pergunta: "alguém mais na família teve algo parecido com esse problema"? "Agora que você mencionou, me lembrei de Marty, uma prima que anos atrás passou vários meses em tratamento porque se recusava a comer qualquer alimento que não fosse branco. Alimentos de cores mais escuras a deixavam enjoada e ela os evitava. Marty comia arroz puro, sorvete de baunilha e polpa de coco e bebia leite; vegetais eram apenas nabo e rabanetes, se tivessem sido descascados. Não comia nenhuma fruta — pêssegos brancos e bananas tinham cor mista, e as graviolas tinham sementes escuras. Claro, não comia carne, nem mesmo peito de frango — dizia que a textura era muito seca", relata Shannon. Marty não conseguiu ganhar o peso esperado para sua altura. "Ela era muito insultada e respondia que merecia por ser muito magra." Shannon acha que, com terapia, Marty se recuperou. "Hoje ela pode até estar um pouco acima do peso, mas pelo menos come alimentos normais."

Análise

O primeiro ramo da árvore de decisão da Figura 16.1 é negativo: Shannon não está subalimentada nem com baixo peso. Isso nos leva ao nó decisivo (passo 2) em que podemos concordar: ela come em excesso e reclama de perda de controle sobre o que consome. (Eu diria que a questão do controle é mais central para o diagnóstico do que o volume consumido.) Embora Shannon não use drogas, ela purga — conforme seu relato, isso ocorre depois de toda refeição colossal. A isso devemos responder "sim" no passo 6 e ir ao passo 9, onde consideramos nossa questão final: como ela considera sua própria aparência? É evidente que sua autoavaliação baseia-se no seu peso e na forma do seu corpo, e ela considera o seu comportamento irracional.

Perguntas sobre duração e frequência não são abordadas na árvore, mas estamos aptos a essa tarefa. Seu comportamento alimentar perdura há muito tempo, muito mais do que o mínimo de três meses, além de ocorrer com mais frequência do que o mínimo de uma vez por semana. Sendo assim, temos plena razão em considerar o diagnóstico de bulimia nervosa. Os comportamentos são todos atuais, por isso não precisamos de nenhuma declaração sobre remissão. Quanto à gravidade, Shannon vivencia apenas alguns episódios por semana, mas o efeito em sua psique e em sua vida pessoal e interpessoal é profundo. Vou exercer o meu privilégio de médico e chamar seu grau de bulimia nervosa de moderado. (Assim como acontece com a anorexia nervosa, os critérios diagnósticos oficiais nos permitem elevar a gravidade, dependendo da natureza dos sintomas e do seu efeito no paciente.) Se você acha que é ainda mais grave do que isso, não discuto.

Análise de Marty

Temos uma breve descrição das preferências de Marty, prima de Shannon, por alimentos brancos; vamos analisar cada informação. O passo 1 da árvore de

Fluxograma

1. A ingestão alimentar insuficiente causa baixo peso corporal? — **Sim** →
4. Autoimagem distorcida: acha-se obeso? — **Sim** →
8. Medo de ser obeso? — **Sim** → Considere anorexia nervosa

(4) **Não** ↓
5. Restringe a alimentação devido a qualidades aversivas dos alimentos ou medo (p. ex., de engasgar), demonstra falta de interesse? — **Sim** → Considere TARE

(1) **Não** ↓
2. Come de forma compulsiva, com perda de controle? — **Sim** →
6. Comportamento compensatório (purgação/medicamentos/exercício)? — **Sim** →
9. Autoavaliação baseada no peso e na forma corporal? — **Sim** → Considere bulimia nervosa

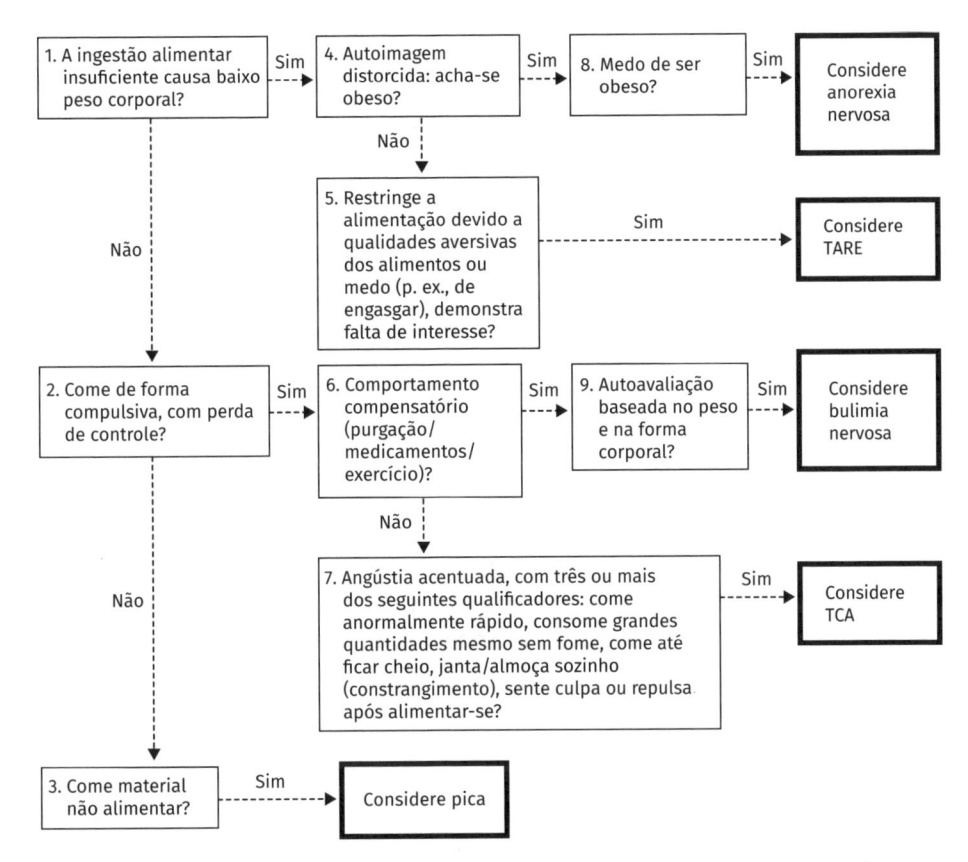

(6) **Não** ↓
7. Angústia acentuada, com três ou mais dos seguintes qualificadores: come anormalmente rápido, consome grandes quantidades mesmo sem fome, come até ficar cheio, janta/almoça sozinho (constrangimento), sente culpa ou repulsa após alimentar-se? — **Sim** → Considere TCA

(2) **Não** ↓
3. Come material não alimentar? — **Sim** → Considere pica

FIGURA 16.1 Árvore de decisão para indivíduo com problemas para comer ou se alimentar.

decisão produz um resultado positivo definitivo, pois notamos que a variedade de alimentos em sua dieta era tão limitada que ela não conseguia ganhar peso conforme esperado e tinha, sem dúvida, déficit em elementos essenciais, como vitaminas e proteínas. No entanto, pelo menos conforme informado por Shannon, Marty não tinha percepção distorcida de seu peso ou sua forma (passo 4) (pelo contrário, achava que parecia magra). No passo 5, ela recusava-se a comer outros alimentos que não aqueles com determinada cor ou outras propriedades sensoriais (neste caso, alimentos brancos). Isso nos leva a considerar TARE como explicação. Precisaríamos saber se sua saúde física era boa e se não havia outra explicação médica para sua condição (um de nossos princípios diagnósticos). Na ausência de qualquer evidência dessa natureza, podemos dizer com segurança que seu diagnóstico seria TARE.

Kenny

Em um pequeno restaurante perto de sua casa, Kenny está sentado sozinho em uma mesa de canto posta para dois. Ele mastiga devagar sua lasanha vegetariana. Uma ou duas vezes, como se para se tranquilizar, ele toca a ponta do sapato na grande sacola de compras deixada sob a mesa. A sacola traz o logotipo daquela loja especializada em sobremesas que abriu no final da rua.

O simpático garçom se aproxima. "Pelo pedido, presumi que você estivesse esperando alguém", diz ele enquanto separa as sobras em dois recipientes para viagem.

"Não, eu adoro esse prato e queria comê-lo mais vezes por algumas noites". Kenny retribui o sorriso, paga (com uma gorjeta generosa) e vai embora.

Com duas sacolas para levar, ele caminha com cuidado. São vários quarteirões até seu apartamento, um prédio sem elevador no terceiro andar, onde morou a vida toda. Já em casa, Kenny se senta em frente ao prato já disposto em sua mesa de jantar e despeja a primeira caixa de comida em uma travessa. Com garfo e colher em mãos, ele ataca a massa ainda quente como se o alimento tentasse escapar. Kenny dá a última garfada e, sem perder o ritmo, despeja a segunda porção e come. Em seguida, coloca a outra sacola sobre a mesa e diz em voz alta: "Agora, o bolo".

Dez minutos depois, restam apenas migalhas. Kenny cambaleia até o sofá, onde se atira, segurando a barriga e gemendo baixinho. Seguindo seu costume habitual, pega o controle e liga a TV, na esperança de que o filme *O último show* oblitere seu remorso crescente.

Kenny tem 34 anos e trabalha como engenheiro eletrônico, projetando e construindo *chips* de energia para uso militar e civil. É um trabalho que pode realizar em qualquer lugar em que haja conexão com a internet, razão pela qual Kenny costuma trabalhar em seu escritório em casa. No ensino médio, era *nerd* e um tanto isolado; continuou morando em casa enquanto cursava a faculdade e se formou com louvor em engenharia elétrica.

Os pais de Kenny eram tão obesos que as crianças apontavam e olhavam para eles na rua. Houve uma época em que administravam um pequeno restaurante; costumavam brincar, com certa verdade, que eram seus melhores clientes. Kenny nunca foi muito sociável na escola e, em geral, ignorava as ocasionais zombarias sobre seu peso. Depois que seu pai morreu de infarto, Kenny e a mãe continuaram com o restaurante por um tempo, mas acabaram vendendo a um incorporador que pagou um excelente preço pela propriedade. Kenny retomou sua formação em engenharia e empregou-se em sua atividade atual. Quando sua mãe faleceu, ele percebeu que estava sozinho no mundo.

Consciente do seu problema de peso e das consequências à sua saúde, Kenny passa grande parte do tempo livre pesquisando dietas *on-line*.

"Ao longo dos anos, experimentei a maioria dos planos de dieta populares", ele admite. "Pensei em experimentar aquele novo medicamento, o Ozempic, mas não tenho um bom plano de saúde e descobri que, se eu pagar pelo remédio, não terei dinheiro para comprar comida. Talvez seja por isso que o Ozempic funcione." Mas, para desgosto de Kenny, nada funciona por mais de algumas semanas, e ele acaba voltando ao seu antigo e irresistível hábito de comer de modo compulsivo.

Diversas vezes por semana, mas sobretudo às sextas e aos sábados, Kenny prepara uma das receitas favoritas de sua mãe: macarrão de trigo integral, que ele tempera com azeite e cobre com um delicioso molho *marinara*. Sempre há o suficiente para três adultos famintos, mas Kenny costuma comer tudo de uma só vez. Ele nunca purgou ("Que nojento seria isso!") e quase não se exercita. "A coisa toda é lamentável e me sinto péssimo por isso", diz ele, "mas aqui estou".

Certa vez, Kenny disse a um terapeuta consultado por um breve período que achava que sua alimentação escondia a angústia sentida por estar sozinho, seu medo de uma vida solitária conforme envelhecia. É claro, admitiu ele, que reforça essas ideias comendo sozinho — para poder devorar tudo em paz. "Nem é que eu esteja com tanta fome", assumiu em uma explosão de autorrevelação, "mas isso parece bom".

Anos atrás, quando o médico informou a Kenny que estava desenvolvendo hipertensão, ele concordou em se submeter à cirurgia bariátrica recomendada. O grampeamento do estômago permitiu a Kenny a perda de mais de 100 quilos, fato reconhecido graças à balança de bagagem do departamento de expedição onde Kenny trabalhou. Porém, com o tempo, ganhou todo o peso de volta "com juros". Kenny voltou ao médico inúmeras vezes, expressando profunda preocupação com sua saúde, que considera estar inexoravelmente piorando. Um nutricionista consultado certa vez aconselhou-o ("sem rodeios") em relação às suas escolhas alimentares, seus hábitos dietéticos e seus sentimentos acerca de si mesmo. Embora concorde com tudo o que foi dito, Kenny parece não ser capaz de traduzir o que sabe em ações eficazes para recuperar o controle.

Análise

Bem, começando pelo passo 1 da árvore de decisão da Figura 16.1, Kenny, com certeza, não tem baixo peso corporal nem ingestão calórica insuficiente. A próxima parada é o passo 2: ele come de forma compulsiva? Claro, então o "sim" está associado ao reconhecimento do próprio paciente de que, de fato, perdeu o controle sobre seu comportamento alimentar. No entanto, nega de maneira enfática qualquer um dos comportamentos do passo 6 (exercícios, purgação, laxantes ou diuréticos) que algumas pessoas usam para melhorar os efeitos de comer demais, o que nos leva ao passo 7.

Como é necessário para o diagnóstico de TCA, Kenny sente-se angustiado com seus comportamentos (podemos inferir remorso por suas repetidas tentativas de controlar seu comportamento alimentar e pelo que ele expressa diretamente ao médico). Agora fica um pouco complicado: Kenny tem comportamentos específicos suficientes para se qualificar no passo 7? O que ele cobiça é a quantidade de comida, não seu sabor ou sua textura, e come com rapidez grandes quantidades (mesmo quando não está com fome) a ponto de sentir desconforto acentuado. Notamos que Kenny come sozinho (presumiremos que por vergonha) e ingere grandes quantidades quando já está satisfeito. Depois disso, sente-se culpado e irresponsável, como se tivesse traído a si mesmo e talvez até mesmo a seus pais falecidos. Se você está calculando o escore, percebeu que Kenny marcou todos os cinco qualificadores possíveis, e precisávamos de apenas três. Isso nos leva a considerar o TCA.

Após dar os passos necessários para escolher um diagnóstico, não devemos nos esquecer dos requisitos (omitidos na árvore de decisão) para se fazer o diagnóstico. No caso do TCA, isso seria a frequência da compulsão alimentar, que, para Kenny, é mais de uma vez por semana, sendo um requisito pouco exigente do *DSM-5-TR*. Embora isso não tenha sido dito, é fácil inferir que seus problemas com a alimentação excessiva persistem há muito mais tempo do que os três meses exigidos.

Nenhuma declaração sobre remissão é possível para alguém que ainda está sintomático, portanto, a única outra questão seria a gravidade. Aqui, eu tenderia a discordar das diretrizes do *DSM-5-TR*, na medida em que a gravidade dos problemas de Kenny não deve ser julgada apenas pela frequência. Eu consideraria a duração, o grau de angústia, os esforços anteriores fracassados para melhorar o comportamento *e* as consideráveis consequências sociais. Embora Kenny coma de modo compulsivo com menos frequência do que todos os dias, eu diria que é gravemente afetado por seu transtorno. Alguém discordaria disso?

Roxanne

Roxanne almoça em sua mesa. Esse tem sido seu hábito nos últimos anos, que começou antes mesmo de ela entrar em seu trabalho atual, supervisionando estagiários em uma empresa multinacional. Durante toda a manhã, ela interage com colegas de trabalho, respondendo a queixas e perguntas feitas em sotaques e entonações variados. Ao meio-dia, Roxanne está farta das pessoas. O generoso pacote de vegetais crus em sua mesa, consumido por ela enquanto lê suas mensagens de texto, combina perfeitamente com ela.

Quando um grupo de novatos inicia na empresa, a cada quatro semanas, Roxanne precisa compartilhar pelo menos um almoço com eles. Depois, enfrenta não apenas uma dúzia de rostos novos mas também um cardápio de almoço que é sempre o mesmo: rico em carne processada, pobre em ervas e temperos apropriados, com frutas e vegetais honrados por sua escassez. Esse cardápio deve ter sido escrito em pedra: ela tentou variá-lo, mas alguém no topo da hierarquia da organização parece adorar cardápios ricos em alimentos que Roxanne não consegue tolerar. A cada mês, a experiência traz à sua mente o medo terrível de estar ganhando peso.

Esse medo remonta há muitos anos. Quando criança, Roxanne adorava aulas de dança, mas desistiu quando alguém lhe disse que era gordinha demais para ser bailarina. (Como consolo, sua mãe preparou um reconfortante *cheeseburger* com todos os acompanhamentos.) Uma década depois, quando estava no ensino médio e ainda alguns quilos acima do peso, Roxanne era muito provocada, sobretudo por seus dois irmãos, ambos atléticos e esbeltos. Embora tivesse apenas um pouco mais de peso do que o ideal para seu 1,70 metro de altura (calcula que seu IMC na época era de 27), ela se sentia constrangida o suficiente para sequer ter um namorado até muito tempo depois de entrar na faculdade.

Roxanne há muito já internalizou as zombarias de sua juventude: ela não apenas acha que parece gorda; ela *sabe* que é. Quando vê seu reflexo no espelho, fica horrorizada com os braços rechonchudos, com sua "bunda enorme". Ela monitora com obsessão seu peso em uma balança digital de banheiro, todos os dias, esperando pelo milagre de "apenas alguns gramas a menos".

Quando seu irmão mais velho moderou a rotina de condicionamento físico, Roxanne pediu para ficar com seu aparelho elíptico; ela passou a se exercitar no quarto de hóspedes todas as noites, por mais de 60 minutos. Fez, também, grande restrição de ingestão alimentar; contudo, uma ou duas vezes por semana, após consumir mais do que considerava adequado, dava conta da situação com um vômito limpo e quase delicado no vaso sanitário.

Mesmo assim, acredita que é grotesca e gorda, mais do que palavras podem descrever. Roxanne não fala sobre isso — é muito provável que alguém tente discutir sobre o que ela considera "meu corpo, e isso é privado", mas admite que se pesa com frequência (em algumas ocasiões, várias vezes ao dia) e deseja poder eliminar mais alguns gramas dessa gordura nojenta.

Roxanne também mantém extensa coleção de receitas em seu iPad. Muitas vezes, prepara com cuidado um prato principal (macarrão com queijo é sua especialidade). Em seguida, senta-se à mesa de jantar com um prato cheio de comida caseira deliciosa e fica mexendo com o garfo até que tudo fique duro e frio. Qualquer garfada que der ficará presa em sua garganta; a ideia da morte pela perfeição culinária quase a faz rir. No final, ela joga quase tudo no lixo.

Agora, sempre que consegue se olhar no espelho, Roxanne não vê a imagem de uma pessoa extremamente magra, com bíceps ocos e pescoço esquelético, mas alguém mais parecido com um balão humano que ameaça explodir por todo o minúsculo apartamento. Pouco tempo atrás, quando uma colega observou que Roxanne começou a se parecer com os bonecos que desenha no quadro branco para ilustrar a estrutura corporativa, Roxanne olhou fixamente para frente por um momento, depois se virou e saiu.

Análise

Para Roxanne, nossa excursão pela árvore de decisão da Figura 16.1 será breve. No passo 1, vamos concordar que ela come pouco, o que resulta em peso corporal muito baixo, já em níveis perigosos. Na verdade, na última vez que se pesou, a balança mostrou apenas 45 kg distribuídos ao longo de 1,72 metro de altura, o que resulta em IMC de pouco mais de 15 — alarmante, portanto, muito abaixo da faixa normal e saudável (ver quadro "O que é IMC?").

Nos passos 4 e 8, Roxanne se considera acima do peso (sobretudo nas regiões dos braços e das nádegas), o que é uma avaliação discrepante da percepção de alguém que a conhece. O caso clínico deixa bem claro que ela não se preocupa apenas com sua aparência; em vez disso, teme ser obesa. Cumpridos esses três critérios, concluímos que devemos considerá-la para o diagnóstico de anorexia nervosa.

O único requisito explícito de duração para anorexia nervosa reside na janela dos três meses que usamos para determinar o tipo: restritivo ou compulsão alimentar purgativa. Quase todos os pacientes estarão enfermos há muito mais tempo: leva tempo perder peso (ou, para uma criança, não conseguir ganhar peso ao mesmo tempo em que cresce). Embora o caso clínico não indique a duração do transtorno de Roxanne, sua angústia em relação ao cardápio imutável do almoço no local de trabalho nos permite inferir que já dura muitos meses, talvez anos.

Ao longo do caminho, devemos prestar especial atenção a outras possíveis explicações para a perda de peso. Nada foi dito sobre um possível transtorno do humor (um de nossos princípios diagnósticos), e o médico pessoal de Roxanne não divulgou nada que sugerisse condição médica subjacente, como uma síndrome de má absorção intestinal — esse é outro princípio diagnóstico. Deveríamos considerá-los, apesar de serem negligenciados pelos critérios oficiais do *DSM-5-TR*.

O que é IMC?

A ideia de que o peso de uma pessoa aumenta de modo proporcional ao quadrado da sua altura remonta a quase 200 anos, a um matemático belga chamado Adolphe Quételet. (As exceções à regra ocorrem nos primeiros meses após o nascimento e durante a puberdade, mas durante a maior parte da nossa vida, a fórmula funciona muito bem.) Nos tempos modernos, chamamos esse quociente de índice de massa corporal (IMC) e o calculamos dividindo o quadrado da altura pelo peso. Por convenção, as medidas são expressas em metros e quilogramas, produzindo um intervalo normal de 18 a 24,9. Pontuando abaixo disso, o indivíduo está abaixo do peso; acima disso, está com sobrepeso ou, em casos extremos, obeso. Há calculadoras disponíveis em *sites* na internet. Em 2023, a American Medical Association observou que, por ter sido derivado sem incluir muitos grupos étnicos, na prática clínica, o IMC deveria ser usado em conjunto com outras medidas.

Quando se trata de anotar o diagnóstico de Roxanne, podemos primeiro descartar qualquer questão de remissão. No entanto, ainda precisamos determinar qual subtipo descreve melhor a sua jornada rumo à inanição. A escolha é binária, então deve ser bem simples: Roxanne comeu de forma compulsiva e purgou ou não? Bem, o caso clínico é bem claro: sim e não. Ela controlava o peso restringindo a alimentação, mas de vez em quando vomitava o que considerava um consumo excessivo. A anorexia nervosa do tipo compulsão alimentar purgativa requer apenas que a purga seja recorrente, e "uma ou duas vezes por semana" se encaixa nessa descrição.

Juntando tudo, podemos diagnosticar Roxanne com anorexia nervosa do tipo compulsão alimentar purgativa. Confesso que estou um pouco insatisfeito com o subtipo, pois ela não come de modo compulsivo, mas alcança seu objetivo limitando a ingestão. Entretanto, regras são regras, e a compulsão alimentar não é necessária para se qualificar para esse subtipo; purgar por si só já cumpre o que é necessário, mesmo que seja apenas duas vezes por semana. Os episódios de purga têm sido recorrentes por muito mais tempo do que o mínimo de três meses especificado. E a gravidade? Seu IMC atual está um pouco acima de 15, colocando-a na categoria grave. Não espero encontrar qualquer resistência em relação a isso.

Comentário acerca dos transtornos alimentares

Você notou que cada um desses casos clínicos começava com a imagem de uma pessoa comendo sozinha? Na verdade, não planejei que fosse assim, mas isso ressalta o fato de que esses transtornos apresentam algumas semelhanças notáveis. Para o TCA, almoçar ou jantar sozinho pode ser um critério; para anorexia nervosa e bulimia nervosa (e, às vezes, transtorno de ruminação) é apenas um subproduto. Com duas pequenas exceções, essas condições referem-se a indivíduos com problemas pessoais em torno do consumo de alimentos. É apenas em um critério (para TARE) que consideramos uma provável interferência no aspecto psicossocial; e um dos vários sintomas possíveis do TCA é comer sozinho por vergonha.

A árvore de decisão começa com baixo peso e redução na ingestão nutricional. Isso ocorre em parte porque a perda de peso profunda é perigosa e requer identificação precoce e certeira. Mesmo a anorexia nervosa moderada acarreta uma morbidade considerável, e pessoas com essa condição podem morrer da doença — algumas por suicídio, outras devido a complicações médicas. Estados de inanição podem induzir a mau humor e consolidar ainda mais o pensamento obsessivo que caracteriza a anorexia nervosa.

Até o *DSM-IV*, não havia um capítulo sequer sobre transtornos alimentares. A anorexia nervosa, a bulimia nervosa e os outros eram incluídos nas condições encontradas pela primeira vez na infância. O TCA, embora encontrado com mais frequência do que anorexia ou bulimia, não entrou no conjunto até o *DSM-5*. Os três membros menores desse grupo de condições (TARE, pica e transtorno de ruminação), embora nada raros, aparecem com baixíssima frequência na avaliação de adultos. Na verdade, não importa etnia ou outras características demográficas, os transtornos alimentares em geral são incomuns, sobretudo quando comparados à prevalência de transtornos do humor e de ansiedade na população em geral.

Entre os transtornos alimentares, o TCA é, na verdade, o mais comum, com prevalência próxima de 1%; predomina em mulheres, mas não tanto quanto para a anorexia nervosa ou a bulimia nervosa. O TCA é muito comum em pessoas obesas, embora o excesso de peso não seja necessário para o diagnóstico; jejum ou dieta podem servir como precipitantes. Quando as pessoas planejam suas compulsões, podem comprar alimentos favoritos e especiais, e, depois de um episódio de compulsão, podem ter dificuldade até para se lembrar do que consumiram.

Tendemos a pensar nos pacientes com anorexia nervosa e, talvez por extensão, naqueles com outros transtornos alimentares, como sendo jovens e do sexo feminino. Embora isso seja verdade, é importante não ignorar outras populações potenciais: homens (apresentam menor probabilidade do que mulheres de procurar tratamento), pessoas de etnia negra e pacientes idosos.

A pica pode não ter consequências, assim como o transtorno de ruminação, além de poder ser independente ou coexistir com outros transtornos alimentares, os quais são, todos eles, mutuamente exclusivos. Muitas pessoas passarão da anorexia para bulimia nervosa.

Não sabemos como o TARE está relacionado com outros transtornos alimentares: há sobreposição? Compartilham histórias familiares? Sabemos que pode ser perigoso, resultando até na necessidade de alimentação parenteral (uso de entubação gástrica ou intravenosa).

O *DSM-5-TR* incluiu mais um diagnóstico de transtorno alimentar, o transtorno de ruminação. Denota pessoas (crianças e adultos, sobretudo com deficiência de desenvolvimento) que regurgitam e mastigam os alimentos mais uma vez. O transtorno de ruminação não se encaixa bem em nenhuma árvore de decisão que fui capaz de conceber; farei menção breve a essa condição em razão da sua raridade no consultório de profissionais de saúde mental. A ruminação pode começar nos primeiros minutos seguintes à refeição. Às vezes, o indivíduo engole e cospe o bolo alimentar recém-mastigado, sendo isso um episódio que pode durar até duas horas após comer. Os critérios não exigem que o paciente ou terceiros sofram danos ou outras sequelas indesejáveis, então você pode pensar que se trata mais de um comportamento curioso do que de um transtorno — mas você estaria errado. A ruminação pode causar desnutrição em bebês ou idosos, doenças dentárias e lesões esofágicas. A condição pode se confundir com doença do refluxo gastresofágico; na verdade, o transtorno de ruminação é reivindicado pelos gastrenterologistas como uma condição a ser tratada nessa área, bem como por médicos especializados em saúde mental. De qualquer maneira, o transtorno de ruminação não é uma condição que você encontrará no paciente casual que aparece para uma avaliação. Alguns indivíduos com tal transtorno podem fazer refeições sozinhos, para evitar que outras pessoas saibam do seu comportamento, que é desaprovado pelos outros. Isso soa familiar?

Também devemos mencionar como considerar um paciente com transtorno alimentar que não cumpre todos os critérios para determinada condição do *DSM-5-TR*. Por exemplo, suponha que Kenny tivesse realizado uma quantidade de comportamentos inferior ao mínimo exigido para o diagnóstico de TCA; precisaríamos, então, dar a ele um diagnóstico de transtorno alimentar não especificado e reavaliar na ocorrência de mais sintomas.

Por fim, há outro transtorno alimentar pouco conhecido: a ortorexia nervosa. Pessoas com essa condição se esforçam tanto para seguir uma dieta saudável que podem eliminar grupos alimentares inteiros ou focar no jejum (que consideram purificador). Caso violem as próprias regras alimentares autoimpostas, sentem-se envergonhados, temem ficar doentes ou experimentam outras ideias negativas sobre si próprios, além de estarem mais suscetíveis à perda de peso ou à desnutrição. A ortorexia nervosa não foi incluída nas condições do *DSM-5-TR* para estudos adicionais, mas quem sabe ainda possa ser veiculada em uma edição futura.

TRANSTORNOS DO SONO-VIGÍLIA

Os transtornos do sono-vigília representam um perigo para o paciente, mas como dormir é algo que todo mundo faz todos os dias (ou melhor, todas as noites), quando tais transtornos surgem, tendemos a ignorá-los ou desconsiderá-los, como se fossem um clichê: "Você vai dormir melhor esta noite"; "Você recupera no final de semana"; "As pessoas dormem mais do que precisam, você não acha?"

Para alguns pacientes, o sono é um sintoma; para outros, é um transtorno independente. Portanto, nem sempre funciona focar toda a sua atenção naquilo que você considera uma condição primária (p. ex., depressão). O quão bem ou mal um paciente dorme pode ser importante o suficiente para que seja necessário resolver a questão de maneira independente, daí a necessidade de uma avaliação precisa do sono em si. O modo como registramos a insônia de determinada pessoa depende de conhecer a condição clínica ou mental prévia (se houver). Essa é uma das razões pelas quais iniciei a árvore de decisão da Figura 16.2 tal como fiz.

Dependendo de como você os conta, você poderá encontrar 13 ou 30 transtornos do sono-vigília definidos no *DSM-5-TR*. Você se deparará com alguns deles com frequência entre pacientes da clínica médica e de saúde mental; já outros são incomuns e ainda outros são tão raros que talvez você nunca veja um exemplo. Portanto, tentarei abranger os transtornos do sono-vigília com os quais você pode esperar se deparar na prática clínica normal, enfatizando aqueles em que a pessoa não dorme o suficiente.

Exploraremos algumas possibilidades por meio da história de Henry, que, ao longo dos anos, experimentou uma variedade de sintomas e passou por diversas avaliações.

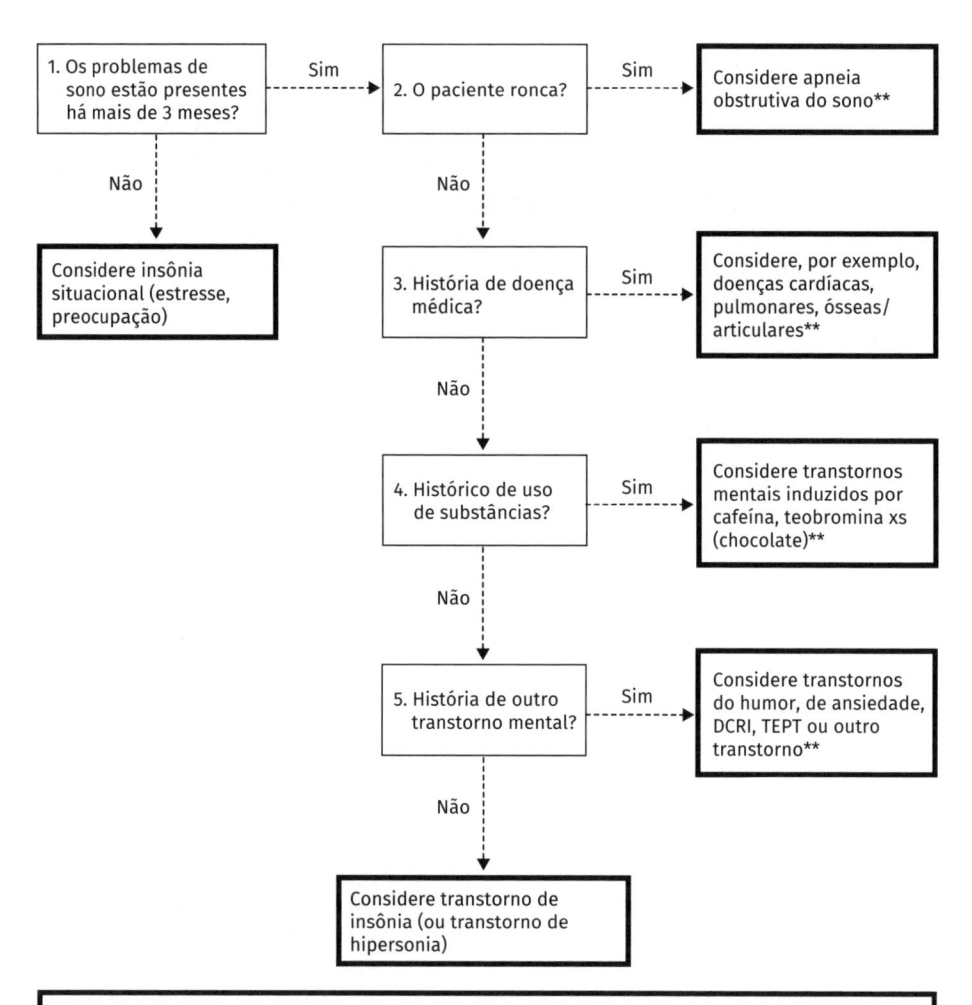

```
┌─────────────────────┐   Sim    ┌──────────────┐   Sim   ┌──────────────────┐
│ 1. Os problemas de  │--------->│ 2. O paciente│-------->│ Considere apneia │
│    sono estão       │          │    ronca?    │         │ obstrutiva do    │
│    presentes há     │          │              │         │ sono**           │
│    mais de 3 meses? │          └──────────────┘         └──────────────────┘
└─────────────────────┘
         │ Não                          │ Não
         ▼                              ▼
┌─────────────────────┐          ┌──────────────┐   Sim   ┌──────────────────┐
│ Considere insônia   │          │ 3. História  │-------->│ Considere, por   │
│ situacional         │          │    de doença │         │ exemplo, doenças │
│ (estresse,          │          │    médica?   │         │ cardíacas,       │
│ preocupação)        │          └──────────────┘         │ pulmonares,      │
└─────────────────────┘                                   │ ósseas/          │
                                                          │ articulares**    │
                                                          └──────────────────┘
                                         │ Não
                                         ▼
                                  ┌──────────────┐   Sim   ┌──────────────────┐
                                  │ 4. Histórico │-------->│ Considere        │
                                  │ de uso de    │         │ transtornos      │
                                  │ substâncias? │         │ mentais induzidos│
                                  └──────────────┘         │ por cafeína,     │
                                                          │ teobromina xs     │
                                                          │ (chocolate)**    │
                                                          └──────────────────┘
                                         │ Não
                                         ▼
                                  ┌──────────────┐   Sim   ┌──────────────────┐
                                  │ 5. História  │-------->│ Considere        │
                                  │ de outro     │         │ transtornos do   │
                                  │ transtorno   │         │ humor, de        │
                                  │ mental?      │         │ ansiedade, DCRI, │
                                  └──────────────┘         │ TEPT ou outro    │
                                                          │ transtorno**     │
                                                          └──────────────────┘
                                         │ Não
                                         ▼
                                  ┌──────────────────┐
                                  │ Considere        │
                                  │ transtorno de    │
                                  │ insônia (ou      │
                                  │ transtorno de    │
                                  │ hipersonia)      │
                                  └──────────────────┘
```

*Você pode substituir a queixa principal por hipersonia e usar a árvore de maneira semelhante.
**Com ou sem diagnóstico adicional de transtorno de insônia (ou transtorno de hipersonia).
DCRI, declínio cognitivo relacionado à idade; TEPT, transtorno de estresse pós-traumático.

FIGURA 16.2 Árvore de decisão para o paciente com problemas de insônia.*

Henry (parte 1)

Em seu aniversário de 21 anos, Henry ganhou de presente um *smartwatch* que pode ser pareado com seu *smartphone*. "Este relógio é *realmente* inteligente", explica ele, "até me diz quanto tempo durmo à noite". Essa informação foi reconfortante por algumas semanas — até as últimas noites. "Agora, ele me informa que fico em sono profundo apenas cerca de cinco horas". Seu pai foi técnico em um laboratório do sono, então Henry sabe o quanto o sono é importante. "'Você é o que você dorme', papai sempre dizia".

Henry tem emprego e uma namorada chamada Lorelei. Ela trabalha à noite e gosta que Henry esteja acordado quando ela chega em casa, pouco antes da meia-noite. Henry trabalha no *call center* de uma empresa que atende a Costa Leste. "Isso é um problema para quem mora em Los Angeles", ele explica ao clínico, que está tentando determinar o que há de errado, no caso: nada. O clínico tranquiliza Henry e encerra o atendimento dando-lhe um panfleto que aborda conselhos para uma boa higiene do sono.

Análise

Elaborar um diagnóstico diferencial amplo é nossa primeira regra, tão básica que nem sequer é um princípio diagnóstico: em vez disso, é um cabeçalho genérico que abrange meus primeiros seis princípios diagnósticos. Mas há uma pergunta que precisamos fazer desde o início: o paciente atende aos critérios para algum transtorno — neste caso, um transtorno do sono-vigília? Quando pensamos em Henry, até onde o conhecemos, ele não atende. E por que não? Porque, como na maioria dos transtornos descritos no *DSM-5-TR*, os sintomas devem estar presentes por um período mínimo especificado para se qualificar para um diagnóstico. No caso da insônia, esse período deve ser de pelo menos três meses e ocorrer três ou mais noites por semana durante esse intervalo. Henry está preocupado há apenas algumas semanas. Em um momento ou outro, quase todo mundo experimentará esse nível de dificuldade para dormir — resultado de estresse, preocupações ou atividades no quarto mais interessantes que dormir.

Portanto, escolheremos "não" no primeiro nó da nossa árvore de decisão sobre insônia e consideraremos quais atitudes práticas podemos sugerir para lidar com o estresse do problema situacional. (O médico de Henry dá algumas dicas sobre higiene do sono.) Mas, por enquanto, não daremos um diagnóstico de transtorno do sono-vigília.

Henry (parte 2)

Henry absorve todos os bons conselhos e a opinião tranquila de que seu sono, sem dúvidas, é normal; com uma vida saudável e uma perspectiva positiva, seus problemas logo se resolverão. É o que acontece — Henry pratica uma boa higiene do sono e segue as informações do seu médico; mais tarde, consulta o "Doutor Google" e encontra as mesmas informações em todos os lugares. Quando passa por uma noite agitada, diz a si mesmo que isso é passageiro, não ocorrerá todas as noites.

Pulamos, então, para Henry 10 anos depois. Ele se encontra trabalhando para um fabricante local de eletrônicos, está casado com Lorelei e tem uma filha chamada Mattie. Várias vezes ao ano, a família vai às montanhas esquiar. Nesta última viagem, Henry esquia com tranquilidade em torno de um grupo de grandes árvores coníferas; no final da encosta, faz uma pausa, vira-se e observa horrorizado enquanto Lorelei, que também está esquiando, desaparece para dentro de um poço de árvore. Henry sobe às pressas a encosta enquanto o dispositivo de socorro de Lorelei emite um sinal de alerta. A espessa neve desmoronou atrás de Lorelei e, embora o resgate chegue rapidamente ao local, quando conseguem retirá-la, ela não está respirando. A equipe médica persiste com a ressuscitação cardiopulmonar muito além da esperança.

Henry nunca mais se lembrou do que aconteceu no restante daquele dia e de quase todo o dia seguinte — como levaram o corpo de Lorelei montanha abaixo, como ele deu a notícia aos pais dela e à Mattie — que palavras usar para dizer a uma criança de 5 anos que sua mãe morreu, pelo amor de Deus! Na sequência, Henry vende todos os equipamentos de esqui, exceto os de Lorelei — esses ele queima, jurando nunca mais voltar às montanhas nem assistir a qualquer filme que envolva o esporte.

No entanto, Henry se lembra das horas que antecederam o evento com clareza cristalina: como Lorelei, na verdade, não queria ir, como ele insistiu, como era evidente a culpa dele sobre a morte da esposa. Se alguém tentasse sugerir o oposto, Henry discutia ou lamentava em voz alta, depois se calava e chutava os móveis ou dava socos nas paredes. "Tenho o gesseiro na discagem rápida do celular", é o comentário que ele faz a um médico meses depois, em um tom de brincadeira triste.

Nos sonhos, Henry revive o horror, a impotência de apenas observar enquanto o resgate cavava, cada vez mais fundo, com uma sensação de urgência e inutilidade. Ele não pode fazer nada além de chorar, o que faz até acordar no meio da noite, encharcado de suor e ofegante, como sempre. Então, por horas, Henry fica acordado se sentindo infeliz. Como resultado, passa o dia sonolento e apático, não consegue se concentrar no trabalho e, meio ano depois, é orientado a tirar uma licença médica ou a procurar outro emprego.

É a insônia que o leva de volta, por fim, à clínica que uma vez resolveu sua angústia com esperança e tranquilização.

Análise

"Gato escaldado tem medo de água fria." Dessa vez verificaremos primeiro a duração do problema, que se aproxima de seis meses, atendendo aos critérios mínimos para quase todos os transtornos do *DSM*. E a frequência? Parecia acontecer quase todas as noites. Precisamos também prestar atenção aos outros qualificadores de gravidade: sofrimento ou prejuízo clinicamente significativo que podemos endossar. Henry também teve muitas oportunidades para dormir.

Então, vamos direto ao assunto. Como algo terrível aconteceu, recorremos ao capítulo sobre trauma para obter orientação. Henry viu o horror da morte de Lorelei, atendendo ao primeiro critério do *DSM-5-TR* para TEPT (passo 5 da Figura 12.1). Repetidas vezes ele revisitou o evento, tanto nas lembranças do dia quanto em seus horríveis pesadelos. Além disso, Henry queimou os esquis da esposa e recusou-se a voltar às montanhas, o que atenderia ao requisito de comportamento de evitação — estes são lembretes externos, embora tomar medidas para evitar pensamentos ou memórias também sirva (isto é, lembretes internos).

O diagnóstico de TEPT exige a identificação de sintomas de diversas categorias diferentes. Uma delas é a das mudanças negativas nos pensamentos e no humor; Henry se qualifica com algo semelhante à amnésia do que aconteceu naquele dia seguinte ao evento, e com sua culpa distorcida pela morte de Lorelei. Nos meses que se seguiram, ele experimentou mudanças na excitação e na reatividade, ou seja, problemas de sono e ataques de ira. Henry não usava drogas nem bebia, e sua angústia (elemento final necessário para se qualificar para o diagnóstico de TEPT) era óbvia demais.

Os sintomas de humor e as circunstâncias poderiam argumentar a favor do TEPT ou de um novo diagnóstico, o transtorno do luto prolongado (TLP). Mais uma vez, o tempo desempenha papel central, pois a definição operacional de TLP inclui a exigência de pelo menos um ano de sintomas antes que o diagnóstico possa ser considerado. Os sintomas de Henry ainda não ultrapassaram esse marco, por isso devemos deixar o TLP de lado. Passado um ano, talvez seja preciso rever nossa conclusão, tendo em vista que TEPT e TLP podem coexistir.

Na verdade, os sintomas iniciais de Henry surgiram nos primeiros dias (talvez horas) após assistir com horror à morte da esposa. Isso o qualificaria para um diagnóstico imediato de transtorno de estresse agudo. Mas à medida que o tempo passa e os sintomas persistem, o transtorno de estresse agudo se transformará em um caso clássico de TEPT.

Então, vamos revisar, afinal, este é um transtorno complicado: depois do evento traumático, Henry atendeu plenamente aos requisitos para um transtorno de estresse: sintomas intrusivos (os pesadelos horríveis), tentativas de evitar estímulos que o lembrassem da morte (descarte dos equipamentos de esqui, evitação quanto a montanhas), crenças negativas (culpa, incapacidade de se lembrar de partes daquele dia) e mudanças na excitação (irritação canalizada em chutar a mobília e sono perturbado).

Aqui está uma complicação: embora possamos diagnosticar o transtorno de insônia diante de outra condição mental, física ou de sono — na verdade, o *DSM-5-TR* fornece especificadores úteis para esses casos —, as regras dizem que a insônia deve ser grave o suficiente para requerer (*exigir* é o termo correto) atenção clínica por si só. Ao mesmo tempo, porém, a insônia não deve ser completamente explicável com base no outro transtorno. Isso nos coloca, enquanto clínicos, na posição de fazer alguns julgamentos, mas estamos à altura: os problemas de sono de Henry instigaram-no a procurar cuidados e são graves o bastante para exigirem atenção especial. A comorbidade é a regra, não a exceção; além disso, não precisamos determinar que um transtorno causa o outro.

Portanto, no meu julgamento clínico, é aqui que termina a segunda parte da história de Henry. Ele tem muitos sintomas que justificam dois transtornos, e recomendamos tratamento para ambos: TEPT *e* transtorno de insônia.

Henry (parte 3)

Com terapia e medicação, a insônia e os sintomas de TEPT de Henry melhoraram e, por fim, desapareceram. Ele assume o desafio de trabalhar em casa (retomando seu antigo emprego em TI) sendo pai solteiro de sua filha única. Ele passa todo o tempo livre cuidando de Mattie, que, com amor e apoio, enfrenta a perda horrível e prospera — assim como Henry.

Pulamos mais uma dúzia de anos na vida de Henry. Ele teve sucesso em seu duplo papel de provedor e dono de casa. Desde a morte de Lorelei, Henry ganhou muito peso. "Muita comida caseira, pouco exercício", observa ele com tristeza. Porém, sente-se grato e orgulhoso pelo peso de Mattie estar na faixa normal para uma criança em crescimento.

Contudo, surgiu uma questão séria, algo com que Henry lidou com preocupação, cuidado e graça. Há seis ou sete anos, talvez devido à puberdade iminente, questões sobre sexo e gênero começaram a surgir nas conversas entre Mattie e Henry.

Mattie expressa seus sentimentos: "me pergunto... é tão estranho... porque eu realmente não me sinto como uma garota?" Em linguagem cada vez mais incisiva, a questão surge de forma repetida em casa. O momento era de pandemia mundial, por isso, Henry supervisionou com cuidado as aulas de ensino domiciliar de Mattie. Ela se desespera por um dia ter que cumprir o papel de mulher; na verdade, pergunta-se se o nome *Matt* seria mais confortável. Um dia, ela verbaliza: "Na verdade, me sinto mais como um garoto".

"Uau!", Henry responde. "Por essa eu não esperava!" Embora refletindo, há anos ele percebe que Mattie nunca se interessou por bonecas ou outras brincadeiras de fantasia típicas de meninas, preferindo beisebol, hóquei e luta livre a atividades mais tranquilas. Após muito pensar, Henry, com toda a cautela, diz o seguinte: "Mais do que tudo, quero que você seja feliz, e isso é o que importa. Não devemos decidir nada de repente. Acho que precisamos de ajuda e que deveríamos começar a pensar nisso". O conselho dado por Henry e uma boa noite de sono os ajudam a compreender as emoções provocadas pela disforia de gênero. Juntos, pai e filha encontram um caminho a seguir com o uso de bloqueadores da puberdade e outros cuidados de afirmação de gênero.

Henry parece dormir bem, na maior parte das noites. Há alguns meses, no entanto, descobriu que, mesmo depois de uma noite inteira de sono, sentia-se tonto, quase de ressaca. Levantar-se da cama tornou-se uma enorme luta. O médico generalista chama isso de "inércia do sono", para a qual quase não há medicamentos específicos. Henry absorve tudo o que a internet tem a oferecer e usa uma dose de cafeína assim que acorda. Isso ajuda um pouco, mas ele ainda se sente tão cansado que, nas últimas semanas, teve a experiência de cochilar de repente, mesmo quando estava ocupado com seu trabalho ou, uma vez, enquanto jantava. Henry já não confia em si mesmo para dirigir.

Foi com alegria que Matt terminou suas aulas na autoescola e passou no exame de condutor logo na primeira tentativa. "Claro!", Henry se gaba, seu peito inchando de orgulho paternal. Assim, com o estado de alerta diurno de Henry comprometido demais para ser ignorado por mais tempo, Matt o leva de volta para a clínica de problemas do sono.

"Ele sempre roncou", diz Matt ao médico, quando questionado. "Mesmo quando eu era pequeno, às vezes acordava à noite com um ronco constante parecido com uma serra. Depois de alguns minutos, meu pai parava de respirar por um tempo. O silêncio durava tanto tempo que às vezes eu me perguntava se ele ainda estava vivo". Por fim, o silêncio era quebrado por um ronco ressonante, que sinalizava o retorno ao ritmo barulhento.

"Nos últimos tempos", acrescenta Matt, "tudo parece ter piorado, ainda mais porque papai engordou um pouco. Você conhece aquelas piadas sobre os vizinhos reclamando? Bem, na semana passada isso aconteceu. A mulher que mora ao nosso lado no corredor bateu em nossa porta. Ela se desculpou, mas se perguntou se algo poderia ser feito para que *ela* pudesse dormir.

Análise

Mais uma vez, precisaremos da nossa árvore de decisão, que nos possibilita começar com uma queixa de sonolência diurna. O período de sono de Henry é, até onde sabemos, longo o suficiente para nos levar ao passo 2, em que chegamos ao desfecho aguardado. Esse terceiro episódio de Henry deixa a "apneia obstrutiva do sono" muito clara. Com início após o ganho de peso acentuado, parece uma boa opção para os sintomas de Henry.

No entanto, logo nos deparamos com um problema. A apneia do sono é um transtorno que os critérios oficiais afirmam poder ser diagnosticado apenas com um exame laboratorial. Isso significa que meu avô, por exemplo, que morreu antes mesmo de a polissonografia existir, não poderia ter recebido o diagnóstico, apesar da sua experiência (e da minha avó) ao longo da vida com ruidosos roncos e resfôlegos.

Assim, para efeitos da nossa discussão, vamos apenas concordar que, no caso de Henry, um estudo do sono apenas reforçaria nosso julgamento clínico insuperável. Em seguida, observe os sintomas necessários, além dos exames laboratoriais: "perturbações na respiração noturna" ou "sonolência diurna, fadiga ou sono não reparador". Henry pontua em ambos. Eu diria que, no aspecto clínico, a situação é gravidade moderada, mas o operador do aparelho de polissonografia pode, em última análise, optar por algo diferente.

Comentário

O caso de Henry não é único: a apneia obstrutiva afeta mais de 10% dos adultos norte-americanos e é frequente entre aqueles cujo peso é excessivo. Na verdade, os problemas de sono em geral são muito comuns. Aposto que é pequena a quantidade de pessoas que estão lendo este livro e que nunca tiveram problemas com o sono. Dormir pouco (insônia) é uma queixa que talvez um terço de todos os adultos apresente em algum momento da vida. No entanto, cerca de um terço dessas pessoas poderia se qualificar para um diagnóstico oficial. (Tal como acontece com tantos outros aspectos na vida, tendemos à queixa de mais fatos do que os dados objetivos podem incluir.) Do total de pessoas com insônia verificável que consultam uma clínica de problemas do sono, cerca de um terço manifestará condição mental subjacente e metade terá um transtorno do humor. Muitas outras condições médicas também serão diagnosticadas.

Além da insônia, muito é visto na clínica de problemas do sono; mais do que podemos imaginar. A narcolepsia não é tão comum, afetando menos de 1 em cada mil pessoas, mas pode prejudicar quem é afetado. Os transtornos do sono-vigília do ritmo circadiano são diversos e tendem a afetar sobretudo os jovens, e até influenciam nosso vocabulário cotidiano, com termos como 'avis' (pessoas matutinas) e 'corujas' (pessoas noturnas).

E quanto à apneia do sono? Um percentual superior a 10% dos adultos (mais homens do que mulheres) sofrem de apneia, mas isso é mesmo um transtorno do sono? A resposta, suponho, depende de para quem você pergunta. O médico especialista em sono lhe responderá que sim, mas outros médicos (p. ex., especialistas em nariz e garganta) também podem considerar essa condição tratável em sua área. Claro, a palavra *sono* consta no nome do problema, mas o mesmo acontece com a doença do sono (doença infecciosa causada por um parasita transmitido pela mosca tsé-tsé). Contudo, a apneia do sono aparece com destaque na seção sobre sono do *DSM-5-TR*; por isso, nós que somos médicos especializados em saúde mental devemos nos preparar para enfrentá-la.

Há, ainda, questões que acontecem durante a noite, como terrores noturnos e transtorno comportamental do sono REM. Até 5% dos adultos têm pesadelos que ocorrem pelo menos uma vez por semana, e mais de 10% apresentam episódios de sonambulismo. Não se esqueça dos transtornos do sono-vigília relacionados a substâncias, e se você vir alguém com hipoventilação relacionada ao sono, me mande uma mensagem. Tudo isso ocorre, e nós precisamos ter pelo menos familiaridade com tais questões. Convido você a fazer a leitura do meu livro, *DSM-5-TR Made Easy*.

Por fim, há a síndrome das pernas inquietas, que, na verdade, não tem relação com o sono, exceto pelo fato de perturbá-lo caso você experimente tal condição à noite. A síndrome das pernas inquietas afeta 1 a 2% dos adultos nos Estados Unidos, para os quais esse é um problema verdadeiro, perturbando ou não seu sono.

Não ouvi dizer se Henry alguma vez fez um estudo do sono, mas ele adquiriu um aparelho de pressão positiva contínua nas vias aéreas, o que colaborou para o sono de todos ao redor. E, a propósito, Matt continua prosperando, com sua transição em fase bem avançada.

17

DIAGNOSTICANDO PROBLEMAS DE PERSONALIDADE E RELACIONAMENTO

Os transtornos da personalidade (TPs) envolvem problemas relacionados consigo mesmo e com outras pessoas. São padrões duradouros que podem aparecer nos domínios do pensamento, dos sentimentos, do comportamento e da motivação; afetam as relações interpessoais e o controle de impulsos. Os TPs afetam, de alguma forma, quase 10% da população em geral e cerca de metade de todos os pacientes com problemas mentais. Neste último caso, muitas vezes parecerá uma reflexão tardia quando o problema principal de alguém for um transtorno mental grave dos tipos descritos nos capítulos anteriores. A sua percepção de que determinado paciente tem TP só pode desenvolver-se aos poucos, após várias entrevistas.

Infelizmente, com este capítulo nos aproximamos dos limites da ciência e da certeza no que diz respeito à nossa capacidade de caracterizar e diagnosticar transtornos mentais com precisão. Nossas descrições da doença de Parkinson são categóricas, o que significa que contamos os sintomas até termos o suficiente para diagnosticá-la. O que acontece é que não há um limite teórico para a quantidade de tipos de personalidade que podemos declarar como sendo um transtorno. (Em uma palestra há alguns anos, um especialista na área afirmou que pode haver até 2 mil TPs. Mais tarde, eu disse a ele (em tom de brincadeira, claro) que qualquer pessoa que acreditasse nisso poderia ter um "transtorno do TP múltipla".) Outro resultado disso é que muitos pacientes se qualificam para dois ou mais TPs; isso confunde a todos. Talvez o maior problema seja que os sistemas categóricos dependem tanto da interpretação que acabamos tentados a colocar pacientes confusos em uma conveniente categoria de TP (alguns diriam "de descarte").

Outros sistemas de classificação graduam a personalidade conforme um punhado de dimensões que tentam quantificar como nos consideramos e nos adaptamos a diferentes circunstâncias. Por exemplo, o conhecido modelo de cinco fatores utiliza as dimensões neuroticismo, extroversão, abertura à experiência, agradabilidade e consciência. Outros sistemas empregam uma pontuação ou mais dimensões. Os modelos dimensionais eliminam a possibilidade de múltiplos TPs em um indivíduo mas também aumentam a quantidade de esforço necessário para determinar onde encaixar alguém em cada uma dessas faixas.

DEFININDO UM DIAGNÓSTICO DE TRANSTORNO DA PERSONALIDADE

Embora a maioria dos diagnósticos represente mudança nos pensamentos e nos comportamentos habituais de uma pessoa (as poucas exceções são condições da primeira infância, como transtorno do espectro autista, TDAH e deficiência intelectual), os TPs começam cedo na vida e pode-se dizer que continuam para sempre. Esse fato exige grande mudança em nosso método diagnóstico. No caso da maioria dos outros transtornos, precisamos perceber o que mudou em uma pessoa; já ao discernir o padrão de um TP, devemos, em vez disso, prestar atenção ao que permaneceu o mesmo, ou seja, o histórico de atitudes e comportamentos ao longo da vida. Devemos trilhar com cuidado o caminho do diagnóstico, respeitando os diversos requisitos para avaliação dos TPs. O Quadro 17.1 apresenta um diagnóstico diferencial para TP e outros problemas de personalidade ou de relacionamento.

Características dos transtornos da personalidade

- Os sintomas dos TPs estão presentes durante toda a vida adulta da pessoa, pelo menos desde o final da adolescência.

Nos seis anos em que morou na rua da casa de acolhimento em crise, a tendência de Bruce para o sigilo parecia estar aumentando. Seu longo cabelo estava sujo e despenteado; suas unhas, compridas e irregulares. Ninguém gostava dele, muito menos as crianças que ele perseguia em seu jardim sem cerca, que era quase tão sujo quanto o dono. "TP, tipo esquizoide" era o palpite dos especialistas em saúde mental que o viam quase todos os dias, embora admitissem que não poderiam ter certeza sem uma entrevista. Portanto, foi com surpresa e, em última análise, tristeza que, após sua morte repentina, em uma tarde chuvosa de sábado, leram seu obituário. Anos antes, Bruce era uma estrela em ascensão no circuito de comédia de verão em Catskills. Então, de forma inexplicável, ele desapareceu sem deixar notícias. Bruce tinha apenas 54 anos quando morreu de um meningioma de crescimento lento, que poderia ter sido tratado se diagnosticado da maneira adequada.

Já se vê que isso não será fácil. Definir *com precisão* um TP requer trabalho minucioso de detetive, muito mais do que algumas outras condições, em que a maioria dos sintomas relevantes são fáceis de se identificar.

- Há outros distúrbios físicos ou mentais que podem explicar melhor os sintomas?

Ninguém se lembra de algum funcionário dos correios mais rabugento do que Max na história de sua filial. Seu temperamento desagradável foi citado em muitas avaliações de desempenho, mas seu trabalho é tão meticuloso que nenhum supervisor teve a coragem de demiti-lo. Em casa, é "como conviver com um ogro", como atestam três ex-esposas e enteados furiosos. Desde os tempos de colégio, Max não se lembra de ter sentido nada além de "solidão e tristeza" — sentimentos que se recusou a compartilhar com qualquer um dos clínicos especializados em saúde mental que tentaram ajudá-lo ao longo dos anos. "TP *borderline*" é o que alguns deles escreveram em seu prontuário.

Para alegria de seus colegas de trabalho, ao completar 55 anos, Max se aposentou e passou a trabalhar gerenciando a parte burocrática de uma clínica de saúde mental. Depois de algumas semanas, um dos médicos sugere que ele experimente medicamentos para distimia. Mais algumas semanas depois, o "TP" de Max desaparece. Em uma cerimônia especial no ano seguinte, colegas de trabalho o homenagearam como "Sr. Personalidade."

Antes que os pacientes sejam diagnosticados com TP, deve-se buscar neles uma variedade de outras condições. Por exemplo, a distimia pode criar dependência, a mania pode estar subjacente à beligerância, e o uso prolongado de substâncias pode preparar o terreno para a impulsividade. Além disso, não confunda com doença questões como a dificuldade do paciente em se adaptar a culturas ou subculturas diferentes daquelas em que foi criado.

- O padrão deve ser estável. "Instabilidade estável" é paradoxal, mas essa é a ideia: é o padrão que é constante, mesmo o comportamento oscilando um pouco. Considere alguns contraexemplos: você não daria um diagnóstico de TP a uma pessoa que apresenta comportamento antissocial apenas quando intoxicada ou no auge de um episódio maníaco. E você pode identificar comportamento antissocial em muitos adolescentes, a maioria dos quais se corrigirá com o tempo. Embora os critérios oficiais permitam diagnosticar um TP em qualquer pessoa, mesmo em alguém bastante jovem (exceto o TP antissocial), acho que é mais seguro esperar até a pessoa estar madura. O TP é um problema sério; uma vez diagnosticado, tende a

QUADRO 17.1 Diagnóstico diferencial com definições breves de TP e outros problemas de personalidade ou relacionais.

- *Descrição geral de um TP*. Um padrão duradouro e inflexível de "experiência interior e comportamento" diferente das expectativas culturais que apresenta problemas de pensamento, emoções, relacionamentos interpessoais e controle de impulsos. Começa em tenra idade e se manifesta em uma variedade de situações profissionais, sociais e interpessoais.
- *TP antissocial*. Egocêntricas e movidas pelo desejo de ganho pessoal, essas pessoas carecem de preocupação com os outros e de capacidade para estabelecer relacionamentos íntimos. Visando alcançar seus objetivos, mentirão, enganarão e manipularão os outros, ao mesmo tempo em que, com tremenda insensibilidade, desconsideram suas responsabilidades pessoais. Suas atitudes para com os outros costumam ser descritas como hostis ou insensíveis. Essas pessoas assumirão riscos excessivos de forma impulsiva, sem considerar as possíveis consequências. O TP antissocial não pode ser diagnosticado antes dos 18 anos.
- *TP evitativo*. Com baixa autoestima e ultrassensíveis à rejeição, indivíduos com essa condição hesitam em envolver-se socialmente, a menos que tenham a certeza da aceitação. Relutam em correr riscos ao perseguir seus objetivos e, quando tentam participar, é provável que a ansiedade os impeça de sentir prazer, sobretudo em situações sociais.
- *TP borderline*. A instabilidade caracteriza pacientes com tal característica — define sua autoimagem e seus objetivos aspiracionais e infecta suas relações íntimas, que sofrem em razão do grande medo da rejeição. Suas emoções são instáveis (muitas vezes raivosas ou hostis) e propensas à depressão, desesperança e ansiedade intensa. Sentem-se insultados com facilidade e não conseguem reconhecer sentimentos e necessidades alheias. Assumem riscos de forma impulsiva, sem considerar possíveis consequências.
- *TP dependente*. A necessidade de ser cuidado leva ao apego, ao comportamento submisso e ao medo da separação.
- *TP histriônica*. Excesso emocional e comportamentos de busca de atenção são típicos.
- *TP narcisista*. Olhando para os outros em busca de autoestima, essas pessoas egocêntricas buscam atenção e aprovação, até admiração. Sua grandiosidade (fantasiada ou real) torna difícil perceber os sentimentos dos outros como distintos de suas próprias necessidades. Com pouco interesse genuíno pelos outros, sua falta de empatia torna seus relacionamentos superficiais.
- *TP obsessivo-compulsiva*. Com seu senso de identidade derivado do trabalho, pessoas com essa condição são orientadas à produção; no entanto, seus padrões rígidos e excessivamente elevados impedem que os objetivos sejam alcançados. Na falta de empatia, seus relacionamentos são secundários em relação à produtividade. Suas exigências de perfeição aplicam-se a si mesmos e aos outros. Preocupados com detalhes e organização, os indivíduos perseverarão em determinada tarefa, mesmo depois de ela já não ser útil.
- *TP paranoica*. Os indivíduos desconfiam e suspeitam dos outros, cujos motivos interpretam como malévolos.
- *TP esquizoide*. O isolamento das relações sociais e o alcance emocional restrito em ambientes interpessoais caracterizam esses pacientes.

(Continua)

QUADRO 17.1 Diagnóstico diferencial com definições breves de TP e outros problemas de personalidade ou relacionais. *(Continuação)*

- *TP esquizotípica.* Essas pessoas estranhas e talvez incomuns com frequência confundem os limites do ego e os objetivos de vida, que tendem a ser irrealistas ou mal pensados. Por sofrerem distorções na percepção, entendem mal ou interpretam mal o comportamento dos outros, gerando desconfiança que prejudica a intimidade do relacionamento. Seu pensamento é vago, e as pessoas ao redor consideram suas crenças peculiares ou estranhas (o afeto restrito pode encorajar isso). Desconfiados da intenção ou da lealdade dos outros, indivíduos com TP esquizotípica preferem a solidão.
- *Traços de personalidade.* A experiência de uma pessoa sobre o funcionamento pessoal e interpessoal é prejudicada e há patologia em pelo menos um domínio de traço de personalidade: afetividade negativa, distanciamento, antagonismo, desinibição (ou compulsividade) e psicoticismo. No entanto, tais características não resultam em um diagnóstico claro.

Os três aspectos a seguir podem começar mais tarde na vida:

- *Problema relacional.* Dois ou mais indivíduos interagem de tal maneira que prejudica o funcionamento ou produz sintomas clínicos.
- *Mudança de personalidade devido a uma condição clínica.* Há uma mudança duradoura na personalidade estabelecida de um paciente após um traumatismo craniencefálico ou uma doença física.
- *Transtorno explosivo intermitente.* Sem outra patologia demonstrável, ocorrem episódios de agressividade, que resultam em danos físicos ou destruição de propriedade.

---

acompanhar o paciente para sempre. Eu não gostaria de ser responsável por tal rótulo, a menos que seja merecido.

- Os TPs afetam diversas características que contribuem para o caráter de uma pessoa: afeto, cognição, controle de impulsos e funcionamento interpessoal. Se, digamos, apenas o humor for afetado, você deve focar seu interesse diagnóstico em um transtorno bipolar ou distimia —, muito mais do que em um TP. Ou se o humor estiver estável e o único problema for controlar o impulso de roubar, você pode primeiro considerar a cleptomania.
- Um TP deve ser mais ou menos consistente em todo o espectro de áreas da vida, incluindo a vida profissional, a social, a sexual e a familiar. Por exemplo, revisite o caso de Chuck (Capítulo 15), cujo comportamento antissocial causou estragos gerais.

O Quadro 17.2 apresenta uma breve lista de questões relacionadas com a personalidade que podem ajudá-lo a detectar TP em seus pacientes. Sempre que indicado, peça exemplos.

QUADRO 17.2 Avaliação de TP em pacientes com problemas de saúde mental

1. Que tipo de pessoa você acha que é?
2. Do que você mais gosta em você mesmo? Do que menos gosta?
3. Você tem muitos amigos ou é mais solitário?
4. Você tem algum problema de relacionamento com familiares e/ou amigos?
5. Você tende a suspeitar das motivações de outras pessoas?
6. Você gosta de ser o centro das atenções ou se sente mais confortável ficando em segundo plano?
7. Você sente que outras pessoas querem enganá-lo ou prejudicá-lo?
8. Você tende a guardar rancor?
9. Você é uma pessoa supersticiosa?
10. Seu humor tende a ser estável em geral?
11. Quais são seus sonhos? Você às vezes fantasia sobre eles?
12. Você acha que merece tratamento ou consideração especial?
13. Você costuma se sentir inadequado em novos relacionamentos? Você acha que precisa de muitos conselhos e garantias ao tomar decisões cotidianas?
14. Você às vezes fica tão preocupado com os detalhes que perde de vista o sentido do que estava fazendo?
15. Você é muito teimoso? É perfeccionista?

Observação: adaptado de *The first interview* (4ª ed.) de James Morrison (The Guilford Press 2014). Copyright © 2014 The Guilford Press. Adaptado com permissão.

Reconhecendo um transtorno da personalidade

Muitos clínicos experientes afirmam que podem "sentir" quando um paciente tem TP. O que, na verdade, eles estão fazendo é (1) comparar o que observam com os incontáveis pacientes que avaliaram no passado, (2) observar certos comportamentos e itens da história associados com frequência a um TP e (3) identificar discrepâncias. Não posso ajudá-lo com o primeiro deles — só o tempo pode conferir esse tipo de experiência —, mas posso lançar alguns comentários aos grupos 2 e 3. Infelizmente, sem um histórico confiável, em alguns casos não há nada que "denuncie" a pessoa com TP. Por exemplo, será quase impossível reconhecer um indivíduo antissocial como Ted Bundy (o encantador assassino que ceifou a vida de mais de uma dúzia de jovens na década de 1970). Nesse sentido, o diagnóstico de TP antissocial demonstra o valor de informantes terceiros.

Observe que nenhum comportamento é diagnóstico de TP, de modo que você não pode dar por certo o diagnóstico considerando os itens a seguir — cada paciente deve ser avaliado no contexto de tudo o mais que você possa descobrir sobre a pessoa. Os itens são considerados sinalizadores, não critérios. O que você observa pode não ser um TP, mas apenas traços de personalidade, que até certo ponto todos nós temos. Às vezes, as pistas que você identifica podem significar outro transtorno diagnosticável completamente diferente.

Informações da história

Alguns itens serão óbvios na história, mesmo quando o paciente for seu único informante.

- Em especial, comportamentos problemáticos que se repetem, por exemplo, fazer troca frequente de médico (na prática, eu diria três ou mais vezes; há muitas razões legítimas para se optar por outro médico). Outros exemplos incluem repetidas dificuldades com a lei (sobretudo encarceramentos), hospitalizações psiquiátricas (na ausência de um diagnóstico confirmado de transtorno bipolar ou esquizofrenia) ou troca de cônjuges ou de empregos (nenhum dos quais carrega o estigma de antes). Eu também incluiria padrões de comportamento como acumulação, tentativas recorrentes de suicídio em resposta a decepções e fuga repetida após brigar com um parente.
- Múltiplas tentativas de suicídio, embora o TP nunca deva ser seu primeiro diagnóstico nesse caso.
- Foco exclusivo em um aspecto único da vida: vício em trabalho, festas, sexo, jogo de cartas ou outros *hobbies*. Por exemplo, eu me preocuparia com um estudante universitário que não fizesse nada além de estudar, não participando de atividades extracurriculares ou da vida social.
- Respostas obviamente falsas (p. ex., 2 + 2 = 5) ou uma história que muda o tempo todo.
- História familiar de TP (como antissocial ou *borderline*).
- História infantil de abuso sexual ou de ser criado por pais usuários pesados de substâncias há muito tempo.
- Certos diagnósticos com forte probabilidade de TP associado: transtornos alimentares, transtornos dissociativos, transtorno de sintomas somáticos, transtorno de ansiedade social (que tende a ser encontrado com o TP esquiva), esquizofrenia (associada, com frequência, ao TP esquizotípica prévio) e uso indevido de substâncias.
- Dificuldade crônica em trabalhar com outras pessoas.
- Falta de amigos e de relacionamentos próximos, sobretudo se for alguém que parece não ter necessidade disso.

Afetos e atitudes do paciente

Certos afetos e atitudes podem ser evidentes mesmo durante a entrevista inicial. Aqui estão alguns de uma lista que você pode alimentar com sua própria experiência:

- Atributos negativos de disposição mantidos sem constrangimento aparente. Os exemplos incluem expressões de violência, arrogância (tende a ser encontrada no TP narcisista) e ausência de remorso e empatia sem consciência (p. ex., gabar-se de façanhas criminosas ou indiferença ao sofrimento alheio).
- Desrespeito pelo próprio sofrimento, há muito associado ao TP histriônica.
- Na ausência de demência, mania ou esquizofrenia, discrepâncias ou inconsistências entre o afeto e o humor declarado, ou o humor e o conteúdo do pensamento.
- Perplexidade quando solicitado a descrever os sentimentos dos outros.
- Rigidez excessiva, demonstrada pela incapacidade de "conviver" no local de trabalho ou em família.
- Atitudes de vitimização crônica (a culpa foi de outra pessoa, "não fui eu", "fui incriminado").

Comportamentos observados ao longo do tempo

Muitas vezes, somente após começar a trabalhar com um paciente é que você descobre o suficiente para diagnosticar um TP. Alguns comportamentos indicativos incluem o seguinte:

- Olhar para a janela ou porta em uma demonstração de cautela exagerada.
- Gestos suicidas ou episódios de automutilação repetidos, como cortes no punho (talvez superficiais).
- Dependência excessiva — utilizando a afirmação de forma crônica: "Quero que você decida".
- Exigir algo e depois rejeitá-lo, por exemplo, hospitalização seguida de alta contra recomendação médica, ou medicação que o paciente se recusa a tomar.
- Falha repetida de medidas terapêuticas que costumam ser eficazes para o importante diagnóstico mental atual do paciente.
- Prestar muita atenção às roupas e à aparência enquanto negligencia os relacionamentos.
- Impulsividade, incluindo gestos extravagantes, como atear fogo no cabelo ou outras formas de automutilação.
- Reações extremas aos acontecimentos, como tentativa de suicídio ao saber que um parente tem câncer.
- Evidência de julgamento consistentemente falho: múltiplos episódios de não seguir recomendações médicas, promiscuidade persistente que resulta em rejeição ou doença, problemas repetidos com a lei (sobretudo criminalidade).

Relação terapêutica

Algumas questões na relação terapêutica logo se tornarão aparentes; outras podem demorar um pouco para surgir.

- Elogios iniciais extravagantes por suas habilidades clínicas, com menosprezo do terapeuta anterior do paciente, seguidos, mais tarde, por desvalorização e queixas acerca do seu trabalho.
- Afetos negativos direcionados a você, incluindo disforia, ansiedade, raiva e beligerância. Também pode haver atos evidentes de hostilidade, como chutar a parede de um prédio de escritórios ou esvaziar pneus.
- Abordagens sedutoras, autodramatizantes e chorosas a você e a outras pessoas.
- Comportamentos manipuladores: pedir algo a um cuidador que foi negado por outro e que o colocará em uma situação difícil, exigir determinado horário preferido para terapia, causar confusão se uma medicação não for administrada, fazer muitas perguntas sobre sua vida pessoal, pedir para ser abraçado, massageado ou beijado, tentar fumar no consultório, desrespeitar as solicitações de tratamento formal, fazer repetidas ligações telefônicas para você nos finais de semana ou mudar agendamentos no último minuto.
- Dar presentes — até uma bala e um café podem ser oferecidos com condições.
- Atrasos repetidos nas consultas.
- Perseguir o clínico (o pior pesadelo profissional, digo por experiência).
- Negligenciar sintomas físicos, como dor abdominal aguda ou abscesso dentário.
- Sentimentos negativos *por parte do clínico*: aborrecimento, medo, desconfiança, raiva ou mesmo atração, apesar do mau comportamento. Qualquer um desses sentimentos é capaz de sugerir que um de vocês pode ter um TP.

Reconhecer um TP pode ser desafiador em alguns pacientes e fácil em outros, pois o diagnóstico, em alguns casos, parece óbvio.

Robin

"Há algumas coisas sobre as quais não vou falar", declara Robin em sua primeira consulta. Com o cigarro apagado, ela aponta para cicatrizes que marcam seu braço esquerdo. "Essa é uma delas. Eu vi você olhando."

É final de julho, mas Robin está muito bronzeada. Seu cabelo ruivo brilhoso está preso em um longo rabo de cavalo. Robin deixa transparecer na pele cada um de seus 37 anos. "Eu simplesmente não me sinto feliz", ela se queixa. "Alguns dias fico deprimida, mas, na maioria das vezes, me sinto indisposta. Odeio minha vida." Robin relata que, às vezes, sente-se mal na época da menstruação, mas isso parece estar relacionado com o que quer que esteja acontecendo em sua vida. "Meu trabalho é uma droga e ninguém gosta de mim."

As queixas de Robin são inúmeras. No ano passado, no Dia de Ação de Graças, ela acusou a mãe de preferir a irmã mais velha, Alicia, e as três não estiveram mais juntas desde então. Isso é apenas parte da ruptura de Robin com a família. Ela perdeu um emprego quando, de modo impulsivo, dançou de *topless* em uma festa do escritório. Durante várias semanas, ficou com homens do bar para solteiros que frequenta depois do trabalho. Mais de uma vez, levou um deles para casa para passar a noite com ela — causando muitos inconvenientes para Alicia, com quem compartilha o apartamento. Certa noite, os ânimos explodiram quando Robin entrou pela porta com outro "bêbado perdedor", nas palavras de sua irmã, "embora ela mesma nunca beba mais do que uma ou duas cervejas". Agora elas sequer se falam, o que agrava a situação de Robin.

Com a permissão da paciente, o terapeuta liga para Alicia para obter algumas informações básicas. Como trabalham no mesmo escritório do governo, Alicia tem muito conhecimento sobre o que ela chama de *modus operandi* da irmã. "Desde criança, ela tem sido um foco ambulante de descontentamento", relata Alicia. Ao telefone, você quase pode senti-la franzir a testa. "Robin sempre suspeita que alguém está dizendo coisas para fazê-la ficar mal, para tentar colocá-la em apuros". Quando estava no último ano do ensino médio, Robin rompeu contato com sua melhor amiga, que ela acreditava estar tentando roubar seu namorado. "Agora tenho certeza de que aquela garota é lésbica — o que ela iria querer com o namorado de *alguém*?" Alicia pergunta.

Alicia continua: "Durante a última eleição, Robin mostrou grande apoio ao presidente. Estava sempre falando sobre o assunto e distribuindo literatura de campanha, mesmo que isso fosse contra a política do escritório. Mas quando a Casa Branca emitiu uma ordem presidencial que ela não aprovou, disse que se sentiu traída e começou a fazer campanha para o outro lado. Robin é assim, está sempre mudando de ideia. Nosso chefe adoraria se livrar dela, mas você conhece o governo — isso praticamente exigiria uma lei do Congresso".

Para um colega de trabalho, Robin criticou o chefe pela decisão de não contratar um funcionário temporário quando um colega tirou licença-paternidade. Mais tarde, Alicia a ouviu dizer ao chefe que a decisão tinha sido a melhor, pois o colega não estava mesmo fazendo a parte dele. "Quando liguei para ela para falar disso, Robin explodiu e ameaçou nunca mais falar comigo. Também é típico que ela sempre volte "rastejando". Nunca conheci alguém que tenha tanto medo de ficar sozinha, mas que, ao mesmo tempo, viva afastando as pessoas."

Análise

Primeiro, precisaríamos saber se Robin tem um diagnóstico mental grave (ver passo 1 da Figura 17.1, nossa árvore de decisão para um paciente com dificuldades de caráter/interpessoais). Embora os detalhes relatados neste caso clínico sejam vagos, seu médico soube o suficiente para determinar a provável não qualificação de Robin para um transtorno de ansiedade, do humor ou psicótico, considerando, também, que ela não bebia nem usava drogas. (Se Robin tivesse se qualificado, seríamos ainda mais cuidadosos ao diagnosticar também um TP, embora a Figura 17.1 nos encoraje a explorar essa possibilidade.) Seriam necessárias mais informações sobre sua saúde física, mas a revisão histórica de Alicia argumenta contra qualquer mudança recente (passo 2). O desafio de Robin no início da entrevista nos alerta para a possibilidade de um TP. A própria Robin mencionou diversos casos de dificuldade de relacionamento com outras pessoas, em especial com sua própria família.

Robin parece se encaixar na descrição geral de alguém com TP: teve dificuldades ao longo da vida com sua autoimagem e em manter seus relacionamentos

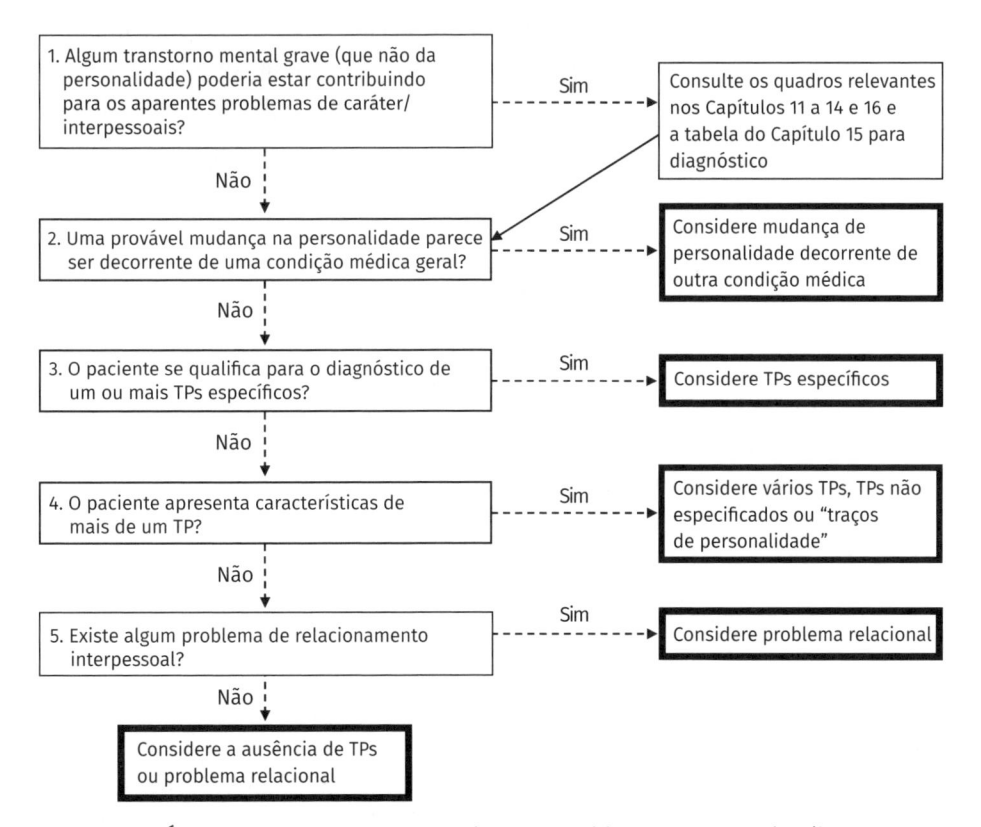

FIGURA 17.1 Árvore de decisão para um paciente com dificuldades de caráter/interpessoais.

interpessoais. Sem psicose evidente, seu pensamento é distorcido por ideias às quais outros se opõem. Seu estado emocional é precário. Essas características afetam todas as áreas da sua vida. Entretanto, nenhum dos padrões típicos dos TPs reconhecidos (ver Quadro 17.1) define seu caráter de forma adequada, então teríamos dificuldade de fornecer a ela um diagnóstico específico de TP (passo 3). Ela parece ter vários traços de personalidade desordenados, incluindo grande necessidade de atenção (dançar seminua), paranoia (suspeitas sobre o namorado) e características *borderline* (múltiplos episódios de automutilação). No passo 4, então, poderíamos considerá-la para diversos traços de personalidade ou por um TP não especificado. Embora, em teoria, pudéssemos continuar em nossa árvore de decisão e procurar um problema relacional adicional, isso parece desnecessário diante de tantos traços de personalidade.

Comentário

O diagnóstico de um TP está repleto de muitos problemas. Aqui estão apenas alguns deles:

1. Diferentemente da impressão que você pode ter com uma leitura casual de manuais de diagnóstico, a maioria dos pacientes com TP apresenta uma mistura de traços e essa condição. No entanto, os clínicos tendem a diagnosticar apenas um TP, mesmo quando os pacientes atendem aos critérios para dois ou mais.
2. Quando mais de um TP *é* diagnosticado, o que isso significa, na verdade? Certamente, não significa que o paciente tenha diversas personalidades. E como isso ajuda a orientar o tratamento?
3. Não existe uma linha divisória nítida entre TP e normalidade.
4. Até agora, há poucos trabalhos que estudam as causas dos TPs.
5. Os TPs são muito difíceis de se avaliar. Muitas vezes, testes psicológicos e a entrevista do paciente por si só não são suficientes, mesmo quando se utiliza uma entrevista padronizada. Em vez disso, para demonstrar que os comportamentos em questão são duradouros e generalizados, precisamos de entrevistas com familiares e outras pessoas que conheceram bem o indivíduo, pelo menos desde o final da adolescência.
6. Os três grupos de TP em uso do *DSM-5-TR* (estranho ou indiferente; dramático, impulsivo ou errático; ansioso ou medroso) têm pouca base em pesquisas objetivas.

Alguns TPs carregam consigo problemas especiais. Muitos pesquisadores colocam o TP esquizotípica no mesmo espectro da esquizofrenia; além de discuti-lo junto com os TPs, o *DSM-5-TR* e a *Classificação internacional de doenças* (10ª rev.) até mesmo listam-no no mesmo capítulo do espectro da esquizofrenia e outros transtornos psicóticos. Embora listemos o transtorno de sintomas somáticos como um transtorno mental grave, muitas vezes, ele anda tão de mãos dadas com o TP histriônica que é difícil determinar onde um termina e o outro começa. O TP esquiva costuma ser encontrado em associação ao transtorno de ansiedade social. Alguns clínicos usam *borderline* mais para expressar desaprovação geral do que para descrever um transtorno específico. Por fim, o medo de abandono é um sintoma tanto do TP *borderline* como dependente.

Poderíamos abordar algumas dessas questões descrevendo a personalidade com um sistema dimensional híbrido do tipo que o *DSM-5-TR* oferece em seu modelo descritivo alternativo da Seção III; com o tempo, poderá ser adotado formalmente como padrão para avaliação dos TPs. Exige que primeiro identifiquemos, como já fizemos com Robin, problemas moderados ou maiores com o eu (identidade ou autoexpressão) ou com as relações interpessoais (empatia ou intimidade). O *DSM-5-TR* fornece uma tabela para facilitar essa tarefa. Em seguida, utilizando o Inventário da Personalidade para o DSM-5-TR (o formato longo está disponível para download gratuito em *https://www.psychiatry.org/File%20Library/ Psychiatrists/Practice/DSM/APA_DSM5_The-Personality-Inventory-For-DSM-5-Full- -Version-Adult.pdf*), digitei as respostas que achei que Robin daria, pois ela não poderia fazer isso sozinha e, além disso, os clínicos são incentivados a usar as respostas dos informantes. Note como Robin (nós, no caso) pontuou nos cinco domínios de personalidade de nível superior: afeto negativo, 1,6; desapego, 1,4; antagonismo, 1,4; desinibição, 1,7; psicoticismo, 0,2. Cada um deles (exceto o último) ficou no meio do caminho entre leve e moderado. Determinei que ela não obteve pontuação moderada (2,0 ou superior) em uma quantidade suficiente de facetas individuais, como são chamadas, para se qualificar para qualquer um dos TPs mencionados nesta medida de avaliação. (Com pontuações elevadas nas facetas de labilidade emocional, impulsividade e hostilidade, ela estaria muito perto de se qualificar para um TP *borderline*.) Encorajo toda pessoa interessada a explorar o instrumento.

Embora os clínicos por vezes se concentrem tanto nos transtornos mentais graves que ignorem a presença do TP, também ocorre o problema oposto: um TP aparente afasta a consideração de outras condições mentais mais tratáveis (e ainda mais perigosas).

> Consideremos o caso de Elizabeth Shin, uma estudante brilhante e talentosa do segundo ano do MIT. Após muitos meses de cuidados relacionados à ansiedade e à depressão, ela morreu queimada em seu dormitório. Em diversas ocasiões, Elizabeth se cortou, o que gerou especulações de que tinha TP *borderline*. Fica o questionamento: seus médicos prestaram muita atenção a um aparente TP e deram pouca atenção às repetidas declarações de Elizabeth de que tiraria a própria vida?

O que podemos tirar da discussão sobre TP e seus fatores de confusão?

- Traços mal-adaptativos estão presentes em muitas pessoas que não atendem aos critérios para um TP.

- Examine todos os pacientes em busca de questões de caráter que influenciam o modo como eles lidam com o mundo, não importando se atendem ou não aos critérios formais de alguém para um transtorno.
- Embora eu tenha reclamado dos critérios, usá-los é *bem* melhor do que depender de impressões subjetivas — um princípio diagnóstico muito ignorado.
- Uma função importante dos TPs é nos lembrar de procurar transtornos mentais graves associados.

Phineas

Além do problema de detectar patologias mentais importantes, devemos também ficar atentos à cronologia da pessoa que apresenta patologia de caráter e às circunstâncias em que foi desenvolvida.

> Em um dia de outono de 1848, Phineas Gage, chefe de uma equipe de construção ferroviária em Vermont, tinha acabado de posicionar uma carga explosiva quando o caos se iniciou. Conforme relatado por um jornal local, uma explosão acidental fez uma barra de ferro atravessar a bochecha esquerda e o topo da cabeça de Gage. O ferro cônico pesava quase 6 kg e tinha 110 cm de comprimento e mais de 2,5 cm de diâmetro em sua parte mais larga. Embora a maior parte do lobo frontal esquerdo de seu cérebro tenha sido destruída, é possível que Phineas sequer tenha perdido a consciência. O jornal afirmou que ele estava "em plena posse da razão e livre de dor". Sua recuperação foi tão bem-sucedida que, dois meses e meio depois, ele voltou para casa, em New Hampshire.
>
> Dentro de alguns meses, ele tentou voltar ao trabalho, mas, como seus amigos observaram com tristeza, "Gage não era mais Gage". Antes capaz, eficiente e com bom senso comercial, Gage passou a ser profano, irreverente, obstinado, impaciente com os outros, vacilante e cheio de caprichos. Na verdade, sua personalidade foi tão alterada que a empresa na qual trabalhava não o empregaria mais. Não podendo planejar o futuro nem manter um emprego, Gage faleceu muito pobre, 13 anos depois da explosão. Embora seu cérebro não tenha sido autopsiado, seu crânio está em exibição no Warren Anatomical Museum da Harvard Medical School.

Análise

No passo 1 da Figura 17.1, podemos concluir, a partir da história, que não parece ter havido um transtorno mental grave (estamos falando aqui de transtornos do humor, psicóticos ou relacionados a substâncias). Isso nos leva ao passo 2, em que podemos concordar que a mudança de personalidade de Phineas foi bem explicada pela terrível lesão experimentada, enquadrando-se na categoria do

DSM-5-TR de mudança de personalidade devido a traumatismo craniencefálico. Embora problemas de relacionamento possam ter surgido mais tarde, eles não fazem parte deste exercício específico.

Comentário

A diferença óbvia entre um TP e a mudança de personalidade de Phineas é a cronologia: o primeiro deve estar presente de forma contínua desde tenra idade. A mudança de personalidade pode abranger muitos sintomas possíveis, incluindo agitação, passividade, irritabilidade, agressividade, humor instável, infantilidade, irresponsabilidade, apatia, rigidez, falta de motivação, empatia reduzida, desagrado e diminuição da consciência. Assim como no caso dos outros TPs, informantes que não o paciente são de grande importância; notícias de jornais são opcionais.

A mudança de personalidade costuma estar relacionada a um traumatismo craniencefálico que, quando grave, pode causar sintomas, mas também pode resultar de condições como acidentes vasculares encefálicos, doença de Alzheimer, tumores benignos ou malignos, doença por HIV, esclerose múltipla, ataxia espinocerebelar, neurossífilis, doença de Huntington, malária cerebral, toxicidade e encefalite — na verdade, praticamente qualquer doença que afete o metabolismo ou a estrutura do encéfalo. Se a mudança de personalidade for proeminente, você poderá diagnosticá-la mesmo em um paciente com demência; na verdade, pode ser assim que a demência se manifesta pela primeira vez. Alguns pesquisadores descobriram que a mudança de personalidade no início da doença de Alzheimer prediz que o declínio funcional tende a ser mais rápido do que o habitual. A conclusão óbvia é que qualquer paciente cuja estrutura de caráter tenha mudado deve passar por uma avaliação médica completa a procura de possíveis causas físicas.

DIAGNOSTICANDO PROBLEMAS RELACIONAIS

Em cada capítulo deste livro, enfrentamos questões de fronteiras entre diferentes doenças. Aqui está um caso que explora um tipo diferente de fronteira.

Marcie

Aos 32 anos, Marcie é mãe de dois filhos pequenos. Embora tenha abandonado uma carreira promissora em *marketing* quando engravidou, ela adora ser dona de casa. No entanto, nas últimas semanas, tem se sentido angustiada, ansiosa e um tanto deprimida. Na verdade, Marcie diz ao médico que se sente bem na maior parte do tempo, mas seu humor começa a piorar ao anoitecer, quando o marido Ian volta do trabalho. Ela não sabe se isso pode ter alguma coisa a ver, porque "temos um ótimo casamento e ele é um ótimo pai". Ela hesita e diz: "mas, bem, temos brigado muito".

O médico questiona: "Dinheiro? Sexo? Esses são os grandes problemas para a maioria dos casais". O campo de batalha deles é o etilismo do irmão dela. Ray mora do outro lado da cidade, mas passa grande parte do tempo com a irmã e sua família. Na garagem de sua casa, Marcie e Ray administram o pequeno negócio de vendas pela internet que herdaram da mãe há apenas um ano. "Em seu leito de morte, mamãe me implorou que eu cuidasse do Ray. Prometi que sempre o faria e nunca me esquivo de minhas responsabilidades."

Ray foi superprotegido pela mãe e, ultimamente, Ian acusa Marcie de se comportar como o irmão. Marcie reconhece a verdade nessa afirmação, mas não pode abandonar Ray. "Ele pode ser difícil, mas ainda assim é meu irmão", explica ela. (Ian há muito se ressente das piadas que ela usa para fugir de discussões sérias.)

Ian não gosta de Ray. Na verdade, ele gosta muito da companhia do cunhado, mas só quando ele está sóbrio, o que "é quase nunca", conforme Marcie admite. O casal briga quase todas as noites e em grande parte do final de semana. Marcie não relata problemas de sono ou apetite e nega crises de pânico ou desejos de morte, sendo muito interessada por seus filhos e pelos negócios. Relata que seu interesse sexual é excelente, "quando Ian e eu estamos, hum..., nos falando".

Análise

Marcie não apresenta os sintomas de um transtorno mental grave do estágio 1 e não há evidências de uma condição médica ou de TP ao longo da vida (passos 2 e 3). Na verdade, ela não apresenta sintomas suficientes para justificar *nenhum* dos diagnósticos clínicos habituais. O fato de ela só se tornar sintomática quando o marido está em casa deveria conduzir-nos em uma direção diferente.

Um transtorno de adaptação parece ser uma possibilidade real, mas vamos pensar nesse diagnóstico e em suas diversas desvantagens. Para começar, os critérios são vagos:

- "significância clínica" é necessária;
- não deve haver nenhum outro distúrbio que possa ser responsável pelos sintomas;
- você, como clínico, deve julgar que os sintomas ocorrem em resposta a um estressor (a ser investigado).

Além disso, qualquer diagnóstico prospectivo deve ser listado como *provisório*: você só poderá saber que fez o diagnóstico correto se os sintomas desaparecerem assim que o estressor passar. Que estressante conjunto de critérios!

No caso de Marcie, ela e Ian pareciam estar contribuindo para a dificuldade, o que faz um problema relacional se encaixar bem no caso. A propósito, este diagnóstico também sugere o caminho necessário para lidar com o problema, já um diagnóstico de transtorno de adaptação retrata o paciente como um recipiente passivo, cheio de ansiedade e depressão até que algo aconteça para aliviar a tensão. Se você está inclinado a dar a Marcie um diagnóstico de TP, eu escolheria *não diagnosticado* — sequer saberia que tipo de diagnóstico *não especificado* a ser usado.

Comentário

É um truísmo dizer que muitos indivíduos nos consultam não porque estão doentes, mas porque têm problemas para trabalhar, viver ou conviver com outras pessoas — irmãos, filhos, pais, cônjuges ou parceiros, e até colegas de trabalho.

- Durante um ano, um irmão e duas irmãs brigaram pelos bens dos pais.
- Uma mãe e sua filha adolescente discutem sobre namoro; a filha fica fora de casa até tarde, a mãe reclama. Ambas estão com raiva.
- Parceiros em um relacionamento sério de 10 anos estão em desacordo acerca da adoção de um bebê.
- Um homem usa anfetaminas e bate na esposa com frequência, que nunca concorda em prestar queixa ou procurar abrigo.
- Uma mulher permanece em coma durante 15 anos enquanto seu marido e seus pais discutem sobre a possibilidade de eutanásia.

Os exemplos citados compartilham diversas características. Os comportamentos em questão muitas vezes atuam como um círculo de causa e efeito: uma mãe pune a filha por ficar fora de casa, e a filha, por sua vez, rebela-se contra o excesso de controle percebido, ficando fora até mais tarde. Em outras palavras, a maneira como os indivíduos respondem uns aos outros perpetua a disputa. O padrão envolve angústia e, às vezes, perigo, e é relativamente constante de uma situação para outra. Em geral, não é apenas uma resposta a um evento específico e persiste não por dias ou semanas, mas por meses ou anos. Não responde à persuasão social ou religiosa e há evidências de impacto na saúde e no funcionamento dos indivíduos.

Reconhecendo problemas relacionais

As estantes estão repletas de livros que se propõem a avaliar a discórdia entre casais e famílias, e prometo não sobrecarregar a todos falando ainda mais sobre o assunto. Em vez disso, aqui está um breve esboço para ajudá-lo a decidir se um problema relacional descreve as dificuldades do seu paciente.

1. É provável que você precise de informações colaterais para verificar se há uma questão interpessoal — que dois ou mais indivíduos contribuem

para o conflito. Mesmo que a segunda pessoa negue, o comportamento que você observa pode contar outra história.
2. O relacionamento deve ser importante. Uma discussão entre estranhos em um espaço público não se qualifica, por mais que a discussão seja acalorada.
3. O conflito em si deve ser duradouro. A maioria dos relacionamentos tem altos e baixos, por isso, não devemos reagir com alarme a cada obstáculo percebido.
4. O diagnóstico mental de um indivíduo está na base do problema? Se sim, não deve ser a única fonte do conflito. Pode ser comum uma determinada situação clínica implicar tanto em um diagnóstico individual quanto em um problema de relacionamento. Eles podem estar separados, ou um pode fluir do outro, caso em que se considera o problema de relacionamento *integrado*.
5. Para identificar um comprometimento do funcionamento social entre as partes, você pode encontrar ajuda na Global Assessment of Relational Functioning (GARF), que orienta os clínicos a avaliar o relacionamento em termos de resolução de problemas, organização e clima emocional. (Você pode encontrar a GARF no *DSM-IV-TR*; o *DSM-5* a suprimiu, junto com o GAF.)

Os primeiros anos do século XXI testemunharam um enorme debate sobre a inclusão de problemas relacionais como parte regular de manuais de diagnóstico futuros. No momento em que escrevo, a questão ainda não foi definitivamente resolvida, mas qualquer que seja o grau em que estejam formalizados em critérios, os problemas ainda existem e devem ser identificados e tratados. Representam parte do aspecto de grande importância da prestação global de cuidados de saúde mental denominado *problemas de vida*, que pode incluir quase tudo que não seja um transtorno mental real. Os manuais de diagnóstico consideram muitos aspectos psicossociais e ambientais, com números de código, para que você possa anotar junto com seus outros diagnósticos. A lista de possíveis problemas de vida inclui o seguinte:

Família (morte, divórcio, negligência, abuso)
Grupo de apoio (viver sozinho, ser vítima de discriminação, emigrar)
Escola (dificuldades com professores ou colegas, analfabetismo)
Local de trabalho (horário ou condições de trabalho estressantes, discórdia com supervisor ou colegas de trabalho)
Habitação (falta de moradia, condições inseguras, problemas com vizinhos)
Finanças
Acesso a cuidados de saúde (falta de seguro de saúde, isolamento geográfico)
Dificuldades legais (ser vítima de crime, ser encarcerado, envolvimento em litígio)

Outras questões, como problemas de aculturação, religião, aposentadoria e efeitos de guerras ou do terrorismo

DISTINGUINDO TRANSTORNO E NORMALIDADE

Aqui está outro tipo de fronteira a se ter em mente.

Horace

Após Horace alcançar a idade de aposentadoria compulsória de 65 anos, passou os 20 anos seguintes como professor emérito ministrando suas antigas disciplinas como voluntário. Mais tarde, disse a um médico: "acabei ficando velho demais para ir trabalhar sozinho, então passei os últimos oito anos cuidando do meu jardim, escrevendo cartas ao editor e lendo clássicos". O que o leva a buscar um serviço de saúde mental é sua resposta à notícia do seu médico generalista de que há um pequeno tumor cancerígeno em seu rim esquerdo. Horace abotoa a camisa e sorri ao dizer: "Bem, ótimo. Aos 93 anos, acho que este é o momento certo para me despedir. Adeus, Horace". Depois disso, ele se recusa até a discutir a cirurgia que, se realizada, tem grande chance de proporcionar a cura.

Horace conta ao psiquiatra que às vezes se sente deprimido por algumas horas ("E quem não ficaria? Minha esposa morreu anos atrás e já enterrei todos os meus velhos amigos"), mas não apresenta outros sintomas de transtorno do humor. Ele bebe duas taças de vinho por dia ("Faz bem para o meu colesterol") e nega ter qualquer dificuldade interpessoal, financeira ou jurídica.

Análise

Vários psiquiatras analisam a história de Horace com seu médico assistente. Depois de meia hora buscando mais sintomas, eles determinam que não podem defender que há algum transtorno mental grave (passo 1). Concordam que ele encara sua situação com serenidade, fala de forma neutra e parece ter feito uma escolha racional. Não houve mudança de personalidade (passo 2) — na verdade, não há evidência de qualquer problema com sua personalidade (passo 3), ele sempre foi um homem de temperamento doce, querido pela família, pelos colegas e pelos alunos. Por fim, além da angústia sentida pelo médico de Horace, não há questões interpessoais que possam merecer um diagnóstico de problema relacional (passo 5). Horace parece apenas uma pessoa que, sem doença mental, tem todo o direito de tomar o que considera uma decisão lógica e cotidiana sobre suas próprias necessidades de cuidados de saúde. O comitê consultivo incentiva o médico assistente a discutir mais uma vez com o paciente os méritos de uma cirurgia.

Comentário

Quantas vezes um clínico se pergunta: "Será que este paciente pode *não* ter uma doença mental?" Suspeito que isso aconteça com menos frequência do que deveria. Na verdade, parece faltar pesquisas nessa área — uma pesquisa na base de dados Medline por *ausência de doença mental* e termos semelhantes sempre tem resultado nulo. O problema é que não há uma linha clara entre normalidade e doença. Estenda o "desânimo" momentâneo de Horace por alguns dias: ele então estaria doente? Adicione insônia; agora estaria doente? E se perdesse o apetite? Em algum momento, todos concordariam que Horace tinha uma condição médica, mas a zona cinzenta deixa muito espaço para contestação.

O seguimento: o médico de Horace insiste na questão da cirurgia renal, enfatizando a dor e a perda de controle caso seu câncer apresente metástase. Horace acaba cedendo e se recupera rapidamente de uma operação bem-sucedida.

18

ALÉM DO DIAGNÓSTICO: ADESÃO, SUICÍDIO, VIOLÊNCIA

Todos os clínicos precisam ter em mente três questões relevantes na avaliação, mas que transcendem os limites do diagnóstico: adesão, suicídio e violência.

ADESÃO

Quando eu era estudante, *não adesão* significava que o paciente não seguiu as instruções do médico. Agora, um espírito de cooperação — parceria entre paciente e profissional de saúde — mudou o modo como vemos esse importante assunto, que alguns profissionais agora chamam de *aderência*.

Existem diferentes graus de não adesão/não aderência. O paciente pode desconsiderar um programa de exercícios recomendado ou se "esquecer" de tomar diversas doses de dissulfiram (Antabuse), colocando em risco sua sobriedade. No meio disso, há inúmeras oportunidades para confusão e erro.

As pesquisas nessa área estão atrasadas, mas sabemos bastante a partir de estudos controlados — embora grande parte dos achados seja bastante previsível. Por exemplo, a não adesão é maior entre pacientes ambulatoriais do que entre internados. Aumenta em proporção ao tempo de tratamento, à complicação do regime de tratamento e à quantidade de efeitos colaterais. Você pode reduzi-la com supervisão atenta, orientações acerca da natureza da doença e do tratamento e com um ambiente de apoio. Pacientes satisfeitos com o curso do tratamento têm probabilidade muito maior de aderir do que os insatisfeitos. Na verdade, a não adesão por si só pode não ser a única razão (ou pode não ser toda a razão) pela qual o tratamento não está funcionando; pode ser necessário considerar outros fatores (ver quadro "Por que o tratamento não funciona?").

Os efeitos da não adesão variam de simples a graves. É claro que nenhum tratamento pode ser eficaz se não for utilizado e, para alguns pacientes, não seguir o tratamento prescrito (p. ex., a realização de terapia cognitivo-comportamental) pode apenas significar que a depressão continua sem alívio. Consequências piores podem incluir episódios repetidos de doença e múltiplas hospitalizações.

Quando está na fase depressiva do seu transtorno bipolar I, Belinda é uma paciente-modelo que sempre se recupera logo, mas quando está na fase maníaca, negligencia a medicação e pode acabar em um hospital a mais de 1.600 km de distância de onde cresceu. Em seu quarto ou quinto episódio, certa noite fui chamado à casa de Belinda e a encontrei no jardim da frente, borrifando a mobília da sala com a mangueira de jardim.

Há, também, pacientes que podem se afastar de familiares e amigos.

Maude foi uma nadadora campeã, ganhadora de muitas medalhas, e chegou a estar perto de se classificar para a equipe olímpica dos Estados Unidos. Contudo, aos 23 anos, ela foi diagnosticada com esquizofrenia e, desde então, afirma que seus fármacos antipsicóticos dificultam seu desempenho na água. Por diversas vezes, parou de tomar a medicação e desenvolveu psicose. Quando internada, Maude recusava a medicação, exigindo uma audiência judicial para determinar se deveria ser medicada contra sua vontade. Mais de uma vez, o juiz simpatizou com seus apelos e a dispensou. Quando falei com ela pela última vez, estava em uma enfermaria, tão psicótica que não conseguia nem se alimentar sozinha. Por fim, seu marido pediu o divórcio e levou os filhos para morar com ele.

Às vezes, os resultados são terríveis, como mostram dois breves relatos:

A depressão grave e recorrente fez com que Jolene se aposentasse do emprego nos Correios quando tinha 44 anos. A cada dois anos, ela ficava muito melancólica, não conseguia dormir, perdia peso e se recusava a atender o telefone quando seu irmão ligava para perguntar como estava. Em seu desânimo, ela desenvolvia ideias suicidas, mas a cada episódio, demorava tanto tempo para pedir ajuda que não conseguia ser tratada em casa e precisava ser hospitalizada. Nessas vezes, permanecia hospitalizada pelo tempo mínimo, apenas o suficiente para receber quatro tratamentos eletroconvulsivos e depois assinava documentos se responsabilizando por sua alta contra recomendação médica. "Parei porque me sinto melhor" era o seu raciocínio habitual. Ela, então, não comparecia para acompanhamento nas consultas ambulatoriais ou tratamentos. Esse padrão perdurou por mais de 20 anos. Após meu último contato com Jolene, não tive mais notícias dela por cerca de dois anos, até que um parente me ligou para contar que ela havia se enforcado.

> ## Por que o tratamento não funciona?
>
> A pergunta "Por que o tratamento não funciona?" tem uma série de respostas, e cada uma estará certa em algum momento.
>
> - *Tratamento errado.* Alguns pacientes com depressão respondem aos inibidores seletivos da recaptação de serotonina (ISRS) e outros respondem à terapia cognitivo-comportamental. Há quem tenha aparente resistência ao tratamento e pode necessitar de cetamina ou de uma combinação de medicamentos.
> - *Tempo insuficiente.* Muitas vezes, os pacientes se desesperam em razão de um tratamento que apenas ainda não foi feito em tempo suficiente para funcionar. Isso é ainda mais perceptível no caso da psicoterapia, assim como para a maioria dos medicamentos.
> - *Dosagem errada.* Isso costuma se aplicar ao tratamento farmacológico e significar que foi prescrita uma quantidade insuficiente do medicamento. Alguns remédios têm "janela terapêutica" de efeito, o que significa que pouca ou muita substância pode impedir a resposta ideal.
> - *Interferência de outros tratamentos.* Aqui está outro problema dos remédios: o uso de um pode diminuir a eficácia de outro.
> - *Efeitos colaterais.* Muitas vezes, os efeitos indesejados (outro problema da medicação) causam tal sofrimento que os pacientes reduzem as doses ou abandonam o tratamento.
> - *Outras questões de adesão.* O paciente não faz os exercícios, não pratica os cuidados diários, não faz as tarefas de casa da terapia cognitivo-comportamental e não toma os medicamentos prescritos.
> - *Uso de substâncias.* De muitas maneiras, os efeitos de drogas recreativas ou do álcool podem complicar o tratamento e a sua avaliação.
> - *Diagnóstico errado.* Este pode ser o fator mais comum, embora menos divulgado, de todos aqueles que contribuem para uma aparente falta de eficácia do tratamento. É também um dos mais fáceis de corrigir.

Em dezembro de 2005, um perturbado homem chamado Rigoberto Alpizar saiu correndo de seu avião, que estava prestes a decolar de Miami, e adentrou a pista do aeroporto. Depois de supostamente gritar algo sobre uma bomba, ele pôs a mão em sua bagagem de mão enquanto se recusava a se render aos agentes da aeronáutica, que o mataram a tiros. Sua esposa disse a outro passageiro que Rigoberto tinha transtorno bipolar e que não havia tomado a medicação. Não foi encontrada nenhuma bomba, nem qualquer ligação com terrorismo.

Obviamente, identificar problemas de adesão é importante tanto para os clínicos como para os pacientes. Aqui estão algumas dicas e recursos que você pode usar para avaliar o risco de não adesão de seus pacientes.

- *Questione o paciente.* Em toda consulta, peço a todos os pacientes que descrevam cada medicamento tomado e seu horário de uso. É frequente descobrir que o regime é diferente do que prescrevi. O questionamento de rotina oferece uma oportunidade de discutir o assunto sem parecer crítico. As diferenças em relação às minhas expectativas são discutidas como um mal-entendido ou como a resposta do paciente aos efeitos colaterais; a solução usual é um comprometimento bem-sucedido. Procedimentos semelhantes poderiam ser aplicados a programas de dieta, horários de exercícios, tarefas cognitivo-comportamentais a serem realizadas em casa e muito mais.

- *Questione parentes.* Informações colaterais de quem conhece bem o paciente podem revelar problemas de adesão.
- *Observe a ausência de melhora.* A não adesão é um fator provável quando não há a resposta esperada ao tratamento.
- *Existem efeitos colaterais?* No caso de tratamentos farmacológicos, a *ausência* dos efeitos colaterais esperados pode indicar que o paciente não está recebendo medicação suficiente — ou não está tomando medicação alguma.
- *Verifique os fatores ambientais.* Há um sistema de apoio? As pessoas de quem o paciente é próximo orgulham-se de recusar medicamentos ou outras modalidades de tratamento?
- *Monitore fatores relacionados com o profissional de saúde.* Até que ponto você orientou seu paciente acerca da necessidade de tratamento? Com que frequência as consultas são agendadas? (Se forem feitas mensalmente ou com maior frequência, ajudarão a garantir a adesão.) O paciente considera a relação com você como algo positivo e útil? O paciente compreende as razões teóricas por trás da abordagem de tratamento?
- *Fique atento a sintomas reveladores.* A não adesão pode resultar de depressão (o paciente pode ter resposta apática às recomendações de tratamento), euforia (sentir-se "bem demais para estar doente"), delírios (suspeitar de seus motivos), falta de *insight* (ser incapaz de compreender que uma doença requer tratamento) ou raiva (estar encenando).
- *Observe os sinais de alerta.* As questões de adesão são relevantes nos casos de mania, esquizofrenia, demência, transtornos da personalidade e uso de substâncias. Pacientes usuários de substâncias e com outros transtornos mentais graves são ainda mais vulneráveis.

SUICÍDIO

A taxa básica de suicídio (cerca de 1% das mortes na população em geral) e a natureza inexata da ciência tornam difícil predizer quais indivíduos tentarão o suicídio e quem terá sucesso. Temos que confiar nos diversos estudos que tentam identificar características do risco de suicídio.

Jay se aposentou após 30 anos de serviço honroso no Corpo de Fuzileiros Navais. Por um tempo, trabalhou na oficina mecânica de seu irmão, mas tem ficado quase todo o tempo em casa, sentado. Há alguns anos, sua esposa faleceu, eles não tinham filhos e ele nunca foi uma pessoa muito sociável. Agora, com quase 60 anos, Jay mora sozinho e vive de sua pensão militar e de apoio do serviço social.

Pouco se ouviu falar de Jay até ser levado ao pronto-socorro depois de tentar suicídio por envenenamento por monóxido de carbono. Ele foi encontrado inconsciente em sua garagem quando um vizinho voltou para casa na hora do almoço e ouviu o ronco de um motor. Depois de várias horas na UTI, Jay se recuperou o suficiente para falar com um psiquiatra, que descobriu que ele tem bebido muito, a fim de combater uma melancolia grave.

Jay está pálido e magro. Suas roupas estão sobrando em seu corpo de 1,80 metro — é visível que ele perdeu 10 quilos ou mais. Jay relata que quando acorda, por volta das 3h ou 4h da manhã, fica deitado e medita sobre a morte de um amigo com quem serviu no Vietnã. "Eu poderia ter pego aquela granada e jogado longe, mas apenas pulei atrás de alguns sacos de areia." Ele perdeu o interesse pela caça, mas ainda guarda dois rifles e uma pistola trancados em um armário. Fumou durante toda a sua vida adulta, e um médico fez a descoberta recente de que há uma mancha "suspeita" no pulmão de Jay, dizendo que ele deveria fazer mais exames. Não sendo um homem religioso, Jay diz que se descobrisse que era maligno, não o trataria, embora seu pai tivesse morrido de forma horrível e prolongada devido a um câncer de pulmão. Jay se mudaria para Oregon e solicitaria suicídio com assistência médica, ou, em suas palavras, "apenas faria o trabalho sozinho, no conforto da minha sala de estar".

A partir das informações disponíveis, o médico de Jay considera que há um risco muito alto de novas tentativas de suicídio e o coloca sob vigilância individual. Naquela noite, por volta das 22h, Jay vai ao banheiro e fecha a porta. Cinco minutos depois, o vigilante designado a ele pede ajuda e uma equipe arromba a porta. Eles o encontram pendurado, quase sem vida, em um laço feito com a toalha de banho. A equipe o tira de lá.

Existem dois conjuntos básicos de fatores de risco para o suicídio: aqueles que dizem respeito à doença mental e aqueles de natureza pessoal ou social. Eu os listei a seguir, para consulta.

Transtornos mentais e suicídio

Assim como Jay, muitos daqueles que tentam ou cometem suicídio têm doença mental diagnosticável. Embora o suicídio e suas tentativas não estejam vinculados a nenhum diagnóstico, cada diagnóstico está associado a comportamentos suicidas.

- *Transtornos do humor*. A depressão maior e o transtorno bipolar são responsáveis por cerca de metade de todos os casos de suicídio, ainda mais quando o paciente não foi tratado para depressão de forma correta. O risco aumenta conforme a gravidade da depressão, sobretudo na presença de características melancólicas (perda de prazer pelas atividades habituais, piora pela manhã, insônia caracterizada por acordar muito cedo pela manhã, perda de apetite ou de peso, culpa excessiva e qualidade do humor mais intensa do que no luto típico). Estudos recentes relataram que o tratamento com antidepressivos ou lítio diminui muito o risco de suicídio nos transtornos depressivos e nos bipolares.
- *Esquizofrenia*. Cerca de 10% dos pacientes com esquizofrenia tiram a própria vida, em geral nos primeiros anos da doença. O risco é maior naqueles com paranoia ou sintomas depressivos e menor naqueles com sintomas negativos (afeto embotado, fala empobrecida, incapacidade de iniciar uma ação). Em alguém que já tentou, as alucinações auditivas de comando aumentam o risco de uma nova tentativa.
- *Uso de substâncias*. Indivíduos dependentes de substâncias têm risco de suicídio duas a três vezes superior ao da população em geral (para aqueles que são dependentes de heroína, é pelo menos 14 vezes maior). Para dependentes de álcool, a perda de um relacionamento próximo por causa de divórcio, separação, morte ou atrito interpessoal é um precipitante comum — o risco aumenta ainda mais se o consumo de álcool for recente e intenso.
- *Transtornos da personalidade*. O risco de suicídio é muito grande em transtornos da personalidade antissocial e *borderline*.
- *Outros transtornos*. Doenças tão variadas como TEPT e TDAH também podem conferir risco aumentado de suicídio. Existe até um risco de transtorno de pânico, ainda mais no caso de concomitância com transtorno depressivo maior ou uso de substâncias. Pacientes com transtorno de sintomas somáticos podem tentar o suicídio; embora existam poucos dados, acredito que essas pessoas também apresentem risco aumentado de suicídio consumado. Lembre-se: ter mais de um transtorno mental aumenta muito o risco de tentativas e de suicídio consumado.

Fatores individuais no suicídio

Sabe-se há anos que inúmeras características sociais e pessoais aumentam o risco de suicídio.

- *Sexo masculino*. Homens têm risco quatro vezes maior do que as mulheres de suicídio *consumado*, já mulheres têm probabilidade três vezes maior de *tentativa*.

- *Idade avançada*. As taxas aumentam ao longo da vida, alcançando o pico no grupo com mais de 85 anos.
- *Cor da pele*. Pessoas brancas têm probabilidade muito maior de cometer suicídio do que não brancos.
- *Emprego*. Pessoas desempregadas e reformadas, bem como quem se ausenta do trabalho por um período prolongado, podem ter baixa autoestima e acesso reduzido a redes de apoio — ambas as situações podem aumentar o risco.
- *Estado civil*. Ser solteiro ou — pior — divorciado é um fator de risco (pessoas casadas têm menor probabilidade de cometer suicídio).
- *Religião*. O risco em protestantes é maior do que em católicos e judeus, não sendo claro em muçulmanos.
- *História familiar*. O suicídio de um familiar aumenta o risco individual, mesmo não havendo transtorno mental.
- *Morar sozinho*. Isolamento pode levar ao desespero.
- *Posse de armas ou acesso a outros meios letais*. Medicamentos também podem ser letais em caso de *overdose*.
- *Doença física*. O fardo da doença pulmonar obstrutiva, do câncer, da epilepsia, da dor crônica e de uma série de outras condições debilitantes predispõe os indivíduos ao suicídio; ter múltiplas doenças aumenta muito o risco.
- *Sentimentos de desesperança*. A visão sombria sobre o futuro e a ausência de perspectiva de melhora foi identificada como preditiva de suicídio futuro.
- *Hospitalização recente por problema mental*. Os primeiros dias após a alta são os mais perigosos.
- *Dificuldade financeira*. A imagem dos investidores do mercado de ações dos Estados Unidos saltando das janelas durante a Grande Depressão da década de 1930 não é um mito: a taxa de suicídio no país aumentou em 20%.
- *Grandes perdas em jogos de azar*. Este fator pode ser mediado pela depressão, e não pelo transtorno do jogo compulsivo em si.
- *Falar sobre suicídio*. O dito "Quem fica falando não faz" é o oposto da realidade: a maioria das pessoas que tira a própria vida comunica a sua intenção, muitas vezes a um profissional de saúde.
- *Suicídio de outros*. A morte por suicídio de um amigo, de um familiar ou mesmo de um estranho pode aumentar o risco, sobretudo em adolescentes, para quem a influência do comportamento de grupo é poderosa.
- *Tentativa prévia de suicídio*. Este é um dos preditores mais fortes que podemos citar. Depois de uma tentativa, o risco de consumação persiste por até quatro décadas. Em um estudo de Beautrais de 2003, 9% das pessoas que fizeram uma tentativa de suicídio clinicamente grave morreram em cinco anos; 59% delas cometeram suicídio. Ao avaliar uma tentativa, é im-

portante considerar a seriedade clínica e psicológica. Uma tentativa clinicamente séria é aquela que causa inconsciência, perda significativa de sangue ou ruptura de partes do corpo sob a pele (p. ex., tendões e artérias). Tentativas psicologicamente sérias são aquelas em que o paciente expressa arrependimento por ter sobrevivido, fez esforços para evitar ser descoberto ou declara a determinação de tentar outra vez. Uma tentativa que implique seriedade clínica ou psicológica deve fazê-lo, enquanto clínico, ficar em alerta máximo.

Diversas escalas foram desenvolvidas para medir o grau de intenção suicida e a gravidade de uma tentativa anterior. A seção "Referências e leituras sugeridas" lista um *site* que fornece informações sobre tais escalas.

VIOLÊNCIA

Com frequência, profissionais especializados em saúde mental são incapazes de predizer com precisão a ocorrência de atos violentos, mesmo nas próximas horas ou dias, e muito menos em um futuro distante. Ao longo dos anos, acumulou-se conhecimento sobre fatores com suposta relação com a violência. Parte dessa tradição é precisa; parte não. Considere os dois cenários a seguir.

Brenda, que completou 21 anos há alguns meses, bebe e usa *speed*. Ela até já produziu metanfetamina em um laboratório construído por ela e pelo namorado no porão da casa da avó dele. Desde os 11 anos, Brenda foge de casa repetidamente, em parte para escapar dos espancamentos perpetrados por seu padrasto ao longo dos anos. Ela é inteligente, mas sua falta de atenção lhe rendeu péssimas notas na escola; por fim, Brenda parou de estudar aos 15 anos. Desde então, entra e sai do centro de detenção juvenil. Quando tinha 16 anos, depois de beber e usar "outras coisas" (não sabe ao certo o quê), ela esfaqueou e quase matou outra garota em uma *rave*. Embora Brenda tenha sido liberada sob custódia quando completou 21 anos, seu oficial de condicional observa que ela voltou a beber. Além disso, Brenda ameaçou diversas vezes "terminar o trabalho" com a garota que esfaqueou anos atrás.

Brent, também de 21 anos, adoeceu durante o primeiro ano da universidade. Sempre foi um aluno controlado e sério, mas tanto Brent quanto sua família ficaram surpresos com a rapidez com que suas notas caíram quando as vozes que ouvia começaram a lhe dizer que ele era o diabo. "Em âmbito acadêmico, ele pareceu definhar", diz a tia com quem Brent vivia enquanto frequentava a escola, a centenas de quilômetros de onde cresceu. Após as primeiras semanas do semestre de outono, ele, aos poucos, parou de frequentar as aulas. Negligenciou sua aparência e se recusou a ir para casa no Natal. No final de abril, nem saía mais de casa. Quando questionado, Brent diz que percebeu que é o anticristo e que por meio dele o mundo será destruído. Sua tia conta ao médico que seu marido guarda uma pistola na gaveta destrancada da mesa; ela não sabe, mas acha que pode estar carregada.

Muitos profissionais avaliariam o histórico de psicose de Brent e o fato de ele ser um jovem do sexo masculino com delírios apocalípticos como fatores que o tornam propenso a cometer um crime violento. No entanto, ao longo dos anos, os métodos clínicos tradicionais revelaram-se pouco fiáveis na avaliação do potencial de violência. Grande parte da dificuldade reside no fato de os estudos sobre violência se basearem, em grande parte, em amostras da população em geral, enquanto nós, clínicos, queremos saber qual a probabilidade de *nosso paciente* cometer um ato que vai prejudicar outra pessoa. Tendo isso em mente, nos últimos anos, os pesquisadores desenvolveram modelos atuariais que dependem menos de informações e julgamentos clínicos e mais de dados do prontuário e dados demográficos. Alguns dos achados podem surpreender você!

- *Diagnóstico*. Por tradição, a violência está associada a uma série de diagnósticos — esquizofrenia, mania, personalidade antissocial, transtorno de conduta (em crianças e adolescentes), transtorno explosivo intermitente e transtornos relacionados a substâncias (sobretudo nos dias em que a pessoa usou drogas ou bebeu). No entanto, a esmagadora maioria dos pacientes com problemas mentais não comete violência; na verdade, um transtorno mental grave, como o bipolar I ou a provável esquizofrenia de Brent, acarreta um risco menor de violência do que um transtorno da personalidade (ver a seguir). Uma série de doenças cerebrais físicas também pode levar à violência — lesões na cabeça, transtornos convulsivos, doença de Alzheimer e outras demências, infecções, câncer e outras lesões em massa, toxicidade (incluindo intoxicação por drogas e álcool) e condições metabólicas. Sempre, o diagnóstico comórbido de transtorno relacionado a substâncias é um importante preditor de violência.
- *Sexo*. Há o costume de se considerar homens como os maiores perpetradores de violência. No entanto, entre pacientes de saúde mental, mulheres como Brenda têm quase a mesma probabilidade de perpetrar violência do que homens, embora suas vítimas possam ter menor probabilidade de precisar de cuidados médicos. É muito provável que a violência contra as mulheres ocorra em casa.
- *Violência prévia*. Uma história de comportamento violento é um preditor forte. Note-se que a avaliação da violência não costuma ser um problema; os pacientes muitas vezes estão dispostos a admitir ofensas prévias. A agressividade e a condenação prévia de Brenda demonstraram seu potencial.
- *Abuso*. Uma história de violência física (mas não sexual) na infância está associada à violência posterior.

- *Transtorno da personalidade antissocial.* O risco de violência aumenta muito em pessoas com esse diagnóstico. Embora sejam necessárias mais informações para se ter certeza, a história de Brenda deveria nos alertar para a possibilidade de transtorno de conduta e transtorno da personalidade antissocial.
- *Alucinações.* Alucinações de comando que ordenam à pessoa o cometimento de violência aumentam o risco; outras alucinações não estão relacionadas. Ilusões, como as ideias de Brent sobre ser o anticristo, *não* predizem violência.
- *Raiva e pensamentos/fantasias de violência.* Ideias de violência geram comportamento violento.
- *Idade.* A idade para a violência, assim como a idade para o amor e para a procriação, é a juventude. Nenhuma surpresa aqui.

Em suma, o modelo atuarial descrito por Gardner e colaboradores (1996) prediz que os pacientes violentos com problemas mentais tenderão a ser indivíduos hostis, jovens, que usam drogas e têm histórico de comportamento violento. Dos dois pacientes descritos antes, seria Brenda (não Brent) quem representa o maior risco. Múltiplos estudos relatam que os pacientes com problemas mentais que recebem alta têm probabilidade de perpetrar violência apenas se usarem substâncias — infelizmente, são mais propensos do que o público em geral a fazer uso indevido. A reincidência de pacientes com problemas mentais ocorre, em geral, logo após a alta hospitalar.

Por fim, considere a preocupante observação de que alguns de nossos mais notórios pacientes violentos poderiam não ter sido detectados pelos melhores preditores atuais: Prosenjit Poddar (que assassinou Tatiana Tarasoff, e por fim deu nome ao reconhecimento de um dever de proteção conhecido como *Princípio de Tarasoff*), Mark David Chapman (que matou John Lennon) e John Hinckley Jr. (que tentou assassinar Ronald Reagan). Todos eles tinham fantasias intensas, mas nenhuma história prévia de violência. Mesmo com o que há de melhor em pesquisa e instrumentos atuais, só podemos fazer previsões, não promessas.

19

PACIENTES, PACIENTES

Nos casos clínicos a seguir, você pode explorar ainda mais os métodos que discutimos nos capítulos anteriores. Selecionei pacientes variados para acionar todos os princípios diagnósticos e as principais classes de transtornos. Alguns casos são bastante simples; outros, muito complicados. Para cada uma dessas histórias, espero que você escreva um diagnóstico diferencial, organize-o conforme o princípio da segurança e (em sua mente, caso não coloque no papel) escolha o diagnóstico mais provável e como você procederia com o paciente.

John Clare

John Clare era um homem da classe trabalhadora do norte da Inglaterra que se tornou famoso no início de 1800 pela poesia lírica voltada à natureza que ainda hoje é reproduzida. Ao longo de sua vida adulta, John bebeu muito (com predileção por cerveja). Seus contatos sexuais com diversas mulheres jovens (algumas das quais provavelmente eram prostitutas) podem ter exigido o tratamento da sífilis com mercúrio. Quando jovem, teve depressões recorrentes e pode ter experimentado surtos de atividade e de escrita. Mais tarde, teve muitas alucinações e delírios crônicos — acreditando, por exemplo, que tinha duas esposas ao mesmo tempo, que era Robert Burns e Lord Byron e que era filho do rei George III.

Análise

Os dados disponíveis, embora escassos, fornecem material suficiente para praticarmos a elaboração de um diagnóstico diferencial baseado em uma hierarquia de segurança. Posso não mencionar o diagnóstico diferencial em todo caso clínico, mas, ainda assim, deveríamos honrá-lo usando-o sempre. É assim que raciocino sobre a psicose de John Clare:

- Transtornos tratáveis que podem rapidamente ter efeito profundo na saúde:
  Transtorno psicótico relacionado ao álcool
  Transtorno psicótico relacionado à sífilis
  Transtorno psicótico relacionado ao envenenamento por mercúrio
- Transtornos graves, de tratamento urgente, embora as consequências possam ser menos abrangentes:
  Transtorno bipolar I, com psicose
  Transtorno depressivo maior, recorrente, com psicose
- Transtornos crônicos que tendem ao mau prognóstico, qualquer que seja o tratamento:
  Esquizofrenia e transtorno esquizoafetivo (sem tratamento no início de 1800)
  Doença de Alzheimer com psicose

John Clare passou a maior parte das últimas três décadas da vida em asilos, falecendo aos 70 anos. Embora um biógrafo recente tenha sugerido que Clare tinha transtorno bipolar, o curso de sua prolongada e crônica psicose levanta sérias dúvidas sobre isso. Diversos princípios diagnósticos orientam o processo de seleção, como (e mais importante) as advertências para sempre considerar causas químicas e médicas gerais. Sem mais informações do que as que temos, eu precisaria invocar o princípio diagnóstico de optar pelo termo *não diagnosticado* para o rústico poeta que era capaz de escrever versos como estes:

> *Eu sou mas o que sou ninguém se importa ou conhece,*
> *Meus amigos desistiram de mim, como uma memória perdida.*
> *Sou o consumidor das minhas próprias mágoas.*

Marian

Quando Marian busca aconselhamento, está ansiosa e com piora de sua cefaleia crônica. No decorrer de algumas semanas, já perdeu cerca de 4,5 kg. Isso não é nenhuma surpresa, já que seu apetite, em suas palavras, "é praticamente nulo — não como nada há dias". Ela lamenta se preocupar com tudo — por exemplo, a saúde do pai está piorando; o casamento da irmã está em ruínas. O trabalho de Marian no gabinete do assessor fiscal do estado paga o suficiente para viver, mas ela acredita que tem pouca responsabilidade pela sua idade e sua experiência. Ela acha que poderia largar o emprego e procurar outro, como fez muitas vezes nos últimos anos. Agora, com 33 anos e namorando um homem que se prepara para ser destacado para a Army Reserves, Marian sente o passar do seu relógio biológico: "Um dia eu gostaria de ter uma família, mas não se ainda tiver tanta ansiedade". Com os ombros caídos, ela começa a chorar.

Enquanto estava no ensino médio, Marian teve uma série de crises de pânico. Ela se lembra de como, durante uma prova de álgebra, sua cabeça começou a balançar de maneira incontrolável e seu coração disparou enquanto ela lutava para respirar. Aterrorizada, teria se levantado para ir embora, mas com as pernas fracas demais para apoiá-la, ela só conseguia ficar sentada e sofrer, incapaz de chorar ou se concentrar. Ela tirou um D naquela prova. Após vários episódios repetidos, as crises começaram a diminuir e, por fim, desapareceram por completo, mas o sentimento de vazio e tristeza que ficou para trás permaneceu com Marian durante toda a sua educação formal.

Pouco antes de Marian se formar na faculdade, sua mãe faleceu de câncer de mama — mesmo destino de sua avó e uma tia. Sentindo-se abandonada e mais vazia do que nunca, Marian começou a beber. Nos 10 anos seguintes, em razão do consumo excessivo de álcool, diversos namorados terminaram o relacionamento com Marian. Quando Jürgen, seu atual, ameaçou ir embora para sempre se ela não parasse de beber, Marian parou. "Não toquei em nenhuma gota de álcool desde então, há oito meses", explica ela, com um leve sorriso e um olhar firme para o entrevistador.

No entanto, a depressão incapacitante levou-a a esta consulta. Durante semanas, Marian sente mau humor quase constante, além de ter tanta dificuldade de concentração no trabalho que teme ser demitida. Ela perdeu quase todo o interesse por sexo ("Não ousei sequer comentar isso com Jürgen") e se pergunta sobre a ausência de alegria em sua vida. "Cheguei a chorar por uma hora quando meu gato tossiu uma bola de pelo."

Análise

Ao elaborar um diagnóstico diferencial, eu invocaria as seguintes possibilidades: transtorno do humor ou ansiedade devido a câncer metastático ou outra condição física, transtorno do humor ou ansiedade induzido por substâncias, depressão maior, distimia, transtorno de ansiedade generalizada (TAG), transtorno de pânico, dependência de álcool e transtorno da personalidade. Com base no que Marian disse ao entrevistador, você poderia percorrer as árvores de decisão para transtornos do humor e de ansiedade, como eu faria, para chegar a uma consideração tanto do TAG quanto de algum tipo de depressão clínica. Mas, ao que parece, há mais no caso de Marian do que ela poderia admitir à primeira vista.

Naquela noite, Marian inicia o esquema recomendado com inibidor seletivo da recaptação de serotonina (ISRS). Algumas noites depois, ela liga para o médico do pronto-atendimento: "Estou um lixo", ela geme. Sem ser questionada, admite que desde o início tem bebido e, com medo de perder o namorado, mentiu sobre isso para todos.

A vida tem suas surpresas, ainda mais se você é um profissional de saúde mental; você apenas deve aprender a lidar com as pancadas. As novas informações superam a história mais antiga, e o diagnóstico de Marian requer uma revisão completa, bem como uma mudança no tratamento.

Poderíamos nos perguntar: o médico de Marian deveria ter investigado de forma mais diligente a sua alegação de que havia parado de beber? É importante confiar no paciente, como sempre procuro fazer, mas talvez pudéssemos saber a verdade se Marian fosse lembrada sobre a importância de uma história completa e precisa para sua saúde e felicidade futura. Às vezes, digo algo assim: "Se você acha que não consegue falar francamente sobre algo, basta perguntar: 'Podemos pular esse assunto agora?'"

Também pode ser útil revisar os sinais de alerta mencionados no Capítulo 4 (ver quadro "Reconhecendo informações alarmantes"). É suspeita a afirmação de Marian de que não comia nada há dias, que apresentava sintomas de inúmeras doenças ou que havia largado vários empregos? O entrevistador pode ter sido enganado por sua aparência franca e honesta? Como ela teria respondido se o entrevistador tivesse solicitado uma conversa com Jürgen?

De qualquer modo, os únicos diagnósticos que eu daria a ela neste momento seriam transtorno por uso de álcool primário e algum tipo de depressão secundária. Eu adiaria qualquer diagnóstico de transtorno de ansiedade até que ela alcançasse várias semanas de real sobriedade.

Ingrid

Ingrid trabalhou como caixa em um clube de comédia na zona leste de Portland por apenas algumas semanas, quando seu chefe pediu que ela procurasse ajuda. "Eu chorava o tempo todo e ele disse que isso era uma propaganda ruim", diz ela entre fungadas. Alguns meses antes, depois de seu casamento abusivo ter terminado em divórcio, Ingrid mudou-se da zona rural central do Oregon (onde tinha crescido) para a nova casa da sua mãe na cidade. Apesar da presença da mãe, há vários meses ela reclama de se sentir isolada e "sozinha no mundo".

Para o entrevistador, não está claro se sua depressão se deve ao divórcio ou à mudança da casa na qual residia. De qualquer modo, responde Ingrid, ela se sente infeliz, incapaz de dormir ou comer, sentindo-se culpada por tudo, pensando que seria melhor morrer, às vezes *desejando* já estar morta. "Ultimamente, tenho me sentido pior do que nunca naquelas pontes", diz ela. "Espere um minuto", interrompe o médico. "*Que* pontes?"

Quando Ingrid estava no primeiro ano do ensino médio, o carro em que ela estava com três amigos despencou de uma ponte e caiu em um desfiladeiro. O menino ao volante estava bêbado e faleceu, assim como a melhor amiga dela, que viajava no banco do carona. Por um milagre, Ingrid e o menino no banco traseiro escaparam ilesos e, após isso, ela nunca mais quis saber de drogas ou álcool. Com dificuldade, ela se forçou a "voltar à estrada" e assim manteve sua capacidade de dirigir. Desde então, porém, mesmo ver alguém atravessando uma ponte em um filme ou na TV causa um aperto em seu peito.

Embora ela seja saudável e calma de modo geral, enfrentar pontes sempre a assusta, "como se o mundo estivesse acabando ou algo assim". Nesses momentos, ela tem crise de pânico — seu coração dispara, ela quer correr, mas se sente paralisada e tem tanta falta de ar que parece prestes a sufocar. Ela *nunca* atravessa uma ponte e sempre imagina o que aconteceria se houvesse um terremoto. ("Lembra-se do terremoto de São Francisco, em 1989, que destruiu parte da Bay Bridge e de uma importante rodovia? Matou dezenas de pessoas.") Isso não era um problema quando ela morava nas planícies secas, onde as pontes são raras. "Se alguém desse àquela região uma ponte, a população precisaria cavar um buraco para colocá-la", comenta ela. Portland, no entanto, é propensa a terremotos e repleta de pontes. Foi por isso que ela aceitou o emprego no clube de comédia — foi tudo o que conseguiu encontrar no seu lado do rio.

Ingrid pode muito bem ir às compras (a pé) e, embora nunca tenha gostado muito de altura, nega ter qualquer outra fobia real. E manias? "Isso me soa como algo quase divertido."

Análise

O diagnóstico diferencial que eu elaboraria para Ingrid seria o seguinte: os habituais (e importantes) transtornos do humor e de ansiedade devido a uma condição clínica (até agora inaparente) ou problema relacionado a substâncias, depressão maior, distimia, transtorno de sintomas somáticos, TEPT, TAG, transtorno de pânico, fobia específica e agorafobia. Comecemos pela depressão porque é mais perigosa, mais aguda e muitas vezes tratada com mais facilidade do que algumas das outras condições. A ausência de mania nos leva à Figura 11.1; a ausência de doença física e uso de substâncias, e um histórico de boa saúde geral (além de ausência de luto prolongado — não há evidências de que o menino que faleceu fosse uma figura de apego, uma pessoa muito próxima) nos levam a deixar para trás os passos 1 a 7 e ir para o passo 11, o que nos diz que deveríamos considerar Ingrid para um diagnóstico de depressão maior sem psicose. Observe que, ao utilizar a árvore de decisão, evitamos a tentação de diagnosticar um transtorno de adaptação, que de outra maneira poderíamos justificar em decorrência do divórcio, da mudança de casa, de morar com a mãe ou da mudança de emprego.

O transtorno de ansiedade exige uma passagem pela Figura 12.1. Já rejeitamos a possibilidade de qualquer transtorno relacionado a causas físicas ou químicas, mas o passo 7 nos faz parar: Ingrid tinha medo de cruzar pontes. Isso nos leva dos passos 11 e 12 até o passo 13, que sugere que consideremos um diagnóstico de fobia específica.

Agora, qual diagnóstico (transtorno do humor ou de ansiedade) devemos listar primeiro? Como tantas vezes acontece, a depressão maior é a condição que exige tratamento mais urgente, por isso devemos mencioná-la primeiro, embora tenha surgido em segundo lugar. Muitas vezes, os transtornos de ansiedade não são relatados por meses ou anos, até que surja um outro transtorno mental, algo ainda mais estressante que a ansiedade.

Kat

Kat se queixa de problemas de saúde desde sempre. Sua história clínica tensa começou nos primeiros anos do ensino médio, quando a dor das "úlceras" (nunca comprovadas) muitas vezes a impedia de participar das aulas de ginástica. Naquela época, ela também tinha fortes dores de cabeça, que a deixavam de cama por vários dias seguidos. Embora ela se refira a essas cefaleias como enxaquecas, nunca respondeu bem à profilaxia habitual para enxaquecas ou ao tratamento com triptanos.

Seu pai, um médico, realizou grande parte do tratamento inicial de Kat usando uma variedade de analgésicos narcóticos. Contudo, nunca exerceu muita supervisão, e ela basicamente automedicou sua depressão, sua insônia, sua ansiedade e suas ideias suicidas. Quando estava deprimida, Kat batia a cabeça na parede, cortava-se com facas ou tesouras ou arranhava a testa com um pedaço de espelho quebrado. Mais tarde, afirmava não se lembrar de ter batido a cabeça. Sem nenhum traço de ironia, ela diz: "Devia estar trombando nas paredes". Kat também tentou diversos medicamentos antidepressivos e pelo menos dois estabilizadores do humor, com pouca melhora.

Quando é avaliada, aos 30 e poucos anos, a história clínica de Kat inclui experiências com afonia, fraqueza, palpitações cardíacas, tontura, hiperventilação, crises de ansiedade, mudança acentuada de peso, náuseas, distensão abdominal, constipação intestinal, dismenorreia, irregularidade menstrual, amenorreia, hemorragia menstrual, falta de interesse por sexo, incapacidade de sentir orgasmos, dispareunia, dor nas extremidades e dor em ardência em outras partes do corpo. Há muito tempo, Kat sofre de irritabilidade pré-menstrual e diz ser alérgica a muitos alimentos e medicamentos. Quando tinha 26 anos, convenceu um cirurgião a remover a ponta de seu cóccix para curar "dores persistentes nas nádegas".

Mal tinha saído da adolescência, Kat se casou com um homem vários anos mais velho do que ela. Ele a chama pelo seu nome inteiro (Katherine) e foi mais do que paciente com ela, lidando com suas dificuldades com a ajuda da maconha. O casal tem dois filhos, os quais ficam com uma das avós enquanto eles cuidam dos problemas de saúde da mãe. A história familiar de Kat inclui muitos parentes com problemas emocionais, incluindo avós e bisavós alcoólatras e uma mãe que também tinha cefaleia e depressão.

Kat costuma ser chorona e petulante. No entanto, quando precisa ativar seu charme, pode ser atraente, quase sedutora. Sua personalidade foi chamada de "*borderline*" por pelo menos um de seus médicos anteriores, e de "histriônica" por outros.

Análise

A história de Kat apresenta uma riqueza de opções que incluem transtornos físicos, do humor, de ansiedade, por uso de substâncias, de personalidade e até cognitivos. Porém, gostaríamos de fazer a menor quantidade possível de diagnósticos (a navalha de Occam em ação). Usando as árvores de decisão para transtornos do humor ou de ansiedade, chegamos à questão de saber se a paciente tinha um longo histórico de muitos sintomas somáticos sem explicação. Como Kat tem esse histórico, somos encorajados a considerar o transtorno de somatização (com múltiplas queixas somáticas, o termo do *DSM-IV* é apropriado aqui).

O transtorno de somatização não exclui a possibilidade de um transtorno do humor independente, mas Kat foi tratada (de maneira ineficaz) para depressão clínica com uma grande variedade de medicamentos. Na minha experiência, pacientes com transtorno de somatização também apresentam, com frequência, transtornos do humor ou de ansiedade que raramente respondem bem aos tratamentos fisioterápicos tradicionais.

Fritz

Salva-vidas da Marinha há 17 anos, Fritz não pode beber durante as missões; enquanto está no porto, de alguma forma consegue esconder seu estado de intoxicação do pessoal do trabalho. Ele passa as noites e os fins de semana no clube ou no bar do porto. Sua esposa, Cindy, cuida de tudo, pede desculpas por ele, cria os filhos, paga suas contas e administra seus assuntos jurídicos. "Sempre pareceu normal — era assim com meus próprios pais", ela explica no dia em que leva Fritz para aconselhamento.

Aos 40 anos, Fritz desenvolveu pancreatite e quase morreu. Enquanto ainda se recuperava, fez amizade com um membro dos AA que estava no leito ao lado e se converteu. "Exatamente como o presidente" (referindo-se a George W. Bush), conta a Cindy, que considera a comparação um tanto presunçosa.

O problema começou durante os primeiros meses de sobriedade de Fritz. Apesar de beber, ou talvez por causa disso, ele e Cindy sempre se deram bem. Ela não o incomodava muito por causa do etilismo, e ele a deixava tomar conta de tudo sozinha, o que ela fazia de maneira brilhante. Assim que ele não estava mais cronicamente intoxicado, o equilíbrio se foi. Fritz quer opinar em tudo, desde como preparar a carne até que escola a filha deles deveria frequentar no ano seguinte. Fritz chegou a inscrever Cindy em uma academia para ela perder um pouco do peso que tinha acumulado ao longo dos anos.

"Eu preferia as coisas como eram antes", conclui ela. "Desde os 10 anos eu lido com homens bêbados. Mas agora que o meu está sóbrio, quem está perdida *sou eu*."

Análise

A dependência de álcool de Fritz é inquestionável e afetou sua vida familiar por muitos anos. O etilismo resolvido contribuiu para uma mudança em sua relação com a esposa (passo 1 na Figura 17.1). Embora Fritz tenha acabado de sobreviver a uma doença grave (pancreatite), não existe nenhum mecanismo fisiológico (passo 2) por meio do qual isso possa ter causado os problemas conjugais do casal. Embora o médico possa querer revisitar a questão em algum momento, a brevidade da mudança de Fritz e a sua natureza não generalizada falariam contra um transtorno da personalidade como a causa das dificuldades atuais, por isso votaremos "não" nos passos 3 e 4. Como a própria educação de Cindy e sua aceitação do etilismo de Fritz contribuíram para a estabilidade de seu casamento até a recente mudança do marido, chegamos ao passo 5 e ao conselho para considerar um problema relacional.

William

Ainda na ativa, William Minor, jovem cirurgião do Union Army durante a Guerra Civil Americana, começou a imaginar que estava sendo perseguido. Ele percebeu que seus colegas oficiais olhavam para ele com desconfiança e murmuravam entre si. William chegou ao ponto de desafiar um de seus melhores amigos para um duelo. Carregava um revólver escondido quando estava de folga e era conhecido por visitar prostitutas com frequência, quase de forma obsessiva. Embora se queixasse de cefaleia e tonturas, nenhuma doença física foi diagnosticada. O oficial, que serviu com distinção no campo de batalha, acabou considerado inválido pelo Exército por causa de seu "nervosismo".

Aos 33 anos, William foi hospitalizado por comportamento homicida e suicida. Libertado alguns anos depois, continuou sentindo que estava sendo perseguido por homens que, segundo ele, enfiavam veneno em sua boca enquanto ele dormia. Depois disso, William foi para a Inglaterra para dedicar-se à pintura e se recuperar. Lá, matou com um tiro um estranho inocente que imaginou ser um dos irlandeses que, como havia se queixado várias vezes à polícia, entrava de forma sorrateira em seu quarto e se escondia atrás das vigas. Considerado inocente por insanidade, ficou confinado no asilo de Broadmoor, na Inglaterra, pelos 38 anos seguintes.

Aos 40 anos, William continuava convencido de que intrusos tentavam entrar em sua cela à noite. Relatou que sentiu algo sendo bombeado dentro dele, que à noite sentia um ferro frio sendo pressionado contra seus dentes. Ele pediu a um colega presidiário que lhe fizesse o favor de cortar sua garganta. Aos 43 anos, queixou-se de que sua medula espinhal estava sendo perfurada e que instrumentos de tortura eram usados para operar seu coração. Um ano depois, William se convenceu de que correntes elétricas passavam por ele; também alegou que à noite seria transportado para lugares tão distantes quanto Constantinopla, onde seria obrigado a "realizar atos obscenos em público". Depois que os Wright voaram em Kitty Hawk em 1903, William acreditou que esse transporte noturno ocorria em máquinas voadoras. Apenas uma vez, quando tinha cerca de 50 anos, ele afirmou ter ouvido um som que poderia ser uma alucinação; era a porta de sua cela sendo aberta à noite.

Com bastante tempo e dinheiro de sobra proveniente do fundo de pensões do Exército, William respondeu a um anúncio que pedia a ajuda de pessoas comuns para reunir entradas para o que acabou se tornando o monumental *Dicionário de Inglês Oxford*. Ao longo de 20 anos, contribuiu com dezenas de milhares de citações, tornando-se amigo do editor e um recurso final para muitas palavras difíceis de se documentar. Quando estava completamente envolvido, falava de forma coerente e inteligente e parecia alegre. No entanto, sentia tanto remorso por seu crime que ofereceu ajuda financeira à família de sua vítima. Por um tempo, a viúva do homem que ele matou chegou a atuar como sua mensageira, trazendo-lhe no asilo os livros que William encomendava nas lojas de Londres.

Perto do final da vida, talvez para combater os impulsos sexuais dos quais se envergonhava, William, com habilidade cirúrgica, cortou o próprio pênis e jogou-o no fogo. Já idoso, libertado da prisão, retornou aos Estados Unidos, onde foi diagnosticado com demência precoce.

Análise

A inegável psicose de William sugere o seguinte diagnóstico diferencial: esquizofrenia, transtorno delirante, transtorno depressivo com psicose, transtorno esquizoafetivo e transtorno psicótico por condição médica. Usando a Figura 13.1, podemos rejeitar um fator relacionado com o uso de substâncias. Tanto a demência como os transtornos somatizantes parecem possibilidades remotas para este paciente, mas precisamos pensar em uma possível causa médica para suas queixas. Poderia um tumor ou talvez uma condição endócrina ter causado seu pensamento paranoico e suas cefaleias e tonturas? Confrontados atualmente com um paciente assim, solicitaríamos diversos exames laboratoriais e uma ressonância magnética. No caso de William, porém, o tempo terá de servir como garantia; décadas de psicose sem outras sugestões de qualquer doença específica autorizam-nos a deixar para trás o passo 1.

No passo 6, chegamos ao cerne do problema diagnóstico: quais sintomas William apresentava? Seus delírios eram extensos e duradouros, mas ele apresentava algum outro sintoma básico de psicose que confirmasse o diagnóstico do antigo termo para esquizofrenia, *demência prematura*? Não havia nada de errado com seus pensamentos (fala) e comportamentos em relação a assuntos que não pertenciam aos seus delírios; em vez de demonstrar afeto embotado ou falta de interesse ou motivação, ele podia ser enérgico e acalorado. Em nenhum momento a história sugere alucinações pronunciadas, exceto uma menção de que ele pensou ter ouvido a cela se abrindo à noite — dificilmente o tipo de alucinação auditiva experimentada por pacientes com esquizofrenia. Por outro lado, William relatou extensas alucinações de toque, típicas de pacientes com transtorno delirante. E é com isso que ficamos, no caso desse paciente com tão boa atuação à parte de seus delírios (passo 11), que contribuiu com milhares de entradas para um dicionário ainda hoje tão relevante.

Uma questão importante tem a ver com os perigos de tentar diagnosticar um paciente que nunca conhecemos. Uma coisa é fazer o exercício de usar o registro histórico para tentar diagnosticar alguém que já faleceu há muito tempo. Contudo, clínicos devem ser muito cuidadosos ao opinar sobre pessoas que ainda estão vivas, a menos que essas opiniões sejam baseadas em entrevistas e em todas as informações colaterais que possam ser coletadas.

Scott

Criado em uma família bastante religiosa, desde os 6 anos Scott imaginou que Jesus estava constantemente observando para ver se ele faria algo perverso. Se algum dia fosse pego, uma marca contra si seria registrada em um longo livro-razão. Por consequência, sempre procurou assegurar-se de que suas ações eram corretas e seu comportamento incontestável.

O pequeno Scott procurava até mesmo se mover e andar "com perfeição". Ele só atravessava os cômodos passando com cuidado por uma linha imaginária traçada na porta e começava a subir qualquer lance de escada apenas com o pé esquerdo; caso se esquecesse, se obrigava a voltar e a começar de novo. Scott contava os degraus em um lance e já tentava esquecer o número. Também tinha o cuidado de organizar seus livros escolares e seus papéis com as margens exatamente paralelas à borda da mesa. Quando era criança, nada disso parecia censurável, mas quando adolescente, ele passou a se sentir estranho e envergonhado.

Scott começou o ensino médio sentindo-se sozinho. Seu pai havia morrido de repente no ano anterior, e ele e sua mãe continuaram vivendo em sua pequena área rural fora da cidade. Seu estilo de vida tranquilo lhe dava muito tempo para pensar. E se a casa pegasse fogo? Será que o corpo de bombeiros voluntários, cuja sede ficava a quilômetros de distância, conseguiria apagá-lo a tempo? Os agricultores próximos cultivavam cada vez mais mirtilos... Com o bombeamento constante de água para irrigação, será que o poço deles secaria? Esses pensamentos muitas vezes atrapalhavam seu horário de estudo ou o impediam de adormecer.

Certa noite, quando Scott tinha 17 anos e estava prestes a terminar o ensino médio, ele "percebeu" que sua vida estava para acabar e que não tinha para onde ir. Scott sentiu-se vazio, chorou sozinho e começou a pensar em suicídio. Naquela época, histórias de estudantes que assassinaram professores e colegas de classe foram muito noticiadas e, nos dias seguintes, Scott sentiu-se cada vez mais compelido a pensar em maneiras de infligir mortes violentas. Ele não tinha arma e não achava que poderia comprar uma, mas tinha acesso a todas as facas de que pudesse precisar. Sempre que sua mãe lhe pedia para descascar uma batata ou cortar uma cenoura em cubos, sua mente vagava por uma cena em que ele a esfaqueava até a morte. Em seguida, ele se sentia tão enjoado e trêmulo que precisava sentar-se em um banquinho para trabalhar na cozinha. Scott conseguiu um emprego depois da escola na gráfica do jornal semanal local e nunca havia sequer pensado em sair da casa da mãe.

Embora Scott tivesse interesse por mulheres, não tinha ideia de como abordá-las. Temia que nunca encontraria a mulher certa e permaneceria solteiro por toda a vida. À noite, ele se masturbava pensando na garota que se sentava à sua frente na aula de inglês do último ano. Depois de ejacular, sentia vergonha e uma sensação de que precisava expiar-se lendo versículos de sua Bíblia. Quando duvidava se tinha lido palavra por palavra, ele as repassava várias vezes.

Quando Scott tinha 25 anos, sua mãe começou a apresentar sinais de esquecimento. Procuraram a ajuda de um especialista, que acabou por lhes dar o diagnóstico que Scott temia: doença de Alzheimer de início precoce. Nas semanas seguintes, seu peso diminuiu conforme o apetite se reduzia, e ele ficou acordado até tarde, sentindo-se culpado e preocupado com a possibilidade de se matar. Na terceira consulta ao médico, Scott começou a chorar e confessou que, em uma exposição de antiguidades da semana anterior, havia comprado uma pequena pistola de tiro único.

Análise

Embora a lista de diagnósticos diferenciais que devemos considerar para Scott pareça muito com a de muitos outros pacientes, isso não a torna menos importante. Lembre-se sempre de que um diagnóstico diferencial abrangente é a base para um diagnóstico preciso em saúde mental. Para Scott, eu incluiria causas médicas gerais e de uso de substâncias para ansiedade e depressão, transtorno depressivo maior, distimia, transtorno bipolar, transtorno obsessivo-compulsivo (TOC), TAG e transtorno da personalidade.

Listamos essas condições para logo depois descartarmos grande parte delas. Não encontramos problemas médicos ou de uso de substâncias que nos atrapalhassem nos três primeiros passos da Figura 12.1. Com um histórico claro de obsessões e compulsões, acertamos em cheio no passo 4, que nos leva a considerar um diagnóstico de TOC. O TOC é um daqueles diagnósticos tão proeminentes que podem levar o médico a ignorar os sintomas de outros transtornos. No entanto, o princípio diagnóstico sobre diagnósticos múltiplos lembra-nos de perguntar: "cobrimos todos os sintomas?" A resposta é "não", pois as preocupações de Scott sobre problemas tão variados como um poço seco, uma casa em chamas e uma vida solitária de solteiro não são explicadas pelo TOC. Ele percebia essas ideias não como medos, mas como preocupações que interferiram em seu sono e seus estudos, e ele não havia experimentado nenhum evento de grande trauma. Portanto, no passo 6 devemos considerar também o diagnóstico de TAG.

Além disso, o asterisco do passo 17 nos orienta a considerar quaisquer sintomas de um transtorno do humor, e isso significa uma viagem pela Figura 11.1. Embora as informações disponíveis no caso clínico sejam um pouco escassas para qualquer diagnóstico sólido, a depressão maior parece uma boa possibilidade — uma boa demonstração do nosso princípio diagnóstico de sempre considerar um transtorno do humor.

OK, qual diagnóstico devemos listar primeiro? O transtorno do humor parece ter maior probabilidade de causar danos imediatos, por isso colocaremos a depressão maior no topo de nossa lista para avaliação e tratamento adicionais. Em seguida deve aparecer o TOC e, por fim, o TAG.

Leonard

A primeira coisa que Leonard diz quando aparece para sua consulta inicial é que seu médico anterior não o ajudou em nada. A segunda coisa é que ele não quer que ninguém entre em contato com profissionais de saúde anteriores.

Aos 49 anos, Leonard conta que teve ansiedade e depressão durante grande parte de sua vida adulta. Além disso, relata que de vez em quando bebe cinco ou seis cervejas, mas às vezes passa semanas inteiras sem beber nada. Ele usa Xanax há muitos anos — apenas 1mg por dia, em média, embora tome até três comprimidos quando está muito estressado. Leonard é vago ao falar sobre o uso de qualquer outra substância; de vez em quando fuma maconha, mas apenas quando está em uma festa, e isso nunca parece incomodá-lo. Já experimentou vários antidepressivos e outros fármacos psicotrópicos, mas quase todos causaram efeitos colaterais profundos.

Leonard nasceu na zona rural do Nebraska, onde seus pais trabalhavam em uma pequena fazenda de caminhões — quando não estavam bebendo. Seu pai, inteligente, mas com pouca educação formal, ressentia-se do fardo de criar os filhos. Às vezes, quando voltava para casa depois de um passeio noturno pelos três bares da cidade, arrastava Leonard até o bebedouro atrás da casa e, "de brincadeira", chicoteava-o com um cinto de couro até ele achar que iria desmaiar. Sua mãe também bebia muito; de tempos em tempos, ficava muito deprimida, tendo tentado suicídio duas vezes. Quando ela era criança, seu pai saltou para a morte do telhado do prédio mais alto de sua pequena cidade em Iowa.

Artesão habilidoso, durante a última década Leonard trabalhou por conta própria restaurando móveis. Ele já havia trabalhado em uma marcenaria, mas foi demitido ao descobrirem que estava tendo um caso (em horário de trabalho) com a babá de seu empregador. Embora consiga fazer qualquer coisa com as mãos, tem dificuldade em focar a atenção na papelada; por consequência, não paga seus impostos há vários anos. Quando questionado sobre isso, ele age com indiferença, como se o assunto não importasse muito.

As crises de ansiedade de Leonard costumam ser precedidas por pensamentos sobre seus problemas pessoais. Embora ele as descreva como sentimentos de terror, as crises nunca são acompanhadas de sintomas físicos, como taquicardia ou dispneia. Ele se queixa de ansiedade quase constante, que parece não estar relacionada com qualquer preocupação, problema ou emoção específica. "Apenas me preocupo", afirma ele. No entanto, admite ideias suicidas intermitentes, embora nunca com planos ou tentativas. Tais ideias centram-se na preocupação de Leonard de que não vai chegar a lugar algum na vida. "Quando eu tiver 50 anos, se ainda estiver onde estou agora, serei um fracasso. Não vou ter outra solução senão dar um jeito de acelerar minha partida."

Análise

De imediato, nossa preocupação é não saber o suficiente para dar um diagnóstico adequado a alguém que oculta informações de seu médico de propósito — o derradeiro sinal de alerta de que algo está errado (ver quadro "Reconhecendo informações alarmantes", no Capítulo 4). No entanto, apesar das aparentes manipulações de Leonard, não devemos saltar direto para o transtorno da personalidade como diagnóstico principal. Leonard apresenta sintomas de depressão (seu médico havia se perguntado sobre transtorno bipolar II), ansiedade (poderia ter TEPT ou TAG?) e uso indevido de substâncias, todos os quais deveríamos incluir em seu diagnóstico diferencial. E, claro, poderia ter um transtorno da personalidade. Na verdade, não há informações suficientes para um diagnóstico definitivo em nenhuma das áreas que consideramos. Em casos assim, só há uma solução sensata: *não diagnosticado*.

Neste caso, como em tantos outros, *não diagnosticado* impede o encerramento e lembra-nos de continuar investigando as razões dos sintomas de um paciente. Muitas vezes, isso significa obter mais informações; por exemplo, Leonard teve problemas com a lei? *Não diagnosticado* também nos desencoraja a tentar tratamentos experimentais ou perigosos. (Conheço muitos pacientes que deveriam ter sido considerados "não diagnosticados" e foram incluídos em ensaios clínicos randomizados.) Seu médico pode até usar a ausência de um diagnóstico definitivo como alavanca para obter a total cooperação de Leonard no processo de coletar informações.

Por fim, um médico anterior de Leonard relata em carta que se recusou a continuar tratando o paciente com medicamentos por causa de seu alcoolismo. Leonard havia sofrido um grave acidente automobilístico, causado por excesso de velocidade em razão de consumo de álcool. O passageiro do outro automóvel faleceu, e o motorista ainda estava em coma. Essa informação, claro, levou a uma investigação muito mais abrangente.

Gilbert

A provação de Gilbert Pinfold é uma das criações menos importantes de Evelyn Waugh, mas como foi escrita a partir de sua experiência pessoal, fornece material para nossa próxima aventura diagnóstica. Escritor de meia-idade, insone e sem nenhuma doença mental prévia, Gilbert busca escapar do estresse de sua vida inglesa viajando para o Ceilão (atual Sri Lanka), deixando para trás seus soníferos. Desde o início, Gilbert enfrenta dificuldades: tem problemas para entender um funcionário do escritório de navegação e os procedimentos corretos para a viagem. Ele deixa cair coisas quando embarca no navio e fica um pouco desorientado durante o primeiro dia de viagem. Gilbert cai no sono o tempo todo.

Então, começam suas alucinações. No início, são apenas músicas, mas Gilbert passa a ouvir patas de cachorro andando pelo convés; a seguir, um clérigo fazendo um sermão; depois, membros da tripulação praguejando. Por fim, começa a ouvir longos discursos de muitas vozes que chegam até ele do lado de fora de sua porta, por meio de um dispositivo sem fio que de alguma forma foi conectado à sua cabine e até mesmo à mesa da sala. Ele se dá conta de que deve desempenhar um papel fundamental na resistência a uma conspiração para assumir o controle do navio. Em pânico, Gilbert grita: "Oh, não me deixe ficar bravo, não fique bravo, doce céu".

Gilbert vai ao convés e o encontra deserto; as vozes, então, lhe dizem que a trama foi uma farsa. Ele sente que todos os passageiros estão olhando e falando sobre ele. A voz de uma jovem declara que o ama e que deseja passar a noite com ele, mas a mãe intervém. Gilbert fica acordado a noite toda enquanto vozes o incentivam a pular no oceano. Ele acredita que estão tentando psicanalisá-lo.

Ao final dessa aventura de 14 dias, Gilbert se livrou de suas alucinações e seus delírios. Não está deprimido nem ansioso, mas confuso sobre há quanto tempo está no mar e o que fez lá. Embora pense ter enviado uma dúzia de telegramas, na realidade enviou apenas um.

Análise

É provável que a maioria dos clínicos começasse com um diagnóstico diferencial para psicose: psicose por uso indevido de substâncias ou por causa física, transtorno do humor com psicose, psicose esquizofreniforme, transtorno esquizoafetivo e esquizofrenia. (Você pode notar como estou comprometido com um diagnóstico diferencial abrangente; mesmo na primeira leitura, não acreditei que Gilbert sofresse de esquizofrenia.) Conhecer o desfecho (resolução rápida e completa) facilitou o percorrer dos primeiros passos da Figura 13.1 até chegar ao diagnóstico de uma psicose induzida pela abstinência de drogas. Lembramos que, pouco antes de adoecer, Gilbert interrompeu sua medicação para dormir, usada há bastante tempo.

OK, então Gilbert reagiu à abstinência de substâncias. Ele apresentou algum sintoma além dos relacionados com psicose? Uma leitura cuidadosa do caso clínico revela que ele deixou cair coisas, ficou desorientado e teve dificuldade em entender o que um funcionário dizia — todos os sintomas apontavam para um possível transtorno cognitivo. A Figura 14.1 nos leva à definição de *delirium*, que se ajusta muito bem a Gilbert. Os culpados são os soníferos (que contêm cloral e bromo) que ele usava sem o conhecimento de seu médico, que havia prescrito potentes medicamentos adicionais. Na verdade, antes de Gilbert iniciar sua viagem, admitiu à esposa que estava "dopado até os ossos" e tinha dificuldade para escrever de maneira legível e até para amarrar os cadarços. Não é de se admirar que ele estivesse passando por *delirium* por abstinência de substâncias — o cavalo sempre esteve lá, mas estávamos perseguindo zebras.

Norma

"É uma longa história", diz Norma. "Não é uma história feliz." Montada a partir de várias fontes (incluindo uma longa conversa com sua filha adulta, Pat), é, na verdade, uma história miserável.

Norma tem uma perna atrofiada — uma imperfeição de nascença que prejudicou toda a sua infância. Ela usa uma cinta com sapato embutido e, ao caminhar, precisa mover o pé para frente em um movimento de chute. "Correr é uma piada", ela relata com uma risada. A raiva de sua infância foi alimentada pelo fato de sua irmã mais velha, Arlette, ser atlética e muito popular entre os meninos. Embora fosse inteligente e perspicaz, ao longo dos anos escolares Norma acrescentou alienação à sua raiva, rebelando-se contra autoridades. Junto com outra garota da turma do ensino médio, ela costumava se vestir de maneira provocante e ir até o estaleiro naval, onde recebiam os marinheiros depois de meses no mar. "Tive alguns sustos naquela época", admite Norma, "e a penicilina era minha melhor amiga". Sua mãe, sentindo-se culpada pelo dano congênito que temia ter causado à filha, atendeu às frequentes demandas de Norma por privilégios extras, ao mesmo tempo em que aplicava grandes limitações à liberdade de Arlette.

Apesar de sua inteligência, Norma jurou que nunca iria para a faculdade. Em vez disso, depois do ensino médio, mudou-se para Fairbanks e conseguiu um emprego em uma empresa que fornecia mantimentos e roupas aos trabalhadores que construíam o oleoduto do Alasca. Esse emprego pagava bem e lhe dava o tempo de que precisava para diversão, que, em geral, envolvia homens. Após três promoções, ela permaneceu no emprego por tempo suficiente para conhecer seu primeiro marido, Kirk. "Eu sabia desde o início que Kirk era gay", disse Norma. "Mas ele era tão fofo, parecia o ator Tony Perkins — eu simplesmente precisava dele. Persegui-o por todo o Círculo Polar Ártico em um verão. Acho que ele se casou comigo para se livrar de mim. De qualquer modo, o casamento foi um desastre, o que não é surpresa; depois que tivemos dois filhos, ele fugiu com um padre."

Norma então mudou-se para o Lower 48, em que a moradia era muito mais barata; em vez de encontrar outro emprego, porém, ela gastou suas economias. Norma esforçou-se para conseguir uma aposentadora por invalidez, que foi rejeitada diversas vezes. Um médico fez de tudo para ajudá-la, mas ela se voltou contra ele e ameaçou manchar sua reputação. "Eu sei que ele mentiu sobre mim em seu relatório", ela se queixa, "e eu disse a ele que iria denunciá-lo ao Conselho de Medicina".

Por fim, ela resolveu seu problema com outro casamento. "Sempre que meu segundo marido bebia, me tratava como um lixo — deixou meus olhos roxos várias vezes, mesmo antes de nos casarmos", disse ela. Norma ligava para a polícia quando o marido a espancava e depois se recusava a prestar queixa. "Ele sempre jurava que me amava e que não faria isso de novo, então tomávamos meia dúzia de cervejas e fazíamos amor." Quando ele a trocou por outra mulher, Norma ficou furiosa; ela o assediou por telefone e pessoalmente até ele conseguir uma ordem de restrição. Desde o segundo divórcio, Norma teve vários namorados, a quem criticava até que a abandonem. Então, ela chora e reclama por estar sozinha.

Pode-se dizer que Pat e o irmão Danny se criaram sozinhos enquanto Norma dirigia uma agência de talentos que abriu com dinheiro emprestado de Arlette. "Mamãe tinha muita energia e criatividade", resume Pat, "mas não gastava nada disso conosco".

Durante meses, ela mal falou com os filhos. "Sete conselheiros anteriores me disseram que é culpa das crianças não nos darmos bem", explica Norma. Danny havia rompido com ela e, quando descobriu que ele estava morando com outro homem, Norma escreveu uma carta a vários parentes afirmando que ele era "tão esquisito quanto o pai". Pat disse a ela: "Você dá um novo significado ao termo *passeio em família*".

Norma tem passado o tempo todo em casa, navegando na internet. "Cansei de ver as pessoas olhando com curiosidade para minha perna, tendo pensamentos sarcásticos." Seu plano de aposentadoria é herdar dinheiro quando sua mãe morrer.

Ela, enfim, consente com uma avaliação "porque decidi que não sei quem sou". Embora seu apetite esteja ruim, recentemente ganhou 2,5 quilos. Às vezes, Norma se sente "deprimida e vazia, mas mais ainda ao subir na balança", admite com uma risada. Ela nunca foi suicida: "Suicídio", diz ela, "é para idiotas".

Análise

Tudo o que sabemos sobre Norma (mesmo que ainda não seja suficiente) parece clamar por "transtorno da personalidade". Aqui estão as características, baseadas, em parte, nas informações colaterais de sua filha: seus sintomas estão presentes durante toda a vida e a afetam de diversas maneiras (humor, cognição, funcionamento interpessoal e controle de impulsos), complicam sua vida e lhe causam angústia em situações familiares, interpessoais e de trabalho, sendo um padrão estável há muitos anos. Contudo, a Figura 17.1 e um importante princípio diagnóstico incitam-nos, primeiro, a considerar outras possibilidades com muito cuidado.

Pelo material que temos, a depressão de Norma parece não ser intensa nem duradoura, e certamente não esteve presente durante toda a sua vida adulta, como seria necessário para explicar seu comportamento. Na pior das hipóteses, eu consideraria isso um ajuste às mudanças nas circunstâncias de sua vida, em parte provocadas pela maneira como ela lida com os outros. A perna curta de Norma marcou sua psique, mas não é o tipo de problema médico do passo 2 que causaria transtornos mentais de forma direta. Precisaríamos explorar mais a questão do consumo de álcool, e eu também gostaria de saber mais sobre os sintomas de ansiedade. No entanto, aqui está alguém para quem eu, pela primeira vez, consideraria a possibilidade de não haver transtorno mental grave (além de um transtorno da personalidade).

Na verdade, Norma parece atender aos requisitos do passo 3 para um transtorno da personalidade. Seu senso de identidade está prejudicado (há momentos de sentimentos de vazio, e Norma diz não saber quem é — ambos são problemas de identidade), e ela não parece compreender ou perseguir objetivos de vida (questões de autodireção). No que diz respeito às questões interpessoais, embora os problemas de empatia estejam apenas implícitos no material que temos, a sua falta de contato próximo com os filhos sugere questões de intimidade, mas ela atenderia plenamente aos critérios para um transtorno da personalidade específico (passo 3)? Com base nas informações atuais, eu diria que não (embora alguns médicos possam favorecer um tipo *borderline*). Como a história de sua vida é repleta de sintomas de transtorno da personalidade (incluindo algumas características dos tipos *borderline*, paranoica, histriônica e talvez narcisista), eu usaria alguns desses termos para adicionar uma descrição dos traços do transtorno da personalidade depois de responder "sim" ao passo 4.

Raymond

Quando Raymond era criança, no leste do estado de Washington, tocava trompa barítono na banda do colégio. Para uma escola pequena, a banda tocava muito bem, por isso recebia muitos convites para visitar cidades maiores para desfiles e competições. Durante as viagens de ônibus, Raymond jogava *blackjack* apostando alguns centavos. "Sempre sentia um arrepio de excitação quando ganhava", disse ele ao seu médico anos depois. "Não importava quantas vezes acontecesse, a coisa nunca perdia a graça." Houve ainda outro episódio envolvendo jogos de azar (dados) quando tinha 20 e poucos anos e servia na Army Reserves, mas "teve o bom senso de deixar o serviço militar" antes da Guerra do Golfo: "Eu não podia apostar *tão* alto."

Agora com quase 30 anos, Raymond conseguiu emprego com um empreiteiro civil que trabalha na limpeza de locais com lixo tóxico. Usando uma empilhadeira, Raymond move enormes tambores de lixo radioativo até uma instalação de armazenamento. O ritmo tranquilo dá à equipe muito tempo livre, então Raymond e alguns colegas passaram a jogar pôquer. Eles começaram investindo poucos dólares, mas depois de alguns meses, contracheques inteiros podiam desaparecer em uma só mão de cartas. Um dia, um cassino foi inaugurado na rua do trabalho, e Raymond se aventurou na máquina de pôquer.

Mais tarde, Raymond viciou na roleta ao ponto de um amigo o cobrir enquanto ele tirava horas de almoço cada vez mais longas. Depois do trabalho, ele muitas vezes caminhava para casa em vez de pegar o ônibus, a fim de economizar US$ 1,50 que seriam usados para jogar.

O jogo ajuda a animar Raymond quando se sente deprimido (em geral, justamente por causa do jogo). Embora tenha estourado o limite de sete cartões de crédito, sua esposa só descobriu as dívidas depois que os cobradores começaram a ligar para sua casa. Ele prometia a ela, em lágrimas, que ia parar, e parava mesmo, mas por um tempo. No início, ele participou das reuniões dos Jogadores Anônimos, mas depois a trocou pelo cassino.

Ao funcionário da clínica de saúde mental, Raymond comenta que seu trabalho exige coragem. "Julgue mal o peso, perca a concentração por um segundo e *bum*! Você brilha no escuro pelo resto da sua vida, em todos os sete dias que restarão dela." Sempre pareceu estranho; nas mesas de jogo, Raymond tem nervos de aço, mas movimentar toneladas de lixo nuclear exige um pouco do que sua avó sempre chamou de "coragem holandesa". Ele tenta se limitar a três ou quatro cervejas por dia, embora já tenha operado sua empilhadeira enquanto estava embriagado. Ninguém sabe quando Raymond bebe durante o dia, exceto um amigo próximo do trabalho e o policial que, em duas ocasiões, o viu falhar nos testes de sobriedade.

Análise

Quem perde de modo repetitivo mais do que pode tem um problema com jogo; a questão de saber se o jogo se qualifica como um transtorno diagnosticável parece quase acadêmica. Muitos jogos de azar acontecem como uma atividade social com amigos; a pessoa está disposta a perder até uma determinada quantia como entretenimento, mas sem comprometer o dinheiro de gastos básicos, como aluguel ou alimentação. Muitos comportamentos de jogo de Raymond falam da sua natureza viciante: jogo solitário, escondido da esposa, desconforto se não puder jogar (uma reminiscência dos sintomas de abstinência que os usuários de substâncias podem experimentar), repetidas tentativas de controlar os comportamentos (falha em participar dos encontros dos Jogadores Anônimos) e jogo em horário de trabalho. Quando a situação se torna crítica, com um empurrão da esposa, até Raymond parece concordar que tem um problema. Você não precisa da Figura 15.1 para chegar ao diagnóstico do passo 2 de transtorno do jogo compulsivo.

Bem, e quanto ao etilismo de Raymond? Sem histórico de tolerância ou abstinência (passo 1), ele não é considerado dependente de álcool. Mesmo não bebendo tanto, ainda tem dois tipos de problemas: duas prisões por dirigir embriagado e beber em situação perigosa. O etilismo de Raymond é, portanto, qualificado como uso de substâncias que cria problemas para ele e para a família. Sua história também fornece evidências nítidas da semelhança entre jogos de azar e uso abusivo de substâncias (com alta chance de comorbidade). A propósito, embora eu não tenha listado um diagnóstico diferencial para Raymond, a Tabela 6.1 sugere que a depressão maior também está associada ao jogo e ao uso abusivo de substâncias.

Qual diagnóstico devemos listar primeiro? Ambas as condições requerem atenção imediata e parecem ter surgido mais ou menos juntas. É provável que o jogo, pelo menos, não faça Raymond manusear mal um barril de produtos químicos tóxicos, então eu optaria por listar primeiro o alcoolismo.

Reynolds

Professor titular de química em uma escola técnica do centro-oeste dos Estados Unidos, aos 57 anos, Reynolds "nunca precisou de um dia sequer de licença médica", como disse mais tarde ao seu entrevistador. Uma tarde, parado em sua bancada, ao olhar para um tubo de ensaio cheio de cristais que acabara de precipitar, ele de repente se dá conta de que *sabe* que o chefe do seu departamento vai demiti-lo. O pensamento o faz sair correndo do laboratório e coletar e queimar com cuidado toda a correspondência arquivada em seu escritório.

Em algumas horas, com o canto do olho esquerdo, Reynolds começa a ver borrões de luz que seguem os objetos e escurecem aos poucos. Nas duas semanas seguintes, esses borrões aumentam a tal ponto que ele mal consegue se concentrar no trabalho. Ele falta às duas primeiras consultas com o médico generalista que lhe presta cuidados de saúde há 30 anos. "Primeiro, não me lembrava de ter marcado uma consulta; depois, não conseguia me lembrar para quando ela tinha sido marcada", confessa mais tarde. Quando Reynolds aparece para o *check-up*, está enfermo há mais de um mês e tão perturbado que chora durante todo o exame. Depois de uma investigação minuciosa que não encontrou nada de errado no aspecto físico, o médico escreve que "parece esquizofrenia precoce" em uma carta de encaminhamento a um profissional de saúde mental.

Análise

Mesmo esse fragmento de história apresenta diversos pontos relevantes. O mais proeminente é a importância de não tirar conclusões precipitadas baseadas nas aparências; em vez disso, precisamos de informações históricas como base para a nossa avaliação. O médico generalista de Reynolds deveria ter elaborado um diagnóstico diferencial e uma hierarquia de segurança, que incluiria os transtornos mencionados no Quadro 13.1. Trabalhando na Figura 13.1, eu me preocuparia com a exposição a produtos químicos tóxicos e com o *delirium* (passos 2 e 3). Suponha que não tenhamos acesso a essa história; então, o diagnóstico mais conservador que podemos fazer será o de transtorno esquizofreniforme no passo 10. Observe que Reynolds tem alucinações visuais, o que é atípico na esquizofrenia, assim como sua idade, pois, aos 57 anos, ele é muito mais velho do que o paciente típico com esquizofrenia inicial.

O que podemos predizer sobre o curso futuro do transtorno esquizofreniforme de Reynolds? Das características que predizem um bom prognóstico (ver quadro "Prognóstico e psicose esquizofreniforme" no Capítulo 13), Reynolds tem todas — confusão mental, características psicóticas no início do curso da doença, bom funcionamento pré-mórbido e afeto que não é embotado nem achatado.

Tonya

"Descobri que estou grávida. Foi isso que me trouxe aqui, pois fiquei muito ansiosa — alegre, mas ansiosa." Tonya olha para frente e ri uma risada rápida que ela repete com frequência durante a entrevista. Suas sardas e seus cabelos ruivos despenteados a fazem parecer ter menos do que seus 27 anos. "Fico com uma sensação de pânico de que por fim vou fazer algo que vale a pena."

Tonya está sendo entrevistada enquanto está hospitalizada por transtorno bipolar I. Suas ações antes disso não são claras. Criada na Califórnia, Tonya abandonou a escola no 9º ano e fugiu para participar das festas de carnaval. Aos 16 anos, casou-se e mudou-se com o marido para o sul dos Estados Unidos, morando lá por vários anos. "O Buddy também trabalhava no carnaval, assim como eu. Comecei adivinhando o futuro, mas acabei fazendo praticamente qualquer coisa. Buddy usava cocaína." Outra risadinha. "Por fim, deixei-o e mudei-me para cá. Esta é uma ótima cidade para os sem-teto", acrescenta. Da última vez, ela ficou sem teto por vários meses, mas, em suas palavras, viveu nas ruas "durante quase toda a minha vida adulta".

"Na Geórgia, fui atacada por três meninas que denunciei por abuso sexual infantil", diz Tonya. "Acabei machucando bastante uma delas, que morreu, mas a polícia considerou o homicídio justificável e não me deteve." Ela umedece os lábios e, desta vez, não ri. Ela admite que está mais feliz do que nunca no hospital. "Mas não acho que esteja muito feliz, meu humor tem estado bem mediano nos últimos meses. Meu sono? Ah, provavelmente são oito ou nove horas por noite."

Há um ou dois anos, enquanto estava hospitalizada na Geórgia após uma *overdose*, Tonya foi tratada com um antidepressivo que ela achava que a tinha ajudado. "Eu estava bebendo um pouco — bem, muito — há muito tempo... talvez meio litro por dia." Ela diz que o gim lhe rendeu algumas prisões por dirigir alcoolizada e por bater no marido. "Ficava tão bêbada que costumava molhar as calças." Ela admite ter tido tremores algumas manhãs e bebia para ajudar a curar a ressaca.

Anos atrás, Tonya descobriu que estava dormindo com um meio-irmão e que ele sabia da relação familiar. Ela se sentiu traída e fez duas tentativas de suicídio — primeiro, cortou os pulsos; depois, tentou se enforcar, mas não conseguiu fazer um nó adequado. Tonya não causou dano físico sério a si mesma em nenhuma das tentativas. "Foi quando me disseram que sou maníaco-depressiva", explica ela.

Quando está deprimida, o sono de Tonya costuma não mudar e ela é capaz de se concentrar para ler ou assistir à TV. Seu apetite permanece inalterado. Ela, muitas vezes, se sente "hiperativa e inquieta".

A mãe de Tonya praticava abuso psicológico e o pai a forçava a ter relações sexuais. "Ele bebia. Quando eu mal tinha 1 ano, ele fez coisas inconfessáveis. Lembro-me de tudo com muita clareza, até hoje." Os parentes de seu pai eram todos "mamados" como ele, e os da mãe eram todos "nervosos, tinham muita ansiedade e depressão". Apesar de tudo, Tonya se lembra de uma infância feliz. "Eu me diverti quando criança. Tive uma namorada e fizemos sexo juntas no 6º ano. Depois, contei isso às outras crianças da escola e me tornei mais ou menos a pária da turma." Tonya não fez sexo com mulheres quando adulta, mas admite que se prostituiu quando estava no carnaval. "Na verdade, fui bastante promíscua durante a maior parte da minha vida. Não tenho ideia de quem é o pai do meu filho... há vários candidatos".

Tonya também trabalhou como garçonete e maquinista e, por três anos, atuou como balconista noturna em uma loja de conveniência. Ela relata nunca ter sido demitida. Embora tenha frequentado a escola apenas até o 9º ano, conseguiu obter um diploma de equivalência geral. Tonya se descreve como tendo poucos amigos e "sempre solitária, até hoje". Essa é uma das razões pelas quais está tão feliz por estar grávida: terá para sempre uma amiga. (Um exame anexado em seu prontuário indica que seu teste de gravidez deu negativo, mas ela ainda não recebeu a informação.)

Ao longo da entrevista, Tonya mantém a atenção e parece se conectar bem com o entrevistador. Apesar das risadas, que parecem um pouco forçadas, seu humor é equilibrado e apropriado. Alerta e rápida, ela passa sem dificuldade nos testes habituais de orientação, cálculos e memória. Nega ter tido crises anteriores de ansiedade ou pânico e não sente que está sendo seguida ou perseguida, "embora um ônibus uma vez tenha dito para mim: 'Bom trabalho!' Sim, ouvi tão claramente quanto ouço sua voz agora. E eu não estava usando drogas nem bebendo naquela época".

Análise

Em uma lista diferencial de possíveis diagnósticos (depressão maior, transtorno bipolar I, transtorno do pânico e outros transtornos de ansiedade, psicose de vários tipos, traumatismo craniencefálico, uso abusivo de substâncias, transtorno da personalidade), a única questão que parece bastante clara é o etilismo de Tonya. Como ela própria admite, é uma grande consumidora de álcool, o que causou uma série de dificuldades, incluindo problemas por dirigir embriagada e violência doméstica. Eu consideraria que Tonya tem dependência de álcool (transtorno por uso de álcool moderado a grave), mas seria necessário decidir até que ponto o etilismo contribui para suas outras dificuldades.

Seus médicos atuais a estão tratando para transtorno bipolar I. Isso é sábio? Os transtornos do humor estão no topo de qualquer hierarquia de segurança, e Tonya relata ter respondido bem ao tratamento anterior para a depressão — é um princípio diagnóstico que poderia nos levar a tal diagnóstico, se nos consentirmos ser um pouco mais permissivos. No entanto, grande parte da história de Tonya é atípica ou até contraditória: lembra-se de maus-tratos sofridos com 1 ano de vida; não conseguiu acertar o nó para se enforcar; seu nível de energia aumentou durante a depressão, e seu sono não mudou muito; embora tenha sido internada por ansiedade e depressão, seu afeto durante a entrevista não pareceu deprimido. Além de tudo isso, a afirmação de que a polícia não a deteve depois de matar uma pessoa parece fantasiosa.

A ansiedade e até os sintomas de pânico coincidiram com sua "gravidez", e não gosto de confiar em informações que possam ter sido produzidas pela crise. Eu observaria o caso da voz do ônibus com interesse, mas com considerável ceticismo; sem mais sintomas, eu não seria levado muito longe na direção da psicose. É claro que a prostituição e outras características de uma vida muito desorganizada me fariam considerar um transtorno da personalidade — embora pareça uma boa aposta, eu não faria esse diagnóstico sem outras informações adicionais, de preferência de alguém que conhece Tonya há muito tempo.

Para finalizar, aqui está um exemplo em que, além do transtorno por uso de álcool, o único diagnóstico seguro (por enquanto) seria um possível transtorno mental, de tipo não diagnosticado.

Hannah

Hannah está com quase 40 anos e foi à clínica de saúde mental pela primeira vez em quase duas décadas. O motivo? Hannah está preocupada.

Quando adolescente, foi avaliada por disforia de gênero. Naquela época, isso era chamado de transtorno de identidade de gênero, mas seus sintomas eram clássicos da disforia de gênero: Hannah nasceu menino, mas, desde que entrou no ensino médio, se sentia como uma menina. Ela odiava as brincadeiras de meninos ("eles são sempre tão brutos"), adorava roupas femininas e sempre fingia ser uma garota quando participava de brincadeiras envolvendo o uso de fantasias. Quando explicou à mãe como seu pênis a enojava, foi orientada a esperar, pois seus sentimentos poderiam mudar com os anos.

Mas o passar dos anos não surtiu qualquer efeito. Quando entrou no ensino médio, Hannah *sabia* que era uma menina: "Eu estava trancada nesta horrível prisão da minha anatomia. Eu sabia que se não agisse, ficaria louca." Assim que completou 18 anos, iniciou as consultas que acabariam por levá-la, primeiro, a vestir-se apenas como menina, depois à terapia hormonal e, então, à cirurgia que lhe proporcionou a libertação definitiva.

Agora sua exata preocupação é... qual? — o entrevistador quer saber. "Na verdade, é Arthur quem está muito preocupado", ela responde. "Arthur é meu marido; estamos casados há quase cinco anos. Ele acordou várias vezes durante a noite porque eu estava gritando, tendo um pesadelo. É sempre o mesmo sonho, desde quando eu era pequena e as outras crianças me provocavam... me intimidavam, na verdade. Eu era tão diferente delas! Mas não me preocupo com isso há anos. Posso passar semanas sem sequer pensar nisso."

Hannah pede que Arthur participe da consulta. Ele se senta perto dela e pega sua mão. "Talvez eu esteja sendo muito cauteloso", diz ele, "mas ela tem histórico de ter sido atormentada, sobretudo quando estava no ensino fundamental. As crianças podem ser muito cruéis e são rápidas em atacar qualquer pessoa que considerem diferente."

"Eu fui atacada, sem dúvida", concorda Hannah, "e ninguém ficava do meu lado. Os meninos apontavam e faziam piadas grosseiras enquanto as meninas me fulminavam. Meus professores mantinham-se alheios, mas agora eu me pergunto: será que eles não sabiam o que dizer? Então, coloquei minha energia no estudo e esperei a hora certa."

Hannah fez excelente uso de seu tempo. Ela se saiu muito bem nos estudos e se formou entre as primeiras da turma, tanto no ensino médio quanto na faculdade, graduando-se em filosofia. "Tenho grande interesse em ética, que é o que ensino agora, na mesma faculdade. Minha história pessoal me dá uma forte perspectiva sobre a luta, sobre o certo e o errado."

Desde que completou a transição ("cirurgias superior e inferior, ambas com bons resultados"), Hannah prosperou. Mas e os pesadelos? "Eles não me incomodam, não agora. Estou aqui porque preocupam Arthur, mas volto a dormir pelas duas horas restantes até a hora de acordar."

"Isso também não parece certo... É tão confuso ser eu!" As lágrimas deixam uma mancha escura na camisa de Hannah.

A título de revisão, Hannah conta ao médico sobre beber cerveja "em raras ocasiões" e talvez uma eventual taça de vinho, estando sempre acompanhada e nunca a ponto de ficar intoxicada. "E eu nunca usei drogas — bem, experimentei um baseado quando estava na faculdade, mas me senti estranha e desconfortável, nunca mais usei."

Além desses pesadelos, Hannah dorme "muito bem na maioria das noites", seu apetite é bom e ela tem um peso estável.

Análise

Utilizando vários princípios diagnósticos, o nosso diagnóstico diferencial deve incluir alguns dos suspeitos habituais, ou seja, transtorno do humor, transtorno de ansiedade, doença física e disforia de gênero. Eu acrescentaria o uso de substâncias como uma possibilidade, mas parece não haver nenhum histórico compatível de uso de qualquer substância ilegal ou prejudicial à saúde. Transtorno da personalidade? Segundo outro princípio diagnóstico, deveríamos adiá-lo até perto do final de nossa busca, mas, em verdade, não vejo nada que me leve nessa direção.

Inclusive, devo dizer que Hannah se destaca por ter profunda ausência de sintomas. Nem os pesadelos que a levaram à clínica de transtornos do sono-vigília parecem suficientes. Se não fosse pela preocupação de Arthur, é provável que ela sequer saísse de casa. Hannah acorda e se lembra do conteúdo do sonho, mas não parece chateada com isso. Também não parece angustiada, mesmo em grau clinicamente *não* significativo. Eu diria que o transtorno do pesadelo está fora de questão. Ela negou sintomas de humor e ansiedade que poderiam nos encorajar a buscar outros problemas emocionais.

E quanto ao transtorno do pesadelo? O sono perturbado foi o que a levou à clínica, mas não era ela quem estava preocupada, e sim seu marido. Os critérios do *DSM-5-TR* não são claros neste ponto, mas imagino que é a pessoa que tem o pesadelo que deveria estar angustiada ou prejudicada nos aspectos social, interpessoal ou ocupacional. Hannah é bem clara: ela não teria ido à clínica se não fosse pela preocupação de Arthur.

Tecnicamente, você poderia dizer que, em algum momento, Hannah se qualificou para a disforia de gênero, com o especificador de que ela já passou pela transição há muitos anos. OK, sua história atende em todos os aspectos aos requisitos para a disforia de gênero, seja quando criança ou quando adulta. No entanto, isso foi resolvido, não sendo aplicável nenhum dos critérios ao seu eu atual. E há um critério importante que lhe falta: angústia ou prejuízo em alguma área da vida. Há 20 ou 30 anos, claro, ela estava angustiada, mas agora? De jeito nenhum.

Embora pudéssemos dizer que Hannah tem histórico de disforia de gênero, será necessário fazê-lo agora? Que benefício isso traria? Se ela tivesse tido transtorno bipolar, mas sem episódios durante os últimos 20 anos, haveria algum benefício em anotar a sua história antiga, pois isso poderia alertar um futuro médico a ficar atento a uma recorrência. Mas recorrência de disforia de gênero em paciente quase 20 anos após a transição? Isso parece muito além do plausível. Acho que vou exercer minha prerrogativa de médico e deixar esse diagnóstico fora de consideração.

Ao pensar no restante da história de Hannah, me vejo descartando todos os diagnósticos, exceto um. É, talvez, o meu favorito de todos os tempos, que consagrei em um princípio diagnóstico: considere a possibilidade de uma ausência de transtorno mental. É verdade que Hannah teve muitos problemas que precisaram ser resolvidos em um momento ou outro, mas parecem ter sido deixados para trás e não definem quem ela é agora nem deveriam dirigir o curso de sua vida rumo ao futuro. Isso é o que eu diria a ela, a Arthur e ao restante de sua família, caso perguntassem (se Hannah me desse permissão para falar com eles).

Que prazer, então, concluir a avaliação com: "para mim, você parece uma mulher adulta, saudável e sem transtorno mental". É a melhor sensação que um médico pode ter!

APÊNDICE: PRINCÍPIOS DIAGNÓSTICOS

Ao longo deste livro, descrevi os princípios que durante anos orientaram minha avaliação de milhares de pacientes com problemas de saúde mental. Nesta seção, organizei todos eles em quatro grandes categorias. Serei o primeiro a admitir que estes 24 princípios por vezes se sobrepõem e entram em conflito entre si. Os princípios estão listados aqui na ordem em que podem ser necessários ao avaliar um paciente, não na ordem em que foram utilizados ao longo deste livro. Em alguns, abreviei as versões descritas no texto. Por fim, adicionei letras para facilitar a referência e números de páginas que aludem à discussão completa neste livro.

ELABORE UM DIAGNÓSTICO DIFERENCIAL

A. Organize um diagnóstico diferencial amplo conforme uma hierarquia de segurança (p. 18).
B. A história familiar pode ajudar a orientar o diagnóstico, mas como não se pode sempre confiar nos relatos, os clínicos devem tentar rediagnosticar cada familiar (p. 33).
C. Problemas físicos e seu tratamento podem causar ou piorar sintomas mentais (p. 103).
D. Considere o transtorno de sintomas somáticos (somatização) sempre que os sintomas não combinarem ou os tratamentos não funcionarem (p. 107).
E. O uso de substâncias, incluindo medicamentos prescritos e vendidos sem receita, pode causar uma variedade de transtornos mentais (p. 119).
F. Em razão de sua onipresença, seu potencial de dano e sua pronta resposta aos tratamentos, considere sempre os transtornos do humor (p. 135).

QUANDO AS FONTES DE INFORMAÇÃO SÃO CONFLITANTES

G. A história supera a aparência atual (p. 29).
H. A história recente supera a antiga (p. 30).

I. Informações colaterais podem superar as do próprio paciente (p. 31).
J. Sinais vencem sintomas (p. 32).
K. Tenha cuidado ao avaliar dados produzidos por crises (p. 32).
L. Achados objetivos superam o julgamento subjetivo (p. 33).
M. Use a navalha de Occam, isto é, escolha a explicação mais simples (p. 34).
N. Cavalos são mais comuns do que zebras, ou seja, prefira o diagnóstico encontrado com mais frequência (p. 35).
O. Fique atento a informações contraditórias (p. 40).

RESOLVA AS INCERTEZAS

P. O melhor preditor do comportamento futuro é o comportamento pregresso (p. 52).
Q. Ter mais sintomas de um transtorno aumenta a probabilidade de que ele seja o diagnóstico correto (p. 52).
R. As características típicas de um transtorno aumentam a probabilidade de que ele seja o diagnóstico correto; diante de características atípicas, busque alternativas (p. 53).
S. Uma resposta típica prévia ao tratamento de um transtorno aumenta a probabilidade de que ele seja o diagnóstico atual (p. 53).
T. Utilize o termo não diagnosticado sempre que tiver dúvida quanto ao seu diagnóstico (p. 53).
U. Considere a possibilidade da ausência de um diagnóstico de saúde mental em determinado paciente (p. 55).

DIAGNÓSTICOS MÚLTIPLOS

V. Quando os sintomas não podem ser explicados de maneira adequada por um transtorno único, considere diagnósticos múltiplos (p. 63).
W. Evite o diagnóstico de transtorno da personalidade se seu paciente estiver muito enfermo com um transtorno mental grave (p. 64).
X. Organize diagnósticos múltiplos listando primeiro o que é mais urgente, tratável ou específico. Sempre que possível, liste também os diagnósticos em ordem cronológica (p. 65).

REFERÊNCIAS E LEITURA SUGERIDA

Incluí aqui citações de diversos estudos e artigos mencionados ao longo deste livro, bem como alguns dos artigos mais importantes já escritos sobre métodos diagnósticos. Há artigos clássicos que datam de várias décadas ou mais; apesar de antigos, ainda têm muito a nos ensinar. Sempre que possível, tentei citar fontes que podem ser lidas na íntegra de forma gratuita em PubMed.gov. Embora não tenham sido listados um por um, você pode ler o resumo de muitos outros artigos no PubMed, com acesso grátis.

REFERÊNCIAS GERAIS SOBRE ENTREVISTAS E DIAGNÓSTICO

American Psychiatric Association: *Diagnostic and Statistical Manual of Mental Disorders* (5th ed., text rev.). Arlington, VA: Author, 2022.— A mais recente revisão deste importante documento.

American Psychiatric Association: *Diagnostic and Statistical Manual of Mental Disorders* (4th ed., text rev.). Washington, DC: Author, 2000.— Incluo aqui o DSM-IV-TR porque recomendo continuar a segui-lo para o diagnóstico de transtorno de somatização, a Global Assessment of Functioning (GAF) e a Global Assessment of Relational Functioning (GARF).

Beidel DC, Frueh C (Eds.): *Adult Psychopathology and Diagnosis* (8th ed.). Hoboken, NJ: Wiley, 2018.— Voltado a estudantes de pós-graduação em Psicologia e Serviço Social, este livro reúne quase 900 páginas que cobrem o espectro de condições diagnósticas.

Montgomery K: *How Doctors Think*. New York: Oxford University Press, 2005.— Um professor de humanidades e medicina (que não é médico) discute julgamento clínico e a prática da medicina.

Morrison J: *DSM-5-TR Made Easy*. New York: Guilford Press, 2023.— Nesse livro, utilizo vinhetas clínicas para ilustrar e, às vezes, criticar o manual clássico e padrão; esta edição reflete mudanças recentes nos critérios diagnósticos.

Morrison J: *The First Interview* (4th ed.). New York: Guilford Press, 2014.— Uma introdução à arte e à ciência da entrevista diagnóstica.

Morrison J: *When Psychological Problems Mask Medical Disorders* (2nd ed.). New York: Guilford Press, 2015.— Uma visão sobre saúde mental relacionada a 60 condições médicas.

Roberts LW (Ed.): *The American Psychiatric Publishing Textbook of Psychiatry* (7th ed.). Washington, DC: American Psychiatric Publishing, 2010.— Mais de 1.300 páginas que todos os aspectos do diagnóstico e do tratamento em saúde mental.

Sadock BJ, Sadock VA, Ruiz P (Eds.): *Kaplan and Sadock's Comprehensive Textbook of Psychiatry (10th ed.).* Philadelphia: Lippincott Williams & Wilkins, 2017.— Este gigante (quase 5.000 páginas) cobre todos os aspectos relacionados à doença e ao tratamento em saúde mental.

MÉTODO DIAGNÓSTICO

Allen VG, Arocha JF, Patel VL: Evaluating evidence against diagnostic hypotheses in clinical decision making by students, residents and physicians. *Int J Med Informatics* 1998; 51:91–105.

Andreasen NC: Editorial: Vulnerability to mental illness. *Am J Psychiatry* 2005; 162:211–213.

Biturajac M, Jurjako M: Reconsidering harm in psychiatric manuals within an explicationist framework. *Med Health Care Philos* 2022; 25:239–249. Free at PubMed.

Coderre S, Mandin H, Harasym PH, Fick GH: Diagnostic reasoning strategies and diagnostic success. *Med Educ* 2003; 37:695–703.

Dunphy L, Penna M, El-Kafsi J: Somatic symptom disorder: A diagnostic dilemma. *BMJ Case Rep.* 2019; 12:e231550. Free at PubMed.

Faust D, Nurcombe B: Improving the accuracy of clinical judgment. *Psychiatry* 1989; 52:197–208.

Fava M, Farabaugh AH, Sickinger AH, Wright E, Alpert JE, Sonawalla S, Nierenberg AA, Worthington JJ 3rd: Personality disorders and depression. *Psychol Med* 2002; 32:1049–1057.

Hall KH: Reviewing intuitive decision-making and uncertainty: The implications for medical education. *Med Educ* 2002; 36:216–224.

Hall RC, Popkin MK, Devaul RA, Faillace LA, Stickney SK: Physical illness presenting as psychiatric disease. *Arch Gen Psychiatry* 1978; 35:1315–1320.

Heilig M, Forslund K, Asberg M, Rydberg U: The dual-diagnosis concept used by Swedish social workers: Limited validity upon examination using a structured diagnostic approach. *Eur Psychiatry* 2002; 17:363–365.

Henig RM: At war with their bodies, they seek to sever limbs. *The New York Times,* March 22, 2005; www.nytimes.com/2005/03/22/health/psychology/22ampu.html

Heuss SC, Schwartz BJ, Schneeberger AR: Second opinions in psychiatry: A review. *Psychiatr Prac* 2018; 24:434–442. Free at PubMed.

Honig A, Pop P, Tan ES, Philipsen H, Romme MA: Physical illness in chronic psychiatric patients from a community psychiatric unit: The implications for daily practice. *Br J Psychiatry* 1989; 155:58–64.

Keel PK, Dorer DJ, Eddy KT, Franko D, Charatan DL, Herzog DB: Predictors of mortality in eating disorders. *Arch Gen Psychiatry* 2003; 60(2):179–183.

Kennedy N, Boydell J, Kalidindi S, Fearon P, Jones PB, van Os J, Murray RM: Gender differences in incidence and age at onset of mania and bipolar disorder over a 35-year period in Camberwell, England. *Am J Psychiatry* 2005; 162:257–262.

Kessler RC, Berglund P, Demler O, Jin R, Merikangas KR, Walters EE: Lifetime prevalence and age-of-onset distributions of DSM-IV disorders in the National Comorbidity Survey replication. *Arch Gen Psychiatry* 2005; 62:593–602.

Kessler RC, McGonagle KA, Zhao S, Nelson CB, Hughes M, Eshleman S, Wittchen HU, Kendler KS: Lifetime and 12-month prevalence of DSM-III-R psychiatric disorders in the United States. *Arch Gen Psychiatry* 1994; 51:8–19.

Koran LM, Sheline Y, Imai K, Kelsey TG, Freedland KE, Mathews J, Moore M: Medical disorders among patients admitted to a public-sector psychiatric inpatient unit. *Psychiatr Serv* 2002; 53:1623–1625.

Krueger RF: The structure of common mental disorders. *Arch Gen Psychiatry* 1999; 56:921–926.

Mark DB: Decision-making in clinical medicine. In Kasper DL, Braunwald E, Fauci A, Hauser S, Longo D, Jameson JL (Eds.): *Harrison's Principles of Internal Medicine* (16th ed.). New York: McGraw-Hill, 2004.

Roberts B: A look at psychiatric decision making. *Am J Psychiatry* 1978; 135:1384–1387.

Schildkrout B: Complexities of the diagnostic process. *J Nerv Ment Dis* 2018; 206:488–490.

van der Feltz-Cornelis CM, Allen SF, van Eck van der Sluijs JF: Misdiagnosis of an underlying medical condition as conversion disorder/functional neurological disorder (CD/FND) still occurs. *Gen Hosp Psychiatry* 2020; 65:43–46. Free at PubMed.

Welner A, Liss JL, Robins E: A systematic approach for making a psychiatric diagnosis. *Arch Gen Psychiatry* 1974; 31:193–196.

Witztum E, Grinshpoon A, Margolin J, Kron S: The erroneous diagnosis of malingering in a military setting. *Mil Med* 1996; 161:225–229.

Zimmerman M: What should the standard of care for psychiatric diagnostic evaluations be? *J Nerv Ment Dis* 2003; 191:281–286.

ANSIEDADE E MEDO

Alomari NA, Bedaiwi SK, Ghasib AM, Kabbarah AJ, Alnefaie SA, Hariri N, Altammar MA, Fadhel AM, Altowairqi FM: Social anxiety disorder: Associated conditions and therapeutic approaches. *Cureus* 2022; 14:e32687.

Bruce SE, Machan JT, Dyck I, Keller MB: Infrequency of "pure" GAD: Impact of psychiatric comorbidity on clinical course. *Depress Anxiety* 2001; 14:219–225.

Carvajal C: Posttraumatic stress disorder as a diagnostic entity—clinical perspectives. *Dialogues Clin Neurosci* 2018; 20:161–168. Free at PubMed.

Eaton WW, Bienvenu OJ, Miloyan B: Specific phobias. *Lancet Psychiatry* 2018; 5:678–686.

Fava GA, Rafanelli C, Grandi S, Conti S, Ruini C, Mangelli L, Belluardo P: Longterm outcome of panic disorder with agoraphobia treated by exposure. *Psychol Med* 2001; 31:891–898.

Lee DO, Helmers SL, Steingard RJ, DeMaso DR: Case study: Seizure disorder presenting as panic disorder with agoraphobia. *J Am Acad Child Adolesc Psychiatry* 1997; 36:1295–1298.

Locke AB, Kirst N, Shultz CG: Diagnosis and management of generalized anxiety disorder and panic disorder in adults. *Am Fam Physician* 2015; 91:617–624.

Newman MG, Llera SJ, Erickson TM, Przeworski A, Castonguay LG: Worry and generalized anxiety disorder: A review and theoretical synthesis of evidence on nature, etiology, mechanisms, and treatment. *Annu Rev Clin Psychol* 2013; 9:275–297. Free at PubMed.

Penninx BW, Pine DS, Holmes EA, Reif A: Anxiety disorders. *Lancet* 2021; 397:914–927. Free at PubMed.

Stein DJ, Costa DLC, Lochner C, Miguel EC, Reddy YCJ, Shavitt RG, van den Heuvel OA, Simpson HB: Obsessive-compulsive disorder. *Nat Rev Dis Primers* 2019; 5:52. Free at PubMed.

TRANSTORNOS COGNITIVOS

Folstein MF, Folstein SE, McHugh PR: Mini-Mental State: A practical method for grading the cognitive state of patients for the clinician. *J Psychiatr Res* 1975; 12:189–198.

Marcantonio ER: Delirium in hospitalized older adults. *N Engl J Med* 2017; 377:1456–1466. Free at PubMed.

Sachdev PS, Blacker D, Blazer DG, Ganguli M, Jeste DV, Paulsen JS, Petersen RC: Classifying neurocognitive disorders: The DSM-5 approach. *Nat Rev Neurol* 2014; 10:634–642. Free at PubMed.

DEPRESSÃO E MANIA

Brockington I: Postpartum psychiatric disorders. *Lancet* 2004; 363:303–310.

Clayton PJ, Lewis CE: The significance of secondary depression. *J Affect Disord* 1981; 3:25–35.

Cook BL, Shukla S, Hoff AL, Aronson TA: Mania with associated organic factors. *Acta Psychiatr Scand* 1987; 76:674–677.

de Kemp EC, Moleman P, Hoogduin CA, Broekman TG, Goedhart A, Schaap CP, van den Berg PC: Diagnosis at the first episode to differentiate antidepressant treatment responses in patients with mood and anxiety disorders. *Psychopharmacology (Berl)* 2002; 160:67–73.

Garvey MJ, Tuason VB: Mania misdiagnosed as schizophrenia. *J Clin Psychiatry* 1980; 41:75–78.

Ghaemi SN, Sachs GS, Chiou AM, Pandurangi AK, Goodwin K: Is bipolar disorder still underdiagnosed? Are antidepressants overutilized? *J Affect Disord* 1999; 52:135–144.

Harrison PJ, Geddes JR, Tunbridge EM: The emerging neurobiology of bipolar disorder. *Trends Neurosci* 2018; 41:18–30. Free at PubMed.

Hirschfeld RM, Lewis L, Vornik LA: Perceptions and impact of bipolar disorder: How far have we really come? Results of the National Depressive and Manic–Depressive Association 2000 survey of individuals with bipolar disorder. *J Clin Psychiatry* 2003; 64:161–174.

Klein DN, Taylor EG, Harding K, Dickstein S: Double depression and episodic major depression: Demographic, clinical, familial, personality, and socioenvironmental characteristics and short-term outcome. *Am J Psychiatry* 1988; 145:1226–1231.

Leader JB, Klein DN: Social adjustment in dysthymia, double depression and episodic major depression. *J Affect Disord* 1996; 37:91–101.

Lin CC, Bai YM, Hu PG, Yeh HS: Substance use disorders among inpatients with bipolar disorders and major depressive disorder in a general hospital. *Gen Hosp Psychiatry* 1998; 20:98–101.

McCullough JP Jr., Klein DN, Borian FE, Howland RH, Riso LP, Keller MB, Banks PL: Group comparisons of DSM-IV subtypes of chronic depression: Validity of the distinctions, part 2. *J Abnorm Psychol* 2003; 112:614–622.

Miller IW, Norman WH, Keitner GI: Combined treatment for patients with double depression. *Psychother Psychosom* 1999; 68:180–185.

TRANSTORNOS ALIMENTARES

Aviv R: *Strangers to Ourselves: Unsettled Minds and the Stories That Make Us*. New York: Farrar, Straus & Giroux, 2022.

Hay P: Current approach to eating disorders: A clinical update. *Intern Med J* 2020; 50:24–29. Free at PubMed.

Sanjay K, Nitin K, Jubbin J: Orthorexia nervosa. *J Pak Med Assoc* 2020; 70:1282– 1284. Free at PubMed.

Treasure J, Duarte TA, Schmidt U: Eating disorders. *Lancet* 2020; 395:899–911.

DISFORIA DE GÊNERO

Crocq M-A: How gender dysphoria and incongruence became medical diagnoses— a historical review. *Dialogues Clin Neurosci* 2022; 23:44–51. Free at PubMed.

PROBLEMAS DE PERSONALIDADE E RELACIONAMENTO

Black DW: The natural history of antisocial personality disorder. *Can J Psychiatry* 2015; 60:309–314. Free at PubMed.

Ekselius L: Personality disorder: A disease in disguise. *Ups J Med Sci* 2018; 123:194–204. Free at PubMed.

Lee R: Mistrustful and misunderstood: A review of paranoid personality disorder. *Curr Behav Neurosci Rep* 2017; 4:151–165. Free at PubMed.

Rosell DR, Futterman SE, McMaster A, Siever LJ: Schizotypal personality disorder: A current review. *Curr Psychiatry Rep* 2014; 16:452. Free at PubMed.

Vanwoerden S, Stepp SD: *The Diagnostic and Statistical Manual of Mental Disorders, Fifth Edition*, alternative model conceptualization of borderline personality disorder: A review of the evidence. *Personal Disord* 2022; 13:402–406. Free at PubMed.

PSICOSES

Arciniegas DB: Psychosis. *Continuum* (Minneap Minn) 2015; 21:715–736. Free at PubMed.

Evans JD, Heaton RK, Paulsen JS, McAdams LA, Heaton SC, Jeste DV: Schizoaffective disorder: A form of schizophrenia or affective disorder? *J Clin Psychiatry* 1999; 60:874–882.

Gurland B: Aims, organization, and initial studies of the Cross-National Project. *Int J Aging Hum Dev* 1976; 7:283–293.

Kasanin J: The acute schizoaffective psychoses. *Am J Psychiatry* 1994; 151(Suppl. 6):144–154.— A reprint of a 1933 article in the same journal.

Lammertink M, Lohrer F, Kaiser R, Hambrecht M, Pukrop R: Differences in substance abuse patterns: Multiple drug abuse alone versus schizophrenia with multiple drug abuse. *Acta Psychiatr Scand* 2001; 104:361–366.

Maj M, Pirozzi R, Formicola AM, Bartoli L, Bucci P: Reliability and validity of the DSM-IV diagnostic category of schizoaffective disorder: Preliminary data. *J Affect Disord* 2000; 57:95–98.

Marneros A: The schizoaffective phenomenon: The state of the art. *Acta Psychiatr Scand* 2003; 106(Suppl. 418):29–33.

Parker G: How well does the DSM-5 capture schizoaffective disorder? *Can J Psychiatry* 2019; 64:607–610. Free at PubMed.

Sacks, O. *Hallucinations*. New York: Knopf, 2012.

Schwartz JE, Fennig S, Tanenberg-Karant M, Carlson G, Craig T, Galambos N, Lavelle J, Bromet EJ: Congruence of diagnoses 2 years after a first-admission diagnosis of psychosis. *Arch Gen Psychiatry* 2000; 57:593–600.

Tsuang D, Coryell W: An 8-year follow-up of patients with DSM-III-R psychotic depression, schizoaffective disorder, and schizophrenia. *Am J Psychiatry* 1993; 150:1182–1188.

Wilson JE, Nian H, Heckers S: The schizoaffective disorder diagnosis: A conundrum in the clinical setting. *Eur Arch Psychiatry Clin Neurosci* 2014; 264:29–34.

Zisook S, McAdams LA, Kuck J, Harris MJ, Bailey A, Patterson TL, Judd LL, Jeste DV: Depressive symptoms in schizophrenia. *Am J Psychiatry* 1999; 156:1736–1743.

USO INDEVIDO DE SUBSTÂNCIAS E OUTRAS ADIÇÕES

Aly SM, Omran A, Gaulier JM, Allorge D: Substance abuse among children. *Arch Pediatr* 2020; 27:480–484. Free at PubMed.

Khan S: Concurrent mental and substance use disorders in Canada. *Health Rep* 2017; 28:3–8. Free at PubMed.

Prom-Wormley EC, Ebejer J, Dick DM, Bowers MS: The genetic epidemiology of substance use disorder: A review. *Drug Alcohol Depend* 2017; 180:241–259. Free at PubMed.

Schuckit MA, Smith TL, Danko GP, Bucholz KK, Reich T, Bierut L: Five-year clinical course associated with DSM-IV alcohol abuse or dependence in a large group of men and women. *Am J Psychiatry* 2001; 158:1084–1090.

TRANSTORNOS DO SONO-VIGÍLIA

Cohen ZL, Eigenberger PM, Sharkey KM, Conroy ML, Wilkins KM: Insomnia and other sleep disorders in older adults. *Psychiatr Clin North Am* 2022; 45:717–734.

Smith MT, McCrae CS, Cheung J, Martin JL, Harrod CG, Heald JL, Carden KA: Use of actigraphy for the evaluation of sleep disorders and circadian rhythm sleep-wake disorders: An American Academy of Sleep Medicine clinical practice guideline. *J Clin Sleep Med* 2018; 14:1231–1237. Free at PubMed.

Wang Y, Salas RME: Approach to common sleep disorders. *Semin Neurol* 2021; 41:781–794. Free at PubMed.

TRANSTORNOS DE SINTOMAS SOMÁTICOS

Löwe B, Levenson J, Depping M, Hüsing P, Kohlmann S, Lehmann M, SheddenMora M, Toussaint A, Uhlenbusch N, Weigel A: Somatic symptom disorder: A scoping review on the empirical evidence of a new diagnosis. *Psychol Med* 2022; 52:632–648.

Scamvougeras A, Howard A: Somatic symptom disorder, medically unexplained symptoms, somatoform disorders, functional neurological disorder: How DSM-5 got it wrong. *Can J Psychiatry* 2020; 65:301–305.

SUICÍDIO E VIOLÊNCIA

Beautrais AL: Subsequent mortality in medically serious suicide attempts: A 5-year follow-up. *Aust NZ J Psychiatry* 2003; 37:595–599.

Boudreaux ED, Camargo CA Jr, Arias SA, Sullivan AF, Allen MH, Goldstein AB, Manton AP, Espinola JA, Miller IW: Improving suicide risk screening and detection in the emergency department. *Am J Prev Med* 2016; 50:445–453. Free at PubMed.

Brockington I: Suicide and filicide in postpartum psychosis. *Arch Womens Ment Health* 2017; 20:63–69. Free at PubMed.

Fenton WS, McGlashan TH, Victor BJ, Blyler CR: Symptoms, subtype, and suicidality in patients with schizophrenia spectrum disorders. *Am J Psychiatry* 1997; 154:199–204.

Gardner W, Lidz CW, Mulvey EP, Shaw EC: Clinical versus actuarial predictions of violence of patients with mental illnesses. *J Counseling Clin Psychol* 1996; 64:602–609.

Harkavy-Friedman JM, Kimhy D, Nelson EA, Venarde DF, Malaspina D, Mann JJ: Suicide attempts in schizophrenia: The role of command auditory hallucinations for suicide. *J Clin Psychiatry* 2003; 64:871–874.

Posner K, Brown GK, Stanley B, Brent DA, Yershova KV, Oquendo MA, Currier GW, Melvin GA, Greenhill L, Shen S, Mann JJ: The Columbia-Suicide Severity Rating Scale: Initial validity and internal consistency findings from three multisite studies with adolescents and adults. *Am J Psychiatry* 2011; 168:1266–1277. Free at PubMed.

Werth JL Jr., Cobia DC: Empirically based criteria for rational suicide: A survey of psychotherapists. *Suicide Life-Threat Behav* 1995; 25:231–240.

PESSOAS DA VIDA REAL

As entradas a seguir estão dispostas em ordem alfabética conforme os sobrenomes das pessoas, seguidos pelos capítulos em que os indivíduos foram mencionados e por informações bibliográficas. Consulte a Wikipedia para obter informações sobre algumas pessoas notórias mencionadas ao longo deste livro, como Marshall Applewhite (Capítulo 13), Kenneth Bianchi (Capítulo 4), Ted Bundy (Capítulo 17) e John Hinckley, Jr. (Capítulos 13 e 18).

Rigoberto Alpizar (Capítulo 18): Goodnough A: Fretful passenger, turmoil on jet and fatal shots. *The New York Times*, Dec. 9, 2005.

Doug Bruce (Capítulo 14): *The New Yorker*, Feb. 27, 2006, 27–30.

John Clare (Capítulo 19): Bate J: *John Clare: A Biography*. New York: Farrar, Straus & Giroux, 2003.

Camille Claudel (Capítulo 13): Ayral-Clause O: *Camille Claudel: A Life*. New York: Abrams, 2002.

Samuel Taylor Coleridge (Capítulo 15): Holmes R: *Coleridge: Early Visions, 1772– 1804*. New York: Pantheon, 1999; Holmes R: *Coleridge: Darker Reflections, 1904–1834*. New York: Pantheon, 1989.

Charles Darwin (Capítulo 12): Barloon TJ, Noyes R Jr.: Charles Darwin and panic disorder. *JAMA* 1997; 277:138–141.

Phineas Gage (Capítulo 17): *www.uakron.edu/gage*

Carolyn Heilbrun (Capítulo 11): Grigoriadis V: A death of one's own. *New York*, Dec. 8, 2003; *nymag.com/nymetro/news/people/n_9589*

Effrain Marrero (Capítulo 9): Wilson D: Steroids are blamed in suicide of young athlete. *The New York Times*, March 10, 2005.

William Minor (Capítulo 19): Winchester S: *The Professor and the Madman*. New York: HarperCollins, 1998.

Joe Namath (Capítulo 8): *http://usatoday30.usatoday.com/sports/football/nfl/2004-10-14-namath_x.htm*

Opal Petty (Capítulo 7): Lehmann-Haupt C: Opal Petty, 86, patient held 51 years involuntarily in Texas. *The New York Times*, March 14, 2005, Section C, page 15.

Jim Piersall (Capítulo 12): Piersall J, Hirshberg A: *Fear Strikes Out: The Jim Piersall Story*. Boston: Little, Brown, 1957; Piersall J, Whittingham R: *The Truth Hurts*. Chicago: Contemporary Books, 1984.

Daniel Paul Schreber (Capítulo 13): Freud S: Psycho-analytic notes on an autobiographical account of a case of paranoia (dementia paranoids). In Strachey J (Ed. & Trans.): *The Standard Edition of the Complete Psychological Works of Sigmund Freud* (Vol. 12). London: Hogarth Press, 1958 (orig. pub. 1911).

Elizabeth Shin (Capítulo 17): Sontag D: Who was responsible for Elizabeth Shin? *The New York Times*, June 2, 2002, Section 6, page 10.

Virginia Woolf (Capítulo 10): Lee H: *Virginia Woolf*. New York: Knopf, 1997.

Andrea Yates (Capítulo 11): O'Malley S: *"Are You There Alone?": The Unspeakable Crime of Andrea Yates*. New York: Simon & Schuster, 2004.

ÍNDICE

Nota. **Negrito** indica um caso clínico de exemplo; *itálico* uma definição; *t* uma tabela.

A

Abstinência (substância), *241-242*
    álcool, **244-245**
    opioides, 242-243
    sintomas da, 121-124*t*
    transtornos mentais associados a, 248-249
Abuso, infância, 95
    violência subsequente, 301
Acatisia, *127-128*
Achados objetivos, como princípio diagnóstico, 32-33
Acidente vascular encefálico, psicose por, **201**
Adequação do humor, 127-128
Adesão ao plano de tratamento, *293*, 294-295
Adesão às recomendações, 293
Adição, *240-241*, 249
    árvore de decisão, 251
Adoção de posturas, na catatonia, *197*
Afeto, *127-128*
    adequação, 127-128
    embotado (embotamento afetivo), *191*
    flutuações no, 127-128
Agorafobia, *172-173*, 175
Algoritmo, *21-26*
Alucinações, 129-130, *189-190*
    hipnagógicas/hipnopômpicas, 130-131
    na esquizofrenia, 130-131
    percepção (*insight*) nas, 191
    violência e, 302
Alucinações hipnagógicas/hipnopômpicas, *130-131*
Amnésia, **236**
    sinal de alerta, 44
Anorexia nervosa, 61, **72**, 77-78, 254, **260**
Ansiedade, *171-172*
    árvore de decisão, 174
    transtorno de sintomas somáticos e, **186-187**

Aparência do paciente (no EEM), 125
Apatia, na demência, 224-225
Apetite e doença mental, 116, 253-254
Apneia obstrutiva do sono, **271-272**
Apraxia, *228-229*
Árvore de decisão, *21-26*
    adição, 251
    atenção ou perda de memória, 223
    depressão, 135-136
    dificuldades interpessoais, 282-283
    mania, 135-136
    psicose, 195
    transtornos alimentares, 256-257
    transtornos da personalidade, 282-283
    transtornos de ansiedade, 174
    transtornos do sono-vigília, 265-266
    transtornos por uso de substâncias, 251
Associações (comórbidas), força das, 66-67
Associações vagas, *128-129*
Atear fogo, 250
Atenção do paciente (no EEM), 126-127
Atividade motora, no EEM, 126-127
Atos ilegais e diagnóstico, 98-99
Atraso psicomotor, *167-168*
Ausência de transtorno mental, 79-80, 91-92, **233-234**, **290-291**, **324-325**
    princípio diagnóstico, 55-56
Avaliação cega, *100-101*
Avaliação de risco, 302
    modelo atuarial, 301
    suicídio, 298
    violência, 300
Avaliação global de funcionamento (AGF), 80-81
Avolição, *191*

B

Belle indifférence, *32-33*

sinal de alerta, 45
Bianchi, Kenneth, **42-43**
Blecaute alcoólico, **236**, 237
Bulimia nervosa, *254*
Bundy, Ted, **275-278**

C

Características atípicas da doença, 55-56
    depressão, *137*
    princípio diagnóstico, 52-53
Características típicas da doença, como princípio diagnóstico, 52-53
Carson (paciente), **7-8**, **12-13**, **20-21**, **91-92**, **119**, **147-148**
Cavalos vs. zebras, princípio diagnóstico, 35-36
Charcot, Jean-Martin, 164-165
Ciclotimia, *152-153*, **155-156**
Clare, John, **303**
Claudel, Camille, **210-211**
Cleptomania, 250
Clínico, **18-19**
Cognição, 130-131, 219-220
Coleridge, Samuel, **241-242**
Comorbidade, 59-69, 146-147, *159-160*, **221**
    frequência, 60
    identificando, 61
    pesquisa em norte-americanos, 60
    registro, 64-65
    transtorno da personalidade como, 63-64
    transtornos de ansiedade, **7-8**, **179-180**, **184-187**, **305-306**, **311-312**
    transtornos do humor, **7-8**, **72**, **144-145**, **161**, **163**, **304-306**
    transtornos psicóticos, **62**, **193**, **206-207**, **212-215**
    uso de substâncias como, **66-67**, **206-207**, **241-242**, 243-244, **244-245**, 248t, **304**, **319-320**
    vs. independente do uso de substâncias, 247-248
Comportamento
    desorganizado, *190*
    manipulador, 281
    pregresso, como princípio diagnóstico, 50-52
Comportamento antissocial, adulto, 50-51
Comportamento manipulativo, 281
Comportamento pregresso, como princípio diagnóstico, 50-52

Concussão, 232-233
Condição não diagnosticada, **56-57**, **179-180**, **221**, **303**, **314-315**, **322-323**
    princípio diagnóstico, 53-54
Confabulação, **226-227**, *227-228*
Confiabilidade das informações, *15-16*
Consulta sobre diagnóstico, 87
Conteúdo do pensamento, 129-130
Controle, perda do (uso de substâncias), *241-242*
Criminalidade, sinal de alerta, 44
Crise de pânico, *171-172*
    sintomas físicos, 116
Critérios, diagnóstico, 48
Cronologia e comorbidade, 65-66
Culto Heaven's Gate, **217**

D

Dados. *Ver* Informação
Dados produzidos por crise, como princípio diagnóstico, 32-33
Darwin, Charles, **173-175**
Declínio cognitivo relacionado à idade (DCRI), 50-51, *224-225*, **233-234**, 233-235
Déjà-vu, 103-104
Delírios, *190*
    importância diagnóstica, 29-30
    tipos, 129-130, 211-212
Delírios paranoicos na esquizofrenia, *197*
Delirium, **221**, 223-224, **244-245**, **315-316**
Demência, **221**, 224-225
    de Alzheimer, **28**, 225-226
    psicose e, 225-226
    subcortical, *225-226*
Dependência de láudano, **242-243**
Dependência, substância. *Ver* Transtornos por uso de substâncias
Depressão, **7-8**, *30-31*, *36-37*, **62**, 135-136, **244-245**, **304**
    árvore de decisão, 135-136
    demência e, 224-225
    diagnóstico diferencial, 137
    doença física e, **143-144**, 166
    dupla, *146-147*
    endógena/exógena, *165-167*
    hipotireoidismo e, **28-29**
    maior, **72**, **136-137**, *137*, **144-145**, **161**, **297**, **305-306**, **311-312**
    melancolia, 166
    menor, 168-169

persistente (distimia), *137*, **140**, 141-142, **144-145**, **275-277**
pós-parto (periparto), **148-149**, 151-152
princípio diagnóstico, 128-129
pseudodemência e, 229-230
psicose e, 214-215, **214-215**
reativa, 147-148
secundária, **66-67**, 166
síndromes, 135-136
somatização e, **163**, 166
suicídio e, 298
TEPT e, 184-185
TOC e, **184-185**
transtorno de adaptação e, 148-149
transtorno pós-concussional e, 233-234
uso de substâncias e, **34-35**, **141-142**, 166, 243-244, 248-249
Depressão dupla, *146-147*
Depressão endógena, *165-167*
Depressão maior, *137*. *Ver também* Grande falha no diagnóstico de depressão, 138
Depressão menor, 168-169
Depressão periparto, *137*, **148-149**, 151-152
Depressão pós-parto (periparto), *137*, **148-149**, 151-152
Depressão reativa, 147-148, 165-167
Depressão secundária, **66-67**, 166
Depressão unipolar, confundida com bipolar, 154-155
Descarrilamento (fala), *128-129*
Desemprego prolongado, 98-99
Diagnóstico, *8*
    características típicas, 55-56
    comorbidade, 59-69
    de trabalho, 77-78
    diferencial, 9, 17
    em evolução, 85-87
    falso-positivo, 86
    frequências relativas de, 66-67
    hierarquia de segurança, 18-19
    incerto, 46, 50-52, 54-55
    modelo biopsicossocial de, 82-83
    múltiplo, 59-69. *Ver também* Comorbidade
    ordem de listagem, 64-65
    reconsiderando, 83-84
    roteiro para, 8
    transtornos raros, 36-37
    usado em excesso, 81-82
    verificando, 72
    violência associada, 301
Diagnóstico diferencial, 9, *17*, 22-25*t*

ansiedade, 172-173
avaliar seus dados para estabelecer um, 37-38
depressão, 137
elaboração, 74-75
esquadrinhando a lista de, 76-77
mania, 152-153
psicose, 192
transtorno da personalidade, 276
Diagnóstico duplo. *Ver* Comorbidade
Diagnósticos múltiplos. *Ver* Comorbidade
Dificuldades com a lei, 98-99
Discinesia tardia, 127-128
Discurso circunstancial, 128-129
Disforia de gênero, **270-271**, **325-326**
Doença, *8*
    comorbidade, 59-69
    física, no diagnóstico diferencial, 38-39
    história natural, 27
    identificação, 14-15
    recentemente reconhecida, 55-56, 85-87
Dissociação da consciência, *238*
Doença atual, história, *11*
Doença de Addison, 104
Doença de Alzheimer, **28**, 225-226
Doença de Huntington, **103-104**, **201-202**
Doença física, 102-103
    ansiedade e, 172-173, **176-177**
    como causa de sintomas mentais, 103-104, 106, 108-115*t*, 118-119
    depressão e, **28-29**, **143-144**, 166
    diagnóstico diferencial e, 38-39
    mania e, 160
    mudança de personalidade e, **274-275**
    psicose e, **201-203**
    que piora sintomas mentais, 104
    recentemente descrita, 105
    tratamento que causa sintomas mentais, 104
Doença médica. *Ver* Doença física
Dor no transtorno de somatização, 117-118

E

Ecolalia, *129-130*
    na catatonia, 197
Entrevistas estruturadas, 186-187
Escalas, valor das, 223-224
Específica, fobia, 172-173, **305-306**
Esquizofrenia, **50-52**, **62**, **91-92**, *191*, *192*, **206-207**, **214-215**
    características, 217-218

catatônica, *197*
confundida com mania, 154-155
desorganizada, *198*
indiferenciada, *198*
paranoica, *197*
suicídio e, 216, 298
usada em excesso como diagnóstico, 81-82
Estereotipias, na catatonia, *197*
Esteroides anabolizantes, 119
Esteroides e sintomas mentais, 105, **119**
Estrangulador da Colina, **42-43**
Estresse, induzido por crise, 32-33
Exame do estado mental (EEM), 12, 125-132
valor diagnóstico, 29-30, 39, 126

F

Fala, paciente, 128-131
associações vagas, 128-129
circunstancial, 128-129
fluxo da, 128-129
latência de resposta da, *129-130*
pobreza da, *129-130*
Falsos positivos e negativos, 86
Fatores de confusão, de doença mental, 48-49
Feocromocitoma, 177-178
Ferimento na cabeça. *Ver* Traumatismo craniencefálico
Fissura, como sintoma de uso de substâncias, 241-242
Fluxo da fala, 128-129
Fobia, *171-172*
específica, *172-173*, 176, **305-306**
Folie à deux, 217
Frequência relativa dos diagnósticos, 66-67
Funcionamento intelectual *borderline*, 235

G

Gage, Phineas, **285-286**
Ganho secundário, sinal de alerta, 45
George III, Rei, **80-81**
Global Assessment of Relational Functioning (GARF), 290-291
Grande histeria, 164-165
Guilherme de Occam, 34-35

H

Hidrocefalia de pressão normal (HPN), **18**
Hierarquia de segurança dos diagnósticos, 18-19
Hinckley, John, **212-213**
Hipersonia e doença mental, 116

Hipervigilância, 126-127
Hipnose, como dissociação, 238
Hipomania, *152-153*, 160. *Ver também* Transtornos bipolares
Hipotireoidismo, **28-29**, 104
Histeria, 14-15, 164-165
História da infância, 92-96
de abuso, 95
História de abuso físico, 96
História de abuso sexual, 95
História de serviço militar, 98-99
História do paciente
adulto, 96-100
colateral, como princípio diagnóstico, 30-31
doença atual, *11*
escolaridade, 95
inconsistente, sinal de alerta, 45
infância, 92-96
pessoal e social, 11, 91-92
princípio diagnóstico, 28-29
recente, como princípio diagnóstico, 30-31
saúde mental pregressa, *11*
História familiar, 12
diagnóstico diferencial e, 39
precauções ao usar a, 99-100
princípio diagnóstico, 33-34, 99-100
História natural da doença, 27
História pessoal, 11, 91-92, 93*t*
Histórico de emprego, 97-98
Histórico de escolaridade, 95
Histórico ocupacional, 97-98
Histórico social, 11, 79-80, 91-92, 96-97
Homicidas, ideias, 130-131
Hospitalização repetida, sinal de alerta, 45
Humor, *127-128*
adequação, 127-128
congruência com o conteúdo do pensamento, 129-130
flutuações, 127-128

I

Idade, implicações para o diagnóstico, 96, 106-107
Inconsistências na história do paciente, sinal de alerta, 45
Índice de massa corporal (IMC), *262*
Informações colaterais, 11, 47, 296
princípio diagnóstico, 30-31
Informações de seguimento, 14-15, 83-84, 86

Informações que constituem sinais de alerta, 44, 296
Informações, na história do paciente
    colaterais, *11*, 47, 296
    contraditórias, 28-29, 40
    excessivas, 47
    seguimento, 83-84, 86
    sinal de alerta, 44
Insuficiência adrenal, 104
Interesse sexual, história, 96-97
Interferon, **141-142**
Intoxicação, sintomas de, 121-124*t*
Intoxicação, transtornos mentais associados com a, 248*t*

J

Julgamento (no EEM), 131-132
Julgamento subjetivo vs. achados objetivos, 32-33

L

Labilidade do humor, 127-128
Latência de resposta (fala), *129-130*
Luto, 50-51, 165-167
    complicado, *167-168*
    comportamento normal, 235
    transtorno do luto prolongado (TLP), 268-269
Luto traumático, *167-168*

M

Mania, 151-152, **152-153**. *Ver também* Transtornos bipolares
    árvore de decisão, 135-136
    causas físicas, 160
    diagnóstico diferencial, 152-153
    erroneamente diagnosticada como esquizofrenia, 154-155
Manual diagnóstico e estatístico de doenças mentais (DSM), 60, 85-87, 164-165, 209-210
Medicamentos que causam transtornos mentais, 120*t*
Medo, 171-172
Melancolia, 137, 166. *Ver também* Depressão
Miniexame do estado mental (MEEM), 223-224
Modelo atuarial de avaliação de risco, 301
Modelo biopsicossocial de doença, 82-83
Modelo médico de doença, 27
Múltiplas personalidades, 81-82
    sinal de alerta, 45

Síndrome de Münchausen, sinal de alerta, 45

N

Não adesão ao plano de tratamento, 293
Navalha de Occam, como princípio diagnóstico, *34-35*, 74-75
Negativismo, na catatonia, 197
Nível de atividade, 126-127
    no *delirium*, 224-225
Normalidade, *50-51*, 55-56, 235
    cf. patologia, 50-51

O

Ortorexia nervosa, *264-265*

P

Pensamento, 130-131
    congruência com o humor, 129-130
    conteúdo do, 129-130
    desordenado, 219-220
    diagnóstico diferencial, 220*t*
Percepção (*insight*), 131-132
    alucinações com, 191
Perda de memória, 219-220
    árvore de decisão, 223
    sinal de alerta, 44
Perda, história de, 94-95
Personalidade,
    demência e, 225-226
    inventário (*DSM-5-TR*), **284-285**
    modelo de cinco fatores, 273-274
    mudança, 275-277, **285-286**, 286-287
    traços, **72**, 275-277
    transtorno pós-concussional e, **231-232**
Pica, *254*
Piersall, Jim, **179-180**
Pinfold, Gilbert, **315-316**
Piromania, 250
Pontos fortes, pessoais, 80-81
Por um fio (James Joyce), **190**
Porfiria, **202-203**
Preocupação, 171-172
Princípio da parcimônia, *34-35*
Princípios diagnósticos, 329-330
Problema relacional, 275-277, 287-292, **287-288**, 288-289, **308-309**
    avaliando um, 289-290
    com o médico no transtorno da personalidade, 281
    como normalidade, 235
Problemas interpessoais, 289-290

árvore de decisão, 282-283
Prognóstico e comorbidade, 61
Pseudodemência, **228-229**, 229-230
Psicose de Korsakoff, 227-228
Psicose orgânica, **201-203**
Psicose por efedrina, **205-206**
Psicose por *Ma Huang* (efedrina), **205-206**

Q
Questões ambientais, 79-80, 96-97

R
Reação de luto, 167-168
Relação terapêutica, no transtorno da personalidade, 281
Resposta ao tratamento, como princípio diagnóstico, 53-54
Resumo, saúde mental, *82-83*, **83-84**
Roteiro, diagnóstico, 8
Roubo, compulsivo, 250

S
Schreber, Daniel (paciente de Freud), **190**
Sexo, implicações para o diagnóstico, 77-78, 96, 97t
    violência e, 301
Shin, Elizabeth, **285-286**
Simulação, 42, **42-43**, 235
Sinais de doença, *12*, 13-14
    princípio diagnóstico, 31-32
    valor no diagnóstico, 77-78
Sinais vitais, 13-14
Síndrome, 9, 12-16, *14-15*, 135-136
Síndrome de Asperger, **94-95**
Síndrome de Briquet, 164-165
Síndrome de Charles Bonnet, 191
Síndrome de Cushing, **144-145**
Síndrome de Ernicke-Korsakoff, 227-228
Síndrome do pânico, *172-173*, **173-175**
Sintomas, *12*, 13-14
    compartilhados, 59
    em excesso, para diagnóstico, 55-56
    fabricados, 42-43
    gravidade dos, 52-53
    incomuns, como sinal de alerta, 44
    inexplicáveis, 84-85
    mais, como princípio diagnóstico, 52-53
    médicos, 102-103
    negativos, *191*
Sintomas físicos associados a transtornos mentais, 116-118
Sintomas inexplicáveis, 84-85

Sintomas negativos da psicose, *191*
Sintomas pseudoneurológicos, *117-118*
Sintomas relacionados ao HIV, 78-79, **202-203**
Sintomas sexuais e transtorno de sintomas somáticos, 117-118
Sistema límbico, 227-228, 237
Social, apoio, 96-97
Suicídio, 296-300
    com assistência médica, 170
    depressão e, 298
    esquizofrenia e, 216, 298
    fatores de risco, 297-300
    ideias de, 130-131
    racional, 170
    sinal de alerta, 44
    tentativa de, **297**, 299
    transtorno da personalidade e, 298
    uso de substâncias e, 298

T
Temperamento hipertímico, *156-158*
Tentativa de suicídio, 296, **297**
    risco de nova tentativa, 299
    sinal de alerta, 44
Tolerância (uso de substâncias), 240-241
Traços, personalidade, 275-277
Transtorno afetivo sazonal, *7-8, 72*, 137
Transtorno alimentar restritivo/evitativo (TARE), *254*, **256**
Transtorno amnéstico, **226-227**, 227-228
Transtorno da personalidade, **192, 244-245**, 273-288, **281, 317-318**
    antissocial, com uso de substâncias, 247-248
    árvore de decisão, 282-283
    avaliando, 275-279
    características, 274-275
    comorbidade como, 63-64
    depressiva, 141
    descrição geral, 276
    diagnóstico diferencial, 276
    dimensional, 55-56
    princípio diagnóstico, 63-64
    problemas com o diagnóstico, 283-284
    relação terapêutica no, 281
    suicídio e, 298
Transtorno da personalidade antissocial (TPAS), **244-245**, 276
    uso de substâncias e, 247-248
    violência e, 302
Transtorno da personalidade *borderline*, 276

uso excessivo, 82-83, 284-285
Transtorno da personalidade dependente, 276
Transtorno da personalidade esquiva, 276
  fobia social e, 60
Transtorno da personalidade esquizoide, 276
Transtorno da personalidade esquizotípica, 276
Transtorno da personalidade histriônica, 276
Transtorno da personalidade narcisista, 276
Transtorno da personalidade obsessivo-
  -compulsiva, 276
Transtorno da personalidade paranoica, 276
Transtorno de adaptação, 7-8, 32-33, 37-38, 147-148
Transtorno de ansiedade generalizada (TAG), 172-173, **179-180**, 181-182, **311-312**
Transtorno de ansiedade social, 172-173, **175**
  transtorno da personalidade esquiva e, 60
Transtorno de arrancar o cabelo, 250
Transtorno de compulsão alimentar (TCA), 254, **257-258**
Transtorno de estresse agudo, 187-188, 268-269
Transtorno de estresse pós-traumático (TEPT), 172-173, **181-182**, 183-184, **267-268**
Transtorno de insônia, 269-270. *Ver também* Transtornos do sono-vigília
Transtorno de ruminação, 254, 264
Transtorno de sintomas somáticos (somatização), 15-16, **31-32**, 107, 117, **163**, **307-308**
  ansiedade e, **186-187**
  depressão e, 137
  princípio diagnóstico, 117-118
  psicose e, 192
  suicídio e, 298
Transtorno delirante, 192, **210-211**, 211-212, **309-310**
Transtorno distímico, 137, **140**, 141-142, **144-145**, 275-277
Transtorno do desenvolvimento intelectual, 79-80
Transtorno do jogo compulsivo, 249, **319-320**
Transtorno do luto prolongado (TLP), 137, 268-269
Transtorno esquizoafetivo, 192, **207-208**, 208-209
Transtorno esquizofreniforme, 192, **198**, **212-213**, **321-322**
  história de uso, 200
  prognóstico, 201
Transtorno explosivo intermitente, 275-277
Transtorno factício, **40**, 235
Transtorno neurocognitivo (TNC), 230-231, **231-232**
  leve, 225-226
  maior, 221, 225-226, **226-227**, 227-228
  uso de substâncias e, 247-248
Transtorno obsessivo-compulsivo (TOC), 172-173, **184-185**, **311-312**
Transtorno por uso de álcool, **34-35**, 61, **62**, **95**, **212-213**, 213-214, **244-245**, **308-309**, **319-320**, **322-323**
Transtorno por uso de opioides, **161**, **241-242**
Transtorno por uso de tabaco, **178-179**, **196**
Transtorno pós-concussional, **231-232**, 232-233
Transtorno psicótico breve, 216
Transtorno psicótico induzido, *192*, 217
Transtornos afetivos, 135-170. *Ver também* Transtornos do humor
  princípio diagnóstico, 128-129
Transtornos alimentares, 252-265
  anorexia nervosa, *254*, **260**
  árvore de decisão, 256-257
  bulimia nervosa, *254*
  lista descritiva, *254*
  sinais de alerta, 253-254
  transtorno alimentar restritivo/evitativo (TARE), *254*, **256**
  transtorno de compulsão alimentar (TCA), *254*, **257-258**
Transtornos bipolares, **28-29**, **33-34**, **48**, **85-87**, **99-101**, *151-152*, **152-153**, **179-180**
  bipolar II, 156-158
  depressão erroneamente diagnosticada como unipolar, 154-155
  mulheres vs. homens, 77-78
  sintomas maníacos e, *152-153*
Transtornos cognitivos, 219-239. *Ver também Delirium*; Demência
  diagnóstico diferencial, 220-221
  uso de substâncias e, 247-248
Transtornos de ansiedade, **102-103**, 171-188
  doença física e, **176-177**
  fobia específica, **305-306**
  síndrome do pânico, **172-175**
  transtorno de ansiedade generalizada (TAG), **179-180**
  transtorno de ansiedade social, **175**
  uso de substâncias e, 177-178, 249

Transtornos de estresse, 181-188
Transtornos dissociativos, 81-82, 238
Transtornos do humor, 135-170
    delirium e, 224-225
    sazonal, **72**
    suicídio e, 298
    uso de substâncias e, 248-249
Transtornos do sono-vigília, 62-63, 264-272
    apneia do sono, **271-272**
    árvore de decisão, 265-266
    doença mental e, 116
    inércia do sono, **270-271**
    transtorno de insônia, 269-270
Transtornos psicóticos, 189-217, *189-190*
    árvore de decisão, 195
    breves, 216
    causa física de, **201**
    compartilhados, 217
    demência e, 225-226
    depressão e, **214-215,** 214-215
    diagnóstico diferencial, 192
    esquizofrenia, *192*, **193**, **214-215,**
        294-295
    orgânicos, **201-203**
    pós-parto, **148-149**
    pseudopsicose, 192
    transtorno delirante, *192*
    transtorno esquizoafetivo, *192*,
        207-208
    transtorno esquizofreniforme, *192*, **198**,
        212-213, 321-322
    uso de substâncias e, **34-35, 204-205,**
        248-249
Tratamento
    falha, 84-85, 294-295
    influência de comorbidades, 61
    resposta, como princípio diagnóstico,
        53-54
    sinal de alerta, 45
Traumatismo craniencefálico, **285-286**

    mudança de personalidade e, 286-287
    pista de doença física, 106-107
    transtorno pós-concussional e, 232-233
Tricotilomania, 250
Tristeza puerperal, 151-152

U

Uso de cafeína e ansiedade, **177-178**
Uso de cocaína, **66-67, 206-207**
Uso de substâncias, **206-207, 314-315**
    álcool, **34-35, 62, 95, 244-245,** 304,
        308-309, 319-320, 322-323
    ansiedade e, 172-173, **177-178**, 249
    árvore de decisão, 251
    causa de transtorno mental, 119, 120
    depressão e, **141-142,** 243-244, 248-249
    outras substâncias, **66-67, 161, 178-179,**
        241-242
    psicose e, **204-205,** 248-249
    sintomas, 121-124t
    suicídio e, 298
    transtorno cognitivo e, 247-248
    transtorno da personalidade antissocial
        e, 247-248
    transtorno por, *240-251*

V

Validade da informação, *15-16*
Verificando o diagnóstico, 72
Violência, 130-131, 300
    modelo de avaliação atuarial, 301

W

Woolf, Virginia, **126**

Y

Yates, Andrea, **148-149**

Z

Zebras vs. cavalos, princípio diagnóstico,
    35-36